소방직 시리즈

공개경쟁
소방공무원
실전모의고사
|이성재 외|

소방학개론/소방관계법규/행정법총론
10회분: 각 과목 별 25문항 수록

엑스퍼트원
http://cafe.naver.com/expert7

머리말

공무원이 되는 확실한 지름길을 찾아 오늘도 매진함에 여념이 없는 수험생 여러분들에게 먼저 아낌없는 격려와 성원을 보내는 바이다.

"苦盡甘來"라는 고사성어가 새롭게 가슴에 와 닿는 것은 무슨 이유에서인가?

모든 세상일이 그렇듯이 고통 뒤에 오는 즐거움이야말로 값진 것이 아니라고 어찌 말할 수 있겠는가? 특히, 자신의 진로를 '우연'에 맡기지 않고 스스로 노력을 통해 개척해 가고 있는 수험생들에게는 더욱 더욱 더 그러하리라 본다.

공개경쟁 소방공무원 시험과목은 "소방학개론, 소방관계법규, 행정법총론" 3과목이며 과목별로 각 25문항씩 출제된다. 이에 본사에서는 "소방학개론, 소방관계법규, 행정법총론" 3과목을 수록한 "공개경쟁 소방공무원 실전모의고사"를 출간하였다.

본서의 특징

전과목 출제경향에 맞춘 문제들을 엄선하여 자신의 최종실력을 점검·평가하여 효과적인 학습이 가능하도록 하였다.

❶ 소방학개론은 출제 범위인 소방조직, 재난관리, 연소·화재이론, 소화이론 분야의 문제를 반영하여 수록 하였다.

❷ 소방관계법규는 최근 개정된 내용을 모두 반영하였으며 해설은 법조문을 그대로 수록하여 이해를 돕고자 하였고 중복된 해설의 경우도 생략 없이 수록하여 반복 학습의 효과를 높이고자 하였다.

❸ 행정법총론은 판례위주의 문제를 새롭게 추가하여 수록하였다.

본서의 효율적인 학습과 수험생 여러분의 노력이 결합하여 합격의 영광과 앞날에 무한한 행운이 함께 하길 기원한다.

- 저자 일동 -

contents

문 제

제 1회 실전모의고사 /	9
제 2회 실전모의고사 /	42
제 3회 실전모의고사 /	72
제 4회 실전모의고사 /	102
제 5회 실전모의고사 /	133
제 6회 실전모의고사 /	165
제 7회 실전모의고사 /	196
제 8회 실전모의고사 /	224
제 9회 실전모의고사 /	255
제10회 실전모의고사 /	284

정답 및 해설

제 1회 정답 및 해설 /	315
제 2회 정답 및 해설 /	337
제 3회 정답 및 해설 /	353
제 4회 정답 및 해설 /	368
제 5회 정답 및 해설 /	382
제 6회 정답 및 해설 /	400
제 7회 정답 및 해설 /	414
제 8회 정답 및 해설 /	427
제 9회 정답 및 해설 /	442
제10회 정답 및 해설 /	458

문 제
소방학개론 · 소방관계법규 · 행정법총론

제 1회 실전모의고사
제 2회 실전모의고사
제 3회 실전모의고사
제 4회 실전모의고사
제 5회 실전모의고사
제 6회 실전모의고사
제 7회 실전모의고사
제 8회 실전모의고사
제 9회 실전모의고사
제10회 실전모의고사

제1회 실전모의고사

소방학개론

01. 건축물의 실내화재에 관한 설명으로 옳지 않은 것은?

① 본격적인 화재는 가구, 칸막이, 내장재, 커튼 등 입상재를 거쳐서 천장으로 착화하면서 결정된다.
② 화재가 천장까지 연소가 확대된 상태를 일반적으로 점화라고 한다.
③ 입상재를 거쳐서 천장으로 착화가 없으면 더 이상 화재는 진전하지 않는다.
④ 화재가 발생한 실내의 온도 상승 속도는 가연물량이나 환기량에 의존한다.

02. 화재 위로 오르는 열 가스·불꽃 및 연기의 기둥을 플룸이라고 한다. 이에 대한 설명으로 옳지 않은 것은?

① 대류기둥, 열기류상승작용 또는 열기둥이라고 부른다.
② 찬 공기가 압력이 낮은 아래로 급강하 하는 것을 빠르게 되풀이 할 때 생성된다.
③ 플룸의 흐름은 매끄럽고 경사짐이 없이 평평한 천장 면에서는 이상적으로 모든 방향에서 동일해진다.
④ 연소물과 천장 사이에서 형성되는 흐름을 '플룸지대와 천장분출지대'로 구분한다.

03. 연소에 대한 설명으로 옳지 않은 것은?

① 열의 발생과 소멸이 균형을 유지하면서 정상적으로 연소하는 것을 정상연소라 한다.
② 연소는 크게 정상연소와 비정상연소로 구분 할 수 있다.
③ 산소나 열의 공급이 원활할 때 적극적으로 연소하는 상태를 훈소라 한다.
④ 연소는 가연성 물질의 상태 즉, 기체, 액체, 고체에 따라서 각각 다른 형태로 나타난다.

04. 다음 설명에 해당하는 것은?

> 액체 표면으로부터 증발이 일어날 뿐만 아니라 액체 내부로부터 기화가 일어나 기포가 올라가기 시작하는 온도를 말한다.

① 비등점　　　　　② 훈소점
③ 자활점　　　　　④ 승화점

05. 「재난 및 안전관리기본법」상 재난과 안전관리에 대한 설명으로 옳은 것은?

① 국가 및 지방자치단체가 행하는 재난 및 안전관리 업무의 총괄은 국무총리가 한다.
② 재외공관의 장은 관할구역 안에서 해외재난이 발생하거나 발생할 우려가 있는 때에는 즉시 그 상황을 국민안전처장관에게 보고하여야 한다.
③ 재난관리책임기관의 재난 및 안전관리 실태를 점검하기 위하여 정부합동안전점검단을 편성하여 안전 점검을 실시하여야 하는 사람은 국무총리이다.
④ 재난관리는 재난의 예방·대비·대응 및 복구를 위하여 행하는 모든 활동을 말한다.

06. 다음과 같은 현상을 무엇이라고 하는가?

> 액화가스탱크의 파열로 그 내부에 액화상태로 저장된 가스는 빠르게 기화하면서 주변의 공기와의 폭발성혼합기를 형성하고 존재하는 화염을 착화에너지로 하여 다시 폭발하게 된다.

① 위치에너지폭발
② 증기운폭발
③ 끓는액체팽창증기폭발
④ 열전도폭발

07. 전동기 또는 내연기관의 펌프를 이용하는 가압송수장치의 설치기준에 관한 설명으로 옳지 않은 것은?

① 기동용수압개폐장치(압력챔버)를 사용할 경우 그 용적은 100ℓ 이상의 것으로 하여야 한다.
② 옥상수조를 설치한 학교·공장 등 동결의 우려가 있는 장소는 기동스위치에 보호판을 부착하여 옥내소화전함 내에 설치할 수 있다
③ 기동용수압개폐장치를 기동장치로 사용할 경우에는 기준에 따른 충압펌프를 설치하여야 한다.
④ 가압송수장치에는 체절운전 시 수온의 상승을 방지하기 위한 순환배관을 설치하여야 한다.

08. 물리적작용에 의한 소화방법 중 '농도 한계에 의한 소화'에 대한 설명으로 옳은 것은?

① 연소는 가연성기체가 연소범위 내의 농도에 있을 때에만 진행하는 것을 이용하여 소화하는 방법이다.
② 연소 시에 발생하는 열에너지를 흡수하는 매체를 화염 속에 투입하여 소화

하는 것으로서 냉각소화라고도 한다.
③ 화염을 불면 꺼지는 현상을 이용하는 방법으로 작은 화염에 강한 기류를 보내는 방법 등이 있다.
④ 자유라디칼의 생성을 억제하는 연쇄반응의 중단에 의한 소화법으로 분말소화약제나 할로겐화합물류에 의한 소화가 여기에 해당된다.

09. 산화와 환원에 대한 설명으로 옳지 않은 것은?

① 전자를 받아들이는 이온(ion)이나 분자를 산화제라고 한다.
② 화학반응에서 산화와 환원은 동시에 일어난다.
③ 전자를 제공하는 화학종을 환원제라고 한다.
④ 환원제로는 산소·오존·질산·과산화수소·염소산 등이 있다.

10. 연소의 3가지 요소(조건)에 해당하지 않는 것은?

① 가연성물질(연료=가연물)
② 발광(광원=광력=촉광)
③ 열원(발화원=점화원=energy원)
④ 산소원(공기=산화제=자기반응성물질)

11. 다음 중 우리나라의 소방역사에 대한 설명으로 옳지 않은 것은?

① 우리나라 역사상 소방이란 용어를 쓰게 된 것은 갑오개혁 이후부터이다.
② 고려시대에는 별도의 금화관서나 조직이 따로 존재한 것이 아니라 군조직이 소방을 함께 담당 하였다.

③ 우리나라 소방이 국가와 지방자치 소방체제로의 성장기는 1992년 이후부터라 할 수 있다.
④ 일제 강점기 때에는 대도시 지역에 상비소방요원이 배치되고 소방관서가 설치되었다.

12. 가연성 물질에 대한 설명으로 옳지 않은 것은?

① 불소, 오존, 염소, 산화질소 등은 가연성 물질에 포함된다.
② 인화성 가스나 액체에서 발생한 증기가 밀폐공간에 체적되면 폭발적으로 화재가 발생할 수 있다.
③ 가연성 물질은 화학반응을 일으킬 때 활성화 에너지가 작아야 한다.
④ 산소와 화합할 때 생기는 연소열이 많아야 한다.

13. 화재를 일으킬 수 있는 열에너지에 대한 설명으로 옳은 것은?

① 전기열에너지에는 분해열, 저항열, 누전열 등이다.
② 화학열에너지는 전자기복사 형태 내에서 태양으로부터 전달된 에너지이다.
③ 원자핵 열에너지는 원자가 분리되거나 결합될 때 발생된다.
④ 연소열·자생열·분해열·용해열 등과 같이 어떤 형태로 발생되는 것은 기계열에너지이다.

14. 다음 중 전기와 관련한 설명으로 옳지 않은 것은?

① 대전체가 전하를 잃는 과정을 방전이라고 한다.
② 줄은 열역학 제1법칙(에너지보존법칙)의 창설자이다.

③ 도체에 전압을 인가하여 전류가 흐르게 되면, 도체 내부의 전류흐름 방해현상이 나타나는데 이것을 전기저항이라 한다.
④ 전자기현상에 대해 전자가 이동할 때 원자와 충돌함으로써 발생하는 열진동 에너지를 샤를의 법칙이라 한다.

15. 현재의 재난 및 안전관리 기본법의 모체라 볼 수 있는 재난관리법의 제정과 직접적인 관련이 깊은 사고는?
① 성수대교 붕괴사고
② 삼풍백화점 붕괴사고
③ 괌 항공기 추락사고
④ 대구지하철 가스 폭발사고

16. 다음 내용에 해당하는 연소형태는 무엇인가?

> 연소면에 대하여 연료인 가스와 산소의 공급이 확산에 의하여 이루어지는 형태를 취하며, 기체의 증발연소 및 분해연소의 대부분이 여기에 속한다.

① 내부연소
② 분해연소
③ 표면연소
④ 확산연소

17. 비상조명등과 휴대용비상조명등의 화재안전기준상 설치 기준에 대한 설명으로 옳은 것은?
① 지하층을 포함한 층수가 11층 이상의 층에는 비상조명등을 20분 이상 유효하게 작동시킬 수 있는 용량이어야 한다.
② 휴대용비상조명등은 설치높이는 바닥으로부터 1m 이상 1.5m 이하의 높이에

설치하여야 한다.
③ 휴대용비상조명등은 어둠속에서 위치를 확인할 수 있고 사용 시 자동으로 점등되는 구조여야 한다.
④ 조도는 비상조명등이 설치된 장소의 각 부분 바닥에서 3lx 이상이 되어야 한다.

18. 표면연소에 대한 설명으로 옳지 않은 것은?
① 가연성 고체가 열분해 하여 증발하지 않고 그 고체의 표면에서 산소(O_2)와 반응하여 연소되는 현상이다.
② 산소의 공급이나 고체의 표면적에 좌우되므로 그 반응속도가 비교적 빠르게 진행된다.
③ 직접연소라고도 부르며 목탄·코크스·금속분 등의 연소형태가 여기에 속한다.
④ 열분해에 의하여 가연성 가스를 발생하지 않고 그 자체가 연소하는 형태이다.

19. 구조 및 구급 업무와 직접적으로 관련이 있는 법규라고 볼 수 없는 것은?
① 「자연재해대책법」 ② 「응급의료에 관한 법률」
③ 「재난 및 안전관리 기본법」 ④ 「수난구호법」

20. 가연성 기체와 산소의 혼합기체가 반응을 일으키지 못할 온도 상에 어떤 촉매가 있을 때 그 표면에 접촉작용을 받아 표면연소 형태로 연소하는 물질은?
① 나프탈렌 ② 탄소

③ 가솔린　　　　　　　　④ 질산

21. 탄화수소계 연료가 연소할 때 화염이 밝게 빛나는 이유는 무엇 때문인가?
① 탄소입자가 화염 중 고온에서 열발광을 하기 때문이다.
② 연료분자가 화염 중에서 탈수소와 동시에 중합을 반복하기 때문이다.
③ 화염의 외부에서 탄소고분자의 성장이 물리적으로 응집하기 때문이다.
④ 연료분자들의 운동이 활발해지면서 입자들 상호간에 빛이 굴절하기 때문이다.

22. 재난발생 시 재난상황을 보고 또는 통보하는 경우 포함되어야 할 사항이 아닌 것은?

㉮ 재난발생 일시·장소	㉯ 재난으로 인한 피해 내용
㉱ 대응 및 복구활동 사항	㉲ 재난관리 업무의 협의·조정 내용
㉳ 재난의 원인	㉴ 응급조치 사항 및 향후 조치계획

① ㉮, ㉯, ㉳　　　　　　　② ㉲
③ ㉲, ㉴　　　　　　　　　④ ㉱

23. 소방기관에서 실시하는 화재조사와 관련한 설명으로 옳지 않은 것은?
① 화재현장의 출입·보존 및 통제에 관한 사항 등에 관하여 소방공무원과 경찰공무원은 서로 협력하여야 한다.
② 화재조사를 하는 화재조사관은 그 권한을 표시하는 증표를 지니고 이를 관계

인등에게 보여주어야 한다.
③ 화재조사는 화재원인, 피해상황, 대응활동 등을 파악하기 위하여 자료의 수집, 현장 확인, 감식 등을 하는 것으로 소방청장만이 할 수 있다.
④ 정당한 사유 없이 화재조사관의 출입 또는 조사를 거부한 사람은 300만원 이하의 벌금에 처한다.

24. 비상방송설비의 화재안전기준에 관한 설명으로 옳지 않은 것은?

① 비상방송설비의 상용전원 개폐기에는 "비상방송설비용"이라고 표시한 표지를 해야 한다.
② 음향장치는 정격전압의 80% 전압에서 음향을 발할 수 있는 구조 및 성능의 것으로 하여야 한다.
③ 엘리베이터 내부에 별도의 비상방송 음향장치를 설치할 수 있다.
④ 5층 이상이면서 연면적이 3,000㎡를 초과하는 2층 이상의 층에서 발화한 때에는 발화층과 그 직상층 및 지하층에 경보를 발해야 한다.

25. 다음 설명에 해당하는 것은?

㉮ 연소의 전파속도가 그 물질 내에서 음속보다 느리다.
㉯ 불꽃 면이 정지하고 있는 매질에 대하여 음속보다 느린 속도로 이동한다.

① 폭효 ② 폭굉
③ 폭탄 ④ 폭연

제 1회 실전모의고사

소방관계법규

01. 「소방시설공사업법」상 소방시설업의 운영에 대한 내용으로 옳지 않은 것은?

① 소방시설업자의 지위를 승계한 경우 소방시설업자는 설계 및 시공 또는 감리를 맡긴 특정소방대상물의 관계인에게 지체 없이 알려야 한다.
② 부정한 방법으로 소방시설업 운영을 등록하여 영업정지 처분을 받은 경우 영업정지 처분을 받은 그 다음 달부터 소방시설에 대한 설계 감리를 할 수 없다.
③ 소방시설업자는 행정안전부령이 정하는 관계서류를 규정에 따른 하자보수 보증 기간 동안 보관하여야 한다.
④ 소방시설업자는 소방시설업의 등록증 또는 등록수첩을 다른 사람에게 빌려주어서는 안 된다.

02. 「소방시설 설치 및 관리에 관한 법률」상 소방시설관리사 자격 결격사유가 아닌 것을 모두 고른 것은?

> ㉮ 파산자로서 복권되지 않은 사람
> ㉯ 「소방기본법」에 따른 금고 이상의 형의 집행유예의 선고를 받고 그 집행유예기간이 끝난 사람
> ㉰ 「위험물안전관리법」에 따른 금고 이상의 실형의 선고를 받고 그 집행이 면제된 날부터 2년이 지난 사람
> ㉱ 자격이 취소된 날부터 6개월이 지나지 않은 사람
> ㉲ 피한정후견인

① ㉮, ㉱
② ㉮, ㉱, ㉲
③ ㉯, ㉰, ㉱
④ ㉮, ㉯, ㉰, ㉲

03. 「위험물안전관리법 시행규칙」상 위험물의 성질에 따른 이동탱크저장소의 특례에 대한 설명으로 옳지 않은 것은?

① 이동저장탱크는 불활성의 기체를 봉입할 수 있는 구조로 하여야 한다.
② 이동저장탱크는 불활성의 기체를 봉입할 수 있는 구조로 하여야 한다.
③ 이동저장탱크는 그 외면을 적색으로 도장하여야 한다.
④ 이동저장탱크의 용량은 1,900ℓ 미만이어야 한다.

04. 「소방기본법 시행규칙」상 소방안전교육과 관련한 설명으로 옳지 않은 것은?

① 소방안전교육훈련은 이론교육과 실습(체험)교육을 병행하여 실시하되, 실습(체험)교육이 전체 교육시간의 100분의 40 이상이 되어야 한다.
② 응급처치훈련은 구급업무를 담당하는 소방공무원·의무소방원·의용소방대원을 대상으로 실시한다.
③ 실습(체험)교육 인원은 특별한 경우가 아니면 강사 1명당 30명을 넘지 않아야 한다.
④ 소방안전교육훈련의 교육시간은 소방안전교육훈련대상자의 연령 등을 고려하여 소방본부장이 정한다.

05. 「소방기본법」 및 「소방기본법 시행규칙」상 소방박물관의 설립 및 운영과 관련한 다음 내용 중 옳지 않은 것은?

① 소방박물관의 운영에 관한 중요한 사항을 심의하기 위하여 7인 이내의 위원으로 구성된 운영위원회를 둔다.
② 소방박물관의 설립과 운영에 필요한 사항은 행정안전부령으로 정하고 소방박물관장과 부관장은 행정안전부장관이 각각 임명한다.

③ 소방박물관에 소방박물관장 1인과 부관장 1인을 두되 소방박물관장은 소방공무원 중에서 임명한다.
④ 소방박물관의 관광업무·조직·운영위원회의 구성 등에 관하여 필요한 사항은 소방청장이 정한다.

06. 「소방시설 설치 및 관리에 관한 법률 시행령」상 건축허가 등의 동의를 미리 받아야 하는 대상물의 범위에 해당되는 것을 모두 고른 것은?

> ㉮ 주차장으로 사용되는 층 중 바닥 면적이 100제곱미터인 층이 있는 시설
> ㉯ 연면적 400제곱미터 이상인 건축물
> ㉰ 기계장치에 의한 주차시설로서 자동차 20대 이상 주차할 수 있는 시설
> ㉱ 특정소방대상물 중 연면적 100제곱미터인 노유자시설
> ㉲ 항공기 격납고

① ㉮, ㉯, ㉰, ㉲
② ㉯, ㉰
③ ㉯, ㉰, ㉱
④ ㉯, ㉰, ㉲

07. 「소방기본법」상 소방본부장 또는 소방서장과 관련한 설명으로 옳은 것은?

① 소방본부장은 소방정보통신망의 안정적 운영을 위하여 소방정보통신망의 회선을 이중화할 수 있다.
② 소방업무를 수행하는 소방본부장 또는 소방서장은 소방청장의 지휘와 감독을 받는다.
③ 이웃한 소방본부장 또는 소방서장의 소방업무 응원(應援) 요청에 따라 파견된 소방대원은 응원을 파견한 소방본부장 또는 소방서장의 지휘에 따른다.
④ 시·도에서 화재 예방·경계·진압 등 소방업무를 수행하기 위해 시·도지사

직속으로 소방본부를 둔다.

08. 「소방기본법」상 소방대상물에 해당되지 않는 것은?
① 건축물 및 산림
② 모든 선박
③ 선박, 건조 구조물
④ 차량

09. 「소방의 화재조사에 관한 법률 시행규칙」상 화재조사전담부서에 갖추어야 할 장비에 대한 설명으로 옳지 않은 것은?
① 확대경, 가스검지기, 산업용실체현미경은 모두 감식기기에 해당한다.
② 감정용 기기 중 전기단락흔 실험장치는 1차 용융흔, 2차 용융흔, 3차 용융흔 측정이 가능하다.
③ 화재조사 차량은 탑승공간과 장비 적재공간이 구분되어 주요 장비의 적재 및 활용이 가능하여야 한다.
④ 이동용 조명기는 조명기기에 해당하고 고속카메라세트, 비디오카메라세트는 기록용기기에 해당한다.

10. 「소방기본법」상 소방안전교육사에 대한 설명으로 옳지 않은 것은?
① 금고 이상의 형의 집행유예를 선고받고 그 유예기간 중에 있는 사람과 피성년후견인은 소방안전교육사가 될 수 없다.
② 한국소방안전원과 한국소방산업기술원에는 소방안전교육사를 배치하여야 한다.

③ 소방안전교육사시험은 1년마다 1회 시행함을 원칙으로 하되, 소방본부장이 필요하다고 인정하는 때에는 그 횟수를 증감할 수 있다.
④ 소방안전교육을 위하여 소방청장이 실시하는 시험에 합격한 사람에게 소방안전교육사 자격을 부여한다.

11.

「소방기본법」상 한국소방안전원에 대한 설명으로 옳지 않은 것은?

① 안전원은 법인으로 하며 안전원에 관하여 이 법에 규정된 것을 제외하고는 「민법」 중 재단법인에 관한 규정을 준용한다.
② 한국소방안전원의 사업계획 및 예산은 행정안전부 및 기획재정부의 승인을 얻어야 한다.
③ 소방기본법에 따른 안전원이 아닌 경우 한국소방안전원 또는 이와 유사한 명칭을 사용하지 못한다.
④ 안전원은 소방기술과 안전관리에 관한 교육 및 조사·연구 업무를 수행한다.

12.

「소방기본법」상 중 명예직의 소방대원으로 위촉할 수 없는 사람은?

① 천재지변 등으로 다른 사람의 생명·신체를 구하다 부상을 입은 사람
② 강도·절도·폭행·납치 등의 범죄행위를 제지하거나 그 범인을 체포하다가 부상을 입은 사람
③ 소방행정발전에 공로가 있다고 인정되는 사람
④ 화재 등으로 일어날 수 있는 불특정 다수인의 위해를 방지하기 위하여 긴급한 조치를 하다가 부상을 입는 구조행위를 한 사람

13. 「소방시설 설치 및 관리에 관한 법률」상 용어에 대한 설명으로 옳지 않은 것은?

① 피난층은 곧바로 지상으로 갈 수 있는 출입구가 있는 층이다.
② 특정소방대상물은 건축물 등의 규모·용도 및 수용인원 등을 고려하여 소방시설을 설치하여야 하는 소방대상물이다.
③ 소화설비는 물이나 소화약제를 사용하여 소화하는 기계 및 기구 또는 설비를 말한다.
④ 화재안전기준에서 성능기준은 상세한 규격, 특정한 수치 및 시험방법 등에 관한 기준으로서 소방청장의 승인을 받은 기준이다.

14. 「소방시설공사업법 시행규칙」상 다음 (   ) 안에 들어갈 내용이 올바르게 연결된 것은?

> 소방기술자 실무교육기관의 지정 신청의 경우 (㉮)은(는) 신청자가 제출한 신청서 및 첨부서류가 미비하거나 현장 확인 결과 지정기준을 충족하지 못하였을 때에는 (㉯) 이내의 기간을 정하여 이를 보완하게 할 수 있다. 이 경우 보완기간 내에 보완하지 않으면 신청서를 되돌려 보내야 한다.

	㉮	㉯		㉮	㉯
①	행정안전부장관	15일	②	실무교육기관의 장	20일
③	소방청장	15일	④	시·도지사	30일

15. 「위험물안전관리법 시행령」상 탱크시험자가 갖추어야 할 기술능력·시설 및 장비에 대한 설명이다. 틀린 것은?

① 위험물기능장·위험물산업기사 또는 위험물기능사 중 1명 이상의 필수 인력

을 확보해야 한다.
② 누설비파괴검사 기사, 산업기사 또는 기능사 1명 이상의 필수 인력을 확보해야 한다.
③ 전용사무실의 시설을 갖추어야 한다.
④ 필수 장비로 자기탐상시험기, 초음파두께측정기와 방사선투과시험기, 초음파시험기, 영상초음파시험기 중 1개를 선택해 3개를 갖추어야 한다.

16. 「화재의 예방 및 안전관리에 관한 법률 시행령」상 대통령령으로 정하는 화재의 예방과 안전관리에 필요한 사항들을 모두 고른 것은?

> ㉮ 화재예방정책의 여건 변화에 관한 사항
> ㉯ 시기별 화재예방대책의 추진 및 평가 등에 관한 사항
> ㉰ 공동 및 분임 소방안전관리에 관한 사항
> ㉱ 소방시설의 설치·관리 및 화재안전기준의 개선에 관한 사항
> ㉲ 화재발생 현황 사항

① ㉮, ㉰
② ㉮, ㉯, ㉱
③ ㉮, ㉯, ㉱, ㉲
④ ㉮, ㉯, ㉰, ㉱, ㉲

17. 「소방의 화재조사에 관한 법률」상 다음 설명 중 옳지 않은 것은?
① 화재발생 사실을 알게 된 때에는 소방청장, 소방본부장 또는 소방서장은 지체 없이 화재조사를 하여야 한다.
② 화재조사에 전문성을 인정받아 화재조사를 수행하는 소방공무원을 화재조사관이라 한다.
③ 화재조사관은 소방청장이 실시하는 화재조사에 관한 시험에 합격한 소방공

무원 등 화재조사에 관한 전문적인 자격을 가진 소방공무원이 맡는다.
④ 관계인은 화재가 발생한 소방대상물의 소유자 또는 점유자와 화재를 발생시키거나 화재발생과 관계가 없는 사람을 말한다.

18. 「화재의 예방 및 안전관리에 관한 법률 시행령」상 화재의 예방 및 안전관리 기본계획의 협의 및 수립에 관한 설명 중 옳은 것은?

① 소방청장은 화재의 예방 및 안전관리에 관한 기본계획을 계획 시행 전년도 8월 31일까지 수립해야 한다.
② 전산시스템을 구축·운영하는 경우 빅데이터를 활용하여 화재발생 동향 분석 및 전망 등을 위해 필요한 사항은 소방본부장이 정한다.
③ 세부 시행계획에는 시행 결과 예상되는 예상치와 목표달성 목표치가 포함되어야 한다.
④ 시행계획에는 기본계획의 시행을 위하여 필요한 사항과 화재의 예방 및 안전관리와 관련하여 소방청장이 필요하다고 인정하는 사항이 포함되어야 한다.

19. 「소방시설 설치 및 관리에 관한 법률 시행규칙」상 소방시설 등 자체점검과 관련한 설명으로 옳지 않은 것은?

① 작동점검은 소방시설 등을 인위적 조작 없이 소방시설이 정상적으로 작동하는지를 점검하는 것을 말한다.
② 최초점검은 소방시설이 새로 설치되는 경우 「건축법」 제22조에 따라 건축물을 사용할 수 있게 된 날부터 60일 이내 점검한다.
③ 작동점검은 「위험물안전관리법」 제2조제6호에 따른 제조소등은 제외한다.
④ 스프링클러설비가 설치된 특정소방대상물은 종합점검 대상이다.

20. 「위험물안전관리법」상 제조소 등의 허가 및 검사 신청 및 처리결과에 대한 설명으로 옳은 것은?

① 소방서장이 설치허가신청을 접수하고 처리한 경우 그 신청서와 첨부서류의 사본 및 처리결과를 시·도지사에게 송부하여야 한다.
② 시·도지사가 변경허가신청을 접수하고 처리한 경우 그 신청서와 첨부서류의 사본 및 처리결과를 관할 시장·군수·구청장에게 송부하여야 한다.
③ 소방서장이 제조소 등의 설치자의 지위승계를 신고를 접수받고 처리한 경우 신고서에 제조소 등의 완공검사필증과 지위승계를 증명하는 서류를 첨부하여 소방청장에게 제출하여야 한다.
④ 소방서장이 변경허가신청을 접수받고 처리한 경우 신고서와 구조설비명세표의 사본 및 처리결과를 관할 시장·군수·구청장에게 송부하여야 한다.

21. 「소방시설공사업법」상 소방시설업 등록의 결격사유에 해당하지 않는 사람을 모두 고른 것은?

> ㉮ 「화재의 예방 및 안전관리에 관한 법률」에 따른 금고 이상의 실형을 선고받고 그 집행이 끝난 날부터 2년이 지나지 않은 사람
> ㉯ 「위험물안전관리법」에 따른 금고 이상의 형의 집행유예를 선고받고 그 유예기간 중에 있는 사람
> ㉰ 「소방시설공사업법」에 따른 벌금형의 선고를 받은 사람
> ㉱ 피한정후견인
> ㉲ 등록하려는 소방시설업 등록이 취소된 날부터 2년이 지나지 않은 사람
> ㉳ 법인의 임원이 피성년후견인에 해당하는 경우 그 법인

① ㉮, ㉰
② ㉰, ㉱, ㉲
③ ㉮, ㉯, ㉱, ㉲
④ ㉯, ㉰

22. 「화재의 예방 및 안전관리에 관한 법률」상 화재의 예방 및 안전관리 기본계획의 수립 및 시행에 필요한 기초자료를 확보하기 위하여 실시하는 실태조사에 대한 설명 중 옳지 않은 것은?

① 실태조사를 전문연구기관·단체나 관계 전문가에게 의뢰하여 실시하되 실태조사의 결과는 내부 자료로 활용을 위해 공개하지 않는다.
② 실태조사에 대한 방법과 절차 등에 관하여 필요한 사항은 소방청장이 정한다.
③ 실태조사는 관계 중앙행정기관의 장의 요청이 있는 때에는 합동으로 실태조사를 할 수 있다.
④ 소방대상물의 용도별·규모별 현황, 소방대상물의 화재의 예방 및 안전관리 현황, 소방대상물의 소방시설 등 설치·관리 현황 등을 실태조사 한다.

23. 「소방시설공사업법」상 소방시설업에 대한 설명으로 옳지 않은 것은?

① 소방시설설계업은 소방시설공사에 기본이 되는 공사계획, 설계도면, 설계 설명서, 기술계산서 등 관련된 서류를 작성하는 영업이다.
② 소방공사감리업은 발주자의 권한을 대행하여 소방시설공사가 설계도서와 관계법령에 따라 적법하게 시공되는지를 확인하는 영업이다.
③ 소방시설공사업은 설계도서에 따라 소방시설을 신설, 증설, 개설, 이전 및 정비를 하는 영업이다.
④ 방염처리업은 「소방시설공사업법」에 따른 방염대상물품에 대하여 방염처리를 하는 영업이다.

24. 「소방의 화재조사에 관한 법률 및 시행령」상 화재합동조사단에 관한 설명으로 옳지 않은 것은?

① 대통령령으로 정하는 사망자가 5명 이상 발생한 대형화재의 경우 화재합동조사단을 구성할 수 있다.
② 화재합동조사단의 구성과 운영 등에 필요한 사항은 대통령령으로 정한다.
③ 화재합동조사단의 단원은 화재조사 업무에 관한 경력이 3년 이상인 소방공무원 중에서 소방관서장이 임명한다.
④ 사상자가 많거나 사회적 이목을 끄는 대형화재 등이 발생한 경우 행정안전부장관은 화재조사를 위하여 화재합동조사단을 운영할 수 있다.

25. 「소방시설공사업법」상 시공과 관련한 내용으로 옳지 않은 것은?

① 착공신고 또는 변경신고를 받은 날부터 2일 이내에 신고수리 여부를 신고인에게 통지하여야 한다.
② 소방시설의 하자 발생을 통보 받은 공사업자는 3일 이내에 하자를 보수하거나 보수 일정을 기록한 하자보수 계획을 관계인에게 서면으로 알려야 한다.
③ 유도등, 비상경보설비, 비상조명등, 비상방송설비 등의 하자보수 보증기간은 3년이다.
④ 소방시설공사의 책임시공 및 기술관리를 위하여 소속 소방기술자를 공사 현장에 배치하여야 한다.

행정법통론

01. 손실보상과 관련한 다음 내용 중 틀린 것은? (다툼이 있는 경우 판례에 의함)

① 사업시행자인 한국토지공사(현 한국토지주택공사)가 토지 등의 소유자들에게 지급한 특별이전대책비는 관계 기관의 요청에 의하여 법령상 지급의무가 없는 금원을 특별히 상이용사의 자활대책의 일환으로 기부한 것으로 그 산정방법만을 법령상의 보상금과 대체시설의 조성비의 차액으로 하였다고 봄이 상당하므로 특별이전대책비 가운데 폐업보상금이 포함되어 있지 않다.

② 국민임대주택단지 조성사업 시행자가 현실적 이용상황이 과수원인 甲의 토지가 불법으로 형질변경된 것이라고 하여 개간 전 상태인 임야로 평가한 재결감정 결과에 따라 손실보상액을 산정한 사안에서, 위 토지가 불법형질변경토지라는 사업시행자의 주장을 배척한 원심판단을 정당하다.

③ 구 하천법 제75조 소정의 손실을 입은 자가 직접 하천관리청 또는 국가를 상대로 민사소송으로 손실보상을 청구할 수 없다.

④ 하천구역으로 편입되어 국유로 된 제외지의 구 소유자가 서울시를 상대로 제기한 손실보상금 청구가 채권양도 후 대항요건을 갖추기 전의 청구라는 이유로 기각되어 시효중단의 효력이 소멸하였다고 하더라도 그로부터 6월 내에 구 소유자의 승계인이 손실보상금을 청구한 이상, 구 소유자의 소제기로 인하여 시효가 중단되었다고 볼 수 없다.

02. 국가배상에 관한 다음 설명 중 옳은 것은?

① 공무를 위임받은 사인에 의해 초래된 손해에 대한 배상에는 국가배상법이 적용되지 않는다.

② 헌법은 공무원의 직무상 불법행위로 인한 국가배상만 규정하고 있을 뿐이고, 영조물의 설치·관리의 하자로 인한 국가배상에 대해서는 규정하고 있지

않다.
③ 현행 국가배상법은 능동적이고 적극적인 공무수행을 위해서 국가배상의 경우 공무원 개인에 대해서는 책임을 묻지 않도록 하고 있다.
④ 직무행위의 범위를 정함에 있어서는 외형설을 취할 경우 국가배상책임은 축소된다.

03. 다음 내용 중 대법원 판례의 입장으로 옳은 것은?

① 행정처분의 직접 상대방이 아닌 제3자라도 행정처분으로 인하여 법률상 보호되는 이익을 침해당한 경우에는 취소소송을 제기하여 당부의 판단을 받을 자격이 있고, 여기에서 말하는 법률상 보호되는 이익은 개별적 이익만을 말한다.
② 행정처분의 무효확인 또는 취소를 구하는 소에서, 비록 행정처분의 위법을 이유로 무효확인 또는 취소 판결을 받더라도 처분에 의하여 발생한 위법상태를 원상으로 회복시키는 것이 불가능하더라도 무효확인 또는 취소를 구할 법률상 이익이 있다.
③ 건축허가의 취소처분이 확정되면 건축은 불가능해지게 되어 건축을 전제로 한 산지전용허가도 아무런 의미가 없게 되므로 이러한 경우에 산지전용허가 취소를 기다리지 않고 산지전용허가가 당연히 취소되는 것으로 의제하여 산지전용허가의 효력을 소멸시키려는 데에 취지가 있다. 이러한 규정은 목적사업의 시행에 필요한 행정처분을 받은 사람이 스스로 취소한 경우 유추 적용되지 않는다.
④ 교육공무원 징계사무의 성격, 권한의 위임에 관한 교육공무원법령의 규정 형식과 내용 등에 비추어 보면, 국가공무원인 도교육청 교육국장 및 그 하급자인 장학관, 장학사에 대한 징계는 국가사무이고, 그 일부인 징계의결요구의 신청 역시 국가사무에 해당한다. 따라서 교육감이 담당 교육청 소속 국가공무원인 도교육청 교육국장 및 그 하급자들에 대하여 하는 징계의결요구 신청 사무는 기관위임 국가사무라고 보아야 한다.

04. 다음 중 판례가 행정처분이 아니라고 본 것을 모두 고른 것은?

> ㉮ 대학입시기본계획 내의 내신성적산정지침
> ㉯ 대집행계고
> ㉰ 소관청의 지목변경신청 반려 행위
> ㉱ 국세기본법에 의한 국세환급금결정
> ㉲ 검사의 불기소 처분
> ㉳ 국유재산매각신청에 대한 거부행위
> ㉴ 공무원면접시험의 면접불합격결정행위

① ㉮, ㉯, ㉴
② ㉰, ㉲
③ ㉮, ㉯, ㉱
④ ㉮, ㉱, ㉲, ㉳

05. 행정상 대집행에 대한 설명 중 옳지 않은 것은? (다툼이 있는 경우 판례에 의함)

① 사람이 점유하고 있는 토지, 건물 등의 점유이전의무는 대행집행의 대상이 아니라는 것이 판례의 입장이다.
② 대집행의 요건은 원칙적으로 계고를 할 때에 충족되어 있어야 한다.
③ 의무를 명하는 행위가 위법한 경우 그 하자는 당연히 후행행위인 계고에 승계된다.
④ 계고, 대집행영장에 의한 통지, 대집행비용납부명령이 법률상 이익이 있는 한, 행정쟁송의 대상인 처분에 속한다는데 학설과 판례가 일치하고 있다.

06. 행정처분에 대한 설명으로 옳지 않은 것은? (다툼이 있는 경우 판례에 의함)

① 행정처분의 취소를 구하는 항고소송에 있어서 그 처분의 위법 여부는 처분

당시를 기준으로 판단하여야 한다.
② 일반적으로 행정처분에 효력기간이 정하여져 있는 경우에는 그 기간의 경과로 그 행정처분의 효력은 상실된다.
③ 항고소송에 있어서 행정처분의 적법 여부는 특별한 사정이 없는 한 그 행정처분 당시를 기준으로 하여 판단하여야 한다.
④ 행정청의 어떤 행위가 항고소송의 대상이 될 수 있는지의 문제는 추상적·일반적으로 결정으로도 할 수 있다.

07. 공공기관의 정보공개에 관한 법률이 규정하고 있지 않은 것은?
① 모든 국민은 정보의 공개를 청구할 권리를 가진다.
② 공공기관은 의사결정 과정 또는 내부검토 과정에 있는 사항으로서 공개될 경우 업무의 공정한 수행에 지장을 초래한다고 인정할 만한 상당한 이유가 있는 정보는 공개하지 않을 수 있다.
③ 청구인이 정보공개와 관련한 공공기관의 처분에 대하여 행정소송을 제기하고자 하는 때에는 먼저 이의신청 및 행정심판을 거쳐야 한다.
④ 행정소송에서 재판장은 필요하다고 인정되는 때에는 당사자를 참여시키지 아니하고 제출된 공개청구정보를 비공개로 열람·심사할 수 있다.

08. 행정행위의 하자에 대한 설명 중 옳지 않은 것은? (다툼이 있는 경우 판례에 의함)
① 선행행위에 무효사유인 흠이 있으면 그 흠은 후행행위에 승계된다.
② 무효인 행정행위에 대해서는 쟁송제기기간에 관계없이 확인소송을 제기할 수 있다.
③ 판례는 보충역편입처분과 공익근무요원소집처분에는 흠의 승계를 인정하고 있다.

④ 무효와 취소의 구별기준에 관하여는 중대명백설이 다수설·판례의 입장이다.

09. 다음 중 항고소송의 피고적격에 관한 내용으로 가장 옳지 않은 것은? (다툼이 있는 경우 통설·판례에 의함)

① 법률에 특별한 규정이 없는 한 처분청 또는 부작위청
② 권한의 위임이 있는 경우 수임청, 위탁의 경우 수탁청
③ 권한의 대리가 있는 경우 피대리관청, 내부위임의 경우 원칙적으로 위임청
④ 조례가 항고소송의 대상인 경우 당해 조례를 의결한 지방의회

10. 행정처분에 대한 설명으로 옳지 않은 것은? (다툼이 있는 경우 판례에 의함)

① 행정소송법 제26조에 직권으로 증거조사를 할 수 있고 당사자가 주장하지 않은 사실에 대하여도 판단할 수 있다고 규정하고 있기는 하나 이는 행정소송의 특수성에서 연유하는 당사자주의, 변론주의에 대한 일부 예외규정일 뿐 법원이 아무런 제한 없이 당사자가 주장하지도 않은 사실을 판단할 수 있다는 것은 아니다.
② 행정처분의 위법을 들어 그 취소를 청구함에 있어서는 당해 행정처분의 적법성에 관하여는 당해 처분청이 이를 주장·입증하여야 한다.
③ 행정소송에 있어서 특별한 사정이 있는 경우를 제외하면 당해 행정처분의 적법성에 관하여는 행정청이 이를 주장·입증하여야 한다.
④ 어떠한 처분의 근거가 행정규칙에 규정되어 있다고 하더라도, 그 처분이 상대방에게 권리 설정 또는 의무 부담을 명하거나 기타 법적인 효과를 발생하게 하는 등으로 상대방의 권리의무에 직접 영향을 미치는 행위라면, 이 경우에도 항고소송의 대상이 되는 행정처분에 해당한다고 보아야 한다.

11. 현대 행정법이론상 법률유보의 원칙에 관한 적용범위를 설명함에 있어 그 이론적 근거로 우리나라에서 거론될 여지가 가장 적은 것은?

① 행정작용 중 국민생활에 영향을 미치는 중요사항은 근거규범이 필요하다는 중요사항유보설 또는 본질성설, 단계적 유보설
② 국민의 자유, 재산을 침해하는 행정활동은 근거규범이 필요하다는 침해유보설, 모든 행정에 유보되어야 한다는 전부유보설
③ 수익적 행정작용인 급부행정에도 근거규범이 필요하다는 사회유보설 내지 급부유보설
④ 행정작용도 권력분립에 의한 민주적 정당성이 있으므로 일정 행정활동에는 행정입법의 근거규범만 필요하다는 배타적 행정유보설

12. 현행 행정절차법과 관련된 설명 중 가장 옳지 않은 것은?

① 공법상 계약, 행정조사에 관한 규정을 두고 있지 않다.
② 신고절차, 행정지도절차, 행정상입법예고, 처분절차에 관한 규정을 두고 있다.
③ 입법예고절차를 결한 법령의 효력에 관하여 규정을 두고 있지 않다.
④ 복효적 행정행위에서 권익을 침해받는 제3자에게도 사전통지를 하도록 의무화 하고 있다.

13. 행정쟁송의 종류에 대한 설명으로 옳은 것은?

① 행정의 공권적 작위나 부작위를 전제로 하여 그것이 위법하거나 부당하다고 주장하는 사람의 청구에 의하여 행해지는 약식쟁송이다.
② 행정 기관이 재심사하는 절차. 행정 심판법이 규정하는 행정 심판으로 주관적 쟁송이다.
③ 항고쟁송은 이미 행하여진 행정처분의 위법 또는 부당을 주장하는 사람의 청

구에 의하여 그 취소 또는 변경을 구하는 복심적 쟁송이다.
④ 행정쟁송은 시심적 쟁송이기도 하며 주관적 쟁송이기도 하다.

14. 행정재량(재량행위)에 대한 설명으로 옳지 않은 것은? (다툼이 있으면 판례에 의함)
① 행정재량의 본질은 개별적 정의실현에 있다.
② 판례는 기속행위와 재량행위의 구별을 법문의 표현방식에 의거하고 있다.
③ 재량행사는 원칙적으로 개별적 수권에 의거해야 한다.
④ 판례상 행정재량과 판단여지가 구분되고 있지 않다.

15. 생활보상에 관한 다음 설명으로 옳지 않은 것은?
① 손실보상의 대상은 역사적으로 볼 때 대인적보상에서 대물적보상으로, 대물적보상에서 생활보상으로 변천하여 왔다.
② 생활보상이란 재산권에 대한 침해로 인하여 생활의 근거를 상실하게 되는 재산권의 피수용자 등에 대하여 생활재건에 필요한 정도의 보상을 행함을 의미한다.
③ 생활보상은 손실보상에 사회국가의 이념이 도입된 것이라고 볼 수 있다.
④ 생활보상은 결국 재산권의 객관적 가치의 보상을 그 이념으로 한다.

16. 다음 중 청문절차와 관련하여 옳지 않은 것은?
① 행정청이 청문절차를 실시하고자 하는 경우에는 청문이 시작되기 10일 전에 당사자 등에게 일정한 사항을 통지하여야 한다.

② 일정한 사정이 있는 경우 청문주재자의 제척·기피·회피제도가 인정된다.
③ 행정청은 직권 또는 당사자의 신청에 의하여 수개의 사안을 병합·분리하여 청문을 실시할 수는 없다.
④ 행정청은 당사자가 문서의 열람 또는 복사를 요청하는 경우 특별한 사정이 없는 한 거부할 수 없다.

17. 행정심판법상의 송달에 대한 설명으로 옳지 않은 것은?
① 서류의 송달은 청구인이 등재된 전자문서를 확인한 때에 전자정보처리조직에 기록된 내용으로 도달한 것으로 본다.
② 전자정보처리조직을 이용한 서류 송달은 서면으로 한 것과 같은 효력을 가진다.
③ 등재사실을 통지한 날부터 2주 이내(재결서 외의 서류는 7일 이내)에 확인하지 아니하였을 때에는 등재사실을 통지한 날부터 3주가 지난날에 도달한 것으로 본다.
④ 행정심판을 청구하거나 심판참가를 한 자에게 전자정보처리조직과 그와 연계된 정보통신망을 이용하여 재결서나 이 법에 따른 각종 서류를 송달할 수 있다.

18. 하자의 치유에 관한 다음 설명 중 가장 옳지 않은 것은?
① 무효인 행정행위의 치유는 성질상 인정될 수 없다는 것이 다수설이다.
② 우리의 경우 흠의 치유는 행정소송의 진행 중에도 가능하다는 것이 다수설·판례의 입장이다.
③ 독일의 경우 흠의 보완은 행정소송의 진행 중에도 가능하다고 한다.
④ 흠의 치유는 하자효과의 개별화이론의 적용례로 설명되어 진다.

19. 행정지도에 대한 설명으로 옳지 않은 것은? (다툼이 있는 경우 판례에 의함)
   ① 일반택시 운전기사들의 처우개선에 사용하도록 건설교통부지침을 정한 것은 건설교통부의 일반택시 운송사업자들에 대한 행정지도로 대외적 효력이 있는 법규명령이다.
   ② 행정지도가 강제성을 띠지 않은 비권력적 작용으로서 행정지도의 한계를 일탈하지 아니하였다면, 그로 인하여 상대방에게 어떤 손해가 발생하였다 하더라도 행정기관은 그에 대한 손해배상책임이 없다.
   ③ 임원취임승인취소처분이 행하여짐으로써 사립학교법 제20조의2 제2항 소정의 목적을 달성하여 실효되었다고 할 것이고, 한편 그 상태에서 발하여진 피고의 시정요구 변경통보는 관할청이 가지는 일반적인 지도·감독권에 기한 것으로서 향후 처리지침을 하달한 행정지도의 성격을 지니는 새로운 조치라고 할 것이다.
   ④ 행정지도 방식에 의한 사전고지나 그에 따른 당사자의 자진 폐공의 약속 등의 사유만으로는 사전통지 등을 하지 않아도 되는 행정절차법 소정의 예외의 경우에 해당한다고 볼 수 없다.

20. 건축허가와 건축신고에 대한 설명으로 옳지 않은 것은? (다툼이 있으면 판례에 의함)
   ① 인·허가의제 효과를 수반하는 건축신고는 일반적인 건축신고와는 달리, 특별한 사정이 없는 한 행정청이 그 실체적 요건에 관한 심사를 한 후 수리하여야 하는 이른바 '수리를 요하는 신고'로 보지 않는다.
   ② 건축행정청은 하나 이상의 필지의 일부를 하나의 대지로 삼아 건축공사를 완료한 후 사용승인을 신청할 때까지 토지분할절차를 완료할 것을 조건으로 건축허가를 할 수 있다.
   ③ 가설건축물 존치기간을 연장하려는 건축주 등이 법령에 규정되어 있는 제반 서류와 요건을 갖추어 행정청에 연장신고를 한 때에는 행정청은 원칙적으로

이를 수리하여 신고필증을 교부하여야 하고, 법령에서 정한 요건 이외의 사유를 들어 수리를 거부할 수는 없다.
④ 건축허가권자는 건축신고가 건축법, 국토의 계획 및 이용에 관한 법률 등 관계 법령에서 정하는 명시적인 제한에 배치되지 않는 경우에도 건축을 허용하지 않아야 할 중대한 공익상 필요가 있는 경우에는 건축신고의 수리를 거부할 수 있다.

21. 행정소송에 대한 설명으로 옳지 않은 것은? (다툼이 있는 경우 판례에 의함)

① 행정청이 한 행위가 단지 사인 간 법률관계의 존부를 공적으로 증명하는 공증행위에 불과하여 그 효력을 둘러싼 분쟁의 해결이 사법원리에 맡겨져 있거나 행위의 근거 법률에서 행정소송 이외의 다른 절차에 의하여 불복할 것을 예정하고 있는 경우에는 항고소송의 대상이 될 수 없다
② 도시계획구역 내 토지 등을 소유하고 있는 사람과 같이 당해 도시계획시설결정에 이해관계가 있는 주민으로서는 도시시설계획의 입안권자 내지 결정권자에게 도시시설계획의 입안 내지 변경을 요구할 수 있는 법규상 또는 조리상의 신청권이 있고, 이러한 신청에 대한 거부행위는 항고소송의 대상이 되는 행정처분에 해당한다.
③ 지방병무청장이 공익근무요원 소집대상자의 원에 의하여 또는 직권으로 그 기일을 연기한 다음 다시 공익근무요원 소집통지를 하였다고 하더라도 이는 최초의 공익근무요원 소집통지에 관하여 다시 의무이행기일을 정하여 알려주는 연기통지에 불과한 것이므로, 이는 항고소송의 대상이 되는 독립한 행정처분이다.
④ 행정소송의 대상이 되는 행정처분이란 행정청 또는 그 소속기관이나 법령에 의하여 행정권한의 위임 또는 위탁을 받은 공공단체 등이 국민의 권리·의무에 관계되는 사항에 관하여 직접 효력을 미치는 공권력의 발동으로서 하는 공법상의 행위를 말한다.

22. 행정벌과 관련한 다음 내용 중 대법원 판례의 입장이 아닌 것은?

① 법인세법상의 가산세는 동법에 의한 과세의 적정을 기하기 위하여 일정한 사항의 의무를 과하고 그 이행을 확보하기 위하여 이들 의무를 해태하였을 때 그에 대하여 가해지는 일종의 행정벌적인 성질을 가지는 제재이다.

② 법인세법상 과소신고가산세는 과세의 적정을 기하기 위하여 납세의무자인 법인으로 하여금 성실한 과세표준의 신고를 의무지우고 이를 확보하기 위하여 그 의무이행을 해태하였을 때 가해지는 일종의 행정벌의 성질을 가진 제재라고 할 것이고, 이와 같은 제재는 납세의무자가 그 의무의 이행을 그 당사자에게 기대하는 것이 무리라고 하는 사정이 있는 경우라도 이를 과할 수 있다.

③ 법인세법에 규정된 영수보고서 제출의무는 납세의무 그 자체는 아니며 정부의 세무행정의 편의를 위한 협력의무를 규정한 것으로 그 보고를 불이행한데 대한 가산세는 그 의무해태에 가하는 행정벌적 성격을 지니고 있는 것이므로 그 신고의무를 해태함에 있어 그 보고의무자에게 정당한 이유가 있다고 인정되는 경우에는 그 보고의무자에게 가산세를 부과할 수 없다.

④ 가산세는 각 사업년도의 소득에 대하여 과세하는 법인세의 경우와는 달리 과세자료수집을 위한 정부의 조세행정목적상 부과하는 협동의무를 불이행함에 대하여 가해지는 행정벌적 성질을 가진 제재라 할 것이므로 그 신고 할 당시의 법령에 규정된 가산세율에 따라야 한다.

23. 신뢰보호의 원칙에 대한 설명으로 옳지 않은 것은? (다툼이 있는 경우 판례에 의함)

① 개발이익환수에 관한 법률에 정한 개발사업을 시행하기 전에, 행정청이 토지 지상에 예식장 등을 건축하는 것이 관계 법령상 가능한지 여부를 질의하는 민원예비심사에 대하여 관련부서 의견으로 개발이익환수에 관한 법률에 '저촉사항 없음'이라고 기재하였다고 하더라도, 이후의 개발부담금부과처분에 관하여 신뢰보호의 원칙을 적용하기 위한 요건인, 개인에 대하여 신뢰의 대상이

되는 공적인 견해표명을 한 것이라고는 보기 어렵다.
② 행정청이 용도지역을 자연녹지지역으로 지정 결정하였다가 그보다 규제가 엄한 보전녹지지역으로 지정 결정하는 내용으로 도시계획을 변경한 경우, 도시계획변경결정이 행정청의 공적인 견해표명에 반하는 처분을 함으로써 그 견해표명을 신뢰한 개인의 이익이 침해되는 결과가 초래된 것이라고도 볼 수 없다는 등의 이유로, 신뢰보호의 원칙이 적용되지 않는다.
③ 신뢰보호원칙의 적용 요건인 행정청의 공적 견해표명이 있었는지를 판단할 때 행정조직상의 형식적인 권한분장에 구애될 것은 아니지만, 공적 견해표명이 있다고 인정하기 위해서는 적어도 담당자의 조직상 지위와 임무, 당해 언동을 하게 된 구체적인 경위 등에 비추어 그 언동의 내용을 신뢰할 수 있는 경우이어야 한다.
④ 신뢰보호의 원칙은 행정청이 공적인 견해를 표명할 당시의 사정이 그대로 유지됨을 전제로 적용되는 것이 원칙이므로, 사후에 그와 같은 사정이 변경된 경우에는 그 공적 견해가 더 이상 개인에게 신뢰의 대상이 된다고 보기 어려운 만큼, 특별한 사정이 없는 한 행정청이 그 견해표명에 반하는 처분을 한 경우 신뢰보호의 원칙에 위반된다.

24. 행정입법에 대한 설명으로 옳지 않은 것은? (다툼이 있는 경우 판례에 의함)

① 일반적으로 법률의 위임에 따라 효력을 갖는 법규명령의 경우에 위임의 근거가 없어 무효였더라도 나중에 법 개정으로 위임의 근거가 부여되면 그때부터는 유효한 법규명령으로 볼 수 있다.
② 행정처분이 법규성이 없는 내부지침 등의 규정에 위배된다고 하더라도 그 이유만으로 처분이 위법하게 되는 것은 아니며, 내부지침 등에서 정한 요건에 부합한다고 하여 반드시 그 처분이 적법한 것이라고 할 수도 없다.
③ 행정청이 행정입법 등 추상적인 법령을 제정하지 아니하는 행위는 법률이 시행되지 못하게 됨으로써 행정입법을 통해 구체화되는 개인의 권리를 침해하는 것으로, 항고소송의 대상이 된다.

④ 어떠한 처분의 근거나 법적인 효과가 행정규칙에 규정되어 있다고 하더라도, 그 처분이 상대방의 권리의무에 직접 영향을 미치는 행위라면 항고소송의 대상이 되는 행정처분에 해당한다.

25. 행정벌에 대한 설명으로 옳지 않은 것은? (다툼이 있는 경우 판례에 의함)
① 경찰서장이 범칙행위에 대하여 통고처분을 하더라도 통고처분에서 정한 납부기간까지는 검사가 공소를 제기할 수 있다.
② 지방국세청장 또는 세무서장이 조세범칙행위에 대하여 고발을 한 후에 동일한 조세범칙행위에 대하여 통고처분을 하였더라도, 이는 법적 권한 소멸 후에 이루어진 것으로서 특별한 사정이 없는 한 효력이 없다.
③ 과세관청이 법인에 대하여 세무조사결과통지를 하면서 익금누락 등으로 인한 법인세 포탈에 관하여 조세범 처벌법 위반으로 고발 또는 통고처분을 하였더라도 이는 포탈한 법인세에 대하여 구 국세기본법 제81조의15 제2항 제2호의 '조세범 처벌법 위반으로 고발 또는 통고처분하는 경우'에 해당할 뿐이지, 소득처분에 따른 소득금액변동통지와 관련된 조세포탈에 대해서까지 과세전적부심사의 예외사유인 '고발 또는 통고처분'을 한 것으로 볼 수는 없다.
④ 통고처분을 할 것인지의 여부는 관세청장 또는 세관장의 재량에 맡겨져 있고, 따라서 관세청장 또는 세관장이 관세범에 대하여 통고처분을 하지 아니한 채 고발하였다는 것만으로는 그 고발 및 이에 기한 공소의 제기가 부적법하게 되는 것은 아니다.

제2회 실전모의고사

소방학개론

01. 「화재조사 및 보고규정」상 다음 용어에 대한 설명으로 옳지 않은 것은?

① 동력원은 발화관련 기기나 제품을 작동 또는 연소시킬 때 사용되어진 연료 또는 에너지를 말한다.
② 소방대의 소화활동으로 화재확대의 위험이 현저하게 줄어들거나 없어진 상태를 초진이라 한다.
③ 피해물의 종류, 손상 상태 및 정도에 따라 피해금액을 적정화시키는 일정한 비율을 손해율이라 한다.
④ 발화 장소는 열원과 가연물이 상호작용하여 화재가 시작된 지점을 말한다.

02. 다음 설명에 해당하는 현상은?

> ㉮ 기체 등 절연체가 강한 전기장 하에서 절연성을 상실하고 전류가 그 속을 흐르는 현상
> ㉯ 충전되어 있는 전지로부터 전류가 흘러 기전력이 감소되는 현상

① 누전　　　　　　　② 방전
③ 절연　　　　　　　④ 정전

03. 다음 중 자기반응성 물질로 내부연소형태를 취하는 물질이 아닌 것은?

① 과염소산 · 과산화수소
② 유기과산화물 · 질산에스테르류
③ 니트로화합물류 · 니트로소화합물류
④ 아조화합물 · 히드라진유도체류

04. 목재·석탄·종이·합성수지 등이 가열·분해되면서 발생되는 가연성 기체로 볼 수 없는 것은?

① 일산화탄소(CO), 이산화탄소(CO_2)
② 수소(H_2), 메탄(CH_4)
③ 할로겐, 질산
④ 탄화수소, 카르본산

05. 재난에 대한 설명으로 옳지 않은 것은?

① 재난의 발생장소에 의한 분류는 육상재난, 해상재난, 광역재난, 국지재난 등으로 나눌 수 있다.
② 존스(Jones)는 재난의 분류에서 자연적 재난으로 스모그 현상, 온난화 현상, 사막화 현상 등을 들고 있다.
③ 재난 발생의 피해 규모에 따라 개인적 재난과 사회적 재난으로 분류하고 있다.
④ 재난의 유형은 발생의 원인, 발생 장소, 재난의 대상, 재난의 직·간접적 영향, 재난 발생과정의 진행속도 등에 의해 분류하고 있다.

06. 연소에 대한 설명으로 옳지 않은 것은?

① 연소가 시작되면서 생긴 불꽃은 연소반응열에 의하여 전파된다.
② 연소의 반응 면은 매질의 표면에서 외부로 이동해간다.
③ 단위시간에 연소하는 물질의 질량을 질량연소속도라고 한다.
④ 연소 중인 물질의 반응열과 반응속도가 크면 연소속도가 빨라진다.

07. 소화기구의 화재안전기준에서 자동소화장치에 대한 설명으로 옳지 않은 것은?

① 주거용 주방자동소화장치의 수신부는 주위의 열기류 또는 습기 등과 주위온도에 영향을 받지 않아야 한다.
② 자동소화장치는 소화약제를 자동으로 방사하는 고정된 소화장치로 형식승인 받은 유효설치 범위 이내에 설치하여야 한다.
③ 캐비넷형자동소화장치는 열, 연기 또는 불꽃 등을 감지하여 에어로졸의 소화약제를 방사하여 소화하는 장치이다.
④ 상업용 주방자동소화장치의 덕트에 방출되는 분사헤드는 성능인증 받는 길이 이내로 설치하여야 한다.

08. 재난 및 안전관리 기본법상 용어의 정의로 옳지 않은 것은?

① 해외재난은 대한민국의 영역 밖에서 대한민국 국민의 생명·신체 및 재산에 피해를 줄 수 있는 재난으로서 정부차원의 대처가 필요한 재난을 말한다.
② 재난관리는 재난의 예방·대비·대응 및 복구를 위하여 행하는 모든 활동을 말한다.
③ 긴급구조지원기관은 긴급구조에 필요한 인력·시설 및 장비, 운영체계 등 긴급구조능력을 보유한 기관이나 단체로서 대통령령으로 정하는 기관과 단체

를 말한다.
④ 긴급구조기관은 국토교통부, 해양수산부, 경찰청, 군부대, 전국재해구호협회를 말한다.

09. 소방예산관리 상의 회계에서 일반회계에 포함 되는 것으로만 짝지어진 것은?
① 농어촌구조개선특별회계비와 기본 경비
② 소방정책관리비와 재난안전교육비
③ 인건비와 주요 사업비
④ 인건비 및 소방방재행정지원비

10. 화재와 관련하여 연소촉진제에 대한 설명으로 옳지 않은 것은?
① 안정제라고도 하며 주로 화학반응에서 활발한 반응 막기 위하여 사용된다.
② 연소 온도를 높이고, 완전연소를 유도한다.
③ 점화나 화재의 확산을 촉진 또는 가속화시키는 물질이다.
④ 가솔린, 케로신 등과 같은 인화성 액체를 말한다.

11. 다음 같은 공기비가 작을 경우에 발생할 수 있는 현상과 가장 거리가 먼 것은?

> 공기비(연소공기비율)이란 실제적 완전연소에 필요한 공기량(실제공기량)에 대한 이론적 완전연소에 필요한 공기량(이론공기량)의 비율을 말한다.

① 불완전연소로 매연발생이 심하다.

② 배기 기체에 의한 열손실 증대현상이 일어난다.
③ 미연소에 의한 열손실이 늘어난다.
④ 미연소 기체에 의한 폭발사고 등이 일어나기 쉽다.

12. B급 화재에 대한 설명으로 옳지 않은 것은?
① 연소열이 크고 연소성이 좋기 때문에 일반화재보다 위험하다.
② 소화 시 전기전도성을 가진 약제를 사용하면 위험할 수 있으므로 주의해야 한다.
③ 화재 후 일반적으로 재를 남기지 않는 특성이 있다.
④ 가솔린·등유·알코올·요리기름 등이 타는 동안 흐를 수 있는 물질과 가연성 기체들을 포함한다.

13. 전기화재에 관한 설명으로 가장 적절하지 못한 것은?
① 전류가 흐르는 전기시설물·전기용품 등이 타는 화재를 말한다.
② 전기 기기가 설치되어 있는 장소에서의 화재를 말한다.
③ 소화 시 물 등의 전기전도성을 가진 약제를 사용하면 위험할 수 있다.
④ 전원이 내려져 있는 상태에서의 화재도 전기화재로 분류한다.

14. 화재 연기에 관하여 잘못 설명하고 있는 것은?
① 화염 중에서 생성되는 유리탄소를 주성분으로 하는 고체미립자계의 연기가 있다.

② 재료의 열분해생성가스가 냉각·응축된 액체미립자계의 연기가 있다.
③ 기체계의 연기는 연소 결과로서 발생하는 탄소의 응집체이기 때문에 백색을 띤다.
④ 액체계의 연기는 연료의 종류에 따라서 특성이 변하며 특유의 냄새를 갖는 것이 많고 물질에 따라서는 독성을 갖는다.

15. 물의 주수형태에 대한 설명으로 옳은 것은?

① 무상주수는 저압으로 방출되기 때문에 물방울의 평균 직경은 0.5~6mm 정도이다.
② 적상주수는 현재도 가장 널리 사용되고 있으며 열용량이 큰 일반 고체가연물의 대규모 화재에 유효한 주수 형태이다.
③ 봉상주수는 안개형태의 주수로 분무주수라고도 하며 물방울의 평균직경은 0.1~1.0㎜ 정도이다.
④ 물의 주수형태로는 봉상주수, 적상주수, 무상주수가 있다.

16. 다음 중 고분자물질을 중심으로 한 유기재료가 가장 복잡하게 조합되어 연소하는 현상을 볼 수 있는 화재는?

① 볏짚 저장소에서 발생하는 화재
② 석유탱크 내에서 발생하는 화재
③ 주거용 건축물 내에서 발생하는 화재
④ 액화석유가스 용기에서 발생하는 화재

17. 건축물 내부에서 생성되는 굴뚝효과(stack effect)에 관한 설명으로 옳지 않은 것은?

① 외기가 건축물 내부의 공기보다 따뜻할 때는 건축물 내부에서 하향으로 공기가 이동하며 이러한 하향 공기흐름을 역굴뚝효과라 한다.
② 굴뚝효과나 역굴뚝효과는 밀도나 온도 차이에 의한 압력차에 기인한다.
③ 굴뚝효과는 건축물 내부와 구조물이 없는 실외에서도 생성되고 존재한다.
④ 건축물 내부에 통로가 존재하면 화재가 발생한 층으로부터 다른 층으로의 연기 이동이 가능하게 된다.

18. 고분자를 주체로 한 유기재료의 일반적인 연소 구조에 관한 설명으로 옳지 않은 것은?

① 고분자에서는 기체생성물 외에 탄소질의 고체잔사가 생긴다.
② 고체잔사가 공기와 접하면 반드시 무염연소(glow)한다.
③ 가연성 기체는 공기와 혼합기를 형성하고 점화원이 있으면 착화된다.
④ 한번 연소가 시작되면 연소 사이클이 형성된다.

19. 우리나라의 소방 역사에 대한 설명으로 옳지 않은 것은?

① 우리나라 소방법은 대한민국 정부수립 이후인 1948년에 제정, 공포되었다.
② 미군정 시기인 1946년 소방부 및 소방위원회를 설치하고 소방업무를 경찰업무에서 분리하였다.
③ 일제 강점기인 1925년에 우리나라 최초의 소방서인 경성소방서를 설치하였다.
④ 조선시대 세종 때인 1426년에 병조 소속으로 금화도감을 설치하였다.

20. 다음 중 훈소(smoldering)에 관한 설명으로 옳지 않은 것은?

① 훈소에 의하여 발생하는 연기는 액체미립자가 주성분이다.
② 훈소에서는 분해생성물이 그대로 외부로 방출되므로 특유의 눋은 냄새가 난다.
③ 훈소에서는 시안 등의 유독가스가 생성된다.
④ 비점이 낮은 성분은 생성 시 고체 상태가 되고 점점 냉각되어 액적이 된다.

21. 「재난 및 안전관리 기본법」상 재난관리와 관련한 설명으로 옳지 않은 것은?

① 재난관리정보에는 재난관리를 위하여 필요한 재난상황정보, 동원가능 자원정보, 시설물정보, 지리정보가 포함된다.
② 재난관리주관기관의 장은 재난이 발생하거나 발생할 우려가 있는 경우 재난상황을 효율적으로 관리하고 재난을 수습하기 위한 중앙사고수습본부를 신속하게 설치·운영하여야 한다.
③ 재난관리를 위한 재난방송이 원활히 수행될 수 있도록 안전정책조정위원회에 중앙재난방송협의회를 둔다.
④ 재난 등의 사고에 대하여 그 유형별로 예방·대비·대응 및 복구의 업무를 주관하여 수행하도록 대통령령으로 정하는 관계 중앙행정기관이 재난관리주관기관이다.

22. 연소에 대한 일반적인 설명으로 옳지 않은 것은?

① 난류구간인 경우 화염의 높이와 분출 속도는 화염의 직경과 분출구경에 의해 좌우된다.
② 선화는 연료노즐에서 연료기체의 연소속도가 분출속도보다 느릴 때 발생하

는 현상이다.
③ 연소열은 어떤 물질 1mol 또는 1g이 완전 연소할 때 발생하는 열량이다.
④ 연료노즐에서 흐름이 층류구간인 경우 확산연소에서 화염의 높이는 분출 속도에 반비례한다.

23. 화재에 대한 설명 중 옳은 것을 모두 고른 것은?

> ㉮ 목조건축물 화재는 일반적으로 무염착화 없이 발 염착화로 이어진다.
> ㉯ 화재 시 건물의 70 % 이상이 소실된 화재를 전소라 한다.
> ㉰ 면화류, 합성수지 등 가연물에 의한 화재는 A급 화재이다.
> ㉱ 발염착화는 가연물에 불꽃이 발생하면서 착화되는 현상이다.

① ㉮, ㉰ ② ㉯, ㉱
③ ㉯, ㉰, ㉱ ④ ㉮, ㉯, ㉰, ㉱

24. 스프링클러설비에 대한 설명으로 옳지 않은 것은?

① 스프링클러설비 리타딩 체임버는 역류방지, 오작동방지, 동파방지 기능을 가지고 있다.
② 스프링클러설비의 수원을 수조로 설치하는 경우에는 소방소화설비의 전용수조로 해야 한다.
③ 습식유수검지장치는 습식스프링클러설비 또는 부압식스프링클러설비에 설치되는 유수검지장치이다.
④ 측벽형스프링클러헤드는 가압된 물이 분사될 때 헤드의 축심을 중심으로 한 반원 상에 균일하게 분산시키는 헤드이다.

25. 옥외출화에 대한 설명으로 옳은 것은?

① 천장 속과 벽의 속 등 깊숙한 곳에서 발염 착화한 때이다.
② 불연 벽체나 불연 천장인 경우 실내의 뒷면에서 발염 착화한 때이다.
③ 가옥 구조 시에는 천장 판에 발염 착화한 때이다.
④ 목재 가옥의 경우 벽이나 추녀 밑의 목재에서 발염 착화한 때이다.

01. 「소방기본법 시행규칙」상 소방교육·훈련의 종류와 종류별 소방교육·훈련의 대상자가 올바르게 연결된 것은?

① 응급처치훈련 - 화재진압업무를 담당하는 소방공무원
② 현장지휘훈련 - 구조업무를 담당하는 소방공무원
③ 화재진압훈련 - 의무소방원 및 의용소방대원
④ 인명구조훈련 - 지방소방위

02. 「위험물관리법 시행규칙」상 예방규정에 포함되어야 하는 사항을 모두 고르면?

> ㉮ 위험물안전관리자가 직무를 수행할 수 없는 경우 그 직무의 대리자에 관한 사항
> ㉯ 제조소 등의 위치·구조 및 설비를 명시한 서류와 도면의 정비에 관한 사항
> ㉰ 재난 그 밖의 비상시의 경우에 취하여야 하는 조치에 관한 사항
> ㉱ 위험물 취급 작업의 기준에 관한 사항

① ㉮, ㉯
② ㉮, ㉯, ㉰

③ ㉮, ㉯, ㉰, ㉱   ④ ㉰, ㉱

03. 「소방시설 설치 및 관리에 관한 법률 시행령」상 소방시설을 설치하지 않을 수 있는 특정소방대상물 및 소방시설의 범위에 해당하는 것으로써 화재안전기준을 적용하기가 어려운 특정소방대상물에 속하는 것만 고르면?

㉮ 수영장	㉯ 기계조립공장
㉰ 주물공장	㉱ 건축재료 등의 가공공장
㉲ 어류양식용 시설	㉳ 핵폐기물 처리시설
㉴ 목욕장	

① ㉮, ㉲, ㉴   ② ㉯, ㉰, ㉱
③ ㉯, ㉲, ㉴   ④ ㉲, ㉳

04. 「위험물관리법」상 위험물의 저장 및 취급 제한에 대한 설명으로 옳은 것은?

① 둘 이상의 위험물을 같은 장소에서 저장하는 경우 해당 장소에서 저장하는 각 위험물의 수량을 그 위험물의 지정수량으로 각각 나누어 얻은 수의 합계가 2 이상인 경우에만 해당 위험물은 지정수량 이상의 위험물로 본다.
② 군부대가 지정수량 이상의 위험물을 군사목적으로 임시로 저장하는 경우 제조소등이 아닌 장소에서 지정수량 이상의 위험물을 취급할 수 없다.
③ 지정수량 이상의 위험물을 저장소가 아닌 장소에서 저장하거나 제조소 등이 아닌 장소에서는 취급할 수 없다.
④ 중요기준은 화재 등 위해의 예방과 응급조치에 있어서 상대적으로 적은 영향을 미치는 기준으로서 행정안전부령이 정하는 기준을 말한다.

05. 「소방시설 설치 및 관리에 관한 법률 시행령」상 소방기술심의위원회의 위원 중 중앙위원회의 위원으로 임명 또는 위촉할 수 없는 사람은?

① 소방기술사
② 소방관련 법인·단체에서 소방관련 업무에 3년 이상 종사한 사람
③ 소방시설관리사
④ 석사 이상의 소방관련 학위 소지한 사람

06. 「소방기본법」상 한국소방안전원의 정관에 기재되어야 할 사항을 모두 고른 것은?

> ㉮ 사업에 관한 사항 및 직원에 관한 사항
> ㉯ 재정 및 회계에 관한 사항
> ㉰ 기술능력자 연명부 및 기술자격증에 관한 사항
> ㉱ 명칭 및 사무소의 소재지에 관한 사항
> ㉲ 회사의 명칭 변경에 관한 사항

① ㉮, ㉰
② ㉯, ㉰, ㉱
③ ㉮, ㉯, ㉰
④ ㉲

07. 「소방기본법 시행규칙」상 소방신호에 대한 설명으로 옳지 않은 것은?

① 구조신호는 위급한 상황에서 구조를 위해 출동할 때 발령한다.
② 경계신호는 화재예방 상 필요하다고 인정되는 경우와 「화재의 예방 및 안전관리에 관한 법률」 제20조의 규정에 의한 화재위험경보 시에 발령한다.
③ 발화신호는 화재가 발생한 때 발령한다.
④ 훈련신호는 훈련 상 필요하다고 인정되는 때 발령한다.

제 2회 실전모의고사

08. 「화재의 예방 및 안전관리에 관한 법률」상 소방안전관리자에 대한 설명으로 옳지 않은 것은?

① 소방안전관리자 자격시험에 응시할 수 있는 사람의 자격은 대통령령으로 정하고 소방안전관리자의 자격시험에 필요한 사항은 행정안전부령으로 정한다.
② 소방안전관리자를 선임하지 않은 소방안전관리대상물의 관계인에게 소방안전관리자를 선임하도록 명할 수 있는 사람은 소방본부장 또는 소방서장이다.
③ 소방안전관리자를 선임한 경우 선임한 날부터 14일 이내에 소방본부장 또는 소방서장에게 신고하여야 한다.
④ 소방안전관리자가 되려고 하는 사람은 소방안전관리업무에 관한 능력의 습득을 위하여 한국소방안전협회장이 실시하는 강습교육을 받아야 한다.

09. 「화재의 예방 및 안전관리에 관한 법률」상 특별관리시설물의 소방안전관리에 관한 사항이다. 틀린 것은?

① 한국소방안전원의 화재예방안전진단을 받은 연도에는 자체점검을 받은 것으로 본다.
② 「산업기술단지 지원에 관한 특례법」 제2조제1호의 산업기술단지는 소방안전 특별관리 대상이다.
③ 소방청장은 화재예방안전진단 결과 보수·보강 등의 조치가 필요하다고 인정하는 경우 관계인에게 보수·보강 등의 조치를 취할 것을 명할 수 있다.
④ 화재예방안전진단기관으로 지정을 받으려면 대통령령으로 정하는 시설과 전문 인력 등 지정기준을 갖추어 소방청장에게 신청하여야 한다.

10. 「소방의 화재조사에 관한 법률」상 화재조사에 대한 설명으로 옳은 것은?

① 화재조사 결과를 공표할 수 있으나 수사가 진행 중인 경우 관계 수사기관의

장과 공표 여부는 사전에 협의하여야 한다.
② 화재조사를 위해 필요한 경우 증거물 수집은 범죄수사와 관련된 증거물일지라도 수사기관의 장과 협의 없이도 수집 가능하다.
③ 소방청장은 사상자가 많거나 사회적 이목을 끄는 화가 발생한 경우 화재합동조사단을 구성하여 운영할 수 있다.
④ 화재감정기관의 지정을 취소하려는 경우 청문은 필요치 않으며 취소 통보를 하여야 한다.

11. 「소방시설 설치 및 관리에 관한 법률 시행규칙」상 소방시설관리업의 등록사항의 변경신고 등에 관한 다음 내용 중 옳은 것은?

① 소방시설관리업 등록사항 변경신고서에는 명칭·상호 또는 영업소소재지를 변경하는 경우에는 소방시설관리업 등록증 및 등록수첩을 첨부하여야 한다.
② 소방시설관리업자는 등록사항의 변경이 있는 때에는 변경 일부터 20일 이내에 소방시설관리업 등록사항 변경신고서를 소방관서장에게 제출하여야 한다.
③ 소방시설관리업 등록사항의 변경신고를 받은 때에는 10일 이내에 소방시설관리업 등록증 및 등록수첩을 새로이 발급하여야 한다.
④ 행정안전부령으로 정하는 중요 사항인 지위승계가 변경되었을 때 소방시설관리업 등록사항 변경신고를 하여야 한다.

12. 「위험물안전관리법 시행령」상 위험물취급자격자가 취급할 수 있는 위험물이 올바르게 연결된 것은?

① 제1류, 제2류, 제3류 위험물 - 안전관리자교육이수자
② 제4류 인화성 액체 - 소방공무원경력자
③ 제5류 자기반응성물질 - 특수가연물취급기능사

④ 제6류 산화성 액체 - 누구나 가능

13. 「소방시설공사업법」상 특정소방대상물에 대한 설명으로 옳지 않은 것은?

① 대통령령으로 정하는 특정소방대상물의 경우 소방본부장이나 소방서장이 소방시설공사가 공사감리 결과보고서 대로 완공되었는지를 현장에서 확인할 수 있다.
② 특정소방대상물의 소방시설공사 등을 하려면 업종별로 자본금, 기술인력 등 대통령령으로 정하는 요건을 갖추어서 소방시설업을 등록하여야 한다.
③ 기업집단의 관계인 경우 동일한 특정소방대상물의 소방시설에 대한 시공과 감리를 함께 할 수 없다.
④ 특정소방대상물의 발주자는 해당 도급계약의 수급인이 정당한 사유 없이 1년 이상 소방시설공사를 하지 않은 경우 도급계약을 해지할 수 있다

14. 「소방기본법」상 국고보조의 대상이 되는 소방 활동장비에 포함되지 않는 것을 모두 고르면?

㉮ 소방자동차	㉯ 소방헬리콥터 및 소방정
㉰ 소방관서용 청사의 건축	㉱ 소방전용 통신설비 및 전산설비
㉲ 병원 소속의 응급구급차	

① ㉮, ㉯
② ㉰, ㉲
③ ㉰, ㉱, ㉲
④ ㉰

15. 「소방기본법」상 국민 안전의식을 높이기 위하여 화재발생시 피난 및 행동방법 등을 홍보해야 하는 의무를 가진 사람은?

① 소방공무원
② 시·도지사
③ 행정안전부장관
④ 소방청장·소방본부장

16. 「소방시설 설치 및 관리에 관한 법률」상 소방기술심의위원회(중앙위원회)에 대한 설명으로 옳지 않은 것은?

① 중앙소방기술심의위원회는 행정안전부에 두고 지방소방기술심의위원회는 소방청에 각각 둔다.
② 지방소방기술심의위원회는 위원장을 포함하여 5명 이상 9명 이하의 위원으로 구성한다.
③ 화재안전기준 중 기술기준을 제정·개정하려는 경우 제정안·개정안을 작성하여 중앙소방기술심의위원회의 심의·의결을 거쳐야 한다.
④ 위원회의 위원은 위원장을 포함하여 60명 이내로 구성한다.

17. 「화재의 예방 및 안전관리에 관한 법률」상 화재안전조사와 관련한 설명으로 옳지 않은 것은?

① 화재가 발생할 우려가 뚜렷하여 긴급하게 조사할 필요가 있는 경우 화재안전조사를 실시할 때 전산시스템 등을 통하여 공개하지 않아도 된다.
② 중앙화재안전조사단의 업무 수행을 위하여 필요한 경우 관계 기관의 장에게 그 소속 공무원 또는 직원의 파견을 요청할 수 있다.
③ 화재안전조사업무를 수행하는 소방공무원은 권한이나 자격을 표시하는 증표를 제시하지 않고도 조사업무를 실시할 수 있다.

④ 화재예방강화지구 등 법령에서 화재안전조사를 하도록 규정되어 있는 경우 화재안전조사를 실시할 수 있다.

18. 「소방시설 설치 및 관리에 관한 법률」상 소방시설에 대한 설명으로 옳지 않은 것은?

① 간이소화용구의 종류에는 에어로졸식 소화용구, 투척용 소화용구, 소공간용 소화용구 및 소화약제 외의 것을 이용한 간이소화용구가 있다.
② 소방시설 등은 소방시설과 그 밖에 소방 관련 시설로서 대통령령으로 정하는 것을 말하고 비상구는 포함되지 않는다.
③ 피난구조설비는 화재가 발생할 경우 피난하기 위하여 사용하는 기구 또는 설비이다.
④ 특정소방대상물에 소방시설을 설치하려면 지진이 발생 시 소방시설이 정상적으로 작동될 수 있도록 내진설계기준에 맞게 소방시설을 설치하여야 한다.

19. 「소방기본법」상 다음은 소방안전교육사와 관련된 내용이다. 옳지 않은 것은?

① 소방청장이 실시하는 시험에 합격한 사람에게 소방안전교육사 자격을 부여한다.
② 파산선고를 받고 복권되지 않았다 하더라도 소방안전교육사가 될 수 있다.
③ 소방안전교육사 시험의 응시자격, 시험방법 등에 필요한 사항은 행정안전부령으로 정한다.
④ 소방안전교육사를 소방청·소방본부 또는 소방서 그 밖에 대통령령이 정하는 대상에 배치할 수 있다.

20. 「위험물안전관리법 시행규칙」상 탱크안전성능검사의 신청 시기가 잘못 연결된 것은?

① 기초·지반검사 - 위험물탱크의 기초 및 지반에 관한 공사의 개시 전
② 암반탱크검사 - 암반탱크의 본체에 관한 공사의 개시 전
③ 용접부검사 - 이동저장탱크를 완공하고 상치장소를 확보한 후
④ 충수·수압검사 - 위험물을 저장 또는 취급하는 탱크에 배관 그 밖의 부속설비를 부착하기 전

21. 「화재의 예방 및 안전관리에 관한 법률」상 화재예방강화지구의 지정과 관련한 내용으로 (   ) 안에 들어갈 내용이 올바르게 연결된 것은?

> (㉮)은(는) 화재예방강화지구로 지정할 필요가 있는 지역을 화재예방강화지구로 지정하지 않은 경우 (㉯)은(는) 해당 (㉰)에게 해당 지역의 화재예방강화지구 지정을 요청할 수 있다.

	㉮	㉯	㉰
①	소방청장	시·도지사	시·도지사
②	소방서장	소방청장	시·도지사
③	소방청장	시·도지사	소방서장
④	시·도지사	소방청장	시·도지사

22. 「소방시설공사업법」상 소방시설공사 설계 및 시공과 관련한 설명으로 옳지 않은 것은?

① 모든 특정소방대상물은 그 용도, 위치, 구조, 수용 인원, 가연물의 종류 및 양

등을 고려하여 성능위주설계를 하여야 한다.
② 소방대상물 일부분의 소방시설공사를 마친 경우로서 그 일부분에 대하여 소방본부장이나 소방서장에게 부분완공검사를 신청할 수 있다
③ 하자보수 기간에 소방시설의 하자가 발생하였을 경우 통보를 받은 공사업자는 3일 이내에 하자를 보수하여야 한다.
④ 착공신고를 받은 날부터 2일 이내에 소방본부장 또는 소방서장은 신고수리 여부를 신고인에게 통지하여야 한다.

23. 「소방의 화재조사에 관한 법률 및 시행령」상 화재조사와 관련한 설명으로 옳지 않은 것은?

① 화재조사전담부서에 화재조사관을 2명 이상 배치하여야 한다.
② 화재조사 업무를 수행하는 화재조사관은 소방청장이 실시하는 화재조사에 관한 시험에 합격한 소방공무원으로 한다.
③ 화재합동조사단의 단장은 단원 중에서 소방관서장이 지명하거나 위촉하는 사람이 된다.
④ 화재조사전담부서의 구성 및 운영을 할 수 있는 사람은 소방본부장과 소방관서장이다.

24. 「화재의 예방 및 안전관리에 관한 법률」상 특정소방대상물의 소방안전관리에 대한 설명으로 옳은 것은?

① 소방안전관리자로 선임된 사람은 선임된 날부터 1개월 이내에 규정에 따른 교육을 받아야 한다.
② 소방안전관리자를 선임한 경우 선임한 날부터 7일 이내에 소방본부장 또는 소방서장에게 신고하여야 한다.

③ 소방안전관리대상물의 관계인은 소방안전관리자가 소방안전관리업무를 성실하게 수행할 수 있도록 지도 및 감독을 하여야 한다.
④ 소방안전관리자의 업무에 보조가 필요한 대통령령으로 정하는 소방안전관리대상물의 경우 소방안전관리자만 선임하면 된다.

25. 「소방의 화재조사에 관한 법률 시행령」상 화재감정기관의 지정에 대한 설명으로 옳지 않은 것은?

① 대통령령으로 정하는 시설과 전문 인력 등 화재감정기관의 지정기준에는 증거물 등을 장기간 보존·보관할 수 있는 시설을 갖추어야 한다.
② 대통령령으로 정하는 시설과 전문인력 등 지정기준을 갖춘 기관을 화재감정기관으로 지정 및 운영하여야 할 의무는 소방본부장에게 있다.
③ 의뢰받은 감정을 정당한 사유 없이 거부하거나 1개월 이상 수행하지 않은 경우에는 화재감정기관의 지정을 취소할 수 있다.
④ 지정이 취소된 화재감정기관은 지정이 취소된 날부터 10일 이내에 화재감정기관 지정서를 반환해야 한다.

01. 행정입법에 관한 다음 내용이 대법원 판례의 입장이 아닌 것은?

① 훈령은 원칙적으로 대외적으로는 아무런 구속력을 가지지 않는다.
② 대통령령의 형식으로 정한 제재적 행정처분의 기준은 법규가 아니다.
③ 법령이 행정기관에 대하여 법령의 내용을 구체적으로 보충규정 할 권한을 위임하고 이에 따라 행정기관이 행정규칙의 형식으로 그 법령의 내용이 될 사항을 규정하였다면 해당 행정규칙은 법령의 내용과 결합하여 법규로서의 효력

을 가진다.
④ 위임명령은 법률이나 상위명령에서 구체적으로 범위를 정한 개별적인 위임이 있을 때에 가능하다.

02. 사정재결에 관한 설명 중 옳지 않은 것은?

① 심판청구가 이유 있으나 이를 인용하는 것이 현저히 공공복리에 적합하지 않을 때에 행한다.
② 취소심판과는 달리 의무이행심판에는 사정재결이 인정이 되지 않는다.
③ 행정심판위원회는 사정재결을 할 때에는 재결의 주문에 그 처분 또는 부작위가 위법 또는 부당함을 명시하여야 한다.
④ 행정심판위원회는 사정재결을 함에 있어서 청구인에 대하여 상당한 구제방법을 취하거나 피청구인에게 상당한 구제방법을 취할 것을 명할 수 있다.

03. 행정행위에 대한 다음 설명 중 옳지 않은 것은?

① 부담적 행정행위는 법률유보의 원칙이 엄격하게 적용된다.
② 판례에 의하면 거부처분을 상대로 소송을 제기하기 위해서는 개인에게 처분에 대한 신청권이 있어야 한다.
③ 공무수탁 사인의 행위는 행정청의 행위가 아니기 때문에 행정행위라 할 수 없다.
④ 재량행위는 법률에 의하여 행정청에 선택의 가능성이 부여된 것이나 일정한 한계가 있다.

04. 인가에 대한 다음 설명 중 옳지 않은 것은?
① 인가는 법률행위는 물론 사실행위에 대해서도 가능하다.
② 인가는 언제나 구체적 처분의 형식으로 행하여진다.
③ 인가는 법적근거가 없는 한 수정하여 인가할 수 없다.
④ 인가의 예로서는 사업양도의 인가, 비영리법인설립의 인가, 공공조합설립의 인가 등이 있다.

05. 행정행위에 대한 다음 설명 중 가장 옳은 것은? (다툼이 있는 경우 판례에 의함)
① 부관이란 본체인 행정행위에 부수하여 부대적으로 하는 의사표시이므로 부관이 무효이면 본체인 행정행위도 당연 무효가 된다.
② 공무원의 징계나 국립대학교 학생의 징계 등은 사인의 권리나 이익을 제한하거나 박탈하는 처분이므로 행정청의 재량을 인정하기 어려운 기속행위이다.
③ 행정법상 의무를 잘 지키지 않은 영업자의 영업허가를 취소하는 것은 강학상 철회에 해당하며, 이 철회는 조리상의 제약은 있으나 법률의 근거 없이도 가능하다고 하는 것이 판례의 입장이다.
④ 판례는 문교부장관(현 교육부)의 교과서 검정에 관한 처분과 관련하여 법원이 교과서의 저술내용이 교육에 적합한지의 여부를 심사할 수 있다고 보았다.

06. 행정절차에 대한 설명으로 옳지 않은 것은? (다툼이 있는 경우 판례에 의함)
① 대통령이 한국방송공사 사장을 해임한 사안에서, 대통령의 해임처분에 재량권 일탈·남용의 하자가 존재한다고 하더라도 그것이 중대·명백하지 않고, 행정절차법을 위반한 위법이 있어 당연무효이다.
② 관할관청이 침해적 행정처분인 시정명령을 하면서 적법한 사전통지를 하거

나 의견제출 기회를 부여하지 않았고 이를 정당화할 사유도 없으므로 시정명령은 절차적 하자가 있다.
③ 행정청이 특히 침해적 행정처분을 할 때 그 처분의 근거 법령 등에서 청문을 실시하도록 규정하고 있다면, 행정절차법 등 관련 법령상 청문을 실시하지 않아도 되는 예외적인 경우에 해당하지 않는 한 반드시 청문을 실시하여야 한다.
④ 행정처분의 당연무효를 주장하여 그 무효확인을 구하는 행정소송에 있어서는 원고에게 그 행정처분이 무효인 사유를 주장·입증할 책임이 있다.

07. 무명항고소송에 관한 설명으로 옳지 않은 것은? (다툼이 있는 경우 판례에 의함)
① 행정소송법 제4조를 열거규정으로 본다면 인정될 수 있다.
② 판례는 무명항고소송에 대한 인정 여부에 관하여 적극적인 입장이다.
③ 소극설은 권력분립의 취지에 따라 행정에 대한 제1차적 판단은 행정권에 귀속시켜야 한다는 입장이다.
④ 적극설은 행정소송법 제4조 제1호의 '변경'을 소극적 변경, 즉 일부 취소를 의미하는 것으로 본다.

08. 임의대리와 법정대리의 차이에 관한 다음 설명 중 옳지 않은 것은?
① 임의대리는 일부대리만 허용되나, 법정대리는 원칙적으로 전부대리이다.
② 임의대리는 복대리가 원칙적으로 허용되지 않으나, 법정대리는 허용된다.
③ 임의대리의 경우 피대리청은 대리기관의 지휘·감독상의 책임을 지는데 비하여, 법정대리의 경우는 대리기관의 지휘·감독상의 책임을 지지 않는다.
④ 서리의 경우 피대리청이 존재하지 않으므로 대리행위의 법률효과는 대리기관에 귀속된다.

09. 사인의 공법행위에 관한 설명으로 옳지 않은 것은?

① 사인의 공법행위는 행정법관계에서의 사인의 행위로서 공법적 효과를 발생시키는 행위를 총칭한다.
② 각종 신고에서와 같은 사인의 공법행위에서 행정청이 형식적 요건의 심사권만 가지고 있는 경우 그 요건을 갖추었다고 인식되면 수리하여야 함이 원칙이다.
③ 사인의 공법행위에는 의사표시를 내용으로 하는 것도 있고 단순한 관념의 통지, 사실의 통지인 것도 있다.
④ 행위에 대한 청구권이 없는 경우라면, 행정청은 어떠한 의무도 지지 않는다.

10. '국가배상법'과 관련된 대법원과 헌법재판소의 견해로 가장 타당한 것은? (다툼이 있는 경우 판례에 의함)

① 헌법재판소는 국가배상청구권의 소멸시효제도는 기본권의 과도한 제한으로 위헌으로 보았다.
② 대법원은 소집 중인 향토예비군, 집행관은 공무원으로 보았으나, 시청소차운전수는 공무원으로 보지 않았다.
③ 대법원은 공무원의 중과실로 인한 손해에 대하여 선택적 청구를 허용하였다.
④ 헌법재판소는 배상심의회의 배상결정에 신청인이 동의하면 민사소송법상의 화해가 성립한다는 규정을 합헌으로 보았다.

11. 다음 법규명령에 대한 설명으로 옳지 않은 것은? (다툼이 있는 경우 판례에 의함)

① 재량준칙이더라도 일단 법규명령으로 정해지게 되면, 그것은 재판규범으로서의 성질을 가진다는 것이 다수설이다.

② 판례는 국무총리훈령인 개별토지가격합동조사지침의 법규성을 인정하여 위임명령으로 판시하였다.
③ 법규명령은 구법에 위임의 근거가 없어 무효였더라도 사후에 법개정으로 위임의 근거가 부여되면, 그 때부터는 유효한 법규명령이 된다.
④ 판례는 '부령으로서의 재량준칙'에 대해서 그의 재판규범성을 일관하여 부인한다.

12. 행정행위의 개념에 관한 설명으로 옳지 않은 것은?

① 이 개념의 본질은 그 행위주체가 상대방에 대하여 우월적 지위에 있다고 하는 점에서 찾을 수 있다.
② 구체적 사실에 대한 법집행행위이므로 불특정인을 대상으로 하는 일반처분도 행정행위라고 할 수 있다.
③ 우리나라 행정소송법은 처분의 개념에 관한 명문규정을 두고 있다.
④ 행정행위는 구체적 사실을 규율하는 행위로 사실행위도 행정행위라고 할 수 있다.

13. 행정대집행에 관한 설명으로 옳지 않은 것은?

① 대집행의 주체는 의무를 부과하는 처분을 한 행정청과 제3자이다.
② 대집행은 다른 수단으로는 의무이행을 확보하기 곤란한 경우에 허용된다.
③ 비상시 또는 위험이 절박한 경우에는 계고뿐만 아니라 대집행영장에 의한 통지절차도 생략할 수 있다.
④ 대집행에 관하여 불복이 있는 자는 당해 행정청 또는 그 직근 상급행정청에 행정심판을 제기할 수 있다.

14. 행정개념에 관한 다음 설명 중 옳지 않은 것은?
① '기관양태설'에 의하면 직무상 독립된 대등관계에 있는 기관의 법적용이 사법이고, 상명하복관계에 있는 기관의 법집행이 행정이다.
② '양태설'에 따르면 행정은 법 아래서 법의 규제를 받으면서 현실적·구체적으로 국가목적의 적극적 실현을 위하여 행하여지는 전체로서 통일성을 지니는 계속적·형성적 국가활동이다.
③ '공제설'은 입법·사법을 제외한 나머지 작용을 행정이라고 한다.
④ '기관양태설'은 오늘날 행정과 입법, 행정과 사법의 구별을 전제로 하고 있으며 순환논법의 오류에 빠져 있다는 이론이라고 비판받고 있다.

15. 부관에 대한 다음 설명 중 가장 옳지 않은 것은?
① 기속행위(기속재량행위)에 대해서 부관을 붙일 수 있다는 주장이 있다.
② 이른바 준법률행위적 행정행위에 대해서도 부관을 붙일 수 있다는 주장이 있다.
③ 부담을 부가한 당초의 목적이 사정변경으로 인해 달성될 수 없는 경우에, 그 부담의 내용을 사후에 변경하는 것이 판례상으로 허용된다.
④ 일반적으로 부관의 하자가 중대·명백한 경우에는 그 부관이 본체인 행정행위의 중요요건을 이루지 않더라도 본체인 행정행위까지 무효가 된다고 본다.

16. 국가배상법 제5조의 손해배상책임에 대한 설명으로 옳지 않은 것은?
① 국가배상법 제5조는 민법 제758조와의 관계에서보다는 헌법 제29조의 기본권 내용으로 구체화시킴으로써 피해자의 구제가 확대된다는 입장으로 이해하는 것이 일치된 학설의 태도이다.

② 객관설의 입장은 하자의 존재 여부를 영조물의 구조, 용법, 이용 상황 등의 사정을 종합적으로 고려하여 개별적·구체적으로 판단하고 불가항력도 면책사유로 본다.
③ 판례의 태도는 재정적 제약으로 영조물의 설치·관리에 흠이 생긴 경우에도 면책될 수는 없고, 책임의 범위에 있어서 참작사유가 될 뿐이라고 보고 있다.
④ 설치 및 관리는 원칙적으로 영조물의 설계·축조 및 그 후의 유지·수선 작용을 의미한다.

17. 허가와 특허의 차이에 관한 다음 설명 중 옳지 않은 것은?
① 허가는 금지해제행위인데 대하여, 특허는 권리설정행위이다.
② 양자 다같이 사업을 대상으로 행하여지는 경우가 있으나 허가의 대상인 사업은 사기업인데 대하여, 특허의 대상인 사업은 공적 사업인 것이 보통이다.
③ 허가는 불특정다수인에게도 가능하나, 특허는 특정인의 출원을 요하므로 특정의 일인 또는 수인에 대하여서만 할 수 있다.
④ 허가는 기속재량행위이나, 특허는 공익재량행위로서 거부는 위법이 되는 일은 없다.

18. 행정상 법률관계에 관한 설명으로 옳지 않은 것은? (다툼이 있는 경우 판례에 의함)
① 권력관계는 행정주체가 공권력의 주체로서 우월적인 지위에서 국민에 대하여 일방적으로 명령·강제하는 관계로, 대등한 사인 상호간의 이해 조정을 목적으로 하는 사법관계와는 근본적으로 다른 것이므로, 그에는 원칙적으로 사법이 적용되지 아니한다.
② 국고관계에는 사법이 적용됨이 원칙이나, 공정성·효율성 등의 확보상 특별규정을 두는 경우가 있다.

③ 국고관계에 있어서도 국가 등은 국민을 위하여 활동하는 것이기 때문에, 그에 대하여는 공정성 담보의 견지에서 일정한 제한과 규제가 가하여지고 있다.
④ 국유재산법상 국유재산관리청이 그 무단점유자에 대하여 행하는 변상금부과처분은 사경제주체로서 행하는 사법상의 법률행위이다.

19. 행정소송의 한계에 관한 대법원 판례의 태도로서 타당하지 않은 것은?
① 공법상의 구체적 법률관계가 아닌 사실관계에 관한 것들을 확인의 대상으로 하는 것은 항고소송의 대상이 되지 않는다.
② 처분요건이 일의적으로 규정되어 행정청의 1차적 판단권이 행사될 여지가 없고, 손해가 급박하며, 다른 구제수단이 없는 경우에는 의무화소송이 예외적으로 인정된다.
③ 법원이 계엄선포의 요건의 구비 여부나 선포의 당·부당을 심사하는 것은 사법권의 한계를 넘는 것이다.
④ 재량권을 남용한 위법한 처분이라고 주장하면서 취소를 구하는 경우에는 법원은 재량권 남용 여부를 심리하여 본안에 관한 판단으로서 청구의 인용 여부를 가려야 한다.

20. 행정행위의 무효에 관한 설명으로 옳지 않은 것은?
① 처음부터 법적효과를 전혀 발생하지 않는다.
② 판례상 제소기간 만료 후에는 무효선언을 구하는 취소소송을 제기하여 다툴 수 있다.
③ 사인도 그 효력을 부인할 수 있게 된다.
④ 일정한 요건을 갖춤으로써 하자 없는 다른 행정행위로 전환될 수 있다.

21. 대법원 판례나 헌법재판소 결정에 관한 다음 설명 중 옳지 않은 것은?
   ① 국유재산의 관리청이 행정재산의 사용·수익을 허가한 다음 그 사용·수익하는 자에 대하여 하는 사용료 부과는 항고소송의 대상이 되는 행정처분이다.
   ② 법률상 명문규정 없이도 헌법규정(헌법 제21조)만으로 정보공개청구권은 인정된다는 것이 헌법재판소의 결정이다.
   ③ 원천징수의무자의 원천징수행위는 법령에 규정된 징수 및 납부의무를 이행하기 위한 것에 관한 것이지, 공권력의 행사로서의 행정처분을 한 경우에 해당하지 않는다.
   ④ 산림청 등이 국유임야를 대부하거나 매각하는 행위는 사법상 계약이지만, 이 대부계약의 의한 대부료 부과조치에 대해 체납하는 경우 국세징수의 예에 의하여 강제 징수하도록 규정되어 있기 때문에 행정처분이라고 할 수 있다.

22. 현행 우리나라 행정절차법에 관한 설명으로 옳은 것은?
   ① 공청회의 주재자는 행정청이 소속직원 또는 대통령령이 정하는 자격을 가진 자 중에서 행정청이 지명 또는 위촉한다.
   ② 행정절차에 소요되는 비용은 당사자가 부담하는 것이 수익자부담의 원칙에 의해 타당하다.
   ③ 청문주재자는 당사자 등이 주장하지 아니한 사실에 대하여는 조사할 수 없다.
   ④ 청문을 실시하도록 되어 있는 경우라 할지라도 당사자가 의견진술의 기회를 포기한다는 뜻을 명백히 표시한 경우에는 의견청취를 아니할 수도 있다.

23. 통고처분에 대한 설명으로 타당하지 않은 것은?
   ① 벌금·과료에 해당하는 행정형벌을 과하는 특별절차이다.
   ② 통고처분을 받은 범칙자가 통고된 내용을 이행한 때에는 처벌절차가 종료

된다.
③ 통고처분을 받은 자가 통고된 내용을 불이행하면 강제집행을 받게 된다.
④ 통고처분의 법적 성질은 준사법적 행정행위이다.

24. 다음 중 학설·판례에 따를 때 옳은 것은?

① 이미 확정된 과세처분에 대해 감액경정한 경우, 경정처분만이 행정소송의 대상이 된다.
② 이미 확정된 과세처분에 대해 증액경정한 경우, 경정처분만이 행정소송의 대상이 된다.
③ 행정심판을 거친 다음 행정소송이 제기된 경우 소송대상은 재결이 됨이 원칙이다.
④ 행정상 제재로서의 과태료 처분은 항고소송인 취소소송의 대상인 행정처분이 아님이 원칙이다.

25. 행정법의 일반원칙에 관한 설명으로 옳은 것은?

① 부당결부금지의 원칙은 공행정작용에 있어서 부당한 반대급부를 결부시켜서는 안 된다는 것인데, 이 경우 부당한 반대급부인지의 여부는 '실질적 관련성'을 기준으로 판단한다.
② 신뢰보호의 원칙은 위법한 수익적 행정행위의 취소권 제한의 법리, 실권의 법리 등의 이론적 근거가 되지만, 확약의 법리, 계획보장청구권 등과는 무관하다.
③ 비례의 원칙은 경찰권 행사와 같은 침익적 행정작용의 한계에 관한 이론으로서 급부행정 분야에서는 적용되지 아니한다.
④ 오늘날 법치국가원리에 비추어, 행정법의 일반원칙에는 성문법적 근거가 요구된다.

제3회 실전모의고사

소방학개론

01. 다음은 건축물의 화재 연소 확대 과정을 나열한 것이다. ( )에 들어갈 내용으로 옳은 것은?

> 화원 → 가연물착화 → ( ) → 천장 면으로의 확대 → 다른 실로의 확대 → 발화건물 전소 → 인접 건물로 확대

① 난연재료착화
② 입상재료착화
③ 방염재료착화
④ 화학재료착화

02. 「재난 및 안전관리 기본법」상 중앙재난안전대책본부에 대한 설명이다. ( ) 안에 들어갈 내용이 바르게 연결된 것은?

> 중앙대책본부장은 (㉮)이 되며, 해외재난의 경우 (㉯)이, 방사능재난의 경우 (㉰)이 각각 중앙대책본부장의 권한을 행사한다.

	㉮	㉯	㉰
①	중앙긴급구조단장	외교부장관	원자력병원장
②	중앙소방본부장	외교부장관	중앙대책본부장

③ 행정안전부장관   외교부장관   중앙방사능방재대책본부의 장
④ 재해대책본부장   외교부장관   행정안전부장관

03. 화재와 관련한 설명으로 옳지 않은 것은?

① 화재가 처음 시작되는 때는 반드시 흡열반응이 발생된다.
② 전형적인 초기단계 때 공기 중의 산소함유량은 약 21%이다.
③ 연기와 열은 방출되고 주위의 연료들에 영향을 미치기 시작한다.
④ 불이 번지기 시작하면 불은 자유연소단계로 들어간다.

04. 「소화재조사 및 보고규정」상의 용어에 대한 설명으로 옳지 않은 것은?

① 접수는 119종합상황실에서 전화 등으로 화재 신고를 받는 것을 말한다.
② 재발화 감시는 화재를 진화한 후 화재가 재발되지 않도록 감시조를 편성하여 일정 시간 동안 감시하는 것이다.
③ 완진은 소방대에 의한 소화활동의 필요성이 사라진 것을 말한다.
④ 최종잔가율은 화재 당시에 피해물의 재구입비에 대한 현재가의 비율이다.

05. 플래쉬오버(flashover)에 대한 설명으로 옳지 않은 것은?

① 방의 내용물들이 발화점을 넘고 충분한 산소가 있을 때 일어나는 현상이다.
② 플래쉬오버 현상이 발생할 때의 온도는 보통 1,000℃ 이상이다.
③ 고체 또는 액체 절연물의 위나 주변에서 발생하는 파괴적인 전기방전도 이에 해당한다.

④ 플래쉬오버가 일어나고 바닥의 온도가 극적으로 올라가면 소방대원들이 호흡보조기를 착용하고 있더라도 신속하게 그 장소에서 벗어나야 한다.

06. 화재의 3단계 중 훈소단계에 관한 설명으로 옳지 않은 것은?
① 열분해는 생성된 가연성 가스의 총량으로 계속 일어난다.
② 산소가 유입되면 존재하던 화재가스들과 발화점 이상의 모든 연료들은 폭발력을 가지고 타는 연기폭발이 일어난다.
③ 산소의 양이 25% 이하로 떨어지면 연소는 늦어지게 된다.
④ 화염이 없어지고 백열연소가 일어난다.

07. 다음 설명에 해당하는 것은?

> 혼합기체가 연소공간이 넓고 밀폐된 상태에서 착화되면 순간적으로 연소하게 되고 동시에 연소기체가 급팽창됨에 따라 약 7~8kg/㎠의 고압상태로 급변하면서 강한 파괴력을 갖게 된다.

① 화학(화약)폭발　　② 액체(에멀젼)폭발
③ 분진(먼지)폭발　　④ 기체(가스)폭발

08. 화재 시 발생하는 연기와 관련한 설명으로 옳지 않은 것은?
① 고체계의 연기는 입자의 성분과 크기에 따라 자색, 백색, 황색을 띤다.
② 액체계의 연기는 연료의 종류에 따라서 특성이 변하며 특유의 냄새를 갖는

것이 많고 물질에 따라서는 독성을 갖는다.
③ 연기의 종류에는 화염 중에서 생성되는 유리탄소를 주성분으로 하는 고체 미립자계의 연기가 있다.
④ 담배연기 등이 재료의 열분해생성가스가 냉각·응축된 액체 미립자계의 연기에 해당한다.

09. 발화와 관련한 다음 설명으로 옳지 않은 것은?
① 방화(arson)는 사람이 고의로 불을 질러 건조물 기타 물건을 소훼하는 행위의 화재이다.
② 물질이나 에너지조건에 의한 발화가 화재발생의 직접원인이 된다.
③ 자연발화(spontaneous ignition) 가연성 물질 또는 혼합물이 외부에서의 가열 반응열에 의한 축적만으로도 발화점에 도달하여 발생하는 화재이다.
④ 실화(accidental fire)는 사람의 부주의나 실수로 발생하는 화재이다.

10. 전기화재에 대한 다음 내용 중 옳지 않은 것은?
① 전기화재의 발생은 기본적으로는 전류의 발열작용으로서 줄열과 방전에 따르는 불꽃에 기인 한다.
② 전열기, 조명기구 등의 과열에 의해 주변 가연물에 착화하는 경우와 배선의 과열로 전선피복에 착화된다.
③ 전기로 인한 화재는 발화 장소에 있어서 발화원이 되는 자료가 소실 또는 파괴되어 화재원인을 정확히 규명하기가 어렵다.
④ 전기화재는 발열작용과 방전현상의 이용 조건이 극도로 약할 경우에 발생한다.

11. 화재진압의 순서가 가장 올바르게 연결된 것은?

① 화재출동 - 현장 도착 - 수관연장 - 파괴 및 방수활동 - 인명구조
② 화재출동 - 현장 도착 - 상황판단 - 인명구조 - 파괴 및 방수활동 - 잔화처리
③ 화재출동 - 현장 도착 - 파괴 및 방수활동 - 인명구조 - 잔화처리
④ 화재출동 - 현장 도착 - 잔화처리 - 인명구조 - 파괴 및 방수활동

12. 불을 놓아 건조물 등 기타 물건을 타서 없어지게 하는 죄를 방화죄라고 하는데 이 죄는 다음 중 어느 법률에서 규정하고 있는가?

① 소방기본법   ② 형법
③ 형사소송법   ④ 민법

13. 자연발화(spontaneous ignition)에 대한 설명으로 옳지 않은 것은?

① 자연발화를 막으려면 통풍이 잘 되게 하고 온도를 높게 하고 습도를 높게 하여야 한다.
② 열의 축적, 열의 전도율, 퇴적방법, 공기의 유동, 발열량, 수분(습도), 촉매물질 등은 자연발화에 직접적인 영향을 끼치는 요소들이다.
③ 자연발화 시 폭발을 일으킬 수 있는 물질은 가연성 가스, 가연성 유증기, 화공약품, 화약류, 분진 등을 들 수 있다.
④ 자연발화는 산화하기 쉬운 물질이 공기 중에서 산화하여 축적된 열에 의해 자연적으로 발화하는 현상을 말한다.

14. 연소와 관련한 설명으로 옳은 것은?

① 연소점은 공기와 혼합하여 연소하기에 충분한 농도의 혼합증기를 발생하는 최저의 온도를 말한다.
② 발화점은 공기 중에서 가연성 물질을 가열할 경우 다른 곳에서 화염·전기불꽃 등 발화원이 없어도 연소가 일어나 계속 유지되는 최저의 온도를 말한다.
③ 인화점은 일정량의 연료가 연소하여 발생하는 생성물질의 최고온도를 말한다.
④ 화재점은 전기불꽃 등 발화원이 없어도 연소가 일어나 계속 유지되는 최저의 온도를 말한다.

15. 우리나라에 발생한 화재 중 인명 피해를 기준으로 하였을 때 10대 화재에 해당하지 않는 것은?

① 대구지하철 전동차 화재
② 서울 대연각 호텔 화재
③ 대구 서문시장 화재
④ 인천 히트노래방 화재

16. 「소화기구 및 자동소화장치의 화재안전성능기준」에 관한 설명으로 옳지 않은 것은?

① 가스용 주방자동소화장치를 사용하는 경우 탐지부는 수신부와 분리하여 설치한다.
② 자동소화장치는 소화약제를 자동으로 방사하는 고정된 소화장치로 형식승인 받은 유효설치 범위 이내에 설치하여 소화하는 장치이다.
③ 자동확산소화기를 제외한 소화기구는 거주자 등이 손쉽게 사용할 수 있는 장소에 바닥으로부터 높이 1.5m 이하의 곳에 비치하여야 한다.
④ 캐비닛형자동소화장치는 열, 연기 또는 불꽃 등을 감지하여 에어로졸의 소화

약제를 방사하여 소화하는 캐비닛 형태의 소화장치이다.

17. 「재난 및 안전관리 기본법」상 다음과 같은 업무를 수행하는 기관에 해당하는 것은?

> 긴급구조에 관한 사항의 총괄·조정과 긴급구조기관 및 긴급구조기관이 행하는 긴급구조 활동의 역할분담 및 지휘·통제 등에 관한 업무를 행하기 위하여 소방청에 둔다.

① 지역긴급구조본부　　② 중앙소방본부
③ 중앙긴급구조통제단　④ 재해대책본부

18. 공기 중에서 저장 조건에 따라 가장 자연발화 하기 쉬운 물질에 해당하는 것은?
① 석탄　　② 유지류
③ 황린　　④ 질산섬유소

19. 소화약제로서 갖추어야 될 조건으로 제시할 수 있는 사항과 거리가 먼 것은?
① 연소의 요소 중 한 가지 이상을 제거할 수 있는 능력이 탁월하여야 한다.
② 가격이 저렴(경제적일 것)하고 저장상의 안정성이 있어야 한다.
③ 환경에 대한 오염이 적고 인체에 대한 독성이 없어야 한다.
④ 반드시 소화성능이 있는 분말상의 물질이어야 한다.

20. 연소점에 관한 설명으로 옳지 않은 것은?

① 연소점을 착화온도(착화점) 또는 발화온도(발화점)라고도 부른다.
② 연료의 발열량과 산소의 농도, 연소가스량 등은 연소점의 고저에 지대한 영향을 미친다.
③ 연소점을 높이기 위해서는 연료의 현열 및 연소용 공기의 보유열을 크게 하고 방사·전도·대류 등에 따르는 손실열 및 연소가스량을 적게 하여야 한다.
④ 연소점을 측정하는 방법에는 열선법과 광학적 방법 등이 있다.

21. 건축물의 실내화재에 관한 설명 중 가장 옳지 않은 것은?

① 화재가 천장까지 연소 확대된 상태를 일반적으로 점화라고 한다.
② 화재구획의 단위 바닥면적당 등가가연물의 값을 화재하중이라 한다.
③ 본격적인 화재는 입상재를 거쳐서 천장으로 착화하면서 결정된다.
④ 화재가 발생한 실내의 온도 상승 속도는 가연물량이나 환기량에 의존한다.

22. 다음 설명에 해당하는 것은?

> 탄소의 최종 산화물로 더 이상 연소반응을 일으키지 않기 때문에 질소, 수증기, 아르곤, 할론 등의 불활성 기체와 함께 가스계소화약제로 널리 이용되고 있다.

① 일산화탄소 ② 탄산수소나트륨
③ 이산화탄소 ④ 할로겐화합물

23. 다음 방수(放水)의 기본원칙에 대한 설명으로 옳지 않은 것은?

① 연소상황에 따라 방수를 하고 불필요한 물을 쓰지 않는다.
② 화세를 공격하는 위치에서 실시하며 예비방수의 경우를 제외하고 연소실체에 방수한다.
③ 방수를 계속해도 연소상황에 변화가 없는 경우에는 이동 또는 방수방법을 변경한다.
④ 고온의 발열체나 알루미늄분에는 집중방수 한다.

24. 비상경보설비의 화재안전기준에 관한 설명으로 옳지 않은 것은?

① 비상벨설비는 부식성가스 또는 습기 등으로 인하여 부식의 우려가 없는 장소에 설치하여야 한다.
② 단독경보형감지기는 최상층 계단실의 천장에 설치하되 외기가 상통하는 계단실의 경우는 제외한다.
③ 자동식사이렌설비의 발신기는 지하구의 경우에는 설치하지 않을 수 있다.
④ 음향장치의 음량은 부착된 음향장치의 중심으로부터 10m 떨어진 위치에서 100dB 이상이 되는 것으로 하여야 한다.

25. 다음 화학식(chemical formula)에 대한 설명으로 옳지 않은 것은?

① 분자식은 분자 1개 중에 들어있는 원자의 종류와 수를 모두 나타내는 것을 말한다.
② 화합물의 특성을 밝히기 위해 분자 중의 작용기의 존재를 나타내는 화학식(chemical formula)은 구조식이다.
③ 화합물을 이루는 원자의 종류와 원자수의 비를 가장 간단한 정수비로 나타내

는 것은 실험식이다.
④ 화학식(chemical formula)이란 원소기호를 사용해서 물질을 나타내는 것을 말한다.

소방관계법규

01. 「소방기본법」상 소방산업의 육성과 진흥 및 지원 등에 대한 내용으로 옳지 않은 것은?

① 우수소방제품의 전시·홍보를 위하여 무역전시장 등을 설치한 사람의 전시회 운영에 따른 경비의 일부를 지원 할 수 있다.
② 소방산업의 육성·진흥을 위하여 소방청장은 5년마다 기본계획을 수립하여야 한다.
③ 소방청장은 소방기술 및 소방산업의 국제협력을 위한 조사·연구 사업을 추진 하여야 한다.
④ 국민의 생명과 재산을 보호하기 위하여 국공립연구기관이나 단체로 하여금 소방기술의 연구·개발 사업을 수행하게 할 수 있다.

02. 「소방시설 설치 및 관리에 관한 법률 시행령」상 소방시설을 설치하지 않을 수 있는 특정소방대상물 및 소방시설의 범위에서 화재위험도가 낮은 특정소방대상 물에 해당되지 않는 것은?

① 불연성 물품을 저장하는 창고
② 석재·불연성금속·불연성 건축재료 등의 가공공장
③ 정수장, 수영장, 목욕장
④ 옥외소화전 및 연결살수설비

03. 「위험물안전관리법」상 제17조제1항의 "대통령령이 정하는 제조소 등"에 해당하지 않는 것은?

① 지정수량의 10배 이상의 위험물을 취급하는 제조소
② 암반탱크저장소
③ 이동탱크저장소
④ 지정수량의 150배 이상의 위험물을 저장하는 옥내저장소

04. 「소방시설공사업법」상 다음 (   ) 안에 들어갈 내용으로 옳은 것으로만 연결된 것은?

| 공사업자가 (㉮)로(으로) 정하는 소방시설공사를 하려면 (㉯)으로 정하는 바에 따라 그 공사의 내용, 시공 장소 그 밖의 필요한 사항을 (㉰)에게 신고하여야 한다. |

        ㉮   ㉯   ㉰
① 행정안전부령 – 대통령령 – 소방본부장 또는 시·도지사
② 대통령령 – 행정안전부령 – 소방본부장 또는 소방서장
③ 법률 – 행정안전부령 – 소방본부장 또는 소방서장
④ 행정안전부령 – 대통령령 – 소방본부장 또는 시·도지사

05. 「위험물안전관리법 시행규칙」상 탱크시험자의 등록취소에 대한 행정처벌의 일반기준이다. 옳은 것은?

① 위반행위가 2 이상인 때에는 경한 처분을 기준으로 한다.
② 위반행위가 2 이상의 처분기준이 동일한 사용정지이거나 업무정지인 경우 중

한 처분의 3분의 1까지 가중처분 한다.
③ 업무정지의 처분기간이 완료될 때까지 위반행위가 계속되는 경우 업무정지의 행정처분을 다시 한다.
④ 위반행위의 횟수에 따른 행정처분기준은 최근 1년간 같은 위반행위로 행정처분을 받은 경우에 적용한다.

06. 「소방시설공사업법」 및 「시행규칙」상 소방기술자의 실무교육에 관한 설명으로 옳은 것은?

① 소방기술자에 대한 실무교육을 수행하기 위하여 행정안전부장관은 실무교육기관을 지정할 수 있다.
② 실무교육기관의 지정방법·절차·기준 등에 관하여 필요한 사항은 대통령령으로 정한다.
③ 지정된 실무교육기관의 지정취소·업무정지 및 청문에 관한 사항은 소방시설공사업법 규정을 준용한다.
④ 소방기술자는 실무교육을 2년마다 1회 이상 받아야 한다.

07. 「소방시설공사업법 시행령」상 소방시설공사의 하자보수 보증기간이 3년인 것으로 연결된 것은?

| ㉮ 무선통신보조설비 | ㉯ 비상경보설비 | ㉰ 옥내소화전설비 |
| ㉱ 스프링클러설비 | ㉲ 유도표지 | |

① ㉰, ㉱
② ㉯, ㉲
③ ㉮, ㉰
④ ㉮, ㉯, ㉰

08. 「소방시설 설치 및 관리에 관한 법률 시행규칙」상 소방시설 등의 자체점검에 대한 설명으로 옳지 않은 것은?

① 자체점검을 연기하려면 자체점검의 실시 만료일 3일 전까지 연기신청을 소방본부장 또는 소방서장에게 하여야 한다.
② 소방시설 등의 자체점검 대가에서 행정안전부령으로 정하는 방식이란 소방청장이 고시한 엔지니어링사업의 대가 기준 중 실비정액가산방식을 말한다.
③ 자체점검이 끝난 날부터 10일 이내에 소방시설관리사는 자체점검 실시결과 보고서를 관계인에게 제출해야 한다.
④ 소방시설관리업자는 자체점검이 끝난 날부터 5일 이내에 점검능력 평가 등에 관한 업무를 위탁받은 평가기관에 통보해야 한다.

09. 「소방기본법」상 관계인에 해당되지 않는 대상은?

① 소방대상물의 소유자
② 소방대상물의 관리자
③ 소방대상물의 점유자
④ 소방대상물의 소방대장

10. 「소방기본법」상 시·도지사로부터 소방 활동에 대한 비용을 지급 받을 수 있는 사람은?

① 명령에 따라 소방 활동에 종사한 사람
② 과실로 인하여 구조·구급활동이 필요한 상황을 발생시킨 사람
③ 소방대상물에 화재가 발생한 경우 그 관계인
④ 화재 또는 구조·구급현장에서 물건을 가져간 사람

11. 「위험물관리법」상 제조소 등의 관계인은 당해 제조소 등의 용도를 폐지한 때에는 폐지한 날부터 며칠 이내에 누구에게 신고하여야 하는가?

> 제조소 등의 (㉮)은(는) 당해 제조소등의 용도를 폐지한 때에는 행정안전부령이 정하는 바에 따라 제조소등의 용도를 폐지한 날부터 (㉯) 이내에 (㉰)에게 신고하여야 한다.

       ㉮   ㉯   ㉰   ㉮   ㉯   ㉰
① 점유자 - 10일 - 소방본부장 ② 관리자 - 7일 - 행정안전부장관
③ 관계인 - 7일 - 소방청장 ④ 소유자 - 14일 - 시·도지사

12. 「위험물관리법」상 위험물 운송에 관한 설명이다. 옳지 않은 것은?

① 이동탱크저장소에 의하여 위험물을 운송하는 사람은 시·도지사가 실시하는 안전교육을 수료해야 한다.
② 대통령령이 정하는 위험물의 운송은 운송책임자의 감독 또는 지원을 받아야 한다.
③ 위험물을 운송할 때에는 행정안전부령으로 정하는 기준을 준수하여야 한다.
④ 운송책임자에 관한 구체적인 기준은 행정안전부령으로 정한다.

13. 「소방시설 설치 및 관리에 관한 법률 시행규칙」상 소방시설관리업자에 대한 행정처분기준이다. 옳은 것은?

① 등록 결격사유로 3차 위반한 경우 등록이 취소된다.
② 소방시설 등에 대한 자체점검을 거짓으로 점검한 경우 2차 위반 시 영업정지 6개월이다.

③ 거짓 등 부정한 방법으로 등록을 한 때는 1차 위반 시 등록취소이다.
④ 점검능력 평가를 받지 않고 자체점검을 한 경우 1차 위반 시 영업정지 3개월이다.

14. 「소방시설공사업법」상 다음 (   ) 안에 들어갈 내용으로 옳은 것은?

> 소속 소방기술자를 공사현장에 배치하지 않거나 거짓으로 하여 영업이 정지된 경우 영업의 정지가 그 이용자에게 심한 불편을 주거나 그 밖에 공익을 해칠 우려가 있는 때에는 시·도지사는 영업정지 처분을 갈음하여 (   )의 과징금을 부과할 수 있다.

① 2억원 이하 ② 2억원 이상
③ 5천만원 이하 ④ 1억원 이상

15. 「소방시설 설치 및 관리에 관한 법률 시행규칙」상 다음 (   ) 안에 들어갈 내용으로 옳은 것은?

> ㉮ 시·도지사는 소방시설관리업의 등록증 재발급 신청서를 제출받은 경우 (   ) 이내에 소방시설관리업 등록증 또는 등록수첩을 재발급해야 한다.
> ㉯ 시·도지사는 소방시설관리업의 등록사항의 변경신고를 받은 경우 (   ) 이내에 소방시설관리업 등록증 및 등록수첩을 새로 발급하여야 한다.

	㉮	㉯		㉮	㉯
①	7일,	3일	②	3일,	5일
③	10일,	7일	④	30일,	5일

16. 「소방기본법」상 소방기본법의 목적에 포함되지 않는 것은?

① 국민의 생명, 신체, 재산을 보호하는 것
② 화재, 재난, 재해 그 밖의 위급한 상황에서 구조·구급활동을 하는 것
③ 화재를 예방, 경계, 진압하는 것
④ 공공의 안전과 복리증진에 이바지하기 위해 소방시설의 설치·유지·안전관리에 관한 사항을 정하는 것

17. 소방 관계법상 다음 용어의 정의 중 타당한 것을 모두 고른 것은?

> ㉮ 소방대상물은 건축물·차량·모든 선박·선박 건조 구조물·산림 그 밖의 인공 구조물 또는 물건을 말한다.
> ㉯ 소방시설은 소화설비·경보설비·피난설비·소화용수설비 그밖에 소화활동설비로서 대통령령이 정하는 것을 말한다.
> ㉰ 위험물은 행정안전부령이 정하는 인화성 또는 발화성 등의 물품을 말한다.
> ㉱ 관계인은 소방대상물의 소유자·관리자 또는 점유자를 말한다.
> ㉲ 관계지역은 소방상 필요한 지역으로서 소방대상물이 있는 장소를 말한다.

① ㉮, ㉰, ㉱　　　　　② ㉰, ㉲
③ ㉯, ㉰　　　　　　 ④ ㉯, ㉱

18. 「소방기본법」상 소방대의 구성원이라고 보기 어려운 사람은?

① 소방공무원　　　　　② 의용소방대원
③ 한국소방안전원 회원　④ 의무소방원

19. 「소방시설공사업법 시행규칙」상 방염처리능력 평가 방법에 대한 설명으로 옳지 않은 것은?

① 방염처리업을 한 기간이 산정일을 기준으로 3년 이상인 경우 최근 3년간의 방염처리실적을 합하여 3으로 나눈 금액을 연평균 방염처리실적액으로 한다.
② 제조·가공 공정에서 방염처리한 물품을 수입한 경우에는 방염처리 실적에 포함한다.
③ 방염처리능력평가액은 실적평가액 + 자본금평가액 + 기술력평가액 + 경력평가액 ± 신인도평가액이다.
④ 방염물품의 종류 및 처리방법에 따른 실적인정 비율은 소방청장이 정하여 고시한다.

20. 「소방의 화재조사에 관한 법률 시행령」상 다음 내용에 해당할 경우 과태료 부과 금액으로 옳은 것은?

> 정당한 사유 없이 화재조사가 필요한 경우 관계인등을 소방관서에 출석하게 하여 질문할 수 있다는 규정에 따른 출석을 거부하거나 질문에 대하여 거짓으로 진술한 경우

① 2회 위반 시 300만원 ② 3회 위반 시 500만원
③ 1회 위반 시 100만원 ④ 2회 위반 시 200만원

21. 「위험물안전관리법 시행규칙」상 다음 중 탱크시험자의 변경사항 신고 등에 따른 첨부 서류가 잘못 연결된 것은?

① 상호 또는 명칭의 변경 – 기술능력자 연명부 및 기술자격증
② 영업소 소재지의 변경 – 사무소의 사용을 증명하는 서류, 위험물탱크안전성

능시험자등록증
③ 대표자의 변경 - 위험물탱크안전성능시험자등록증
④ 기술능력의 변경 - 변경하는 기술인력의 자격증, 위험물탱크안전성능시험자등록증

22. 「화재의 예방 및 안전관리에 관한 법률」상 화재안전영향평가에 대한 설명으로 옳지 않은 것은?

① 화재안전영향평가에 관한 업무를 수행하기 위해 화재안전영향평가심의회를 구성하고 운영하는 사람은 소방청장이다.
② 화재안전영향평가심의회는 위원장 1명을 포함한 10명 이내의 위원으로 구성한다.
③ 화재안전영향평가의 방법·절차·기준 등에 관한 필요한 사항은 소방청장이 정한다.
④ 화재발생 원인 및 연소과정을 조사·분석하는 등의 과정에서 법령이나 정책의 개선이 필요하다고 인정되는 경우 화재안전영향평가를 실시한다.

23. 「소방기본법」상 소방자동차의 우선 통행 및 전용구역에 대한 설명으로 옳지 않은 것은?

① 소방자동차의 전용구역에 차를 주차하거나 전용구역에의 진입을 가로막는 등의 방해 행위를 하여서는 안 된다.
② 소방자동차의 우선 통행에 관하여는 「도로교통법」에서 정하는 바에 따른다.
③ 소방자동차가 화재진압 및 구조·구급 활동을 위하여 사이렌을 사용하여 출동하는 경우 모든 차는 소방자동차 앞에 끼어드는 행위를 하여서는 안 된다.
④ 「건축법」에 따른 공동주택 중 행정안전부령으로 정하는 공동주택의 건축주

는 공동주택에 소방자동차 전용구역을 설치하여야 한다.

24. 「소방시설공사업법」상 하도급과 관련한 설명으로 옳지 않은 것은?

① 하도급계약심사위원회를 두어야 하는 것은 하수급인의 시공 및 수행능력, 하도급계약 내용의 적정성 등을 심사하기 위함이다.
② 심사 결과 하수급인의 하도급계약 내용이 적정하지 않은 경우 그 사유를 분명하게 밝혀 수급인에게 하도급계약 내용의 변경을 요구할 수 있다.
③ 하수급인은 하도급을 받은 소방시설공사를 제3자에게 다시 하도급을 할 수 없다.
④ 대통령령으로 정하는 공공기관이 발주하는 소방시설공사 등을 하도급한 경우에는 공개하지 않아도 된다.

25. 「소방의 화재조사에 관한 법률」상 화재감정기관 지정 절차 및 취소와 관련한 설명으로 옳지 않은 것은?

① 화재감정 지정기준을 충족하는 경우 화재감정기관으로 지정하고, 대통령령으로 정하는 화재감정기관 지정서를 발급해야 한다.
② 거짓이나 그 밖의 부정한 방법으로 감정 비용을 청구한 경우 지정을 취소할 수 있다.
③ 화재감정기관의 지정을 신청한 사람이 지정기준을 충족하는 경우에는 화재감정기관으로 지정한다.
④ 화재감정기관의 지정은 소방청장에게 받아야 한다.

행정법통론

01. 판례법에 관한 다음 설명 중 옳은 것은?

① 영미법계에서는 그 법원성이 부정된다.
② 일반법원의 판례의 법률상 구속력은 우리나라에서 인정된다.
③ 법률규정의 공백에 대하여 스스로 규율하는 기능도 수행할 수 있다.
④ 헌법재판소 결정은 행정기관도 구속한다.

02. 행정소송법상 집행정지에 대한 설명으로 옳지 않은 것은? (다툼이 있는 경우 판례에 의함)

① 집행정지의 소극적 요건에 대한 주장·소명책임은 행정청에게 있다.
② 국가가 가집행선고부 판결에 대하여 상소를 제기하면서 강제집행의 정지 신청을 한 경우, 법원이 이를 인용하면서 담보제공을 명할 수 있다.
③ 행정소송에 있어서 본안판결에 대하여 상소를 한 경우에 소송기록이 원심법원에 있으면 원심법원이 규정에 의한 집행정지에 관한 결정을 할 수 있다.
④ 집행정지의 요건인 '회복하기 어려운 손해'란 특별한 사정이 없는 한 금전으로 보상할 수 없는 손해이다.

03. 다음은 사인과 사인 사이의 공법관계를 설명한 것이다. 옳지 않은 것은?

① 별정우체국장의 체신사무 취급관계
② 상선의 선장이 행하는 경찰사무·호적사무집행관계
③ 사립대학이 학위를 수여하는 관계

④ 국립대학이 등록금을 징수하는 관계

04. 행정의 일반원칙 중 신뢰보호의 원칙에 대한 설명으로 옳지 않은 것은?
① 행정지도나 법령해석은 신뢰보호에서 말하는 선행 조치 또는 공적인 견해 표명에 포함되지 않는다.
② 신뢰보호의 원칙은 행정절차법 등 실정행정법규정에 명문 규정을 두고 있다.
③ 신뢰보호의 원칙은 법률적합성의 원칙에 반한다.
④ 계획보장청구권은 신뢰보호의 원칙을 적용한 예이다.

05. 강제집행과 관련한 설명으로 옳지 않은 것은? (다툼이 있는 경우 판례에 의함)
① 이행강제금은 국민의 자유와 권리를 제한한다는 의미에서 행정상 간접강제의 일종인 이른바 침익적 행정행위에 속한다.
② 이행강제금은 행정법상의 부작위의무 또는 비대체적 작위의무를 이행하지 않은 경우에 '일정한 기한까지 의무를 이행하지 않을 때에는 일정한 금전적 부담을 과할 뜻'을 미리 '계고'함으로써 의무자에게 심리적 압박을 주어 장래를 향하여 의무의 이행을 확보하려는 간접적인 행정상 강제집행 수단이다.
③ 이행강제금은 시정명령을 받은 의무의 이행을 명하고 그 이행기간 안에 의무를 이행하지 않으면 이행강제금이 부과된다는 사실을 고지함으로써 의무자에게 심리적 압박을 주어 의무의 이행을 간접적으로 강제하는 행정상의 간접강제 수단에 해당한다.
④ 의무를 명할 여유가 없거나 의무를 명하여서는 행정목적의 달성이 불가능할 때, 긴박한 사정에 직면한 때, 집행벌의 방법으로 의무이행의 강제가 곤란 또는 불가능할 때에는 직접강제를 할 수 있다.

06. 사인(私人)의 공법행위에 관한 설명으로 옳지 않은 것은?

① 행정행위의 신청행위가 이에 해당한다.
② 하자가 있는 경우에는 당해 행위가 행정행위의 전제조건으로 되는 때에만 행정행위의 효력에 영향을 미치지 않게 된다.
③ 특별한 다른 법률규정이 없으면 민법규정이 적용된다.
④ 사법적 효과의 발생을 목적으로 하는 행위는 이 개념에서 제외된다.

07. 행정행위의 성질에 관한 설명으로 옳지 않은 것은?

① 행정행위는 위법한 경우에도 중대한 하자가 있음으로써 절대무효인 경우를 제외하고 유효적법상의 추정을 받는다.
② 법령에 근거가 없어도 이를 행할 수 있다.
③ 행정행위의 내용은 행정청의 자력으로 강제 실현할 수 있다.
④ 행정행위는 일정한 기간이 경과한 후에는 그 효력이 확정된다.

08. 행정정보공개와 관련한 다음 설명으로 옳지 않은 것은? (다툼이 있는 경우 판례에 의함)

① '망인들에 대한 독립유공자서훈 공적심사위원회의 심의·의결 과정 및 그 내용을 기재한 회의록' 등은 '공개될 경우 업무의 공정한 수행에 현저한 지장을 초래한다고 인정할 만한 상당한 이유가 있는 정보'에 해당한다.
② 지방자치단체의 업무추진비 세부항목별 집행내역 및 그에 관한 증빙서류에 포함된 개인에 관한 정보는 '공개하는 것이 공익을 위하여 필요하다고 인정되는 정보'에 해당하지 않는다.
③ 대한주택공사의 아파트 분양원가 산출내역에 관한 정보는, 그 공개로 위 공사

의 정당한 이익을 현저히 해할 우려가 있다고 볼 수 없어 비공개대상정보에 해당하지 않는다.
④ 공개청구한 정보 중 개인의 성명은 비공개에 의하여 보호되는 개인의 사생활 등의 이익이 국정운영의 투명성 확보 등의 공익보다 더 중요하지 않으므로 비공개대상정보에 해당한다고 한 것은 위법하다.

09. 강제징수에 관한 설명으로 옳지 않은 것은?
① 행정법상 금전급부의무가 이행되지 않은 경우의 강제집행방법이다.
② 그 절차로 독촉·재산의 압류·압류재산의 환가처분·환가대금의 배분으로 이루어진다.
③ 강제징수절차에 하자가 있을 때는 행정심판 또는 행정소송에 의하여 그 효력을 다툴 수 있다.
④ 국세징수법상의 강제징수는 어떤 분야에서나 공법상 금전급부의무불이행의 모든 경우에 적용된다.

10. 현행법상 지방자치단체가 처리할 수 있는 사무에 해당하는 것을 모두 고른 것은?

> ㉮ 상수도의 신설·개축 및 수선과 이의 유지·관리 사무
> ㉯ 외교, 국방, 사법, 국세 등 국가의 존립에 필요한 사무
> ㉰ 우편, 철도 등 전국적 규모의 사무
> ㉱ 물가정책, 금융정책, 수출입정책 등 전국적으로 통일적 처리를 요하는 사무
> ㉲ 노인·아동·장애인·청소년 및 여성의 보호와 복지증진의 사무

① ㉮, ㉰, ㉱
② ㉮, ㉲
③ ㉰, ㉱
④ ㉮, ㉯, ㉲

11. 우리나라의 행정상 손실보상제도에 관한 설명으로 옳지 않은 것은?

① 손실보상에 관한 헌법규정에 따라 다수의 개별법이 공용수용에 고나한 법적 근거·요건과 그에 따르는 손실보상규정을 두고 있다.
② 법률에서 공용수용을 규정하면서 그에 따른 보상규정을 두고 있지 않은 경우 재산권의 침해를 입은 개인이 직접 헌법 제23조 제3항을 근거로 하여 보상을 청구할 수 있다는 데에는 다툼이 없다.
③ 헌법상의 보상기준에 관하여는 완전보상설과 상당보상설이 대립하고 있다.
④ 재산권보상에 있어서 개발이익을 환수하는 제도로서는 토지초과이득세와 개발부담금제도를 들 수 있다.

12. 국민권익위원회의 고충민원에 관한 다음 설명 중 옳지 않은 것은?

① 권익위원회는 접수된 고충민원을 접수일부터 60일 이내에 처리하여야 한다.
② 신청인이 고충민원을 취하하려는 경우에는 반드시 구술로써 하여야 한다.
③ 고충민원의 처리와 이에 관련된 불합리한 행정제도를 개선하기 위해 국무총리 소속으로 국민권익위원회를 둔다.
④ 특별한 경우를 제외한 위원회와 소위원회의 고충민원 사안에 관한 조사와 조정은 공개를 원칙으로 한다.

13. 법규명령에 대한 다음 설명으로 옳은 것은? (다툼이 있는 경우 판례에 의함)

① 헌법재판소의 결정에 의하면 법칙의 위임은 법률에서 형벌의 종류만 명백히 규정하도록 하고 있다.
② 입법권의 위임은 그 기준의 명확성이 요구되나 대상이 한정되어야 할 필요는 없다.

③ 위법한 법규명령에 대하여는 누구나 취소소송을 제기하여 다툴 수 있다.
④ 위임명령은 상위법의 폐지에 의하여 소멸된다.

14. 행정행위의 무효에 대한 설명으로 옳지 않은 것은? (다툼이 있는 경우 판례에 의함)
① 건설부장관이 택지개발예정지구를 지정함에 있어 미리 관계중앙행정기관의 장과 협의를 하라고 규정한 의미는 그의 자문을 구하라는 것이지 그 의견을 따라 처분을 하라는 의미는 아니라 할 것이므로 이러한 협의를 거치지 아니하였다고 하더라도 이는 위 지정처분을 취소할 수 있는 원인이 되는 하자 정도에 불과하고 위 지정처분이 당연 무효가 되는 하자에 해당하는 것은 아니다.
② 면직처분의 근거가 된 구 국가보위입법회의법이 위헌으로 결정되어 그 위헌결정의 효력이 위헌결정 이후에 제소된 사건에도 미치는 이상 그 면직처분은 당연 무효라 할 것이다.
③ 관할 행정청의 임시이사 선임행위는 행정처분에 해당한다. 따라서 임시이사 선임에 하자가 존재하더라도 그 하자가 중대·명백하지 않은 이상 이를 당연 무효라고 볼 수는 없다.
④ 행정청이 도시 및 주거환경정비법 등 관련 법령에 의하여 행하는 조합설립인가처분의 법적 성격 및 조합설립인가처분이 있은 후에 조합설립결의의 하자를 이유로 그 결의 부분만을 따로 떼어내어 무효 등 확인의 소를 제기하는 것이 허용된다.

15. 국가배상에 있어서 적용될 법의 순서로 옳은 것은?
① 특별법 - 국가배상법 - 민법
② 특별법 - 민법 - 국가배상법
③ 민법 - 특별법 - 국가배상법
④ 국가배상법 - 민법 - 특별법

16. 다음 중 공법상 합동행위에 속하는 것으로만 바르게 연결된 것은?

> ㉮ 지방자치단체조합의 설립 행위
> ㉯ 시·군이 행려병자를 돌보는 행위
> ㉰ 공공조합연합회의 설립 행위
> ㉱ 구청장이 음식점영업을 허가하는 행위
> ㉲ 보건관계공무원이 부정식품을 수거하는 행위

① ㉮, ㉰
② ㉯, ㉱
③ ㉯, ㉰, ㉱
④ ㉱, ㉲

17. 공공기관의 정보공개에 관한 법률상 정보공개에 관한 설명으로 옳지 않은 것은? (다툼이 있는 경우 판례에 의함)

① 공공기관의 정보공개에 관한 법률 제9조 제1항 제1호의 비공개대상정보인 '다른 법률에 의하여 비공개 사항으로 규정된 정보'에 해당한다.
② 개인정보자기결정권의 보호대상이 되는 개인정보는 반드시 개인의 내밀한 영역에 속하는 정보에 국한되지 않고 공적 생활에서 형성되었거나 이미 공개된 개인정보까지도 포함하지 않는다.
③ 정보공개 의무기관을 정하는 것은 입법자의 입법형성권의 범위에 속하고, 이에 따라 정보공개법 제2조 제3호는 정보공개의무를 지는 '공공기관'에 관하여 국가기관에 한정하지 않고 지방자치단체, 정부투자기관, 그 밖에 공동체 전체의 이익에 중요한 역할이나 기능을 수행하는 기관도 포함한다.
④ 공공기관의 정보공개에 관한 법률의 '공개'라 함은 공공기관이 정보공개법의 규정에 의하여 정보를 열람하게 하거나 그 사본·복제물을 교부하는 것 등을 말한다.

18. 개인정보보호법의 제정과 주요 내용에 관한 설명으로 옳지 않은 것은?

① 개인정보를 수집, 이용하거나 제3자에게 제공할 경우에는 정보주체의 동의 등을 얻도록 하였다.
② 개인정보보호법은 공공부문의 개인정보 처리원칙 등을 규정하고, 개인정보 침해로 인한 국민의 피해 구제를 강화하여 국민의 사생활의 비밀을 보호하며, 개인정보에 대한 권리와 이익을 보장하려는 목적에서 제정되었다.
③ 자신의 개인정보를 열람한 정보주체는 그 개인정보의 삭제를 요구 할 수 있다.
④ 주민등록번호 등 법령에 따라 개인을 고유하게 구별하기 위해 부여된 고유식별정보는 원칙적으로 처리를 금지하였다.

19. 행정과 관련한 다음 설명 중 옳지 않은 것은?

① 무허가건물의 철거는 행정상 강제집행에 해당한다.
② 집행벌도 행정상 강제집행에 해당한다.
③ 유해 음식물의 무상 수거 등은 행정상 즉시강제에 해당한다.
④ 행정조사를 인정하는 입장에서 행정조사에 해당하는 것은 불심검문, 신체 수색, 물건의 영치 등을 들 수 있다.

20. 다음 중 영조물에 관한 설명이 타당하지 않은 것은?

① 광의의 영조물이란 국가 등 행정주체가 그 목적을 달성하기 위하여 제공하는 인적·물적 시설의 종합체를 의미한다.
② 협의의 영조물은 넓은 의미의 영조물 가운데 주로 정신·문화적 또는 진료적 목적에 계속적으로 제공되는 것을 말한다.
③ 영조물은 국가 등 행정주체가 그 목적을 달성하기 위하여 제공하는 인적·물

적 시설의 종합체로서 행정조직의 일부분이다.
④ 영조물은 공적 목적에 봉사하기 위한 것이기는 하지만 반드시 영조물의 계속성이 요구되는 것은 아니다.

21. 대집행절차에 있어서의 계고에 관한 기술로 타당하지 않은 것은?
① 대체적 작위의무의 불이행이 일어날 것이 명확한 경우에는 계고 이후에 그 요건이 충족되어도 무방하다.
② 계고는 상대방에 대하여 대집행에 대한 예측가능성을 부여하는 것으로 대집행절차의 중요한 부분으로서 필요적 전치절차이다.
③ 위험이 절박한 경우에 당해 행위의 급속한 실시를 요하여 사전절차를 취할 여유가 없는 경우에는 예고 없이 대집행을 할 수 있다.
④ 대집행을 하려면 상당한 이행기간을 정하여 그때까지 의무를 이행하지 아니한 때에는 대집행을 한다는 뜻을 미리 문서로 계고하여야 한다.

22. 행정상 결과제거청구권의 내용 및 한계에 관한 기술로 타당하지 않은 것은?
① 행정상 결과제거청구권은 위법적인 상태가 그 사이에 적법하게 된 경우에는 더 이상 주장되지 못한다.
② 행정상 결과제거청구권은 원칙적으로 제3자에게 일정한 행위를 하도록 요구할 수 있는 것은 아니다.
③ 위법한 상태발생에 대해 피해자에게도 과실이 있는 경우에는 민법상 과실상계에 관한 규정이 유추적용 될 수 있다.
④ 해당 행정작용으로 인한 부수적인 불이익의 제거도 행정상 결과제거청구권의 대상이 될 수 있다.

23. 권한쟁의결정권에 대한 설명으로 타당하지 않은 것은?
① 권한쟁의결정권은 상급관청이 그 소속 하급관청 간에 주관권한에 대한 다툼이 있는 경우에 이를 결정할 수 있는 권한을 말한다.
② 헌법은 국가기관간의 권한쟁의를 헌법재판소의 심판대상으로 하고 있으므로 행정관청상호간의 권한쟁의는 헌법재판소의 심판대상이다.
③ 각 상급관청간의 협의가 성립되지 않을 때에는 각 부장관간의 권한쟁의로서 국무회의의 심의를 거쳐 대통령이 결정된다.
④ 행정관청간의 권한쟁의는 법률상 쟁송이 아니므로 행정권에 의하여 해결되어야 하며, 법원에 제소할 수 있는 것은 아니다.

24. 행정소송에 있어서 소의 이익에 관한 다음 설명 중 옳은 것은? (다툼이 있는 경우 판례에 의함)
① 고등학교에서 퇴학처분을 받은 자가 그 후 고등학교졸업검정고시에 합격한 경우에는 퇴학처분의 취소를 구할 소의 이익이 없다.
② 위법한 행정처분의 취소를 구하는 소는 그 위법한 처분을 취소한다 하더라도 원상회복이 불가능한 경우에도 그 취소를 구할 법률상 이익이 있다.
③ 부령에서 행정상 제재처분을 받으면 장래 동종의 위반 시 가중처벌의 요건이 된다고 규정하고 있더라도, 제재처분의 효과가 소멸된 후에는 그 제재처분의 취소를 구할 소의 이익이 없다.
④ 대학입학고사불합격처분의 취소를 구하는 소송의 계속 중 당해 연도의 입학시기가 지난 경우에는 불합격처분의 취소를 구할 소의 이익이 있다.

25. 과징금(부과금)에 대한 설명 중 옳은 것은? (다툼이 있는 경우 판례에 의함)
① 과징금은 행정상 의무위반에 대한 제재이므로 행정벌의 일종이다.

② 과징금부과처분을 하고자 하는 경우에 청문절차는 생략된다.
③ 대법원 판례는 과징금부과처분이 법이 정한 한도액을 초과하여 위법할 경우 법원은 그 전부를 취소할 수밖에 없다고 한다.
④ 대법원 판례는 사업구역을 위반하였음을 이유로 한 과징금부과처분을 취소한 재결에 대하여 처분의 상대방 아닌 제3자도 그 취소를 구할 법률상 이익이 있다고 한다.

제4회 실전모의고사

소방학개론

01. 다음 중 화재의 성장과 확대에 영향을 미치는 요소라고 볼 수 없는 것은?

① 열의 흡수와 일시적인 산소의 공급
② 광범위하게 연결된 가연성물질
③ 화재진행 중 발생되는 폭발 및 비화
④ 바람 및 습도 등

02. 「재난 및 안전관리 기본법」상 다음 내용에 해당하는 단체는?

> ㉮ 위원은 대통령령이 정하는 중앙행정기관 또는 관계기관·단체의 장이 된다.
> ㉯ 위원장은 국무총리가 되며 간사위원은 행정안전부장관이 된다.
> ㉰ 재난 및 안전관리에 대한 사항을 심의하기 위하여 국무총리 소속으로 둔다.

① 지역안전대책위원회
② 민방위대책위원회
③ 중앙안전관리위원회
④ 중앙행정대책위

03. 전도에 대한 설명으로 옳지 않은 것은?

① 물체 내에서 열이나 전기가 이동하는 현상을 통칭한다.
② 저온부에서 고온부로 이동하여 온도가 같아지는 열평형에 이르게 된다.
③ 물질에 따라 열의 이동속도가 다른 정도를 열전도도 혹은 열전도율이라 한다.
④ 물질의 이동 없이 열이 물체의 고온부에서 저온부로 이동하는 현상을 말한다.

04. 「재난 및 안전관리 기본법」상 재난예방을 위한 안전조치에 대한 설명으로 옳지 않은 것은?

① 안전조치명령을 받은 소유자는 행정안전부장관에게 이행계획서를 제출한 후 안전조치를 하고, 그 결과를 통보하여야 한다.
② 안전조치를 이행하지 않은 경우 재난의 예방을 위하여 긴급하다고 판단하면 그 시설 또는 지역에 대하여 사용을 제한하거나 금지시킬 수 있다.
③ 안전조치를 할 때에는 행정안전부장관은 미리 해당 소유자·관리자 또는 점유자에게 반드시 구두로 이를 알려 주어야 한다.
④ 안전점검 결과 재난 발생의 위험이 높다고 인정되는 시설에 대하여 안전조치를 할 것을 명할 수 있다.

05. 발화점 값을 현저하게 변화시키는 조건(요소)으로 볼 수 없는 것은?

① 가연성물질의 표면의 모양과 크기
② 용기의 제조방법 또는 비용
③ 촉매·가열방법·공기의 혼입도
④ 발화원의 종류와 온도

06. 열복사에 대한 설명으로 옳지 않은 것은?

① 복사로 전달되는 열에너지의 양은 저온체 온도의 2승에 비례한다.
② 물체 내부에서 발생되는 복사는 표면을 통해서 방사된다.
③ 물체의 표면에 입사되는 복사는 그 매체의 내부로 들어가면서 감소된다.
④ 화재에서 화염의 접촉 없이 연소가 확산되는 현상은 복사열에 의한 것이다.

07. 접염연소에 대한 설명으로 옳지 않은 것은?

① 화염의 규모가 크고 그것에 접촉되는 범위도 넓어서 접염에 의한 연소가 광범위하게 이루어진다.
② 야간에는 화염에 면한 부분의 연기가 반사된 빛에 의해 화염으로 보이는 수도 있다.
③ 주간에는 완전연소 부분으로부터 발생하는 고열의 화염이 잘 보이지 않는 경우가 있다.
④ 화염이 물체에 접촉하여 연소가 확산되는 현상으로 화염의 온도가 낮을수록 잘 이루어진다.

08. 다음 설명에 해당하는 것은?

> ㉮ 화재발생 시 불티가 바람에 날리거나 튀어서 멀리 떨어진 곳에 있는 가연물에 착화되는 현상이다.
> ㉯ 화재발생 시 화원에서 상당한 거리에 있는 장소에 발생하는 다수의 발화 현상이다.

① 방화   ② 심화

③ 외화 ④ 비화

09. 소방과 관련한 다음 용어 중 잘못 설명하고 있는 것은?
① 소방공무원에 대한 중징계는 파면, 해임, 강등 또는 정직, 감봉, 견책을 포함한다.
② 건축물, 차량, 항구 안에 매어둔 선박, 선박건조구조물, 산림 그 밖의 인공구조 또는 물건을 소방대상물이라 한다.
③ 관계인등에는 화재 현장을 발견하고 신고한 사람, 화재 현장을 목격한 사람을 포함한다.
④ 소방본부장은 특별시·광역시·도 또는 특별자치도에서 화재의 예방·경계·진압·조사 및 구조·구급 등의 업무를 담당하는 부서의 장을 말한다.

10. 탄화와 관련 설명으로 옳지 않은 것은?
① 탄화심도·면적·길이 등은 화재진행방향 등을 추적하는데 도움을 준다.
② 탄소정도가 진행된 석탄일수록 고정탄소 함유량이 많고 휘발분이 적다.
③ 오래된 지질시대의 석탄일수록 탄화가 진행되어 있다.
④ 무연탄이 가장 탄화도가 낮은 석탄이다.

11. 탄화심도에 관하여 바르게 설명하지 않은 것은?
① 귀갑상을 이루면서 형성된 탄화부분의 총 깊이를 말한다.
② 철판·유리 등의 표면이 타 들어간 깊이를 말한다.

③ 탄화심도는 발화부에 가까울수록 깊어진다.
④ 탄화심도는 심하게 연소한 부분일수록 더 깊어진다.

12. 전도가 직접적으로 연소에 미치는 영향에 대한 설명으로 옳은 것은?
    ① 물질 중에 열전도가 낮으면 낮을수록 불연성에 가까운 물질이다.
    ② 물질 중에 열전도가 낮으면 낮을수록 착화되기 어려운 물질이다.
    ③ 물질 중에 열전도가 낮으면 낮을수록 인화가 용이한 물질이다.
    ④ 물질 중에 열전도가 낮으면 낮을수록 연소점이 낮은 물질이다.

13. 「재난 및 안전관리 기본법」상 다음과 같은 경우의 조치에 해당하는 것은?

    > 중앙대책본부장과 시장·군수·구청장은 재난이 발생하거나 발생할 우려가 있다고 인정된 때 시장·군수·구청장에게 민방위기본법에 의한 민방위대의 동원을 명하거나 국방부장관에게 군부대의 지원 요청 및 재난관리책임기관의 장에게 기타 필요한 조치를 취하여 줄 것을 요청할 수 있다.

    ① 동원명령　　　　　　② 대피명령
    ③ 응원　　　　　　　　④ 강제대피

14. 카본블랙에 대한 설명으로 옳지 않은 것은?
    ① 자동차 타이어, 다른 고무 제품의 강화제, 인쇄용 잉크, 페인트, 먹지 등에 사용된다.

② 가연성물질을 공기 속에서 태워 휘발성분을 없애고 재로 만든다.
③ 화재 열에 의하여 분해·변형되고 까맣게 변색된 숯의 표면과 탄화의 정도는 화재현장에서 발화지점과 화인을 찾는데 매우 유용하게 사용된다.
④ 천연가스나 석유 등의 열분해 또는 불완전 연소로 인해 생성된 탄소의 미립자를 말한다.

15. 탄화물(char)에 대한 설명으로 옳은 것은?
① 점성의 검은색 액체로 송진으로 대표되는 나무의 수액을 분해 증류하는 과정에서 만들어진다.
② 천연일 경우 결정의 형태는 육각 판 모양의 편평한 모양이며, 인공일 경우 결정은 비늘상이나 덩어리상이다.
③ 지표면에서 방출되는 적외선 영역의 복사 에너지를 흡수하는 성질이 있어 온실가스로 분류된다.
④ 유기물질의 불완전연소로 인해 검은 형태로 된 탄소성분의 물질을 탄화물이라 한다.

16. 소화기구 및 자동소화장치의 화재안전성능기준에 대한 설명으로 옳은 것은?
① 대형소화기는 화재 시 사람이 운반할 수 있도록 운반대와 바퀴가 설치되어 있고 능력단위가 A급 10단위 이상, B급 20단위 이상인 소화기이다.
② 주거용 주방자동소화장치의 소화약제 방출구는 환기구의 청소부분과 분리되지 말아야 한다.
③ 소화기는 특정소방대상물의 각 부분으로부터 1개의 소화기까지의 보행거리가 대형소화기의 경우에는 20m 이내가 되도록 배치하여야 한다.
④ 캐비닛형 자동소화장치의 분사헤드 설치 높이는 방호구역의 바닥으로부터 최소 2m 이상 최대 3.7m 이하로 하여야 한다.

17. 다음 설명과 같은 현상을 무엇이라 하는가?

> 목재·고무·합성수지 등 유기물 절연체에 전기접속으로 인한 흑연화와 백열화 현상이 반복되면 목재 등의 표면은 점차 깊게 타 나가 움푹 파이게 되고 심하면 종국적으로 착화(발화)하기에 이르게 된다.

① 소염현상　　　　　　② 하소현상
③ 가네하라현상　　　　④ 열소현상

18. 연소흔에 대한 설명으로 옳지 않은 것은?

① 타다 남은 목재기둥이나 두꺼운 판자 등의 표면에 거북이등 처럼 갈라진 모습을 볼 수 있다.
② 연소흔은 연소 작용 상태에 따라 열소흔, 급소흔, 완소흔, 강소흔으로 나뉜다.
③ 연소 흔적인 균열흔은 발화부에 가까울수록 미세하고 가늘며 저온으로 장시간 가열될수록 또한 미세하고 가늘다.
④ 가연성 물질의 연소과정에서 유형의 물체에 남긴 흔적으로서 주로 연소가 종료된 후에 볼 수 있다.

19. 흑연(graphite)화에 대한 설명으로 옳지 않은 것은?

① 표면을 탄화시키는 상태가 장기간 반복적으로 계속되면 표면이 흑연화가 일어난다.
② 전기회로 중 컨센트, 개폐기(switch) 등이 접속할 때와 관련이 있다.
③ 고온의 스파크(spark)가 합성수지 등의 표면을 탄화시키기 시작한다.
④ 철판·유리·합성수지(plastic) 등 무기물 도체(conductor)에 발생한다.

20. 소방재정과 관련한 다음 설명 중 옳지 않은 것은?

① 소방재원으로 지방교부세, 소방시설공동세는 일반재원에 해당한다.
② 소방재정은 소방서비스의 공급에 소요되는 생산자원의 총량적 의미로서 소방재정을 말한다.
③ 지방재정회계에 의해 운영되고 있는 소방공무원은 지방소방공무원이다.
④ 소방재원의 제도적 제약에는 소방예산의 지출구조의 경직성, 재원조달수단의 한정성, 소방공동시설세의 한계를 들 수 있다.

21. 완소흔에 대한 설명으로 옳지 않은 것은?

① 완소흔은 대체적으로 갈라진 틈의 폭이 넓지 않고 골이 얕으며 부푼 모양이 삼각형 또는 사각형의 형태를 띤다.
② 완소흔은 목재·기둥 및 두꺼운 판자 등이 귀갑상으로 갈라져 탄화된 연소흔적을 말한다.
③ 완소흔은 약 700℃ ~ 800℃ 정도에서 비교적 천천히 타고난 후 표면에 남는 갈라진 흔적을 말한다.
④ 목재·기둥 및 두꺼운 판자 등이 강하게 탈 때 대개 그 홈은 깊고 만두 모양의 요철을 이룬다.

22. 탄화물의 돌출부(char blisters)에 대한 설명으로 옳은 것은?

① 탄화된 물질의 오목한 부분을 말한다.
② 목재와 같은 물질을 이루는 숯의 표면에 형성된다.
③ 균열 혹은 갈라진 깊은 틈으로 분리된다.
④ 열분해 또는 연소결과로 얻어진다.

23. 화재가혹도(fire severity)에 대한 설명으로 옳지 않은 것은?

① 화재실의 최고온도와 지속시간은 화재가혹도를 판단하는 중요한 인자이다.
② 화재가혹도는 화재발생으로 당해 건물과 내부 수용재산 등을 파괴하거나 손상을 입히는 정도를 말한다.
③ 화재가혹도에 영향을 미치는 환기요소는 개구부 면적의 제곱근에 비례하고 개구부 높이에 비례한다.
④ 최고온도는 화재가혹도의 양적 개념으로 화재강도와 관련이 있고 지속시간은 화재가혹도의 질적 개념으로 화재하중과 관련이 있다.

24. 제4류 위험물 화재의 소화방법에 대한 설명 중 옳지 않은 것은?

① 일반적으로 물에 의한 소화는 위험물이 물보다 가벼워서 물위로 떠서 화면을 확대하기 때문에 부적당하다.
② 포, 분말, 할로겐화물, 분무상의 강화액 등에 의한 질식소화가 좋다.
③ 고인화점으로 휘발성이 낮은 위험물 저장 탱크나 용기의 화재는 주수해서는 안 된다.
④ 수용성위험물인 알콜류·아세톤·에스테르류에는 내알콜형포를 사용한다.

25. 분해폭발에 대한 설명으로 옳지 않은 것은?

① 혼합물이 자체적으로 분해하면서 발생하는 것이므로 공기 또는 산소의 존재를 필요로 하지 않는다.
② 화염, 스파크, 가열 등의 열원에 의하여 발생하는 경우가 많다.
③ 과염소산, 진한 황산, 에틸렌, 히드라진 등은 분해폭발성 물질에 해당한다.
④ 흡열화합물은 분해하면서 발열하고 폭발하는 것을 말한다.

소방관계법규

01. 「소방기본법」상 한국소방안전원의 정관에 포함되어야 하는 사항이 아닌 것은?

① 사업에 관한 사항
② 회원과 임원 및 직원에 관한 사항
③ 재정 및 회계에 관한 사항
④ 소방기술 및 소방산업에 관한 국제전시회·국제학술회의 개최 등 국제교류에 관한 사항

02. 「소방시설공사업법」상 소방기술자에 해당하지 않는 사람은?

① 소방시설공사업법 규정에 따라 소방기술 경력 등을 인정받은 사람
② 국가기술자격 법령의 규정에 따른 소방기술사로 소방시설업의 기술인력으로 등록된 사람
③ 국가기술자격 법령의 규정에 따른 위험물관리사로 소방시설관리업의 기술인력으로 등록된 사람
④ 소방시설 설치 및 관리에 관한 법률에 따른 소방시설관리사로 소방시설관리업의 기술인력으로 등록된 사람

03. 「소방시설공사업법」상 소방공사감리업의 등록을 한 감리업자가 소방공사감리를 함에 있어서 수행해야 할 업무에 해당하지 않는 것은?

① 소방시설 등 설계변경 사항의 적합성 검토
② 공사업자의 소방시설 등의 시공이 설계도서 및 화재안전기준에 맞는지에 대

한 지도·감독
③ 화재 등의 재난이 발생한 경우 응급조치 및 소방관서 등에 대한 연락업무
④ 소방시설 등의 설치계획표의 적법성 검토

04. 「화재의 예방 및 안전관리에 관한 법률」상 특별관리시설물의 소방안전관리에 대한 설명으로 옳지 않은 것은?

① 도시철도시설, 항만시설 등은 소방안전 특별관리를 하여야 한다.
② 화재예방안전진단의 지정절차, 지정취소 등에 필요한 사항은 행정안전부령으로 정한다.
③ 특별관리를 체계적이고 효율적으로 하기 위해 시·도지사와 협의하여 한다.
④ 소방안전관리자로부터 소방대상물의 이전 조치요구 등을 받은 소방안전관리대상물의 관계인은 지체 없이 이에 따라야 한다.

05. 「소방기본법」상 소방기관의 설치에 관한 설명이다. ( ) 안에 들어갈 내용으로 옳은 것은?

> ㉮ 소방업무를 수행하는 (   )은 그 소재지를 관할하는 특별시장·광역시장·특별자치시장·도지사·특별자치도지사의 감독을 받는다.
> ㉯ (   )은(는) 화재 예방 및 대형 재난 등 필요한 경우 시·도 소방본부장 및 소방서장을 지휘·감독할 수 있다

	㉮	㉯		㉮	㉯
①	소방서장	시·도지사	②	소방청장	시·도지사
③	소방본부장	소방청장	④	소방청장	소방청장

06. 「소방기본법 시행규칙」상 다음 설명에 해당하는 소방신호는?

> ㉮ 화재 예방상 필요하다고 인정되는 경우에 발령한다.
> ㉯ 「화재의 예방 및 안전관리에 관한 법률」 규정에 의한 화재위험경보 시 발령한다.

① 경계신호 ② 예방신호
③ 예보신호 ④ 훈련신호

07. 「소방시설공사업법」상 소방시설업 등록의 결격사유가 아닌 것은?

> ㉮ 파산자로서 복권되지 않은 사람
> ㉯ 소방기본법에 따른 금고 이상의 형의 집행유예의 선고를 받고 그 유예기간이 끝난 사람
> ㉰ 위험물안전관리법에 따른 금고이상의 실형의 선고를 받고 그 집행이 면제된 날부터 2년이 지난 사람
> ㉱ 소방시설업 등록이 취소된 날부터 2년이 지나지 않은 사람
> ㉲ 피성년후견인

① ㉮, ㉱ ② ㉮, ㉱, ㉲
③ ㉯, ㉰, ㉱ ④ ㉮, ㉯, ㉰

08. 「소방시설공사업법」상 탱크시험자에 대한 행정처분기준이다. 1차 위반 시 등록취소에 해당하지 않는 경우는?

① 다른 자에게 등록증을 빌려준 경우

② 등록기준에 미달하게 된 경우
③ 등록의 결격사유에 해당하게 된 경우
④ 허위 그 밖의 부정한 방법으로 등록을 한 경우

09. 「소방시설 설치 및 관리에 관한 법률 시행령」상 피난층의 정의에 대한 설명으로 옳은 것은?

① 지상층 중 내부 또는 외부에서 쉽게 파괴 또는 개방할 수 있는 층을 말한다.
② 주된 출입구 외에 화재발생 등 비상시에 피난할 수 있는 층을 말한다.
③ 지상으로 갈 수 있는 계단이 있는 층을 말한다.
④ 곧바로 지상으로 갈 수 있는 출입구가 있는 층을 말한다.

10. 「소방기본법 시행령」상 소방활동구역에 출입할 수 없는 사람은?

① 경찰청장이 출입을 허가한 사람
② 구조·구급업무에 종사하는 사람
③ 통신, 교통 업무 종사자로 원활한 소방활동을 위하여 필요한 사람
④ 수사업무에 종사하는 사람

11. 「위험물관리법」상 다음의 행정처분이 내려지는 경우에 해당하지 않은 것은?

> 제조소 등 설치허가와 관련하여 시·도지사가 허가를 취소하거나 6월 이내의 기간을 정하여 제조소 등의 전부 또는 일부의 사용의 정지를 명할 수 있다.

① 완공검사를 받지 않고 제조소 등을 사용한 경우
② 등록증을 다른 사람에게 빌려준 경우
③ 대리자를 지정하지 않은 경우
④ 정기검사를 받지 않은 경우

12. 「위험물안전관리법」상 행정처분 기준 중 일반기준이다. 옳지 않은 것은?

① 사용정지의 처분기간 중에 사용정지에 해당하는 새로운 위반행위가 있는 때에는 종전의 처분기간 만료일의 다음 날부터 새로운 위반행위에 따른 사용정지의 행정처분을 한다.
② 위반행위 횟수에 따른 행정처분기준은 최근 2년간 같은 위반행위로 행정처분을 받은 경우에 적용한다.
③ 2 이상의 처분기준이 동일한 업무정지인 경우에는 중한 처분의 2배까지 가중처분 할 수 있다.
④ 사용정지 또는 업무정지의 처분기간이 완료될 때까지 위반행위가 계속되는 경우에는 사용정지 또는 업무정지의 행정처분을 다시 한다.

13. 「소방시설공사업법 시행규칙」상 실무교육과 관련한 설명으로 옳지 않은 것은?

① 실무교육기관 지정기준에 적합한 경우 소방청장은 신청일부터 30일 이내에 실무교육기관 지정서를 발급하여야 한다.
② 실무교육기관이 휴업을 하고자 하는 경우 휴업을 하고자 하는 날의 15일 전까지 휴업보고서를 소방청장에게 보고하여야 한다.
③ 폐업보고를 받은 경우 소방청장은 실무교육기관 지정서를 회수하여야 한다.
④ 실무교육기관이 대표자에 대한 사항을 변경하고자 하는 경우 변경 일부터 10일 이내에 소방청장에게 보고하여야 한다.

14. 「소방시설 설치 및 관리에 관한 법률」상 방염 등에 관한 설명으로 옳은 것은?
   ① 특정소방대상물에서 사용하는 방염대상물품은 소방청장이 실시하는 방염성능검사를 받은 것이어야 한다.
   ② 방염성능검사의 방법과 검사결과에 따른 합격표시 등에 관하여 필요한 사항은 대통령령으로 정한다.
   ③ 방염대상물품에 대하여 방염처리를 하고자 하는 사람은 소방청장에게 방염처리업의 등록을 하여야 한다.
   ④ 방염업의 종류와 그 종류별 영업의 범위, 방염업의 등록기준 등에 관하여 필요한 사항은 행정안전부령으로 정한다.

15. 「소방시설 설치 및 관리에 관한 법률」상 처벌 규정이 다른 것은?
   ① 소방시설관리사증을 다른 사람에게 알선한 사람
   ② 소방시설관리업의 등록을 하지 않고 영업을 한 사람
   ③ 거짓이나 그 밖의 부정한 방법으로 성능인증 또는 제품검사를 받은 사람
   ④ 소방용품의 형식승인을 받지 않고 소방용품을 제조하거나 수입한 사람

16. 「소방기본법 시행령」상 소방기술민원센터의 설치 및 운영에 대한 설명으로 옳지 않은 것은?
   ① 소방기술민원센터의 구성원은 센터장을 포함하여 18명 이내로 한다.
   ② 소방시설, 소방공사 및 위험물 안전관리 등과 관련된 법령해석 등의 민원을 종합적으로 접수하여 처리할 수 있는 기구이다.
   ③ 소방기술민원센터는 소방기술민원과 관련된 현장 확인 및 처리업무를 수행한다.

④ 소방기술민원센터는 소방청에만 설치하여 운영할 수 있다.

17. 「소방시설 설치 및 관리에 관한 법률」상 다음 용어의 정의 중 타당하지 않은 것은?

① 화재안전성능은 화재를 예방하고 화재발생 시 피해를 최소화하기 위하여 소방대상물의 재료, 공간 및 설비 등에 요구되는 안전성능을 말한다.
② 성능위주설계는 건축물 등에 화재 위험성을 평가하고 그 결과에 따라 화재안전성능이 확보될 수 있도록 일반소방대상물을 설계하는 것이다.
③ 특정소방대상물 소방시설을 설치하여야 하는 소방대상물로서 대통령령이 정하는 것을 말한다.
④ 소방용품은 소방시설 등을 구성하거나 소방용품으로 사용되는 제품이나 기기로서 대통령령으로 정하는 것을 말한다.

18. 「소방기본법」상 시·도지사가 유지·관리하여야 하는 소방용수시설에 해당되지 않는 것은?

① 급수탑   ② 소화전
③ 호수조   ④ 저수조

19. 「화재의 예방 및 안전관리에 관한 법률」상 시·도지사가 화재예방강화지구로 지정할 수 있는 장소가 아닌 것은?

① 위험물의 저장 및 처리시설이 밀집한 지역
② 콘크리트 건물이 밀집한 지역

③ 석유화학제품을 생산하는 공장이 있는 지역
④ 시장지역

20. 「소방기본법 시행 규칙」상 화재 발생 시 지체없이 종합상황실의 상급기관으로 보고하여야 하는 화재가 아닌 것을 모두 고르면?

> ㉮ 재산피해액이 20억원 이상 발생한 화재
> ㉯ 병상이 30개 이상인 요양소에서 발생한 화재
> ㉰ 층수가 4층 이상이거나 객실이 30실 이상인 숙박시설에서 발생한 화재
> ㉱ 가스 및 화약류의 폭발에 의한 화재
> ㉲ 언론에 보도된 재난상황
> ㉳ 이재민이 50인 이상 발생한 화재

① ㉮, ㉯, ㉰, ㉱
② ㉰, ㉱, ㉲
③ ㉯, ㉰
④ ㉮, ㉰, ㉳

21. 「화재의 예방 및 안전관리에 관한 법률 시행령」상 대통령령으로 정하는 소방안전 특별관리시설물의 화재예방안전진단 대상에 해당하지 않는 것은?

① 발전소 중 연면적이 5천제곱미터 이상인 발전소
② 전력용 및 통신용 지하구 중 「국토관리법」에 따른 공동구
③ 항만시설 중 여객이용시설 및 지원시설의 연면적이 5천제곱미터 이상인 항만시설
④ 여객터미널의 연면적이 1천제곱미터 이상인 공항시설

22. 「소방시설공사업법」상 소방시설공사의 도급에 대한 설명으로 옳지 않은 것은?

① 소방시설공사는 대통령령으로 정하는 경우에는 다른 업종의 공사와 분리하여 도급하여야 한다.
② 하수급인에게 하도급과 관련하여 자재구입처의 지정 등 하수급인에게 불리한 행위를 강요하여서는 안 된다.
③ 공사대금의 지급보증, 담보의 제공 또는 보험료 등의 지급을 하지 않는 경우 수급인은 10일 이내 기간을 정해 공사를 중지할 수 있다.
④ 소방시설공사의 도급금액 중 그 공사의 근로자에게 지급하여야 할 임금에 해당하는 금액은 압류할 수 없다.

23. 「위험물안전관리법 시행령」상 자체소방대에 두는 화학소방자동차 및 인원이다. ( ) 안에 들어갈 내용으로 옳은 것으로만 연결된 것은?

3. 제조소 또는 일반취급소에서 취급하는 (㉮) 위험물의 최대수량의 합이 지정수량의 24만배 이상 48만배 미만인 사업소	(㉯)대	(㉰)인

  ㉮ ㉯ ㉰   ㉮ ㉯ ㉰
① 제5류 5 10 ② 제3류 5 10
③ 제2류 3 15 ④ 제4류 3 15

24. 「화재의 예방 및 안전관리에 관한 법률 시행령」상 화재안전조사에 대한 설명으로 옳지 않은 것은?

① 화재안전조사위원회의 위촉위원의 임기는 2년으로 하며, 한 차례만 연임할 수 있다.

② 관계인의 질병이나 사고가 발생한 경우에는 화재안전조사의 연기 사유에 해당한다.
③ 중앙화재안전조사단은 단장을 포함하여 30명 이내의 단원으로 구성한다.
④ 화재안전조사를 효율적으로 실시하기 위해 필요한 경우 한국소방안전원 합동으로 조사반을 편성하여 화재안전조사를 할 수 있다.

25. 「소방시설 설치 및 관리에 관한 법률」상 소방용품의 품질관리와 관련한 설명으로 옳지 않은 것은?

① 소방용품의 성능인증이 취소된 사람은 그 취소된 날부터 2년 이내에는 성능인증이 취소된 소방용품과 동일한 품목에 대한 성능인증을 받을 수 없다.
② 소방용품 성능인증을 받은 사람이 해당 소방용품에 대한 형상 등의 일부를 변경하려면 소방청장의 변경인증을 받아야 한다.
③ 소방용품의 성능인증을 받은 사람은 그 소방용품에 대하여 소방청장의 제품검사를 받아야 한다.
④ 소방용품의 형식승인을 부정한 방법으로 받은 경우에는 6개월 이내의 기간을 정하여 제품검사의 중지를 명할 수 있다.

01. 공공기관의 정보공개와 관련한 다음 내용 중 옳은 것은? (다툼이 있는 경우 판례에 의함)

① 법인 등의 경영 및 영업상의 비밀은 국민에 의한 감시의 필요성이 크므로 공개하여야 한다.
② 교도관의 가혹행위를 이유로 형사고소 및 민사소송을 제기하면서 그 증명자

료 확보를 위해 '징벌위원회 회의록' 등의 정보공개를 요청한 경우 공개하지 않아도 된다.
③ 정보공개청구의 대상이 이미 알려진 사항이거나 청구량이 많아 정상적인 업무수행에 현저한 지장을 초래할 경우 청구된 정보의 사본 또는 복제물의 교부를 제한할 수 있다
④ 국민의 정보공개청구권은 법률상 보장 받는 것으로 공공기관의 정보공개 거부는 정당화될 수 없다.

02. 다음은 학자와 이론을 연결한 것이다. 잘못 연결된 것은?

① A. V. Dicey - 법의 지배원리
② Laférriere - 권력작용, 관리작용
③ O. Mayer - 자기확인설
④ J. Locke - 3권분립이론

03. 부담과 조건의 구별에 관한 다음 설명으로 옳지 않은 것은?

① 부담이란 행정행위의 주된 내용에 부가하여 행정객체에게 작위·부작위·수인·급부 등의 의무를 부과하는 것을 말한다.
② 부담은 행정행위의 효력을 처음부터 완전하게 발생시키는 점에서 정지조건과 구별된다.
③ 부담의 불이행에 의하여 당연히 행정행위의 효력이 소멸하는 것이 아니라는 점에서 해제조건과 구별된다.
④ 음식점영업허가를 하면서 사용건물의 결함이 시정되어야 한다는 부관을 붙인 경우에, 건물의 결함이 시정되기 전에는 영업허가의 효력이 발생되지 않는 것으로 볼 때는 부담에 해당한다.

04. 행정행위의 철회에 관한 다음 설명 중 옳지 않은 것은?

① 흠 없이 성립한 행정행위의 효력을 소멸시키는 행위이다. 따라서 흠 있는 행정행위를 소멸시키는 행정행위의 취소와 구별된다.
② 새로운 사정의 발생, 즉 공익상 행정행위의 효력을 더 이상 존속시킬 수 없는 경우에 행정행위를 철회하게 된다.
③ 행정행위의 철회의 경우 상대방에게 책임이 없는 한 법률에 따른 보상을 해주어야 하며, 철회의 효과는 공익의 요구에 부합하기 위하여 원칙적으로 소급하여 발생한다.
④ 철회는 성질상 새로운 행정행위와 같은 것이라는 점에서 명문의 규정이 없는 한 원칙적으로 처분행정청만이 철회권을 가지며 감독청이나 법원은 철회권이 없다.

05. 다음 복효적 행정행위에 관한 설명 중 옳지 않은 것은?

① 이중효과적 행정행위라고도 한다.
② 복효적 행정행위의 예로서는 건축허가, 공매처분, 수용재결, 당선인(합격자) 결정, 경원허가 등이 있다.
③ 행정처분절차에서 행정행위의 부담적 효과를 받는 자의 권익을 보호하기 위하여 의견청취 기타 청문절차를 거치게 할 필요가 있다.
④ 불이익을 받는 자에게 소송의 당사자적격을 인정할 수 없다는 것이 통설이다.

06. 「부패방지 및 국민권익위원회의 설치와 운영에 관한 법률」상 국민권익위원회에 대한 설명으로 옳지 않은 것은?

① 위원회의 사무를 처리하기 위하여 위원회에 사무처를 두며 사무처에 사무처장

1명을 둔다.
② 위원회의 위원장 1명을 포함한 15명의 위원으로 구성하며 재적위원 과반수의 출석으로 개의하고 출석위원 과반수의 찬성으로 의결한다.
③ 위원장, 부위원장, 상임위원은 국무총리의 제청으로 대통령이 임명한다.
④ 위원장과 부위원장은 각각 정무직으로 보하고 상임위원은 고위공무원단에 속하는 일반직공무원으로서 임기제공무원으로 보한다.

07. 다음 행정행위의 직권취소와 쟁송취소의 차이에 관한 기술 중 옳지 않은 것은?
① 쟁송취소는 추상적 위법을 이유로 하나, 직권취소는 위법 외에 행정목적 실현상 또는 공익상 취소가 필요한가에 의해 결정된다.
② 쟁송취소에는 기간제한 규정이 있으나, 직권취소는 실정법에 기간제한 규정이 없다.
③ 쟁송취소의 효과는 원칙적으로 소급하나, 직권취소의 효과는 소급하지 않음이 원칙이다.
④ 쟁송취소는 적극적 변경이 허용되나, 직권취소의 경우에는 허용되지 않는다.

08. 행정지도에 관한 다음 설명 중에서 타당한 것으로 보기 어려운 것은?
① 국민기초생활 보장법상 생활지도는 행정지도에 해당한다.
② 행정지도도 법치국가원리상 반드시 법적 근거를 요한다.
③ 행정지도는 상대편에 법적 구속력을 갖는 것이 아니다.
④ 행정지도에는 조리상 한계가 있다.

09. 공법 및 사법과 관련한 다음 설명 중 옳지 않은 것은?

① 국유재산의 매각관계는 공법관계이므로 당연히 공정력이 인정된다.
② 관리관계와 사법관계는 비권력관계라는 점에서 동일하다.
③ 행정법관계는 행정상의 법률관계 중 공법의 규율을 받는 관계를 말한다.
④ 행정사법은 주로 유도행정과 급부행정 등 복리행정의 영역에서 성립되고 있다.

10. 행정행위에 관한 다음 기술 중 타당하지 않은 것은?

① 행정행위란 본래 앵글로색슨의 법계의 관습법에서 부상된 것으로 오늘날 국제적으로 통용하는 개념으로 되었다.
② 행정행위란 행정법이 사인에 대하여 행하는 모든 행위를 지칭한다고 하는 설이 유력하다.
③ 행정행위는 19세기말 독일의 어떤 실정법에 규정되어 그 해석론으로 전개되었으며, 오늘날 세계 모든 국가의 실정법에 그것에 해당하는 개념이 설정되어 있다.
④ 행정행위의 본질적 요건은 그 행위의 주체가 상대방에 대하여 우월적 지위에 있다는 점에 있다.

11. 다음 행정벌과 형사벌의 구별에 관한 설명 중에서 바르지 못한 것은?

① 행정벌은 법규의 규정을 통하여 비로소 반사회성이 주어지는 법정범을 처벌하기 위한 것이고, 형사벌은 형사범을 처벌하기 위한 것이다.
② 행정범은 행정주체의 행정목적을 침해한 행위인데, 형사범은 사회생활을 함에 있어서 보호하지 않으면 안 될 법익을 현실적으로 침해한 행위이다.

③ 행정범과 형사범의 구별은 어느 정도 긍정하면서 양자간의 상대적·유동적 성질을 부인하지 않는 것이 국내의 다수견해이다.
④ 행정벌 법규와 형사벌 법규는 다같이 행위규범과 재판규범을 아울러 규정하고 있는 것이 통례이다.

12. 행정조사에 대한 다음 설명 중 옳지 않은 것은?
① 조세·형사·행형 및 보안처분에 관한 사항 등에 대하여는 행정조사를 실시하지 않는다.
② 행정조사는 법령 등의 위반에 대하여 처벌을 강화하기 위하여 한다.
③ 법령 등의 위반에 대하여 혐의가 있는 경우는 수시조사에 의한 행정조사를 할 수 있다.
④ 행정조사 대상자는 지정된 출석일시에 출석하는 경우 업무 또는 생활에 지장이 있는 때에는 행정기관의 장에게 출석일시를 변경하여 줄 것을 신청할 수 있다.

13. 행정행위에 대한 설명으로 옳지 않은 것은? (다툼이 있는 경우 판례에 의함)
① 행정행위를 한 처분청은 그 행위에 하자가 있는 경우에는 별도의 법적 근거가 없더라도 스스로 이를 취소할 수 있다.
② 행정행위를 한 처분청은 그 행위에 하자가 있는 경우에는 별도의 법적 근거가 없더라도 스스로 이를 취소할 수 있다.
③ 행정행위를 한 처분청은 비록 처분 당시에 별다른 하자가 없었고, 처분 후에 이를 철회할 별도의 법적 근거가 없더라도 공익상 필요가 발생한 경우에는 그 효력을 상실케 하는 별개의 행정행위로 이를 철회할 수 없다.
④ 친일재산은 특별법의 시행에 따라 그 취득·증여 등 원인행위 시에 소급하여

당연히 국가의 소유로 되고, 위 위원회의 국가귀속결정은 당해 재산이 친일재산에 해당한다는 사실을 확인하는 이른바 준법률행위적 행정행위의 성격을 가진다.

14. 다음 중에서 국가배상의 청구절차에 관한 판례의 태도가 아닌 것은?

① 수인이 공동으로 국가배상청구소송을 제기하는 경우에는 각자가 결정전치주의의 요건을 충족해야 한다.
② 결정전치주의의 요건은 구두변론의 종결 시까지 갖추면 족하다
③ 손해 및 가해자를 안 날로부터 국가배상청구권의 소멸시효는 3년이다.
④ 국가배상청구소송에는 가집행선고를 붙일 수 없다는 특례는 평등원칙에 위배되는 것이 아니다.

15. 건축허가와 건축신고에 대한 다음 설명으로 옳지 않은 것은? (다툼이 있는 경우 판례에 의함)

① 행정청이 상·하수도관로가 매설되어 있지 않는 등 도시기반시설이 미비하고 난개발 및 도시슬럼화를 방지하기 위한 계획적인 개발이 검토되고 있다는 이유로 토지의 형질변경행위를 수반하는 건축허가신청을 거부한 것은 그 처분에 재량권의 범위를 일탈·남용한 위법이 있다.
② 국토의 계획 및 이용에 관한 법률 제56조 제1항 제2호의 규정에 의한 토지의 형질변경허가는 그 금지요건이 불확정개념으로 규정되어 있어 그 금지요건에 해당하는지 여부를 판단함에 있어서 행정청에게 재량권이 부여되어 있다고 할 것이므로, 같은 법에 의하여 지정된 도시지역 안에서 토지의 형질변경행위를 수반하는 건축허가는 결국 재량행위에 속한다.
③ 국토의 계획 및 이용에 관한 법률에 의해 지정된 도시지역 안에서 토지의 형

질변경행위를 수반하는 건축허가는 행정청에 재량권이 부여되어 있다 할 것이다.
④ 건축법 제14조 제2항에 의하여 인·허가가 의제되는 건축신고의 범위 등을 합리적인 내용으로 개정하는 입법적 해결책을 통하여 현행 건축법에 규정된 건축신고 제도의 문제점 및 부작용을 해소하는 것은 별론으로 하더라도, 건축법상 신고사항에 관하여 건축을 하고자 하는 자가 적법한 요건을 갖춘 신고만 하면 건축을 할 수 있고, 행정청의 수리 등 별단의 조처를 기다릴 필요는 없다

16. 공법관계에 대한 다음 설명 중 옳지 않은 것은? (다툼이 있는 경우 판례에 의함)
① 무상의 원시취득을 인정한 취지는 택지개발사업과정에서 필수적으로 요구되는 공공시설의 원활한 확보와 그 시설의 효율적인 유지·관리를 위한다는 공법상 목적을 달성하는 데 있으므로, 이러한 무상의 원시취득으로 형성되는 국가 등과 택지개발사업 시행자의 관계는 공법관계이다.
② 확인의 이익이 있고, 나아가 토지구획정리사업에 따른 공공시설용지의 원시취득으로 형성되는 국가 또는 지방자치단체와 사업시행자 사이의 관계는 공법관계이다.
③ 도로의 점용권자가 관리청에 대하여 그 점용하는 도로의 점용료를 납부할 의무가 있는 것은 도로관리청과 도로사용자간에 도로법 40조 소정의 도로점용허가라는 공법관계가 성립된다.
④ 공무원 및 사립학교 교직원 의료보험법 등 관계법령의 규정 내용에 비추어 보면, 공무원 및 사립학교 교직원 의료보험관리공단 직원의 근무관계는 공법관계이다.

17. 손실보상과 관련한 다음 내용 중 옳지 않은 것은? (다툼이 있는 경우 판례에 의함)
    ① 어업면허의 법적 성질(=특허) 및 해당 수면이 다른 법령에 의하여 어업행위가 제한 또는 금지되는 사유로 내수면어업개발촉진법에 의한 어업면허에 대한 면허기간의 갱신이 거절된 경우, 어업면허권자가 수산업법에 의한 손실보상청구권을 가질 수 없다.
    ② 토지소유자가 사업시행자로부터 공익사업법에 따른 잔여지 또는 잔여 건축물 가격감소 등으로 인한 손실보상을 받기 위해서는 공익사업법에 규정된 재결절차를 거친 다음 그 재결에 대하여 불복할 때 비로소 권리구제를 받을 수 있을 뿐이며, 특별한 사정이 없는 한 이러한 재결절차를 거치지 않은 채 곧바로 사업시행자를 상대로 손실보상을 청구하는 것은 허용되지 않는다.
    ③ 인근유사토지 보상사례의 가격이 개발이익을 포함하고 있어 정상적인 것이 아닌 경우라도 이를 수용대상토지의 보상액 산정에서 참작할 수 있다.
    ④ 하천구역으로 편입되어 국유로 된 제외지의 구 소유자가 서울시를 상대로 제기한 손실보상금 청구가 채권양도 후 대항요건을 갖추기 전의 청구라는 이유로 기각되어 시효중단의 효력이 소멸하였다고 하더라도 그로부터 6월내에 구 소유자의 승계인이 손실보상금을 청구한 이상, 구 소유자의 소제기로 인하여 시효가 중단된 것이 아니다.

18. 복효적 행정행위에 관한 설명 중 틀린 것은? (다툼이 있는 경우 판례에 의함)
    ① 일정한 2중 효과적 행정행위의 경우 불이익을 받는 자의 청문제도의 채택이 바람직하다.
    ② 어느 일방에게는 권리·이익을 부여하나 타방에 대하여는 부담 내지 불이익을 주는 행정행위이다.
    ③ 행정행위의 예로서는 공매처분·수용재결·당선인의 결정·경원면허 등이 있다.
    ④ 불이익을 받은 제3자에게 소의 이익 내지 소송의 당사자 적격을 인정할 수

없다는 견해가 통설이다.

19. 다음의 내용과 주장한 사람이 올바르게 연결되지 않은 것은?

① 헌법은 변하여도 행정법은 존속한다. - O. Mayer
② 영국에는 행정법은 존재하지 않는다. - Diecy
③ 자유의 역사는 그 많은 법이 절차적 보장의 역사이었다. - Jellinek
④ 행정은 지령에 구속된 국가기관 즉 행정청에 의한 집행행위이다. - Merkl

20. 형식적 효력이 상위인 순으로 올바르게 나열된 것은?

① UN헌장 - 헌법 - 대통령령 - 서울특별시 규칙 - 경기도 이천군 조례
② 헌법 - 대통령령 - UN헌장 - 경기도 이천군 조례 - 서울특별시 규칙
③ 헌법 - UN헌장 - 서울특별시 규칙 - 경기도 이천군 조례 - 대통령령
④ 헌법 - UN헌장 - 대통령령 - 경기도 이천군 조례 - 서울특별시 규칙

21. 행정처분에 대한 설명으로 옳지 않은 것은? (다툼이 있는 경우 판례에 의함)

① 하자 있는 행정처분을 놓고 이를 무효로 볼 것인지 아니면 단순히 취소할 수 있는 처분으로 볼 것인지는 동일한 사실관계를 토대로 한 법률적 평가의 문제에 불과하고, 행정처분의 무효확인을 구하는 소에는 특단의 사정이 없는 한 그 취소를 구하는 취지도 포함되어 있다.
② 개별공시지가의 결정에 위법이 있는 경우에는 그 자체를 행정소송의 대상이 되는 행정처분으로 보아 그 위법 여부를 다툴 수 있음은 물론 이를 기초로

과세표준을 산정한 과세처분의 취소를 구하는 조세소송에서도 그 개별공시지가결정의 위법을 독립된 쟁송사유로 주장할 수 있다.
③ 구 사회복지사업법상 관할 행정청의 임시이사 선임행위는 행정처분에 해당한다. 따라서 임시이사 선임에 하자가 존재하더라도 그 하자가 중대·명백하지 않은 이상 이를 당연 무효라고 볼 수는 없고, 임시이사 해임처분이 있기 전까지는 임시이사의 지위가 유효하게 존속한다.
④ 하자 있는 행정처분이 당연무효가 되기 위하여는 그 하자가 법규의 중요한 부분을 위반한 중대한 것으로서 객관적으로 명백한 것이어야 하므로 법규의 목적, 의미, 기능 등을 목적론적으로만 고찰함을 요한다.

22. 행정처분과 관련한 다음 설명 중 옳지 않은 것은? (다툼이 있는 경우 판례에 의함)
① 위반행위에 대하여 시정명령이 아니라 건강식품법 및 그 시행령, 시행규칙에 따라 이 사건 부과처분을 한 것이 피고에게 주어진 재량권의 범위를 일탈하거나 피고가 그 재량권을 남용한 것에 해당한다고 볼 수 없다.
② 주주 丙 등이 주주총회결의 부존재 또는 취소사유가 존재한다고 주장하면서 乙 등에 대한 직무집행정지가처분을 구한 사안에서, 피보전권리가 소명되지 않았다고 보아 가처분신청을 기각한 원심결정은 법리오해의 위법이 없다.
③ 과세관청이 乙의 丁 명의 주식 취득에 대해 구 상속세 및 증여세법 제45조의2를 적용하여 乙을 상대로 증여세 부과처분을 한 사안에서, 위 주식의 명의신탁 당시 乙에게는 조세회피 목적이 없었다고 봄이 상당하여 위법이다.
④ 도시계획시설사업에 관한 실시계획의 인가 요건을 갖추지 못한 인가처분은 공공성을 가지는 도시계획시설사업의 시행을 위하여 필요한 수용 등의 특별한 권한을 부여하는 데 정당성을 갖추지 못한 것으로서 법규의 중요한 부분을 위반한 중대한 하자가 있다.

23. 현대법치행정의 내용 및 특색이라고 볼 수 없는 것은?

① 법률유보의 범위를 확대시킨다.
② 반사적 이익의 확대, 법률상 이익의 축소 경향이 있다.
③ 법률의 법규창조력을 확대·강화하는 추세에 있다.
④ 법치주의에서의 법의 개념은 성문법·불문법·신의성실·권리남용까지 포함되며 일정한 경우에는 행정규칙까지 포함시키는 경향이 있다.

24. 행정행위의 하자에 대한 설명으로 옳지 않은 것은? (다툼이 있는 경우 판례에 의함)

① 주택재개발정비사업조합 설립추진위원회가 주택재개발정비사업조합 설립인가처분의 취소소송에 대한 1심 판결 이후 정비구역 내 토지 등 소유자의 4분의 3을 초과하는 조합설립동의서를 새로 받았다고 하더라도, 위 설립인가처분의 하자가 치유된다고 볼 수 없다.
② 행정행위를 한 처분청은 그 행위에 하자가 있는 경우에는 별도의 법적 근거가 없더라도 스스로 이를 취소할 수 있다.
③ 선행행위와 후행행위가 서로 독립하여 각각 별개의 법률효과를 목적으로 하는 때에는 선행행위의 하자가 중대하고 명백하여 당연무효인 경우를 제외하고는 선행행위의 하자를 이유로 후행행위의 효력을 다툴 수 있다.
④ 조합설립 인가처분이 있은 경우 조합설립결의는 위 인가처분이라는 행정처분을 하는 데 필요한 요건 중 하나에 불과한 것이어서, 조합설립 인가처분이 있은 이후에는 조합설립결의의 하자를 이유로 조합설립의 무효를 주장하는 것은 조합설립 인가처분의 취소 또는 무효확인을 구하는 항고소송의 방법에 의하여야 한다.

25. 행정행위의 쟁송에 관한 사항으로 옳지 않은 것은? (다툼이 있는 경우 판례에 의함)

① 공직선거법에서의 선거소송은 집합적 행위로서의 선거에 관한 쟁송으로서 선거라는 일련의 과정에서 선거에 관한 규정을 위반한 사실이 있고, 그로써 선거의 결과에 영향을 미친 때에 선거의 전부나 일부를 무효로 하는 소송이다.
② 임의적 전치주의는 당사자가 행정심판과 행정소송의 유·불리를 스스로 판단하여 행정심판을 거칠지 여부를 선택할 수 있도록 한 취지에 불과하므로 어느 쟁송 형태를 취한 이상 그 쟁송에는 그에 관련된 법률 규정만이 적용된다.
③ 행정행위의 쟁송 취소는 행정청도 취소권자가 될 수 있으며 구체적인 위법성이 있어야 취소가 가능하다.
④ 행정행위의 쟁송 취소는 원칙적으로 소급하며 확정력과 같은 특수한 효력이 인정된다.

제5회 실전모의고사

소방학개론

01. 「재난 및 안전관리 기본법 시행령」상 대통령령으로 정하는 긴급구조지원기관에 해당하지 않는 것을 모두 고른 것은?

> ㉮ 질병관리청
> ㉯ 국방부장관이 탐색구조부대로 지정하는 군부대
> ㉰ 한방병원 및 요양병원
> ㉱ 대한적십자사
> ㉲ 전문응급의료센터
> ㉳ 구급차 등의 운용자

① ㉰　　　　　　　　　② ㉯, ㉲
③ ㉮, ㉳　　　　　　　④ ㉮, ㉰

02. 다음 폭발(explosions)현상에 대한 설명으로 옳지 않은 것은?

① 응상폭발에는 증기폭발, 혼합위험에 의한 폭발, 폭발성 화합물의 폭발 등이 해당한다.
② 증기폭발은 액화가스의 폭발적인 비등현상으로 인한 상변화에 따른 폭발현

상으로 넓은 의미로 수증기 폭발을 포함한다.
③ 기상폭발 중 공기 중에 분출된 가연성 액체의 미세한 액적이 무상으로 되어 공기 중에 부유하고 있을 때에 발생하는 폭발을 분무폭발이라 한다.
④ 기상폭발의 범주에는 분진폭발, 분무폭발, 분해폭발, 가스폭발이 해당한다.

03. 「화재조사 및 보고규정」상 화재에 대한 설명으로 옳지 않은 것은?

① 화재의 분류는 소방청장이 정하는 국가화재분류체계의 분류표에 의한다.
② 화재현장에서 부상을 당한 후 24시간 이내에 사망한 경우 당해 화재로 인한 사망으로 본다.
③ 건물의 소실면적 산정은 소실 바닥면적으로 산정한다.
④ 1개의 발화 지점에서 확대된 것으로 발화부터 진화까지를 1건의 화재라 한다.

04. 제5류 위험물에 대한 설명으로 옳은 것은?

① 유기과산화물류, 질산에스테르류, 니트로화합물류, 히드라진 및 그 유도체류 등의 대표적이다.
② 인화성액체는 1기압과 섭씨 20도에서 액체로서 인화의 위험성이 있는 것을 말한다.
③ 가열, 마찰, 충격을 피하고 화재 초기에는 소화가 가능하나 질식 효과에 의한 소화방법으로 진화한다.
④ 제5류 위험물은 가열, 마찰, 충격을 피해야 하며 주로 자연발화성물질 및 금수성물질이 해당한다.

05. 폭발한계에 대한 설명으로 옳지 않은 것은?

① 낮은 쪽의 농도를 폭발하한계, 높은 쪽의 농도를 폭발상한계라 한다.
② 하한계와 상한계 사이의 농도범위를 폭발한계(폭발범위)라 한다.
③ 폭발한계(폭발범위)의 단위는 보통 Vol%를 사용한다.
④ 가연성 가스는 공기(또는 산소)와의 혼합농도에 상관없이 연소한다.

06. 기폭제에 관한 설명으로 옳지 않은 것은?

① 화약·탄환·폭탄·어뢰의 도화관인 뇌관 등에 들어가는 혼합물이다.
② 사소한 자극으로도 폭발하며 화염·열·충격·마찰이나 진동에 민감하다.
③ 폭발을 일으킨 후에는 스스로 연소하지 못하는 성질이 있다.
④ 폭발을 목적으로 하지만 그 자체를 폭발물로 분류하지는 않는다.

07. 국가소방과 자치소방의 이원화된 소방제도를 광역자치 소방체제로 전환된 시기는 언제인가?

① 1992년   ② 1990년
③ 1993년   ④ 1994년

08. 주거용 주방자동소화장치 설치 기준으로 옳지 않은 것은?

① 가스용 주방자동소화장치를 사용하는 경우 탐지부는 수신부와 분리하여 설치하여야 한다.

② 소화약제 방출구는 환기구의 청소부분과 같은 위치에 있어야 한다.
③ 수신부는 주위의 열기류에 영향을 받지 않는 장소에 설치하여야 한다.
④ 감지부는 형식승인 받은 유효한 높이 및 위치에 설치하여야 한다.

09. 단열압축에 대한 설명으로 옳지 않은 것은?
① 인화성 혼합기가 신속하게 압축되는 과정에서 발생한 열이 가연성 증기의 온도를 그 인화점 이상으로 끓어 올리게 되면 혼합기는 발화한다.
② 물체가 열의 출입을 수반하지 않고 부피를 압축하는 변화로 이때에 대부분의 기체는 온도가 오르며 물체는 가열된다.
③ 열을 이용하거나 외부와의 열 출입 없이(단열) 압력을 이용하는 방법이다.
④ 인화성 액체가 열의 전도를 막은 상태에서 열을 발산하는 경우 그 체적이 늘어나고 빠르게 압축되는 현상을 흡열압축이라고 한다.

10. Backdraft 현상에 대한 설명으로 옳지 않은 것은?
① 화재로 말미암아 산소가 고갈된 건물 안으로 외부의 산소가 갑자기 유입될 경우 발생하기 쉽다.
② 완전히 성장하지 않은 화재 단계에서 발생한 가연성 증기가 화재구획을 빠져나갈 때 발생한다.
③ 화재실 개방전 천장 부근을 개방해 가스를 방출시킴으로써 폭발력을 억제할 수 있으며 농연 분출, 건물 벽체 붕괴 현상 등을 동반한다.
④ 연기폭발이나 열기폭발 처럼 사후 순간적 대량의 통풍에 의하여 고온의 연기 및 가스가 폭발하거나 급속하게 연소하는 현상이다.

11. 다음 중 기폭제(blasting agents)로 사용되는 것을 모두 고른 것은?

> ㉮ 아세틸화은   ㉯ 테트라니트레이트
> ㉰ 메틸에틸케톤   ㉱ 디아지드화납
> ㉲ 디아조디니트로페놀

① ㉮, ㉯, ㉱, ㉲   ② ㉰
③ ㉯, ㉱   ④ ㉮, ㉯

12. 블레비(BLEVE)현상에 관한 설명으로 옳지 않은 것은?

① BLEVE는 "boiling liquid expanding vapor explosions"의 약자이다.
② 대기압력 상태 하에서 비등점(boiling points) 이상의 온도를 가진 액체가 압력용기 내에 저장·가열되어질 때 발생하기 쉽다.
③ 높은 팽창비를 가진 LPG와 LNG용기에서 발생하기 쉽다.
④ 기체가 급격히 액화되면서, 탱크 하부의 압력이 증가함으로써 발생한다.

13. 폭연에 대한 설명으로 옳지 않은 것은?

① 폭연 현상에서 일어나는 폭풍 압의 파풍속도는 음속 이하이다.
② 연소의 전파속도가 그 물질 내에서 음속보다 느린 것을 말한다.
③ 음속 이상의 충격파를 수반하면서 파괴 작용을 유발시킨다.
④ 불꽃 면이 정지하고 있는 매질에 대하여 음속보다 느린 속도로 이동하는 경우이다.

14. 할로겐화합물 및 불활성기체소화약제에 대한 설명으로 옳지 않은 것은?

① 불활성기체소화약제는 헬륨, 네온, 아르곤 또는 질소가스 중 하나 이상의 원소를 기본성분으로 하는 소화약제이다.
② 할로겐화합물 및 불활성기체소화설비는 사람이 상주하는 곳으로 최대허용설계농도를 초과하는 장소에는 설치할 수 없다.
③ 할로겐화합물은 할론 1301, 할론 2402, 할론 1211을 포함한 불활성기체이다.
④ 할로겐화합물소화약제 요오드를 포함하고 있는 유기화합물을 기본성분으로 하는 소화약제를 말한다.

15. 다음에서 설명하고 있는 현상과 아무런 관련이 없는 것은?

> 보일오버(boil-over)는 확실한 타입의 원유를 담은 상단부 개방형 탱크내의 화재 시 자발적으로 발생할 수 있는 하나의 현상이다.

① 급격한 발포 현상　　② 연돌효과
③ 에멀션층　　　　　　④ 부유식 지붕

16. 「재난 및 안전관리 기본법 시행령」상 안전정책조정위원회의 구성 및 운영 등에 관한 설명으로 옳지 않은 것은?

① 안전정책조정위원회는 중앙안전관리위원회에 둔다.
② 안전정책조정위원회의 국가핵심기반의 지정에 관한 사항의 심의 결과는 중앙위원회 보고하여야 한다.
③ 안전정책조정위원회의 위원은 국가정보원장, 방송통신위원회 상임위원, 국무

조정실 제2차장 및 금융위원회 부위원장이 포함된다.
④ 안전정책조정위원회의 회의는 재적위원 과반수의 출석으로 개의하고, 출석위원 과반수의 찬성으로 의결한다.

17. 슬롭 오버(Slop-over)현상에 대한 설명으로 옳지 않은 것은?
① 유류탱크 내부에 물이 머물러 있다가 외부로부터 탱크가 열을 받게 될 경우 탱크 하부에 머물러 있던 물이 비등하여 유류탱크의 외부로 튕겨 분출되는 현상이다.
② 자체의 온도가 물의 비등점을 초과하게 될 때 용기내의 오일이 넘쳐흐르게 되는 현상이다.
③ 표면오일을 끌어들이게 되면 상대적으로 평온하게 발생한다.
④ 용기 속의 온도가 물의 비등점을 초과할 때 용기내의 오일이 넘쳐흐르게 되는 현상을 말한다.

18. 「재난 및 안전관리 기본법」상 안전점검에 관한 설명으로 옳지 않은 것은?
① 행정안전부장관은 다른 재난관리책임기관의 장에게 긴급안전점검을 하도록 요구할 수 있다.
② D등급의 특정관리대상시설 등은 월 1회 이상 정기안전점검을 받아야 한다.
③ 안전점검의 날은 매월 4일로 하고, 안전점검의 날에는 재난취약시설에 대한 일제점검, 안전의식 고취 등 안전 관련 행사를 실시하여야 한다.
④ 재난을 예방하고 국민의 안전의식을 높이기 위해 소방청장은 재난관리책임기관의 장의 의견을 들어 매년 집중 안전점검 기간을 설정하여야 한다.

19. 훈소흔에 대한 설명으로 옳은 것은?

① 약 800℃ 정도에서 비교적 천천히 타고난 후 표면에 남는 갈라진 흔적을 남긴다.
② 목재·기둥 및 두꺼운 판자 등의 표면에 발열체가 밀착되었을 경우 그 밀착부위의 목재표면에 생기는 연소흔적을 말한다.
③ 패인 홈의 깊이가 가장 깊고 홈의 폭이 넓으며, 부푼 형태는 구형에 가깝도록 볼록해진 형태를 띤다.
④ 나무가 갈라져서 파인 골의 테두리 모양은 각이 없는 반원형의 형태를 띤다.

20. 다음 설명과 같은 현상을 무엇이라 하는가?

> 화재가 초기 실내온도를 대류현상으로 상승시키고 가연물의 온도도 상승시키게 되며 차츰 화원이 커지면 지속적인 복사열이 가연물에 전달되고 열 축적을 한 실내의 가연물이 일시에 폭발적으로 착화한다.

① flame-over 현상　　② hold-over 현상
③ flash-over 현상　　④ diffusion flames 현상

21. 「재난 및 안전관리 기본법 시행규칙」상 재난상황의 보고에 관한 설명으로 옳지 않은 것은?

① 최종 보고는 재난이 소멸된 후 재난 발생의 일시, 장소와 재난의 원인, 재난으로 인한 피해내용, 응급조치 사항, 대응 및 복구활동 사항, 향후 조치계획 사항을 종합하여 하는 보고한다.
② 시장·군수·구청장, 소방서장, 해양경찰서장, 재난관리책임기관의 장, 국가핵

심기반의 장을 재난상황의 보고자라 한다.
③ 최초 보고는 인명피해 등 주요 재난 발생을 인지한 최초의 목격자가 가장 빠른 방법으로 하는 보고하는 것을 말한다.
④ 재난상황의 보고자는 응급조치 내용을 재난기간 중 1일 2회 이상 보고하여야 한다.

22. 다음 설명에 해당하는 것은?

> 고폭발성 화약분말로 충전되어 있고, 분말을 둘러싼 유연한 섬유질의 관과 방수재료로 구성되어 한 지점에서 다른 지점으로 화염을 전달한다.

① 압축제 ② 도화선
③ 기폭제 ④ 폭연제

23. 여러 형태의 유류를 수용한 상단부 개방형 탱크 내부의 어떤 특수조건 하에서 일어날 수 있는 현상 중 발포유출 및 비산현상과 거리가 먼 것은?

① 프로쓰오우버(froth-over)현상
② 슬롭오우버(slop-over)현상
③ 보일오우버(boil-over)현상
④ 파일럿오우버(pilot-over)현상

24. 프로스오버(froth-over)현상에 대한 설명으로 옳지 않은 것은?
① 탱크저부에 물 또는 기름의 에멀젼이 수증기로 변해 갑작스럽게 탱크의 외부

로 분출하는 현상을 말한다.
② 용기 내에서는 유류와 물을 포함한 거품이 생성되고 팽창되어 비산 또는 유출(overflowing) 되는 현상을 말한다.
③ 화재를 유발하지 않고 비산 또는 유출(overflowing) 되는 현상을 말한다.
④ 용기 속의 물이 점착성열유(viscous hot oil)의 표면 하에서 끓는 현상이다.

25. 제3류 위험물의 소화방법으로 가장 적절한 것은?
① 대부분은 내알콜형포를 사용한다.
② 건조사 등에 의한 질식소화나 금속화재용 분말소화제를 이용한다.
③ 금속 K, Na이 연소하고 있는 경우에는 할로겐화합물소화제를 사용한다.
④ 주로 물, 포에 의한 냉각소화가 적당하다.

01. 「소방시설 설치 및 관리에 관한 법률 시행규칙」상 소방시설의 자체점검 결과 및 조치 등에 관한 설명으로 옳지 않은 것은?
① 스스로 자체점검을 실시한 관계인은 자체점검이 끝난 날부터 15일 이내에 보고 하여야 한다.
② 소방본부장에게 자체점검 실시결과 보고를 마친 관계인은 소방시설 등 자체점검 실시결과 보고서를 점검이 끝난 날부터 2년간 자체 보관하여야 한다.
③ 소방시설 등의 자체점검을 마친 관계인은 자체점검 결과의 조치 등 이행계획서를 소방본부장 또는 소방서장에게 보고하여야 한다.
④ 자체점검 실시결과의 보고기간에는 토요일은 산입하나 공휴일 및 일요일은 산입하지 않는다.

02. 「소방시설공사업법」상 행정안전부령으로 정하는 사항이 아닌 것은?

① 관계인은 공사감리자를 지정하였을 때에는 행정안전부령으로 정하는 바에 따라 소방본부장이나 소방서장에게 신고하여야 한다.
② 소방시설업을 휴업·폐업 또는 재개업하는 때에는 행정안전부령으로 정하는 바에 따라 시·도지사에게 신고하여야 한다.
③ 특정소방대상물의 소방시설공사 등을 하려는 자는 업종별로 자본금, 기술인력 등 행정안전부령으로 정하는 요건을 갖추어야 한다.
④ 소방시설업의 등록신청과 등록증·등록수첩의 발급·재발급 신청, 그 밖에 소방시설업 등록에 필요한 사항은 행정안전부령으로 정한다.

03. 「위험물안전관리법 시행령」상 탱크시험자로 등록하고자 하는 사람이 첨부해야 할 서류에 해당되지 않는 것은?

① 「원자력법」에 의한 방사성동위원소이동사용허가증 사본 또는 방사선발생장치이동사용허가증의 원본
② 보유장비 및 시험방법에 대한 기술검토를 기술원으로부터 받은 경우에는 그에 대한 자료
③ 안전성능시험장비의 명세서
④ 기술능력자 연명부 및 기술자격증

04. 「소방시설공사업법」상 소방시설업의 등록에 관한 설명이다. 옳지 않은 것은?

① 소방시설업의 등록 규정에 따른 소방시설업의 업종별 영업범위는 대통령령으로 정한다.
② 소방시설업의 등록신청과 등록증·등록수첩의 발급·재발급신청 그 밖에 소방

시설업의 등록에 관하여 필요한 사항은 대통령령으로 정한다.
③ 「지방공기업법」에 따라 설립된 지방공단이 주택의 건설·공급을 목적으로 설립되었을 경우 자체 기술인력을 활용하여 설계·감리를 할 수 있다.
④ 등록하려는 소방시설업 등록이 피성년후견인에 해당하여 등록이 취소된 경우를 제외하고 취소된 날부터 2년이 지나지 않은 사람은 소방시설업을 등록할 수 없다.

05.

「화재의 예방 및 안전관리에 관한 법률」상 화재안전조사에 대한 다음 내용 중 옳지 않은 것은?

① 화재안전조사를 실시하려는 경우 사전에 관계인에게 조사대상, 조사기간 등을 미리 통지하여야 한다.
② 소방특별조사의 연기를 승인한 경우라도 연기기간이 끝나기 전에 긴급히 조사를 하여야 할 사유가 발생하였을 때에는 관계인에게 통보 없이도 소방특별조사를 할 수 있다.
③ 화재안전조사는 관계인의 승낙 없이 어떠한 경우에도 소방대상물의 공개시간 또는 근무시간 이외에는 할 수 없다.
④ 화재안전조사 연기신청을 한 경우 소방관서장은 연기신청 승인 여부를 결정하고 그 결과를 조사 시작 전까지 관계인에게 알려 주어야 한다.

06.

「소방기본법」상 소방체험관을 설립하여 운영할 수 있는 사람은 누구인가?
① 시장·군수
② 시·도지사
③ 소방본부장, 소방서장
④ 행정안전부장관

07. 「소방기본법」상 소방장비의 점검 등에 관한 다음 설명 중 옳지 않은 것은?

① 정기점검은 소방장비가 정상적인 기능을 유지하는지 확인하기 위해 일정한 주기마다 실시하는 점검을 말한다.
② 소방펌프차·소방화학차·소방고가차에 대한 정밀점검은 소방청장이 지정하는 소방장비 전문기관에 대행하게 해야 한다.
③ 점검을 실시한 후 소방장비의 점검 내용 및 정비·보수 내용 등의 사항을 기록하고, 이를 기록한 날부터 2년간 보관해야 한다.
④ 특별점검은 소방장비에 특수한 결함·고장 또는 사고가 발생한 경우 그 원인을 밝히기 위해 실시하는 점검이다.

08. 「위험물안전관리법 시행규칙」상 제조소 등에 대한 행정처분 기준에서 개별기준이 잘못 연결된 것은?

> ㉮ 위험물안전관리자를 선임하지 않은 경우 - 1차 위반 시 사용정지 30일
> ㉯ 정기점검을 하지 않은 경우 - 3차 위반 시 사용정지 60일
> ㉰ 취급기준 준수명령을 위반한 경우 - 2차 위반 시 사용정지 60일
> ㉱ 완공검사를 받지 않고 제조소 등을 사용한 경우 - 3차 위반 시 허가 취소
> ㉲ 안전조치 이행명령을 따르지 않은 경우 - 2차 위반 시 사용정지 30일

① ㉮, ㉰, ㉱
② ㉮, ㉯
③ ㉯, ㉰
④ ㉮, ㉯, ㉲

09. 「소방기본법 시행규칙」상 종합상황실에 대한 설명으로 옳지 않은 것은?

① 종합상황실은 소방청과 각 시·도의 소방본부와 중앙소방학교에만 설치하고

운영할 수 있다.
② 종합상황실의 실장은 종합상황실에 근무하는 사람 중 최고 직위에 있는 사람을 말한다.
③ 종합상황실은 24시간 운영체제를 유지하여야 한다.
④ 종합상황실에 「소방력 기준에 관한 규칙」에 의한 전산·통신요원을 배치하고, 소방청장이 정하는 유·무선통신시설을 갖추어야 한다.

10. 「소방시설공사업법 시행령」상 소방시설의 하자보수 보증기간이 동일한 것으로만 짝 지워진 것은?

㉮ 옥내소화전설비	㉯ 무선통신보조설비
㉰ 비상방송설비	㉱ 옥외소화전설비
㉲ 상수도소화용수설비	

① ㉮, ㉯, ㉲
② ㉮, ㉰
③ ㉮, ㉱, ㉲
④ ㉰, ㉱

11. 「위험물안전관리법」상 다음 (　　) 안에 들어갈 내용으로 옳은 것은?

　　위험물안전관리자를 선임한 제조소 등의 관계인은 그 안전관리자를 해임하거나 안전관리자가 퇴직한 때에는 해임하거나 퇴직한 날부터 (　　) 이내에 다시 안전관리자를 선임하여야 한다.

① 60일
② 7일
③ 30일
④ 15일

12. 「소방시설공사업법」상 소방시설관리사에 대한 행정처분기준이 다른 것은?

① 거짓 그 밖의 부정한 방법으로 시험에 합격한 경우
② 소방시설 등의 자체점검을 하지 않거나 거짓으로 한 경우
③ 동시에 둘 이상의 업체에 취업한 경우
④ 소방시설관리증을 다른 사람에게 빌려준 경우

13. 「소방시설공사업법 시행규칙」상 다음 (   ) 안에 들어갈 내용이 올바르게 연결된 것은?

> ㉮ 소방기술자의 실무교육지정기관 등의 장은 매년 (   )까지 다음 해 교육계획을 실무교육의 종류별·대상자별·지역별로 수립하여 이를 일간신문에 공고하고 소방본부장 또는 소방서장에게 보고하여야 한다.
> ㉯ ㉮에 의한 교육계획을 변경하는 경우에는 변경한 날부터 (   ) 이내에 이를 일간신문에 공고하고 소방본부장 또는 소방서장에게 보고하여야 한다.

	㉮	㉯		㉮	㉯
①	12월 30일,	10일	②	11월 30일,	30일
③	12월 30일,	30일	④	11월 30일,	10일

14. 「소방시설 설치 및 관리에 관한 법률 시행령」상 특정소방대상물에 설치해야 하는 소방시설에 관한 설명으로 옳지 않은 것은?

① 아파트의 모든 층에는 주거용 주방자동소화장치를 설치해야 한다.
② 터널과 지하구는 화재안전기준에 따라 소화기구를 설치해야 하는 특정소방대상에 해당한다.

③ 층수가 5층 이상인 것 중 바닥 면적이 500㎡ 이상인 층이 있는 건물은 옥내소화전설비를 설치해야 한다.
④ 연면적 33㎡ 이상인 경우 화재안전기준에 따라 소화기구를 설치해야 한다.

15. 「소방시설 설치 및 관리에 관한 법률」상 차량의 소화기 설치와 관련한 설명으로 옳지 않은 것은?

① 자동차의 소유자는 차량용 소화기를 설치하거나 비치하여야 한다.
② 국토교통부장관은 차량용 소화기의 설치 여부 등을 확인한 결과를 매년 12월 31일까지 소방청장에게 통보하여야 한다.
③ 자동차검사 시 차량용 소화기의 비치 여부 등을 경찰관서장은 확인을 하여야 한다.
④ 차량용 소화기의 설치 또는 비치 기준은 행정안전부령으로 정한다.

16. 「소방기본법 시행규칙」상 저수조의 설치기준에 대한 설명으로 옳지 않은 것을 모두 고른 것은?

> ㉮ 소방펌프자동차가 쉽게 접근할 수 있도록 할 것
> ㉯ 흡수에 지장이 없도록 토사 및 쓰레기 등을 제거할 수 있는 설비를 갖출 것
> ㉰ 흡수부분의 수심이 0.5미터 이하일 것
> ㉱ 지면으로부터의 낙차가 4.5미터 이하일 것
> ㉲ 흡수관의 투입구가 사각형의 경우 한 변의 길이가 50센티미터 이상일 것

① ㉮, ㉯, ㉱   ② ㉰, ㉲
③ ㉯, ㉰   ④ ㉱

17. 「소방시설 설치 및 관리에 관한 법률 시행령」상 스프링클러설비를 설치해야 하는 특정소방대상물에 해당하지 않는 것은?

① 수용인원이 100명 이상인 종교시설
② 교육연구시설·수련시설 내에 있는 학생 수용을 위한 기숙사
③ 판매시설로서 바닥면적의 합계가 5천㎡ 이상이거나 수용인원이 500명 이상인 경우 모든 층
④ 동·식물원을 포함한 문화 및 집회시설의 무대부의 면적이 100㎡ 이상인 시설

18. 「소방시설 설치 및 관리에 관한 법률 시행령」상 소방시설관리사시험에 응시할 수 있는 자격에 해당하는 사람을 모두 고르면?

> ㉮ 소방안전관리학을 전공하고 졸업한 후 2년 이상 소방실무경력이 있는 사람
> ㉯ 소방기술사·위험물기능장·건축사
> ㉰ 청원소방원으로 근무한 경력이 3년 이상인 사람
> ㉱ 소방공무원으로 2년 이상 근무한 경력이 있는 사람
> ㉲ 소방설비산업기사 자격을 취득한 후 2년 이상 소방실무경력이 있는 사람

① ㉯
② ㉮, ㉱, ㉲
③ ㉰, ㉱
④ ㉯, ㉰

19. 「위험물안전관리법」상 과태료 부과금액이 나머지 셋과 다른 것은?

① 지정수량 이상의 위험물을 임시로 저장 또는 취급하는 경우 승인을 받지 않은 경우
② 품명 등의 변경신고를 신고기한의 다음날을 기산일로 하여 31일 이후에 신고한

경우
③ 위험물의 운송에 관한 기준을 따르지 않아 3차 이상 위반한 경우
④ 제조소 등의 폐지신고 기간 내에 신고를 하지 않은 경우

20. 「화재의 예방 및 안전관리에 관한 법률 시행령」상 소방안전관리업무 전담 대상물 중 특급 소방안전관리대상물에 대한 설명으로 옳지 않은 것은?

① 아파트를 제외한 지상으로부터 높이가 120미터 이상인 특정소방대상물은 특급 소방안전관리대상물에 해당한다.
② 지하층을 포함하여 50층 이상인 아파트는 특급 소방안전관리대상물에 해당한다.
③ 소방기술사를 특급 소방안전관리대상물에 소방안전관리자로 선임해야 한다.
④ 소방공무원으로 20년 이상 근무한 경력이 있는 사람은 특급 소방안전관리대상물의 소방안전관리자로 선임할 수 있다.

21. 「소방기본법」상 한국119청소년단에 대한 설명으로 옳지 않은 것은?

① 한국119청소년단이 아닌 사람은 한국119청소년단이라는 명칭을 제외하고 유사한 명칭을 사용할 수 있다.
② 누구든 한국119청소년단의 시설 및 운영 등을 지원하기 위해 금전이나 그 밖의 재산을 기부할 수 있다.
③ 한국119청소년단은 주된 사무소의 소재지에 설립등기를 함으로써 성립한다.
④ 한국119청소년단은 청소년에게 소방안전에 관한 올바른 이해와 안전의식을 함양시키기 위해 설립한다.

22. 「화재의 예방 및 안전관리에 관한 법률 시행령」상 화재예방안전진단의 대상인 대통령령으로 정하는 소방안전 특별관리시설물에 해당하는 것을 모두 고른 것은?

> ㉮ 발전소 중 연면적이 5천제곱미터 이상인 발전소
> ㉯ 가스공급시설 중 가연성 가스 탱크의 저장용량의 합계가 100톤 이하인 시설
> ㉰ 철도시설 중 역 시설의 연면적이 5천제곱미터 이상인 철도시설
> ㉱ 공항시설 중 여객터미널의 연면적이 1천㎡ 이상인 공항시설

① ㉯, ㉰
② ㉮, ㉰, ㉱
③ ㉰, ㉱
④ ㉮, ㉯, ㉰

23. 「소방시설공사업법 시행규칙」상 소방시설업자 지위 승계 신고와 관련한 설명으로 옳지 않은 것은?

① 지위승계 신고 서류의 보완과 관련하여 소방시설업의 등록신청 서류는 소방시설업의 지위승계 신고 서류로 본다.
② 소방시설업의 지위승계 신고의 확인 사실을 보고받은 시·도지사는 보고받은 날부터 3일 이내에 소방시설업자협회를 경유하여 지위승계인에게 등록증 및 등록수첩을 발급하여야 한다.
③ 소방시설업자 지위 승계를 신고하려는 사람은 그 상속일부터 30일 이내에 소방시설업 지위승계신고서, 피상속인의 소방시설업 등록증 및 등록수첩 등의 서류를 소방시설업자협회에 제출해야 한다.
④ 지위승계 신고 서류를 제출받은 소방시설업자협회는 접수 일부터 10일 이내에 지위를 승계한 사실을 확인한 후 그 결과를 시·도지사에게 보고하여야 한다.

24. 「화재의 예방 및 안전관리에 관한 법률 시행규칙」상 소방안전관리자의 선임에 대한 설명으로 옳지 않은 것은?

① 선임 연기 신청서를 제출받은 소방서장은 3일 이내에 소방안전관리자 선임기간을 정하여 소방안전관리대상물의 관계인에게 통보해야 한다.
② 소방안전관리자를 선임한 경우 소방안전관리자 선임신고서에 소방안전관리자 자격증을 첨부하여 소방본부장에게 제출해야 한다.
③ 소방안전관리자를 선임한 경우 소방본부장에게 관련 서류를 제출한 후 7일 이후에는 선임된 것으로 본다.
④ 소방서장은 소방안전관리자의 선임신고를 접수하거나 해임 사실을 확인한 경우 지체 없이 관련 사실을 종합정보망에 입력해야 한다.

25. 「위험물관리법 시행령」상 위험물 누출 등의 사고조사위원회와 관련한 설명으로 옳지 않은 것은?

① 조사위원회 민간위원의 임기는 2년으로 하며, 한 차례만 연임할 수 있다.
② 조사위원회의 위원은 기술원의 임직원 중 위험물 안전관리 관련 업무에 3년 이상 종사한 사람 중에서 소방청장이 임명한다.
③ 사고조사위원회의 구성 및 운영에 필요한 사항은 소방청장이 정하여 고시할 수 있다.
④ 사고조사위원회는 위원장 1명을 포함하여 7명 이내의 위원으로 구성한다.

행정법통론

01. 행정심판위원회의 구성에 대한 설명으로 옳지 않은 것은?
① 행정심판위원회의 회의는 위원장과 위원장이 회의마다 지정하는 8명의 위원으로 구성한다.
② 중앙행정심판위원회는 위원장 1명을 포함한 70명 이내의 위원으로 구성하되, 위원 중 상임위원은 4명 이내로 한다.
③ 행정심판위원회는 구성원 과반수의 출석과 출석위원 과반수의 찬성으로 의결한다.
④ 중앙심판위원회 상임위원의 임기는 2년이며 연임할 수 없다.

02. 쌍방적 행정행위에 관한 설명 중 옳지 않은 것은?
① 쌍방적 행정행위나 공법상 계약은 모두 상대방의 협력(동의·신청)이 없는 경우 무효 내지 불성립이 되어 이 한도 내에서는 구별의 실익이 적다.
② 쌍방적 행정행위는 보통의 경우 상대방의 신청·동의가 없는 경우에는 원칙적으로 무효이다.
③ 부담적 행정행위는 보통 신청에 의하여 행하여진다.
④ 일방적 행정행위는 행정주체의 단독행위라는 점에서, 쌍방적 행정행위와는 구별된다.

03. 위임입법에 관한 다음 설명 중 옳지 않은 것은?
① 대법원규칙은 위임입법임과 동시에 법규명령이다.

② 중앙선거관리위원회 규칙은 위임입법·행정입법·법규명령이다.
③ 헌법재판소규칙은 위임입법·행정입법·법규명령이다.
④ 국회규칙은 위임입법·법규명령이지만, 행정입법은 아니다.

04. 개인정보와 관련한 다음 설명 중 옳지 않은 것은?
① 법령에서 구체적으로 고유식별정보의 처리를 허용하는 경우에도 고유식별정보를 처리할 수 없다.
② 정보주체의 급박한 생명, 신체, 재산의 이익을 위하여 명백히 필요하다고 인정되는 경우에는 주민등록번호 처리의 제한을 받지 않는다.
③ 개인정보처리자가 개인정보를 파기할 때에는 복구 또는 재생되지 않도록 조치하여야 한다.
④ 처리되는 정보에 의하여 알아볼 수 있는 사람으로서 그 정보의 주체가 되는 사람을 정보주체라 한다.

05. 행정처분에 대한 설명으로 옳지 않은 것은? (다툼이 있는 경우 판례에 의함)
① 제1종 특수·대형·보통면허를 가진 자가 제1종 특수면허만으로 운전할 수 있는 차량을 운전하다 운전면허취소사유가 발생한 경우, 제1종 대형·보통면허도 취소한 처분은 위법하다.
② 이륜자동차를 음주 운전한 사유만으로 제1종 대형면허나 보통면허의 취소나 정지하는 처분은 위법하다.
③ 택시를 음주 운전하였다 하여 제1종 특수면허를 취소한 처분은 위법하다.
④ 제1종보통·대형·특수면허를 가진 자가 제1종보통·대형면허만으로 운전할 수 있는 12인승 승합자동차를 운전하다 운전면허취소 사유가 발생했다는 이유로 제1종특수면허도 취소한 처분은 위법이다.

06. 행정행위의 특성을 가장 잘 나타낸 것은?

① 법적합성 · 공정성 · 강제성 · 구속성
② 법적합성 · 공정성 · 강제성 · 확정성 · 권리구제의 특수성
③ 법적합성 · 공정성 · 권리의무의 특수성 · 확정성
④ 공정성 · 성문성 · 법적합성 · 권리구제의 특수성

07. 행정행위의 존속력에 관한 다음 설명 중 옳지 않은 것은?

① 불가쟁력과 불가변력을 합쳐서 존속력이라 한다.
② 불가쟁력은 절차적 효력인데 대하여, 불가변력은 실체적 효력에 속한다는 것이 다수설이다.
③ 불가쟁력은 특정 행정행위에 대해서만 발생하는데 대하여, 불가변력은 모든 행정행위에 대해서 발생한다.
④ 불가쟁력이 발생한 행정행위라도 불가변력이 없는 한 행정청이 직권으로 취소할 수 있다.

08. 다음 중 행정규칙이 아닌 것은 모두 고른 것은?

> ㉮ 관청 내부의 사무분장 같은 조직규칙
> ㉯ 상급관청의 훈령이나 통첩과 같은 근무규칙
> ㉰ 대법원 규칙이나 중앙선거관리위원회 규칙
> ㉱ 국립대학교 학칙이나 도서관 규칙과 같은 영조물 규칙
> ㉲ 건축위원회의 운영규칙

① ㉰
② ㉮, ㉯, ㉲
③ ㉱
④ ㉯

09. 직권취소에 대한 설명으로 옳지 않은 것은? (다툼이 있는 경우 판례에 의함)

① 지방병무청장은 군의관의 신체등위판정이 청탁이나 금품수수에 따라 위법 또는 부당하게 이루어졌다고 인정하는 경우에는 그 위법 또는 부당한 신체등위판정을 기초로 자신이 한 병역처분을 직권으로 취소할 수 있다.
② 병역감면신청을 재검토하기로 하여 신청서를 제출받아 병역감면요건 구비 여부를 심사한 후 다시 병역감면 거부처분을 하고 이를 전제로 다시 공익근무요원 소집통지를 한 경우, 병역감면신청서 회송처분과 종전 공익근무요원 소집처분은 직권으로 취소되었다고 볼 수 있다.
③ 공무원의 임용은 국회의 법률로 규정하여야 할 입법사항인데 위 공무원을 지방의회에 둘 수 있는 법적 근거가 없어 그 임용을 위한 채용공고는 위법하고, 이에 대한 직권취소처분은 적법하다.
④ 행정쟁송의 제기기간이 경과하여 당사자가 더 이상 다툴 수 없는 경우에는 직권취소가 불가능하다.

10. 압류와 관련한 다음 내용 중 타당하지 않은 것은?

① 급료·임금·봉급·퇴직연금 등은 2분의 1을 초과하여 압류할 수 없다.
② 체납자와 그 동거가족의 생활상 없어서는 안 되는 것을 압류할 수 없다.
③ 압류의 효력은 압류재산으로부터 생기는 천연과실 또는 법정과실에도 미친다.
④ 무효인 과세처분에 대하여 강제징수가 행하여졌을 때 민사소송에 의한 부당이득반환청구만을 제기할 수 있다.

11. 행정처분과 관련한 다음 설명 중 옳지 않은 것은? (다툼이 있는 경우 판례에 의함)

① 행정청이 토지구획정리사업의 환지예정지를 지정하고 관련인들에게 지장물

의 자진이전을 요구, 응하지 않자 지장물의 이전에 대한 대집행을 계고하고, 대집행영장을 통지한 사안에서, 위 계고처분 등은 위법하다.
② 대한주택공사의 아파트 분양원가 산출내역에 관한 정보는, 그 공개로 위 공사의 정당한 이익을 현저히 해할 우려가 있어 비공개대상정보에 해당한다.
③ 행정처분의 효력정지 기간이 이미 경과하였다면, 집행정지결정의 취소를 구할 이익이 없다.
④ 공동주택의 입주자대표회의 회장의 임기만료에 따른 후임 회장의 선출이 부적법하여 효력이 없으면, 차기 회장이 적법하게 선출될 때까지 전임 회장이 대표자 직무를 계속 수행할 수 있다.

12. 서울특별시장의 건축에 관한 재결기관은 다음 중 어디가 되는가?
① 국무총리행정심판위원회
② 서울시행정심판위원회
③ 국토교통부행정심판위원회
④ 국민권익위원회

13. 행정심판법 상 행정심판에 대한 설명으로 옳지 않은 것은? (다툼이 있는 경우 판례에 의함)
① 급여에 관한 결정 등에 관하여 이의가 있는 자는 '공무원연금급여 재심위원회'에 심사 청구와 행정심판법에 따른 행정심판을 청구할 수는 있다.
② 행정심판의 재결은 피청구인인 행정청을 기속하는 효력을 가지므로 재결청이 취소심판의 청구가 이유 있다고 인정하여 처분청에 처분을 취소할 것을 명하면 처분청으로서는 재결의 취지에 따라 처분을 취소하여야 하지만, 나아가 재결에 판결에서와 같은 기판력이 인정되는 것은 아니어서 재결이 확정된 경우에도 처분의 기초가 된 사실관계나 법률적 판단이 확정되고 당사자들이나 법원이 이에 기속되어 모순되는 주장이나 판단을 할 수 없게 되는 것은 아니다.

③ 취소소송의 제소기간을 제한함으로써 처분 등을 둘러싼 법률관계의 안정과 신속한 확정을 도모하려는 입법 취지에 비추어 볼 때, 여기서 말하는 '행정심판'은 행정심판법에 따른 일반행정심판과 이에 대한 특례로서 다른 법률에서 사안의 전문성과 특수성을 살리기 위하여 특히 필요하여 일반행정심판을 갈음하는 특별한 행정불복절차를 정한 경우의 특별행정심판(행정심판법 제4조)을 뜻한다.

④ 민원사무처리에 관한 법률에서 정한 거부처분에 대한 이의신청은 행정청의 위법 또는 부당한 처분이나 부작위로 침해된 국민의 권리 또는 이익을 구제함을 목적으로 하여 행정청과 별도의 행정심판기관에 대하여 불복할 수 있도록 한 절차인 행정심판과는 달리, 민원사무처리법에 의하여 민원사무처리를 거부한 처분청이 민원인의 신청 사항을 다시 심사하여 잘못이 있는 경우 스스로 시정하도록 한 절차이다. 따라서 이의신청을 받아들이지 않는 취지의 기각 결정 내지는 그 취지의 통지는, 종전의 거부처분을 유지함을 전제로 한 것에 불과하고 또한 거부처분에 대한 행정심판의 제기에도 영향을 주지 못한다.

14. 행정처분과 관련한 다음 내용 중 옳지 않은 것은? (다툼이 있는 경우 판례에 의함)

① 행정청의 거부처분을 취소하는 판결이 확정된 경우에는 처분을 행한 행정청이 판결의 취지에 따라 이전 신청에 대하여 재처분을 할 의무가 있다.

② 항고소송에서 행정처분의 적법 여부는 특별한 사정이 없는 한 판결 당시를 기준으로 하여 판단해야 한다.

③ 국·공립학교 교원에 대한 징계처분의 경우에는 원 징계처분 자체가 행정처분이므로 그에 대하여 위원회에 소청심사를 청구하고 위원회의 결정이 있은 후 그에 불복하는 행정소송이 제기되더라도 그 심판대상은 교육감 등에 의한 원 징계처분이 되는 것이 원칙이다.

④ 행정처분의 직접 상대방이 아닌 제3자라고 하더라도 해당 행정처분으로 인하여 법률상 보호되는 이익을 침해당한 경우에는 취소소송을 제기하여 그 당부

의 판단을 받을 자격이 있다.

15. 다음 통치행위에 관한 설명 중 옳지 않은 것은?
① 정치적 성질을 가진 행위로서 법률적 측면을 갖지 않는 것이 특색이다.
② 행정소송에 대하여 열기주의를 취하고 있는 나라보다 개괄주의를 취하고 있는 나라에서 더 논의의 실익이 있다.
③ 프랑스에서는 행정법원인 국참사원의 판례를 통하여 인정되었다.
④ 통치행위는 자유재량행위이므로 사법심사의 대상에서 제외된다는 견해도 있다.

16. 통고처분과 관련한 설명으로 옳지 않은 것은? (다툼이 있는 경우 판례에 의함)
① 조세범처벌절차법에 의하여 범칙자에 대한 세무관서의 통고처분은 행정소송의 대상이 아니다.
② 통고처분을 받은 자가 그 처분에 대하여 이의가 있는 때에는 이를 이행하지 않음으로써 고발에 의하여 법원의 심판을 받을 수 있게 되는 것으로서 위 통고처분이 위법함을 이유로 한 행정소송은 부적법하다.
③ 건설부장관(현 국토교통부장관)이 공유수면 매립면허 기간 안에 그 공사를 준공하지 못한 원고에게 한 위 법조에 의한 공유수면매립에 관한 면허 실효의 통지가 행정처분이 될 수 없다하여 동 실효통고(처분)의 취소를 구하는 본건 원고의 소를 각하한 원심조치는 위법하다.
④ 성업공사는 세무서장으로부터 의뢰받은 국세압류재산의 공매에 관하여 세무서장의 지휘감독을 받지 않고 자기의 권한으로 공매를 할 수 있으므로 공매처분무효확인소송에서 공매처분을 대행한 성업공사의 피고적격을 긍정한 것은 정당하다.

17. 행정법의 법원에 관한 설명으로 옳은 것은?
　① 혼인에 관한 관습법은 성문법에 대해 개폐적 효력을 갖는다.
　② 국세기본법은 세법적용과 조세행정에 있어서 행정선례법의 존재를 인정하고 있다.
　③ 입어권(入漁權)은 민중관습법이기 때문에 행정법의 법원으로 보기 어렵다는 것이 판례의 입장이다.
　④ 조약을 국내에 적용하기 위해서는 반드시 국회에서 재적의원 과반수의 동의를 받아야 한다.

18. 다음 보기와 같이 판시한 이 사건에 적용되는 행정법의 일반원칙은?

> 대법원은 "원고가 운전한 오토바이는 이륜자동차로서 제2종 소형면허를 가진 사람만이 운전 할 수 있는 것이고, 이륜자동차의 운전은 제1종 대형면허와는 아무런 관련이 없는 것이므로 오토바이를 음주운전 하였음을 이유로 이륜자동차 이외의 다른 차종을 운전할 수 있는 제1종 대형면허를 취소한 피고의 이 사건처분은 위법하다."고 판시하였다.

　① 비례의 원칙　② 필요성의 원칙
　③ 신뢰보호의 원칙　④ 부당결부금지의 원칙

19. 무하자재량행사청구권에 대한 설명으로 옳지 않은 것은?
　① 재량한계론의 발전에 따라 재량통제 법리의 하나로 등장하였다.
　② 재량행위의 영역에서 공권의 성립을 인정한 점에서 큰 의미를 갖는다.
　③ 행정청에 대하여 적법한 재량처분을 구하는 적극적 공권이 아니라, 단순히 위법한 처분을 배제하는 소극적·방어적 권리이다.

④ 재량권이 영으로 수축되는 경우에 개인은 행정청에 대하여 특정처분을 청구할 수 있게 된다는 점에서 행정개입청구권이 인정된다.

20. 일·주·월 또는 년으로 행정법상의 기간을 정한 경우 옳지 않은 것은?
① 초일은 어느 경우에도 항상 산입하지 않는다.
② 특별규정이 없으면 민법의 원칙에 따른다.
③ 말일이 공휴일이면 그 익일(翌日)에 만료된다.
④ 오전 0시부터 시작하면 초일불산입의 원칙을 적용하지 않는다.

21. 공공기관의 정보공개에 관한 법률상 정보공개에 대한 설명으로 옳지 않은 것은? (다툼이 있는 경우 판례에 의함)
① 공공기관의 정보공개에 관한 법률 제10조 제1항 제2호는 정보의 공개를 청구하는 자는 정보공개청구서에 '공개를 청구하는 정보의 내용' 등을 기재할 것을 규정하고 있는바, 청구대상정보를 기재함에 있어서는 사회일반인의 관점에서 청구대상정보의 내용과 범위를 확정할 수 있을 정도로 특정함을 요한다.
② 국민의 정보공개청구권은 법률상 보호되는 구체적인 권리이므로, 공공기관에 대하여 정보의 공개를 청구하였다가 공개거부처분을 받은 청구인은 행정소송을 통하여 그 공개거부처분의 취소를 구할 법률상의 이익이 있다.
③ 고속철도 역의 유치위원회에 지방자치단체로부터 지급받은 보조금의 사용내용에 관한 서류 일체 등의 공개를 청구한 사안에서, 공개청구한 정보 중 개인의 성명은 비공개에 의하여 보호되는 개인의 사생활 등의 이익이 국정운영의 투명성 확보 등 공익보다 더 중요하지 않으므로 공개대상정보에 해당한다.
④ 공공기관의 정보공개에 관한 법률은 공공기관이 보유·관리하는 정보에 대한 국민의 공개청구 및 공공기관의 공개의무에 관하여 필요한 사항을 정함으

로써 국민의 알 권리를 보장하고 국정에 대한 국민의 참여와 국정운영의 투명성을 확보함을 목적으로 한다.

22. 행정절차에 관한 다음 설명 중 옳지 못한 것은?

① 우리나라에서는 실정법상 행정절차에 관한 규정이 존재하지 않는다.
② 영국의 경우 행정절차에 관한 법적 규제는 자연적 정의의 원리를 기초해서 발전했다.
③ 행정절차의 기본적인 내용은 고지와 청문이라 할 수 있다.
④ 종래 대륙법계 국가에서 행정절차는 주로 행정의 능률을 확보하기 위한 것이었다.

23. 행정행위의 부관에 대한 설명으로 옳지 않은 것은? (다툼이 있는 경우 판례에 의함)

① 공원관리청이 도시공원 또는 공원시설의 관리를 공원관리청이 아닌 자에게 위탁하면서 그 공원시설 등을 사용·수익할 권한까지 허용하고 있는 것은 상대방에게 권리나 이익을 부여하는 효과를 수반하는 수익적 행정행위로서, 관계 법령에 행정처분의 요건에 관하여 일의적으로 규정되어 있지 아니한 이상 관리청의 재량행위에 속하고, 이러한 재량행위에 있어서는 관계 법령에 명시적인 금지규정이 없는 한 행정목적을 달성하기 위하여 부관을 붙일 수 있다.
② 재량행위에 있어서는 관계 법령에 명시적인 금지규정이 없는 한 행정목적을 달성하기 위하여 조건이나 기한, 부담 등의 부관을 붙일 수 있고, 그 부관의 내용이 이행 가능하고 비례의 원칙 및 평등의 원칙에 적합하고 행정처분의 본질적 효력을 저해하지 않는다 해도 위법하다.
③ 수익적 행정처분에 있어서는 법령에 특별한 근거규정이 없다고 하더라도 그

부관으로서 부담을 붙일 수 있고, 그와 같은 부담은 행정청이 행정처분을 하면서 일방적으로 부가할 수도 있지만 부담을 부가하기 이전에 상대방과 협의하여 부담의 내용을 협약의 형식으로 미리 정한 다음 행정처분을 하면서 이를 부가할 수도 있다.
④ 지방자치단체장이 사업자에게 주택사업계획승인을 하면서 그 주택사업과는 아무런 관련이 없는 토지를 기부채납하도록 하는 부관을 주택사업계획승인에 붙인 경우, 그 부관은 부당결부금지의 원칙에 위반되어 위법하다.

24. 건축허가와 건축신고에 대한 설명으로 옳지 않은 것은? (다툼이 있는 경우 판례에 의함)

① 가설건축물 존치기간을 연장하려는 건축주 등이 법령에 규정되어 있는 제반 서류와 요건을 갖추어 행정청에 연장신고를 한 때에는 행정청은 원칙적으로 이를 수리하여 신고필증을 교부하여야 하고, 법령에서 정한 요건 이외의 사유를 들어 수리를 거부할 수는 없다.
② 건축행정청은 하나 이상의 필지의 일부를 하나의 대지로 삼아 건축공사를 완료한 후 사용승인을 신청할 때까지 토지분할절차를 완료할 것을 조건으로 건축허가를 할 수 있다.
③ 건축허가권자는 건축신고가 건축법, 국토의 계획 및 이용에 관한 법률 등 관계 법령에서 정하는 명시적인 제한에 배치되지 않는 경우에도 건축을 허용하지 않아야 할 중대한 공익상 필요가 있는 경우에는 건축신고의 수리를 거부할 수 있다.
④ 인·허가의제 효과를 수반하는 건축신고는 일반적인 건축신고와는 달리, 특별한 사정이 없는 한 행정청이 그 실체적 요건에 관한 심사를 한 후 수리하여야 하는 이른바 '수리를 요하는 신고'로 보지 않는다.

25. 다음과 같은 경우에 A가 주장할 수 있는 일반법원칙으로서의 법적 근거에 해당하는 것은?

> A는 개발제한구역 안에 있는 토지를 구입하여 농장으로 운영해 오다가 농장 안에 주거시설을 갖추고 본격적으로 특수작물을 재배하기 위하여 이미 개발제한구역 안에 있는 거의 폐허가 된 10평 규모의 농가를 증·개축할 필요가 있어서 X행정청에 증·개축허가를 신청하였으나 X행정청은 환경보전상의 이유로 이웃에 사는 B에 대해서는 건축허가를 내 준 사실을 알게 됨에 따라, X행정청의 건축허가거부처분에 대해서 다투고자 한다.

① 신뢰보호의 원칙 ② 자기구속의 원칙
③ 비례의 원칙   ④ 신의성실의 원칙

제6회 실전모의고사

소방학개론

01. 급속화염확산화재(플레임오버파이어)에 대한 설명으로 옳지 않은 것은?

① 가연물 지대에 불을 질러서 소각하고자 하는 가연물 지대가 모두 연소되도록 하는 화재이다.
② 화염이 하나 이상의 물체의 표면에 급속히 확산되면서 폭발적으로 연소한다.
③ 작은 불들이 연기 속에 산재해 있다가 고열의 연기가 충만한 방의 천장 부근 혹은 개구부의 상부에서 뿜어져 나오는 연기에 섞여 나타난다.
④ 화염이 하나 이상의 물체의 표면에 급속히 확산되면서 폭발적으로 연소한다.

02. 다음 설명에 해당하는 것은?

> 취사용 가스버너에서 볼 수 있는 불꽃과 같이 '가연성물질과 산화제(공기)'가 미리 혼합되어 있는 상태에서 점화에너지를 제공하여 연소시키거나 이 상태에서 스스로 연소할 때 생성된다.

① 후혼합화염 ② 후유도화염
③ 예유도화염 ④ 예혼합화염

03. 연소와 관련한 설명으로 옳지 않은 것은?

① 화재 시 풍속이 빨라지면 필연적으로 비화(飛火)에 의한 확산으로 인하여 큰 화재가 되는 것을 연속연소라고 한다.
② 훈소는 작은 구멍이 많은(다공성) 가연성 물질의 내부에서 발생하는 것으로 불꽃이 없이 타는 연소이다
③ 열소흔은 목재·기둥 및 두꺼운 판자 등이 1,100℃에서 연소할 때 그 표면이 귀갑상으로 갈라진다.
④ 훈소는 목재·합판·고무 또는 의류 등의 물질이 산소나 열의 공급이 원활하지 못할 때 불꽃을 내지 않고 주로 백열과 연기를 내며 소극적으로 연소한다.

04. 하소와 관련된 설명으로 옳지 않은 것은?

① 가연물을 공기 속에서 태워 휘발성분을 없애고 재로 만드는 일이다.
② 하소현상을 통하여 화재 시 회반죽 또는 석고벽판, 바람벽 등에서 발생하는 수많은 변화를 역학적으로 조사 분석할 수도 있다.
③ 흔히 사용되는 석고벽판은 그 안에 강도를 유지하는 광물섬유 혹은 질석입자를 가지고 있다.
④ 석고벽판은 회벽판보다 열에 더 단순하게 반응하고 색변화는 일으키지 않은 채로 경계선을 나타내기도 한다.

05. 연돌효과에 대한 설명으로 옳지 않은 것은?

① 연돌효과의 크기와 상관이 있는 것은 건물의 높이, 외벽의 밀폐, 건물 층 사이의 공기누설, 건물의 내부와 외부간의 기온차이 등이다.
② 연돌효과는 주로 저층 건축물의 최심부에서 발생한다.
③ 연돌효과는 건축물 내부와 외부의 기온 차에 의한 공기의 압력 차이로 강한

통풍(draft)을 일으키는 현상이다.
④ 주로 고층 건축물의 내부에서 발생될 수 있으며 화재 중 고층 건물 내에 연기와 유독가스를 넓게 분포시킨다.

06. 「화재조사 및 보고규정」상 소실과 관련한 설명으로 옳지 않은 것은?

① 소실정도가 건물의 30% 이상 70% 미만인 것은 반소에 해당한다.
② 건물의 입체면적에 대한 비율이 70% 이상이 소실되면 전소에 해당한다.
③ 건물의 소실정도가 50% 미만이라도 잔존부분을 보수를 하여도 재사용이 불가능한 것은 반소로 본다.
④ 부분소는 전소나 반소에 해당하지 않는 소실정도일 때를 말한다.

07. 화재하중(fire load)에 관한 설명으로 옳지 않은 것은?

① 화재하중의 단위는 kg/㎡로 표기한다.
② 화재의 규모를 판단하는 척도로서 주수시간을 결정하는 인자로 사용한다.
③ 건축물이나 구조물 등의 화재에서 화재 층의 단위면적당 가연물질의 질량을 말한다.
④ 건축물에 수용된 내용물 또는 건축물의 구성요소의 질량과는 관련이 없다.

08. 화재심도에 대한 설명으로 가장 거리가 먼 것은?

① 화재심도는 화재 최저온도와 그 온도에서의 화재지속시간을 말한다.
② 연소의 최고온도는 화재 최성기의 온도로서 질적 개념을 의미한다.

③ 화재의 최고온도와 그 온도에서의 지속시간을 화재심도라 한다.
④ 화재심도는 화재의 강도를 척도로서 나타내 주수율을 결정하는 인자로 사용한다.

09. 화재풍(fire wind)에 관한 설명으로 옳은 것은?

① 화재풍은 공중에서 부분적인 진공상태를 만들지 못한다.
② 다량의 공기가 화재 외곽부로 이동하게 되는 원인으로도 작용한다.
③ 화재풍은 화재를 서서히 약화시키는 특성을 지니고 있다.
④ 대기 중의 산소를 소비하며 격렬하게 연소하는 화재로 인한 바람을 말한다.

10. 「화재조사 및 보고규정」상 산정과 관련한 다음 설명 중 옳지 않은 것은?

① 세대수 산정은 하나의 가구를 구성하여 살고 있는 독신자로서 자신의 주거에 사용되는 건물에 대하여 재산권을 행사할 수 있는 사람을 1세대로 산정한다.
② 건물의 동수 산정은 주요 구조부가 하나로 연결되어 있는 것은 1동으로 한다.
③ 화재피해금액 산정 시 건물 등 자산에 대한 최종 잔가율은 건물·부대설비·구축물·가재도구는 10%로 한다.
④ 건물의 소실면적 산정은 소실 바닥면적으로 산정하고 수손 및 기타 파손의 경우에도 소실 바닥면적으로 산정한다.

11. 화재위로 오르는 열 가스·불꽃 및 연기의 기둥을 플룸이라고 하는데 이에 대한 설명으로 옳지 않은 것은?

① 대류기둥, 열기류상승작용 또는 열기둥이라고 부른다.

② 고온가열기체는 위로 급상승함과 동시에 그보다 찬 공기는 압력이 낮은 아래로 급강하 하는 것을 빠르게 되풀이 할 때 생성된다.
③ 플룸의 흐름은 매끄럽고 경사짐이 없이 평평한 천장 면에서는 이상적으로 모든 방향에서 동일해진다.
④ 플룸이 연소물과 천장 사이에서 형성될 때 이 흐름을 플룸지대와 천장분출지대로 구분한다.

12. 화재와 관련한 역화(backfire)에 대한 설명으로 옳지 않은 것은?
① 역화는 화염이 최초의 발화근원지에서 가연성 물질이 많은 다른 곳으로 옮겨 붙는 현상을 말한다.
② 불 혹은 고온체 근처에서 용기에 인화성 액체를 부었을 때 그것에 인화된 화염이 그 용기를 향해 역으로 타 들어가는 현상은 일종의 역화다.
③ 삼림 또는 초원에서 발생한 화재를 효과적으로 진압할 수 있는 연소저지선을 구축하기 위하여 바람이 불어오는 쪽의 화재 진행 방향에 의도적으로 일으킨 이른바 맞불도 일종의 역화다.
④ 가스 용접 시 흡관의 화구가 막히거나 과열될 때 화염이 화구에서 아세틸렌 호스 쪽으로 역행하는 것이나 노의 경우 화염이 버너에서 역행하는 현상 역시 역화의 일종이다.

13. 대항화재(counter firing)에 대한 설명으로 옳지 않은 것은?
① 화재중심부와 역화(backfire) 사이의 화재를 말한다.
② 삼림 등 가연물 지대에 적어도 한 줄 이상의 불을 질러서 소각하고자 하는 가연물 지대가 모두 연소되도록 하는 화재를 말한다.
③ 화재의 확산속도가 급격히 가속되거나 불길이 갑자기 거세어지는 현상을 말

한다.
④ 주로 삼림이나 초원에서 일으키는 화재를 중심으로 설명이 가능한 것이다.

14. 다음에서 설명하고 있는 화재에 해당하는 것은?

> 화재진압을 마무리하는 단계에서 잔류 불씨 존재 여부를 최종 확인할 때 어떤 가연물 속에 깊숙이 자리 잡아 외견상으로는 나타나지 않았던 화종이 상당한 시간동안 잠복된 상태로 머물러 있다가 충분한 연소조건이 성숙되면 재발화로 급진전하게 된다.

① 환기제어형화재 ② 지표화재
③ 잠복화재 ④ 연료제어형화재

15. 화재성장에 대한 다음 설명 중 옳지 않은 것은?
① 환기구의 크기, 천장높이, 벽·모서리에 대한 화재위치가 방호구역에서 화재성장에 영향을 미치나 방호구역의 체적과는 관계가 없다.
② 화재성장의 속도와 패턴은 연소하는 연료와 주변 환경 사이의 복잡한 관계에 의존한다.
③ 화재성장은 플룸이 천장에 의해 제한될 때 플룸이 제한되지 않을 때보다 더 빠르다.
④ 화재 플룸이 구획실의 천장 또는 벽과 상호작용할 때 연기와 고온가스의 흐름과 화재성장에 영향을 준다.

16. 재발화(리킨들링파이어)에 대한 설명으로 옳은 것은?

① 불이 꺼진 후에 불완전한 소화 이후에 화염연소로 다시 되돌아가는 것을 말한다.
② 주변의 모든 표면과 물체들이 그들의 착화온도까지 계속적으로 가열됨으로써 순간적으로 강한 화염을 분출하면서 내부 전체가 한꺼번에 타오르기 시작하는 화재를 말한다.
③ 화종이 상당한 시간동안 머물러 있다가 충분한 연소조건이 성숙되면 발생하는 화재를 말한다.
④ 열의 방출속도와 성장속도가 연료의 특성에 의하여 제어되는 화재이다.

17. 화구를 설명하는 내용으로 적절치 않은 것은?

① LPG·LNG같은 액화가스용기 등에서 대량으로 기화·폭발할 때 나타난다.
② 인화성 액화가스가 갑자기 폭발적으로 연소될 때 발생한다.
③ 끓는액체팽창증기폭발(블레비, (BLEVE) 작용 시에는 볼 수 없다.
④ 공 또는 송이버섯 모양으로 치솟는 고열화염을 말한다.

18. 인적재난의 특성이라고 볼 수 없는 것은?

① 발생과정은 돌발적이고 강한 충격을 지니고 있으나 같은 유형의 재난 피해라도 형태나 규모, 영향의 범위가 다르다.
② 재난발생 가능성과 상황변화를 예측하기 어렵다.
③ 실질적인 위험이 크더라도 그것을 체감하지 못하거나 방심을 하게 된다.
④ 고의인 경우 타인에게 입힌 피해는 배상하여야 하나 과실에 의한 피해는 손해배상의 책임이 없다.

19. 다음 내용에 해당하는 화재는?

> 어떤 가연성 물질의 주변에 위치한 고온의 발화원에 의해 방출된 방사열이 그 가연물로부터 발산되는 가스나 휘발성 증기를 지속적으로 가열시켜 발화에 이르도록 하는 일 혹은 화재 그 자체를 말한다.

① 환기제어 ② 유도제어
③ 환기발화 ④ 유도발화

20. 연료제어형화재에 대한 설명으로 옳지 않은 것은?

① 연소를 위한 연료의 양과 기하도형적 배열, 적절한 공기가 유효한 상태에 있는 화재를 말한다.
② 열의 방출속도나 성장에 있어서 화재유효공기총량에 의하여 제어되는 화재이다.
③ 연료지배형화재라고도 한다.
④ 연료제어형화재는 열 방출 속도와 성장 속도가 연료의 특성에 의하여 제어되는 화재이다.

21. 석유화재의 일반적 특성에 관한 설명으로 옳지 않은 것은?

① 석유화재에 있어서 온도가 가장 높은 곳은 화염중심이며 보통 1,400~1,500℃ 정도이다.
② 석유화재에 있어서 방향족계 탄화수소에는 비교적 그을음이 적다.
③ 석유화재에서 액면연소에 의하여 발생하는 화염은 심한 흑연의 발생을 동반한다.
④ 대규모 석유화재에서는 화염이 흑연 속에 존재하는 현상이 생긴다.

22. 위험물은 화재발생 위험도 크지만 인체에 대한 위험이 발생하는데 인체에 대한 위험이라고 볼 수 없는 것은?

① 질식위험   ② 화상위험
③ 중독위험   ④ 익수위험

23. 「재난 및 안전관리 기본법」상 다음 (　　) 안에 들어갈 내용으로 옳은 것은?

라. 법 제40조제1항에 따른 대피명령을 따르지 않은 경우	법 제82조제1항 제2호	1차 위반	2차 위반	3차 이상 위반
		(㉮)	(㉯)	(㉰)

        ㉮   ㉯   ㉰   ㉮   ㉯   ㉰
① 50   50   100   ② 30   50   100
③ 30   100 100   ④ 50   100 100

24. 「재난 및 안전관리 기본법 시행규칙」상 재난합동조사단의 편성 및 운영 등에 관한 설명으로 옳은 것은?

① 중앙재난피해합동조사단을 편성하는 경우 관계 부처 공무원으로 구성하고 민간전문가는 포함시킬 수 없다.
② 재난피해조사단의 운영에 필요한 세부 사항은 소방청장이 정한다.
③ 재난피해조사단의 조사 시기 및 기간 등은 재난의 유형, 피해 규모 등은 달리 정할 수 있으나 현지 여건에 따라 정할 수 없다.
④ 재난피해조사단은 현지조사에 필요한 정보를 사전에 확보하기 위해 관계 재난관리책임기관의 장에게 관련 자료를 요청할 수 있다.

25. 제3류 위험물에 대한 설명으로 옳지 않은 것은?

① 열분해에 의한 산소의 발생을 억제하고 가연물의 연소 억제를 위해 주로 물, 포에 의한 냉각소화가 적당하다.
② 물과 반응할 때 부식성 물질을 만드는 것도 있다.
③ 금수성 물질이기도 하며 무기화합물과 유기화합물로 구성되어 있다.
④ 자연발화성 물질로서 모두 고체이고 물과 작용하여 발열반응을 일으키는 위험물이다.

01. 「소방기본법」상 화재예방과 화재발생 시 인명 피해를 최소화하기 위하여 소방안전 교육과 훈련을 실시해야 하는 대상이 아닌 것은?

① 어린이집의 영유아
② 유치원의 유아
③ 대학생 및 일반인
④ 초·중·고등학생

02. 「소방시설 설치 및 관리에 관한 법률 시행규칙」상 성능위주설계평가에 대한 설명으로 옳지 않은 것은?

① 성능위주설계 사전검토 신청을 받은 소방청장은 신기술 등 검토·평가에 고도의 기술이 필요한 경우 중앙위원회에 심의를 요청하여야 한다.
② 성능위주설계평가단원은 소방청장 또는 관할 소방본부장이 임명하거나 위촉한다.
③ 평가단원이 해당 안건의 당사자와 친족인 경우에는 평가단의 심의·의결에서 제척된다.

④ 평가단의 회의는 과반수의 출석으로 개의하고 출석 평가단원 과반수의 찬성으로 의결한다.

03. 「소방의 화재조사에 관한 법률 시행령」상 화재조사에 대한 설명으로 옳지 않은 것은?

① 화재조사 감정기관 지정을 취소할 수 있는 경우로는 대통령령으로 정하는 의뢰 받은 감정을 정당한 사유 없이 거부하거나 1개월 이상 수행하지 않은 경우도 포함된다.
② 화재조사를 위하여 필요한 최대한의 범위 내에서 화재조사관에게 증거물을 수집할 수 있다.
③ 지정된 화재감정기관이 갖추어야 할 시설과 전문인력 등에 관한 세부적인 기준은 소방청장이 정한다.
④ 화재감정기관의 지정을 신청한 사람이 지정기준을 충족하는 경우 화재감정 기관으로 지정한다.

04. 「소방기본법」상 다음 내용에 해당하는 과태료 부과 기준이 옳은 것으로만 연결된 것은?

> ㉮ 소방자동차의 출동에 지장을 준 사람 - 100만원
> ㉯ 한국소방안전원 또는 이와 유사한 명칭을 사용한 사람 - 300만원
> ㉰ 화재 또는 구조·구급이 필요한 상황을 거짓으로 알린 사람 - 300만원
> ㉱ 소방 활동구역에 출입한 사람 - 200만원
> ㉲ 정당한 사유 없이 화재, 재난 등 위급 상황을 소방관계 기관에 알리지 않은 사람 - 500만원

① ㉮, ㉲   ② ㉯, ㉱

③ ㈏, ㈐   ④ ㈎, ㈐, ㈑

05. 「소방시설 설치 및 관리에 관한 법률 시행령」상 대통령으로 정하는 소방시설 중 소화설비에 해당하는 것을 모두 고르면?

㈎ 연결송수관	㈏ 자동확산소화기	㈐ 누전경보기
㈑ 간이소화용구	㈒ 단독경보형 감지기	㈓ 소화수조
㈔ 소화기		

① ㈎, ㈐, ㈒   ② ㈏, ㈑, ㈔
③ ㈏, ㈓, ㈔   ④ ㈎, ㈏, ㈐, ㈑

06. 「소방시설 설치 및 관리에 관한 법률 시행령」상 소방시설관리사 시험에 응시할 수 있는 사람을 모두 고르면?

㈎ 「국가과학기술 경쟁력 강화를 위한 이공계지원 특별법」에 따른 이공계 분야의 박사학위를 취득한 사람
㈏ 소방청장이 정하여 고시하는 소방안전 관련 분야의 석사 이상의 학위를 취득한 사람
㈐ 소방시설공사업체에서 소방시설의 공사를 담당한 경력이 2년 이상이 있는 사람
㈑ 위험물기능장
㈒ 소방청장이 정하여 고시하는 사람 중 소방실무경력이 10년 이상인 사람

① ㈎, ㈏, ㈑, ㈒   ② ㈎, ㈒
③ ㈏, ㈐, ㈑   ④ ㈏, ㈑

07. 「소방시설 설치 및 관리에 관한 법률 시행령」상 특정소방대상물에 해당하지 않는 것은?

① 산후조리원 및 안마시술소
② 바닥면적의 합계가 150㎡ 이상인 단란주점
③ 비디오물감상실업의 시설 및 영화상영관
④ 건축물에 해당 용도로 쓰는 바닥면적의 합계가 500㎡ 미만인 출판사 및 서점

08. 「소방기본법」상 화재, 재난, 재해 현장의 소방활동구역은 누가 정하는가?

① 행정안전부장관　　② 소방청장
③ 시·도지사　　　　 ④ 소방대장

09. 「소방의 화재조사에 관한 법률 시행규칙」상 화재조사에 관한 교육훈련에 대한 설명으로 옳지 않은 것은?

① 화재조사관 양성을 위한 전문교육의 내용에는 화재조사 관련 정책 및 법령에 관한 사항과 특이 화재조사 및 감식·감정에 관한 사항 등이 포함된다.
② 의무 보수교육을 이수하지 않은 사람은 화재조사 업무를 수행할 수 없으며 화재조사에 관한 교육훈련에 필요한 사항은 소방청장이 정한다.
③ 전담부서에 배치된 화재조사관은 의무 보수교육을 3년마다 정기적으로 받아야 한다.
④ 전담부서에 배치된 후 처음 받는 의무 보수교육은 배치 후 1년 이내에 받아야 한다.

10. 「소방시설공사업법」상 소방시설업자협회와 관련한 설명으로 옳지 않은 것은?

① 소방시설업자협회는 소방산업 발전 및 소방기술의 향상을 위한 지원, 소방시설업의 기술발전과 소방기술의 진흥을 위한 조사·연구 등이 주요 업무이다.
② 소방시설업자협회는 법인으로 하며 주된 사무소의 소재지에 설립등기를 마치고 소방청장에게 신고함으로써 설립된다.
③ 소방시설업자협회는 총회 또는 이사회의 중요 의결사항 등을 소방청장에게 보고하게 할 수 있다.
④ 소방시설업자협회의 정관에는 목적, 명칭, 주된 사무소의 소재지, 사업에 관한 사항 등이 포함되어야 한다.

11. 「위험물관리법」상 위험물안전관리자에 대한 설명으로 옳지 않은 것은?

① 안전관리자를 선임한 때에는 14일 이내에 소방본부장 또는 소방서장에게 신고하여야 한다.
② 제조소 등에 있어서 위험물취급자격자가 아닌 사람은 안전관리자가 참여한 상태에서 위험물을 취급하여야 한다.
③ 제조소 등의 종류 및 규모에 따라 선임하여야 하는 안전관리자의 자격은 대통령령으로 정한다.
④ 안전관리에 대한 대리자가 안전관리자의 직무를 대행하는 기간은 20일을 초과할 수 없다.

12. 「소방시설 설치 및 관리에 관한 법률 시행규칙」상 소방시설관리사에 대한 행정처분 기준으로 옳은 것은?

① 대행 인력의 배치기준·자격·방법 등 준수사항을 지키지 않은 경우 3차 위반 시 자격정지 2년이다.

② 자체점검을 거짓으로 한 때는 1차 위반 시 자격정지 1년이다.
③ 동시에 둘 이상의 업체에 취업한 경우 2차 위반 시 자격취소이다.
④ 거짓 그 밖의 부정한 방법으로 시험에 합격한 때는 자격취소이다.

13. 「소방시설공사업법」상 소방시설업의 영업에 속하지 않는 것은?
① 소방공사감리업　　　　② 소방공사설계업
③ 소방시설공사업　　　　④ 소방시설설계업

14. 「위험물안전관리법 시행규칙」상 안전교육에 관한 설명으로 옳지 않은 것은?
① 안전관리자가 되고자 하는 사람은 최초 선임되기 전에 강습교육을 24시간 받아야 한다.
② 탱크시험자의 기술인력은 기술원에서 실시하는 실무교육을 8시간 이내로 받아야 한다.
③ 위험물운송자가 되고자 하는 사람은 최초 종사하기 전에 강습교육을 24시간 받아야 한다.
④ 안전관리자의 실무교육은 안전원에서 8시간 이내로 받아야 하고 교육 시기는 안전관리자로 선임된 날부터 6개월 이내에 받아야 한다.

15. 「소방기본법」상 한국소방안전원에 대한 설명으로 옳지 않은 것은?
① 한국소방안전원은 법인으로 하며 이 법에 규정된 것을 제외하고는 민법 가운데 사단법인에 관한 규정을 준용한다.
② 한국소방안전원은 소방청장의 인가를 받아 설립한다.

③ 소방기술과 안전관리기술의 향상 및 홍보, 그 밖의 교육·훈련 등을 위하여 한국소방안전원을 둔다.
④ 한국소방안전원장은 필요한 경우 교육 관련 전문가로 구성된 위원회를 운영할 수 있다.

16. 「소방시설 설치 및 관리에 관한 법률 시행규칙」상 다음 내용의 (   ) 안에 들어갈 내용으로 옳은 것은?

> 건축허가 등의 동의를 요구한 기관이 그 건축허가 등을 취소했을 때에는 취소한 날부터 (   ) 이내에 건축물 등의 시공지 또는 소재지를 관할하는 소방본부장 또는 소방서장에게 그 사실을 통보해야 한다.

① 7일
② 10일
③ 14일
④ 30일

17. 「소방기본법 시행규칙」상 소방박물관의 설립과 운영에 대한 설명으로 옳지 않은 것은?

① 소방박물관의 운영위원회는 운영과 관련한 중요한 사항을 심의하기 위해 7인 이내의 위원으로 구성한다.
② 소방박물관의 조직의 구성 등에 관하여 필요한 사항은 소방청장이 정한다.
③ 소방박물관에는 소방박물관장, 부관장을 각각 1인을 두되, 소방박물관장은 소방공무원 중에서 소방청장이 임명한다.
④ 소방의 역사와 안전문화를 발전시키고 국민의 안전의식을 높이기 위하여 시·도지사는 소방박물관을 설립·운영할 수 있다.

18. 「화재의 예방 및 안전관리에 관한 법률」상 화재예방강화지구에 대한 설명으로 옳지 않은 것은?

① 화재예방강화지구에서는 모닥불, 흡연 등 화기 취급을 하여서는 안 된다.
② 화재발생 우려가 크거나 화재가 발생할 경우 피해가 클 것으로 예상되는 지역은 소방청장이 화재의 예방 및 안전관리를 강화하기 위해 화재예방강화지구를 지정·관리한다.
③ 노후·불량건축물이 밀집한 지역, 위험물의 저장 및 처리 시설이 밀집한 지역은 화재예방강화지구로 지정하여 관리할 수 있다.
④ 화재예방강화지구 등 법령에서 화재안전조사를 하도록 규정되어 있는 경우에는 화재안전조사를 실시할 수 있다.

19. 「소방시설공사업법 시행령」상 공사감리자 지정 대상 특정소방대상물 범위에 해당하지 않는 것은?

① 항공기 격납고, 자동차 매매장, 자동차 정비공장
② 종묘배양시설, 화초 및 분재 등의 온실
③ 궤도차량용을 포함 차량 등의 통행을 목적으로 지하, 수저 또는 산을 뚫어서 만든 터널
④ 「액화석유가스의 안전관리 및 사업법」에 따른 액화석유가스 저장소의 설치허가를 받아야 하는 시설

20. 「소방기본법 시행규칙」상 경계신호를 나타내는 사이렌신호에 해당되는 것은?

① 5초 간격을 두고 5초씩 3회
② 5초 간격을 두고 30초씩 3회
③ 1분간 1회
④ 10초 간격을 두고 1분씩 3회

21. 「소방의 화재조사에 관한 법률」상 화재감정기관에 대한 설명으로 옳은 것은?

① 화재감정기관을 지정한 경우 그 사실을 관보나 행정안전부의 인터넷 홈페이지에 게재해야 한다.
② 화재감정 결과를 통보할 때 감정을 의뢰받았던 증거물 등 감정대상물은 반환하지 않고 보관하여야 한다.
③ 화재감정기관으로 지정받으려는 사람은 화재감정기관 지정신청서를 소방청장에게 제출해야 한다.
④ 화재조사에 필요한 주된 기술인력은 화재조사관 자격 취득 후 화재조사 관련 분야에서 3년 이상 근무한 사람 1명을 보유하면 된다.

22. 「소방시설공사업법」 및 「소방시설공사업법 시행령법」상 소방시설공사의 하도급과 관련한 설명으로 옳지 않은 것은?

① 소방시설공사 등의 하도급계약 자료의 공개는 하도급에 관한 사항을 통보받은 날부터 10일 이내에 하여야 한다.
② 다른 공사업자에게 그 일부를 하도급을 할 수 있는 소방시설공사는 제4조제1호의 특정소방대상물 중 하나 이상의 소방설비를 설치하는 공사로 한다.
③ 하수급인의 시공 및 수행능력, 하도급계약 내용의 적정성 등을 심사하는 경우에 활용할 수 있는 기준을 정하여 고시하여야 한다.
④ 하도급계약 내용의 변경을 요구하려면 하도급에 관한 사항을 통보받은 날부터 30일 이내에 서면으로 하여야 한다.

23. 「위험물관리법」상 위험물의 운반 등에 대한 설명으로 옳지 않은 것은?

① 시·도지사는 운반용기를 제작하거나 수입한 사람의 신청에 따라 운반용기를

검사할 수 있다
② 위험물을 운송하는 사람은 운송책임자 및 이동탱크저장소 운전자를 말한다.
③ 위험물의 운반은 그 용기·적재방법 및 운반방법에 관한 중요기준과 세부기준에 따라 행하여야 한다.
④ 행정안전부령이 정하는 위험물의 운송은 운송책임자의 감독을 받아 운송하여야 한다.

24. 「위험물관리법 시행령」상 위험물시설의 안전관리에 관한 설명으로 옳지 않은 것은?

① 법 제19조에서 "대통령령이 정하는 제조소등"에는 제4류 위험물을 저장하는 옥외탱크저장소도 포함된다.
② 법 제17조제1항에서 지정수량의 10배 이상의 위험물을 취급하는 제조소는 "대통령령이 정하는 제조소 등"에 해당한다.
③ 일반취급소에 공급하기 위한 위험물을 저장하는 저장소를 동일인이 다수의 제조소 등을 설치한 경우 1인의 안전관리자를 중복하여 선임할 수 있다.
④ 탱크시험자로 등록하고자 하는 사람은 등록신청서에 행정안전부령이 정하는 서류를 첨부하여 소방관서장에게 제출하여야 한다.

25. 「화재의 예방 및 안전관리에 관한 법률 시행령」상 화재안전조사에 대한 설명으로 옳은 것은?

① 화재안전조사 결과를 공개하는 경우 10일 동안 해당 소방관서 인터넷 홈페이지를 통해 공개해야 한다.
② 화재안전조사 결과의 공개가 제3자의 법익을 침해하는 경우에는 제3자와 관련된 사실을 제외하고 공개해야 한다.
③ 화재안전조사 결과 공개 내용 등을 통보받은 날부터 14일 이내에 소방관서장

에게 이의신청을 할 수 있다.
④ 화재안전조사를 실시하려는 경우 소방관서의 인터넷 홈페이지나 관보를 통해 10일 이상 공개해야 한다.

01. 다음 중 하자의 승계가 부정되지 않는 경우는? (다툼이 있는 경우 판례에 의함)

① 재개발사업시행인가처분과 토지수용재결처분의 경우
② 병역법상의 보충역편입처분과 공익근무요원소집처분의 경우
③ 조세체납처분에 있어서의 독촉과 충당처분 상호간의 경우
④ 감사원의 변상판정과 소속장관의 변상명령의 경우

02. 송달과 관련한 내용으로 옳지 않은 것은? (다툼이 있는 경우 판례에 의함)

① 피고인들이 발송의뢰한 문서가 선거인들에게 도달되기 이전에 우체국에서 선거관리위원회의 우송중지요청에 의하여 우송이 중지되고 압수된 경우, 공직선거법 제93조 제1항에서 금지하는 '배부행위'에 해당하지 않는다.
② 위조된 문서를 우송한 경우에는 그 문서가 상대방에게 도달한 때에 기수가 되고 상대방이 실제로 그 문서를 보아야 하는 것은 아니다.
③ 국가경찰관서의 유치장에 체포·구속 또는 유치된 사람에게 할 송달은 교도소·구치소 또는 국가경찰관서의 장에게 하여야 하고(형사소송법 제65조, 민사소송법 제182조), 재감자에 대한 송달을 교도소 등의 장에게 하지 아니하였다면 그 송달은 부적법하여 무효이다.
④ 영업허가서를 신청인에게 우송하였으나 도달하지 않은 경우 성립에 하자가 있어 무효·취소될 수 있는 행정행위에 해당한다.

03. 다음 중 영국의 행정절차에 관한 설명이 옳지 않은 것은?

① 영국 행정절차의 기본원리인 자연적 정의는 모든 국가권력의 적정한 행사의 필수적 기본원칙이다.
② 자연적 정의는 편견배제의 원칙과 쌍방청문의 원칙이라는 두가지 원칙으로 구성되어 있다.
③ 편견배제의 원칙은 "누구도 변명기회 없이는 불이익을 받지 않는다."는 원칙을 말한다.
④ 쌍방청문의 원칙은 "쌍방 모두에 청문의 기회가 주어져야 한다."는 원칙이다.

04. 다음은 확약에 관한 기술이다. 옳은 것은?

① 재량행위는 확약이 허용되나 기속행위의 경우는 확약이 허용되지 않는다.
② 확약에 의한 의무불이행의 경우도 행정쟁송을 제기할 수 없다.
③ 요건사실의 완성 후에는 확약이 아닌 본 처분을 하여야 하므로 확약을 할 수 없다.
④ 확약은 사전행위로 확약에 따른 결과가 발생하므로 예비결정이나 부분인가와는 다르다.

05. 다음 허가와 관련한 설명으로 옳지 않은 것은?

① 대인적 허가는 상대방에게만 국한되고, 이전·상속될 수 없는 것으로 의사면허·운전면허 등이 있다.
② 허가대상인 행위를 허가를 받지 않고 행하더라도 사법상의 효력에는 영향이 없다.
③ 건축허가·공중목욕탕허가 등의 대물적 허가는 물건 등의 양수인·상속인에

대하여도 효과를 미친다.
④ 전당포영업허가·차량검사·고물상영업허가 등의 혼합적 허가는 이전·상속에 대하여 경찰관청의 허가를 받도록 하는 경우가 있다.

06. 행정심판법과 관련하여 행정심판위원이 사건의 심리 및 의결에서 제척되는 경우가 아닌 것은?

① 위원이 당사자의 대리인으로서 사건에 관여하지 않은 경우
② 위원이 사건의 당사자와 친족이거나 친족이었던 경우와 사건에 관하여 증언이나 감정을 한 경우
③ 위원이 사건의 대상이 된 처분 또는 부작위에 관여한 경우
④ 위원 또는 그 배우자나 배우자이었던 사람이 사건의 당사자이거나 사건에 관하여 공동 권리자 또는 의무자인 경우

07. 하자의 승계와 관련한 다음 설명으로 옳지 않은 것은? (다툼이 있는 경우 판례에 의함)

① 증액경정처분이 있는 경우 당초처분은 증액경정처분에 흡수되어 소멸하고, 소멸한 당초처분의 절차적 하자는 존속하는 증액경정처분에 승계되지 아니한다.
② 타인의 임차권을 양도받았음을 원인으로 하여 귀속재산임차계약을 체결한 경우에는 양도인간의 임대차계약상의 하자도 승계된다.
③ 행정처분의 위법성 확인 내지 불분명한 법률문제에 대한 해명이 필요하다고 판단되는 경우, 그리고 선행처분과 후행처분이 단계적인 일련의 절차로 연속하여 행하여져 후행처분이 선행처분의 적법함을 전제로 이루어진 경우라도 선행처분의 하자가 후행처분에 승계되지 않는다.
④ 일정한 행정목적을 위하여 독립된 행위가 단계적으로 이루어진 경우에 선행처

분에 존재하는 하자는 그것이 당연무효의 사유가 아닌 이상 후행처분에 그대로 승계되지 않는다.

08. 면허와 관련한 행정처분에 대한 설명으로 옳지 않은 것은? (다툼이 있는 경우 판례에 의함)

① 제1종 특수·대형·보통면허를 가진 자가 제1종 특수면허만으로 운전할 수 있는 차량을 운전하다 운전면허취소사유가 발생한 경우, 제1종 대형·보통면허도 취소한 처분은 위법하다.
② 이륜자동차를 음주 운전한 사유만으로 제1종 대형면허나 보통면허의 취소나 정지하는 처분은 위법하다.
③ 제1종보통·대형·특수면허를 가진 자가 제1종보통·대형면허만으로 운전할 수 있는 12인승 승합자동차를 운전하다 운전면허취소 사유가 발생했다는 이유로 제1종특수면허도 취소한 처분은 위법이다.
④ 택시를 음주 운전하였다 하여 제1종 특수면허를 취소한 처분은 위법하다.

09. 손실보상과 관련한 다음 설명 중 옳지 않은 것은? (다툼이 있는 경우 판례에 의함)

① 중앙토지수용위원회로부터 골재 가격을 손실보상금으로 하는 취지의 재결을 받고 손실보상금을 공탁한 다음, 골재 소유자와 골재를 甲 공사 비용으로 임시장소로 이전해 두기로 합의하였는데, 골재를 모두 멸실시킨 사안에서, 甲 공사에 손해배상책임이 있다고 본 원심판결에 법리오해의 위법이 있다.
② 제방부지 및 제외지가 법률 제2292호 하천법 개정법률 시행일(1971.7.20.)부터 법률 제3782호 하천법 중 개정 법률의 시행일(1984.12.31.) 전에 국유로 된 경우, 명시적인 보상규정이 없더라도 관할관청이 소유자가 입은 손실을 보상하여야 한다고 보는 것이 타당하다.
③ 공익상 필요에 의한 사유로 인하여 면허어업을 제한하는 등의 처분을 받았거

나 어업면허 유효기간의 연장이 허가되지 아니함으로써 손실을 입은 자는 행정관청에 대하여 보상을 청구할 수 있으므로, 면허어업에 대한 손실이 보상되는 경우는 구 수산업법 제34조 제1항 제1호 내지 제5호의 사유로 인한 때에 한정된다.
④ 손실보상을 할 의무가 있는 사업시행자가 손실보상의무를 이행하지 아니한 채 공유수면에서 허가어업을 영위하던 어민들에게 그 어업을 영위할 수 없는 피해를 입힐 수 있는 공유수면매립공사를 시행하였다 하더라도 그로 인한 불법행위는 그 사업 착수만으로 바로 성립한다.

10. 불심검문에 관한 설명으로 올바르지 않은 것은?
① 불심검문 시 답변을 거부하는 사람은 영장 없이 구속이 가능하다.
② 질문은 행동자유의 일시 정지를 가져오나, 신체자유의 침해는 아니다.
③ 불심검문은 행정조사로 이루어지는 경우도 있고 행정상 즉시강제로 이루어지는 경우도 있다.
④ 불심검문은 경찰관직무집행법상의 대인적 강제수단이다.

11. 행정심판에 대한 설명으로 옳지 않은 것은? (다툼이 있는 경우 판례에 의함)
① 복효적 행정행위, 특히 제3자효를 수반하는 행정행위에 대한 행정심판청구에 있어서 그 청구를 인용하는 내용의 재결로 인하여 비로소 권리이익을 침해받게 되는 자는 그 인용재결에 대하여 다툴 필요가 없으므로 당연히 항고소송의 대상이 된다.
② 대통령의 처분 또는 부작위에 대하여는 다른 법률에서 행정심판을 청구할 수 있도록 정한 경우 외에는 행정심판을 청구할 수 없다.
③ 행정심판 청구인이 경제적 능력으로 인해 대리인을 선임할 수 없는 경우에는

행정심판위원회에 국선대리인을 선임하여 줄 것을 신청할 수 있다.
④ '행정심판'은 행정심판법에 따른 일반행정심판과 이에 대한 특례로서 다른 법률에서 사안의 전문성과 특수성을 살리기 위하여 특히 필요하여 일반행정심판을 갈음하는 특별한 행정불복절차를 정한 경우의 특별행정심판을 뜻한다.

12. 국가배상의 청구절차에 관한 설명으로 옳지 않은 것은? (다툼이 있는 경우 판례에 의함)

① 수인이 공동으로 국가배상청구소송을 제기하는 경우에는 각자가 결정전치주의의 요건을 충족해야 한다.
② 결정전치주의의 요건은 구두변론 종결 시까지 갖추면 족하다.
③ 국가배상청구권의 소멸시효는 3년이다.
④ 국가배상청구소송에는 가집행선고를 붙일 수 없다는 특례는 평등원칙에 위배되는 것이 아니다.

13. 행정상 손실보상에 대한 설명으로 옳지 않은 것은?

① 행정상 손실보상은 토지수용·징발·농지매수 등과 같이 처음부터 상대방에게 손실을 발생시킬 권한을 행정기관에 부여한 것이다.
② 부담금 징수는 공공사업의 원인자, 손괴자 등에게 징수하는 것으로 행정상의 손실보상을 요한다.
③ 공용징수나 토지수용 등은 공익사업을 위한 토지 등의 취득 및 보상에 관한 법률의 원인이 된다.
④ 손실보상은 적법한 행정작용으로 인한 손실을 보상하는 제도인 점에서 위법행위로 인한 행정상의 손해배상과 구별된다.

14. 공공기관의 정보공개에 관한 법률상 정보공개에 관한 설명으로 옳지 않은 것은?
(다툼이 있는 경우 판례에 의함)

① 국민의 정보공개청구는 정보공개법 제9조에 정한 비공개 대상 정보에 해당하지 아니하는 한 원칙적으로 폭넓게 허용되어야 하지만, 실제로는 해당 정보를 취득 또는 활용할 의사가 전혀 없이 정보공개 제도를 이용하여 사회통념상 용인될 수 없는 부당한 이득을 얻으려는 경우 정보공개청구권의 행사를 허용하지 아니하는 것이 옳다.

② 공공기관의 정보 공개에 관한 법률 제6조 제1항은 "모든 국민은 정보의 공개를 청구할 권리를 가진다."고 규정하고 있는데, 여기에서 말하는 국민에는 자연인은 물론 법인, 권리능력 없는 사단·재단도 포함된다.

③ 구 공공기관의 정보공개에 관한 법률 제9조 제1항 제7호에서 비공개대상정보로 정하고 있는 '법인 등의 경영·영업상 비밀'은 '타인에게 알려지지 아니함이 유리한 사업활동에 관한 일체의 정보' 또는 '사업활동에 관한 일체의 비밀사항'을 의미하는 것이다.

④ 공공기관의 정보공개에 관한 법률의 입법 목적, 정보공개의 원칙 등을 고려하면, 법원 이외의 공공기관이 정보공개법 제9조 제1항 제4호에서 정한 '진행 중인 재판에 관련된 정보'에 해당한다는 사유로 정보공개를 거부하기 위해서는 반드시 그 정보가 진행 중인 재판의 소송기록 자체에 포함된 내용이어야 한다.

15. 행정청의 권한의 한계에 관한 연결이 잘못된 것은?

① 지역적 한계 – 세무서장의 권한은 관할구역 안에만 미친다.
② 대인적 한계 – 국방부장관은 군인·군무원에 대한 권한을 행사할 수 있다.
③ 사항적 한계 – 부령은 행정각부의 장관만이 발할 수 있다.
④ 지역적 한계 – 국무총리의 권한행사는 전국에 그 효력이 미친다.

16. 직위해제 처분에 대한 설명으로 옳은 것은? (다툼이 있는 경우 판례에 의함)
① 국가공무원법상 직위해제처분에 처분의 사전통지 및 의견청취 등에 관한 행정절차법 규정이 적용된다.
② 공무원의 신분을 상실하게 하는 행위이며 사실행위로서의 성질을 갖는다.
③ 형사사건으로 기소된 자에 대해서는 직위해제 여부를 임용권자가 재량으로 결정할 수 있다.
④ 직위해제 사유가 소멸한 때에는 지체 없이 직위를 부여하여야 한다.

17. 행정소송에 대한 다음 설명 중 옳지 않은 것은? (다툼이 있는 경우 판례에 의함)
① 국세환급금결정을 항고소송의 대상인 처분으로 판례는 보지 않는다.
② 건축허가처분을 취소하는 재결은 항고소송의 대상이 될 수 있다.
③ 법령의 개정에 따라 퇴직연금 중 일부금액의 지급정지가 통보 되었을 때 이를 항고소송의 대상이 되는 처분이라고 판례는 보았다.
④ 신청권 유무와 관계없이 신청에 대한 행정청의 일방적 거부를 항고소송의 대상인 처분으로 판례는 보지 않는다.

18. 기간계산에 있어서 초일불산입의 원칙이 적용되는 것을 모두 고른 것은?

| ㉮ 연령계산 | ㉯ 국회의 회기 | ㉰ 민원사무처리기간 |
| ㉱ 행정심판의 제기기간 | ㉲ 계약상의 계약시간 | |

① ㉮, ㉯, ㉰
② ㉱, ㉲
③ ㉯
④ ㉰, ㉱

19. 불가변력과 불가쟁력과의 관계 및 차이에 관한 다음 설명으로 옳은 것은?
   ① 불가변력과 불가쟁력 양자는 상호의존적이다.
   ② 불가변력이 절차법적 효력이고, 불가쟁력은 실체법적 효력이다.
   ③ 불가변력이 발생한 행위는 행정행위의 상대방은 다툴 수 없다.
   ④ 불가쟁력은 일정 요건 하에 모든 행정행위에 발생하는데, 불가변력은 일정한 행정행위에만 발생한다.

20. 국민권익위원회 설치 목적 및 구성에 관한 사항 중 옳지 않은 것은?
   ① 국무총리 행정심판위원회의 구성에 관한 사항은 국민권익위원회의 설치와 운영에 관한 법률에 정하는 바에 따른다.
   ② 위원장 및 부위원장은 국무총리의 제청으로 대통령이 임명하고, 상임위원은 위원장의 제청으로 대통령이 임명한다.
   ③ 고충민원의 처리와 이에 관련된 불합리한 행정제도를 개선하고, 부패의 발생을 예방하며 부패행위를 효율적으로 규제하도록 하기 위하여 설치한다.
   ④ 위원회는 필요하다고 인정하는 경우 공공기관의 장에게 부패방지를 위한 제도의 개선을 권고할 수 있다.

21. 부패방지 및 국민권익위원회의 설치와 운영에 관한 법률상 국민권익위원회의 고충민원 처리 등에 관한 다음 설명 중 옳지 않은 것은?
   ① 접수된 고충민원은 이첩이나 이송하는 경우에는 미리 신청인에게 그 사유와 이첩이나 이송되는 기관에 대하여 안내하여야 한다.
   ② 권익위원회는 접수된 고충민원이 관계 행정기관 등에 이송할 수 없는 경우에는 그 고충민원을 각하할 수 없다.
   ③ 권익위원회가 조사하는 것이 적절하지 않다고 인정하는 사항에는 위원회에

서 각하한 민원을 다시 제기한 경우도 해당된다.
④ 권익위원회에 대하여 고충민원을 제기한 신청인은 다른 권익위원회에 대하여도 고충민원을 신청 할 수 있다.

22. 행정절차법상 사전통지에 대한 설명으로 옳지 않은 것은? (다툼이 있는 경우 판례에 의함)

① 산업기능요원에 대하여 한 산업기능요원 편입취소처분은, 행정처분을 할 경우 '처분의 사전통지'와 '의견제출 기회의 부여'를 규정한 행정절차법 제21조 제1항, 제22조 제3항에서 말하는 '당사자의 권익을 제한하는 처분'에 해당한다.
② 취급관계행정청이 당사자에게 의무를 과하거나 권익을 제한하는 처분을 할 때에는 당사자 등에게 처분의 사전통지를 하고 의견 제출의 기회를 주어야 한다.
③ 민원사무를 처리하는 행정기관이 민원 1회 방문 처리제를 시행하는 절차의 일환으로 민원사항의 심의·조정 등을 위한 민원조정위원회를 개최하면서 민원인에게 회의일정 등을 사전에 통지하지 않은 사정만으로 곧바로 민원사항에 대한 행정기관의 장의 거부처분에 취소사유에 이를 정도의 흠이 존재한다고 보기는 어렵다.
④ 행정청이 침해적 행정처분을 하면서 당사자에게 사전통지를 하거나 의견 제출의 기회를 주지 아니하였다면, 사전통지나 의견 제출의 예외적인 경우에 해당하더라도, 처분은 위법하지 않다.

23. 다음 행정처분에 대한 판례의 입장이 아닌 것은?

① 징계 요구에 의하여 행정청이 일정한 행정처분을 하였을 때 비로소 이해관계인의 권리관계에 영향을 미칠 뿐, 징계 요구 자체만으로는 징계 요구 대상 공

무원의 권리·의무에 직접적인 변동을 초래하지도 아니하므로, 행정청 사이의 내부적인 의사결정의 경로로서 '징계 요구, 징계 절차 회부, 징계'로 이어지는 과정에서의 중간처분에 불과하여, 감사원의 징계 요구와 재심의결정이 항고소송의 대상이 되는 행정처분이라고 할 수 없다.
② 법관이 이미 수령한 수당액이 위 규정에서 정한 정당한 명예퇴직수당액에 미치지 못한다고 주장하며 차액의 지급을 신청함에 대하여 법원행정처장이 거부하는 의사를 표시했더라도, 그 의사표시는 명예퇴직수당액을 형성·확정하는 행정처분이 아니라 공법상의 법률관계의 한쪽 당사자로서 지급의무의 존부 및 범위에 관하여 자신의 의견을 밝힌 것으로 행정처분에 해당한다.
③ 행정청이 자신과 상대방 사이의 법률관계를 일방적인 의사표시로 종료시켰다고 하더라도 곧바로 의사표시가 행정청으로서 공권력을 행사하여 행하는 행정처분이라고 단정할 수는 없다.
④ 행정청이 침해적 행정처분을 하면서 당사자에게 사전통지를 하거나 의견제출의 기회를 주지 아니하였다면, 사전통지나 의견제출의 예외적인 경우에 해당하지 아니하는 한, 처분은 위법하여 취소를 면할 수 없다.

24. 무하자재량행사청구권에 관한 판례의 내용으로 옳지 않은 것은?

① 검사지원자 중 한정된 수의 임용대상자에 대한 임용결정은 한편으로는 그 임용대상에서 제외된 자에 대한 임용거부결정이라는 양면성을 지니는 것이다.
② 임용대상에서 제외된 자에 대한 임용여부의 의사표시는 본인에게 직접 고지되지 않았다고 하여도 본인이 이를 알았거나 알 수 있었을 때에 그 효력이 발생한 것으로 보아야 한다.
③ 법령상 검사임용신청 및 그 처리에 관한 명문규정이 없는 경우에는 조리상 임용권자는 그 임용신청자들에게 전형의 결과인 임용여부의 응답을 해줄 의무가 없다.
④ 검사의 임용에 있어서 임용권자가 임용여부에 관하여 어떠한 내용의 응답을 할 것인가는 임용권자의 재량에 속한다.

25. 책임과 관련한 설명으로 타당하지 않는 것은?

① 법인의 대리인 기타 종업원의 행위에 대한 책임은 대위책임이다.
② 법인을 처벌하는 것은 행정형벌이란 형사벌과 달리 정책적 견지에서 과하는 측면이 강하므로 일반 예방적 요소나 위화형적 요소가 많은 것으로서, 행정상 의무위반이라는 객관적 위법상태의 발생에 대한 사회적 비난의 귀속이라고 보아야 하기 때문이다.
③ 행정범의 경우는 반드시 현실의 행위자가 아니라 행정법상 의무를 지는 자가 책임을 지는 경우가 많다.
④ 부정한 방법으로 주세를 포탈한 공동업무집행자가 이미 처벌을 받았다 하여도 이는 그 자신의 범법행위로 말미암아 처벌을 받은 것이므로 이것 때문에 사업주로서 부정행위자의 탈법행위를 막는 데 필요한 주의를 다하지 못한 선임·감독상의 과실책임에 기한 의무위반책임이 소멸하지 않는다.

제7회 실전모의고사

소방학개론

01. 「재난 및 안전관리 기본법」상 재난의 예방과 관련한 설명으로 옳지 않은 것은?

① 재난예방을 위한 안전조치 시 긴급한 경우에는 서면이 아닌 구두로 알려도 된다.
② 재난관리 실태 점검을 위해 정부합동안전점검단을 편성하여 안전점검을 실시할 수 있다.
③ 안전조치를 실시하기 전에 미리 구두로 알리는 것이 불가능할 경우 안전조치를 할 수 없다.
④ 안전조치를 할 때에는 미리 해당 소유자·관리자 또는 점유자에게 서면으로 이를 알려 주어야 한다.

02. 연소생성물에 대한 설명으로 옳지 않은 것은?

① 수소와 탄소만을 포함한 탄화수소의 완전연소는 이산화탄소와 물을 생성한다.
② 물질이 연소하면 처음과는 다른 물질이 생성되는 것을 말한다.
③ 연기로 인한 빛의 감소를 나타내는 감광계수는 가시거리와 반비례한다.
④ 생성물이 기체인 경우 연료는 연소 후 질량이 증가하나 산소와 결합하여 산화철을 생성하는 반응일 경우 철가루의 질량은 감소한다.

03. 화재조사와 관련한 내용으로 옳지 않은 것은?

① 화재조사는 규정에 의한 장비를 활용하여 소화활동과 동시에 실시되어야 한다.
② 화재조사는 화재원인조사, 화재피해조사가 이루어져야 한다.
③ 화재조사는 소방청장, 소방본부장 또는 소방서장이 한다.
④ 화재조사를 위해 필요한 경우 경찰의 수사와 관계없이 우선적으로 그 피의자 또는 압수된 증거물에 대한 조사를 할 수 있다.

04. 다음 중 제1종 분말소화약제의 주성분에 해당하는 것은?

① 탄산수소칼륨과 요소와의 반응물
② 탄산수소나트륨
③ 제1 인산암모늄
④ 탄산수소칼륨

05. 재난(Disaster)의 분류에서 인적재난의 종류에 포함되지 않는 것은?

① 홍수·가뭄
② 방사능 사고 및 건물 붕괴
③ 교통사고
④ 화생방 사고

06. 「재난 및 안전관리 기본법」상 다음 용어에 관한 설명으로 옳지 않은 것은?

① 재난관리정보는 재난상황정보, 동원가능 자원정보, 시설물정보, 지리정보를 말한다.

② 사회재난에서 교통사고는 항공사고 및 해상사고를 포함한다.
③ 국가재난관리 기준은 모든 유형의 재난에 공통적으로 활용하도록 재난관리의 전 과정을 체계화한 것으로서 국무총리가 고시한 것을 말한다.
④ 재난의 예방·대비·대응 및 복구를 위한 모든 활동을 재난관리라 한다.

07. 연소에 관한 다음 설명으로 옳지 않은 것은?

① 가연성물질을 공기 속에서 태워 휘발성분을 없애고 재로 만드는 것을 하소라 한다.
② 일반적인 연소로서 열의 발생과 소멸이 균형을 유지하면서 정상적으로 연소하는 상태를 정상연소라 한다.
③ 혼합기체가 밀폐된 곳에서 발화되어 폭발하는 것을 폭효라 한다.
④ 산소나 열의 공급이 원활하지 못할 때 소극적으로 연소하는 현상은 훈소이다.

08. 다음 중 숨은열이라고 로 볼 수 없는 것은?

① 융해열   ② 현열
③ 기화열   ④ 승화열

09. 다음 내용에 해당하는 소화방법은?

> 화원을 근원적으로 없애거나 가연물을 발화부(점화부) 또는 화점 등 연소구역에서 멀리 이동하여 수열면을 최소화함으로써 정상적인 연소를 저지시키는 소화방법이다.

① 질식소화법 ② 희석소화법
③ 냉각소화법 ④ 제거소화법

10. 소방예산과 관련한 다음 설명 중 옳지 않은 것은?
① 소방예산의 대부분은 특별회계에 속한다.
② 세입은 원칙적으로 조세 수입을 원칙으로 한다.
③ 예산은 일반회계와 특별회계로 나뉜다.
④ 세출은 주로 지방자치단체의 활동을 위한 기본적 경비 지출로 구성한다.

11. 숨은열에 대한 설명으로 옳지 않은 것은?
① 고체에서 액체로 변할 때 주위로부터 빼앗은 숨은열을 융해열이라 하고, 액체를 기체로 바꾸기 위해 필요한 숨은열을 증발열이라 한다.
② 여름에 땅에 물을 뿌리면 시원하게 느껴지는 것은 물이 증발할 때 주위에서 숨은열(기화열)을 빼앗기 때문이다.
③ 100g의 물질을 바꾸는 데 필요한 열량(칼로리)으로 크기를 나타낸다.
④ 냉동기는 액화한 기체를 기화기로 기화시켜 주위로부터 기화열을 빼앗아 냉각하는 것으로 숨은열 효과를 적극적으로 이용한 것이다.

12. 열원(에너지원)의 공급을 차단함으로써 빨리 연소열을 빼앗아 연소물의 온도를 발화점 이하로 낮추는 소화방법은?
① 희석소화법 ② 냉각소화법
③ 질식소화법 ④ 제거소화법

13. 제1류 및 제2류 위험물의 소화방법으로 적절하지 못한 것은?

① 제1류 위험물은 주로 물·포에 의한 냉각소화 외에는 다른 방법이 없다.
② 무기과산화물류는 주수는 엄금하며 건조사 등에 의해 질식 소화한다.
③ 제2류 위험물의 대부분은 주수에 의한 냉각소화가 적당하다.
④ 마그네슘, 철분, 금속분, 황화인은 건조사 등에 의한 질식소화를 하든가 금속화재용 분말소화제를 사용한다.

14. 다음 설명과 같은 현상에 해당하는 것은?

> 화학적 또는 기계적 잠재에너지가 압력 하에서 가스의 생성 및 방출 혹은 압력 하에서 가스의 방출을 수반하는 운동에너지로 갑작스러운 변환을 일으킨다.

① 유도발화　　② 압축폭발
③ 단열발화　　④ 폭발

15. 플래쉬오버(flash over)현상에 대한 설명으로 옳지 않은 것은?

① 플래쉬오버현상이 발생할 때의 온도는 조건에 따라 다르지만 일반적으로 800~1,000℃정도이다.
② 고체 또는 액체 절연물의 위나 주변에서 발생하는 파괴적인 전기방전도 플래쉬오버라 한다.
③ 수분을 포함한 소화약제를 분사할 때 갑작스런 기화로 인해 열유를 비산시키는 현상이다.
④ 연소가 급격히 확대되는 것으로 순발연소라고도 하며 내장재의 종류, 화원의 크기, 개구부의 조건에 의해 영향을 받는다.

16. 제6류 위험물은 위험물 자체는 연소하지 않으며 일반적으로 주수소화는 부적당하지만 전략·전술적으로 사용할 때도 있다. 이와 관련하여 적절하지 못한 것은?

① 상황에 따라 분무상의 물을 다량으로 사용하는 것이 효과적이다.
② 고농도의 것은 물과 접촉할 때 비산하여 피해를 주므로 주의를 요한다.
③ 과산화수소는 다량의 물로 희석한다.
④ 유출사고 시에는 반드시 물로 중화한다.

17. 물리적 작용에 의한 소화는 열의 3가지 방법에 속하지 않는 것은?

① 연소에너지 한계에 의한 소화
② 화염의 불안정화에 의한 소화
③ 소화농도 한계에 의한 소화
④ 자유라디칼(free radical)의 생성을 억제하는 소화

18. 다음은 소방시설 및 소방기구에 대한 설명이다. 틀린 것은?

① 건물의 복도 등에 설치된 함에 소방호스를 연결하여 물로써 화재를 진압하는 소방시설은 스프링클러설비이다.
② 음식점의 주방 천장에 설치하는 소화기는 자동확산소화용구이다.
③ 포소화설비는 위험물 등의 화재를 진압하기 위하여 물에 일정비율의 포소화약제를 혼합하여 사용하는 소방시설이다.
④ 연결살수설비는 소방대의 진입이 극히 어려운 판매시설 및 지하가 또는 건축물 지하층에 화재가 발생 하였을 경우 소화하는 설비이다.

19. 화학적 작용에 의한 소화에 대한 설명으로 옳지 못한 것은?

① 자유라디칼의 생성을 억제하는 연쇄반응의 중단에 의한 소화법이다.
② 분말소화약제나 할로겐화합물류에 의한 소화가 여기에 해당된다.
③ 분사약제가 화학적 작용으로 라디칼을 배척함으로써 소화가 이루어진다.
④ 실제소화에 있어서의 작용은 이들 소화법이 상호 보완적으로 작용하는 경우가 많다.

20. 화재 및 재난 발생 시 응급의료장비에 속하지 않는 것은?

① 기도유지 장비 및 호흡보조 장비
② 척추고정 장비
③ 순환보조 장비
④ 보호 및 측정 장비 및 절단용 장비

21. 폭발(explosions)현상 중 기상폭발의 범주에 속하지 않는 것은?

① 응상폭발   ② 가스폭발
③ 분무폭발   ④ 분진폭발

22. 소방 목적으로 쓰이는 물의 물리적 성질에 관한 설명으로 옳지 않은 것은?

① 물은 자연 상태에서는 기체·액체·고체의 3가지 형태로 존재한다.
② 0℃ 얼음 1g이 0℃의 물로 변하는데 필요한 용융열은 약 79.7cal/g이다.

③ 물 1g을 1℃ 올리는 데 필요한 열량인 비열은 1cal/g·℃로 다른 물질에 비해 상당히 큰 편이다.
④ 얼음 1g을 100℃의 수증기로 만드는데 필요한 기화열은 539.6cal/g이다.

23. 다음 중 분해폭발성 물질이라고 볼 수 없는 것은?
① 산화에틸렌, 이산화염소
② 에틸렌, 히드라진
③ 메틸아세틸렌, 디아세틸렌
④ 과염소산, 진한 황산

24. 여러 형태의 유류(oil)를 수용한 상단부 개방형 탱크 내부의 어떤 특수조건 하에서 일어날 수 있는 발포유출·비산현상과 거리가 먼 것은?
① 파일럿오버(pilot-over)현상
② 보일오버(boil-over)현상
③ 슬랖오버(slop-over)현상
④ 프로쓰오버(froth-over)현상

25. 의용소방대에 관한 설명으로 옳지 않은 것은?
① 2013년까지 의용소방대에 관하여는 소방기본법 규정에 따랐다.
② 의용소방대의 업적을 기리기 위하여 매년 4월 19일을 의용소방대의 날로 정하였다.
③ 의용소방대는 특별시·광역시·특별자치시·도·특별자치도와 읍·면에 각각 둔다.
④ 의용소방대에 관한 모든 사항은 의용소방대 설치 및 운영에 관한 법률 및 시행령·시행규칙에 따른다.

소방관계법규

01. 「소방기본법」상 다음과 같은 경우에 대한 처벌로 옳은 것은?

> 공장·창고가 밀집한 지역에서 화재로 오인할 만한 우려가 있는 연막소독을 실시하는 자가 관할 소방본부장은 소방서장에게 신고하지 않아 소방자동차를 출동하게 하였다.

① 20만원 이상의 벌금
② 10만원 이하의 벌금
③ 20만원 이하의 과태료
④ 50만원 이하의 과태료

02. 「소방기본법」상 명예직의 소방대원으로 위촉할 수 있는 사람은?

① 강도·절도·폭행·납치 등의 범죄행위를 제지하거나 그 범인을 체포하다가 부상을 입는 구조행위를 한 사람
② 소방행정발전에 공로가 있다고 인정되는 사람
③ 자동차·열차, 그 밖의 운송수단의 사고로 위해에 처한 다른 사람의 생명·신체 또는 재산을 구하다가 부상을 입는 구조행위를 한 사람
④ 야생동물 또는 광견 등의 공격으로 위해에 처한 다른 사람의 생명·신체 또는 재산을 구하다가 부상을 입는 구조행위를 한 사람

03. 「소방시설공사업법」상 공사의 하자 보수 및 보증에 대한 설명으로 옳지 않은 것은?

① 공사업자가 하자보수를 3일 이내에 이행하지 않는 경우 관계인은 소방본부장에게 이를 알릴 수 있다.

② 하자보수를 이행하지 않은 것을 인정할 때에는 시공자에게 기간을 정하여 하자보수를 명하여야 한다.
③ 소방시설공사 결과 자동화재탐지설비 등 대통령령이 정하는 소방시설에 하자가 있는 경우 대통령령이 정하는 기간 동안 그 하자를 보수하여야 한다.
④ 하자가 발생한 통보를 받은 공사업자는 7일 이내에 이를 보수하거나 보수 일정을 기록한 하자보수 계획을 관계인에게 서면으로 알려야 한다.

04. 「소방기본법」상 과태료 및 벌금 금액이 가장 많은 것은?

① 한국119청소년단 또는 이와 유사한 명칭을 사용한 사람
② 소방대상물에 화재, 재난·재해 그 밖의 위급한 상황이 발생한 경우 정당한 사유 없이 소방대가 현장에 도착할 때까지 사람을 구출하는 조치 또는 불을 끄거나 불이 번지지 않도록 하는 조치를 하지 않은 사람
③ 화재 또는 구조·구급이 필요한 상황을 거짓으로 알린 사람
④ 소방 활동구역을 출입할 수 없는 사람이 소방 활동구역에 출입한 사람

05. 「소방시설공사업법 시행규칙」상 다음 (   ) 안에 들어갈 내용이 순서대로 연결된 것은?

> (   )는(은) 소방시설업 등록증이나 등록수첩의 재발급신청서를 제출받은 경우에는 (   ) 이내에 소방시설업 등록증 또는 등록수첩을 협회를 경유하여 소방시설업 등록증 또는 등록수첩을 재발급하여야 한다.

① 시·도지사 - 3일 ② 시·도지사 - 7일
③ 소방청장 - 3일   ④ 소방청장 - 7일

06. 「소방시설공사업법 시행규칙」상 소방기술자 실무교육기관의 지정 신청 시 민원인이 제출해야 할 서류에 해당하지 않는 것은?

① 시설 및 장비명세서 1부
② 건물의 소유자인 경우 건물등기부등본
③ 건물의 소유자가 아닌 경우 건물임대차계약서 사본
④ 교육장 도면 1부

07. 「소방기본법」상 다음 ㉮와 ㉯에 공통적으로 들어갈 수 없는 것은?

> ㉮ ( )는(은) 화재 진압 등 소방활동을 위하여 필요할 때에는 소방용수 외에 댐·저수지 또는 수영장 등의 물을 사용하거나 수도의 개폐장치 등을 조작할 수 있다.
> ㉯ ( )는(은) 화재 발생을 막거나 폭발 등으로 화재가 확대되는 것을 막기 위하여 가스·전기 또는 유류 등의 시설에 대하여 위험물질의 공급을 차단하는 등 필요한 조치를 할 수 있다.

① 소방본부장
② 소방대장
③ 소방서장
④ 시·도지사

08. 「위험물안전관리법」상 다음에서 위험물안전관리자의 업무를 모두 고른 것은?

> ㉮ 위험물 취급에 관한 일지를 작성·기록하는 업무
> ㉯ 화재 등의 재해의 방지에 관하여 인접하는 제조소 등과 그 밖의 관련되는 시설의 관계자와 협조체제를 유지하는 업무
> ㉰ 화재 등의 재난이 발생한 경우 소방관서 등에 연락 업무
> ㉱ 화재 등의 재난이 발생한 경우 응급조치를 하는 업무

① ㉮, ㉯, ㉰, ㉱ ② ㉮, ㉰
③ ㉯, ㉱ ④ ㉰, ㉱

09. 「소방시설 설치 및 관리에 관한 법률」상 300만원 이하의 과태료에 처하는 경우에 해당하지 않는 것은?

① 자체점검인력의 배치기준 등 자체점검 시 준수사항을 위반한 경우
② 소속 기술인력의 참여 없이 자체점검을 한 경우
③ 자체점검 능력평가를 받지 않고 점검을 한 경우
④ 방염처리업의 등록을 한 사람이 방염성능검사를 할 때에 거짓 시료를 제출한 경우

10. 「화재의 예방 및 안전관리에 관한 법률」상 화재의 예방조치 등에 대한 명령을 할 수 있는 사람은?

① 소방관서장 ② 국무총리
③ 시·도지사 ④ 행정안전부장관

11. 「위험물관리법」상 시·도지사가 탱크시험자의 등록을 취소할 수 있는 경우에 해당하는 것은?

① 탱크시험자로서 적합하지 않다고 인정하는 경우
② 등록결격에 따른 등록기준에 미달하게 된 경우
③ 허위 그 밖의 부정한 방법으로 등록을 한 경우

④ 탱크안전 성능시험 또는 점검을 허위로 한 경우

12. 「소방시설공사업법 시행규칙」상 다음에 해당하는 소방시설관리업에 대한 행정처벌이 옳게 연결된 것은?

> 정당한 사유 없이 법 31조에 따른 관계 공무원의 출입 또는 검사·조사를 거부·방해하였다.

	1차	2차	3차
①	영업정지 3개월	영업정지 6개월	등록취소
②	경고	영업정지 3개월	등록취소
③	영업정지 6개월	영업정지 9개월	등록취소
④	영업정지 3개월	영업정지 9개월	영업정지 12개월

13. 「소방시설공사업법 시행령」상 밑줄 친 다음 각호의 1에 해당하는 사업에 속하지 않는 것은?

> 소방시설공사업 법 제22조제1항에서 "대통령령으로 정하는 경우"란 소방시설공사업과 다음 각호의 어느 하나에 해당하는 사업을 함께 하는 소방시설공사업자가 소방시설공사와 해당 사업의 공사를 함께 도급받은 경우를 말한다.

① 「건설산업기본법」 제9조에 따른 건설업
② 「응급의료법」 제44조에 따른 구급차 등의 운용 사업
③ 「정보통신공사업법」 제14조에 따른 정보통신공사업
④ 「주택법」 제9조에 따른 주택건설사업

14. 「소방시설공사업법」상 다음은 탱크시험자의 등록취소에 대한 행정처벌에서 일반기준이다. 틀린 것은?

① 사용정지에 해당하는 위반행위로서 위반행위의 동기·내용·횟수 등을 고려하여 그 처분기준의 2분의 1 기간까지 경감하여 처분할 수 있다.
② 차수에 따른 행정처분기준은 최근 3년간 같은 위반행위로 행정처분을 받은 경우에 적용한다.
③ 2 이상의 처분기준이 동일한 사용정지이거나 업무정지인 경우에는 중한 처분의 2분의 1까지 가중처분 할 수 있다.
④ 위반행위가 2 이상인 때 중한 처분기준이 동일한 때에는 그 중 하나의 처분기준에 의한다.

15. 「위험물안전관리법」상 제15조제8항에서 "대통령령이 정하는 제조소 등"에 해당하지 않는 것은?

① 제조소
② 일반취급소
③ 이송취급소
④ 위험물을 용기에 옮겨 담거나 차량에 고정된 탱크에 주입하는 일반취급소

16. 「소방기본법 시행규칙」상 소방활동에 필요한 소방용수시설 및 지리에 대한 조사는 누가, 몇 회 이상 실시하여야 하는가?

① 소방본부장 또는 소방서장이 월 1회 이상 실시한다.
② 시·도지사가 월 1회 이상 실시한다.
③ 소방본부장 또는 소방서장이 연 1회 이상 실시한다.

④ 시·도지사가 연 1회 이상 실시한다.

17. 「소방시설공사업법」상 소방시설업 등록사항의 변경신고에 대한 설명이다. ( ) 안에 들어갈 내용으로 옳은 것은?

> 소방시설업자는 제4조에 따라 등록한 사항 중 ( )으로 정하는 중요 사항을 변경할 때에는 행정안전부령이 정하는 바에 따라 ( )에게 신고하여야 한다.

① 행정안전부령 – 시·도지사 ② 대통령령 – 소방본부장
③ 행정안전부령 – 소방청장 ④ 대통령령 – 시·도지사

18. 「위험물안전관리법」상 제조소 등에 대한 행정처분 중 2차 위반 시 사용정지 60일에 해당하지 않는 것은?

① 완공검사를 받지 않고 제조소 등을 사용한 때
② 위험물안전관리자를 선임하지 않은 때
③ 수리·개조 또는 이전의 명령에 위반한 때
④ 변경허가를 받지 않고, 제조소 등의 위치·구조 또는 설비를 변경한 때

19. 「소방기본법」상 소방활동에 필요한 강제처분 및 피난명령에 대한 조치를 취할 수 없는 사람은?

① 시·도지사 ② 소방본부장
③ 소방대장 ④ 소방서장

20. 「소방기본법 시행규칙」상 소방신호의 종류에 해당하는 것을 모두 고르면?

㉮ 구호신호　㉯ 훈련신호　㉰ 경계신호　㉱ 구조신호　㉲ 해제신호

① ㉮, ㉱　　　　　　　　　② ㉯, ㉰
③ ㉯, ㉰, ㉱　　　　　　　④ ㉯, ㉰, ㉲

21. 「화재의 예방 및 안전관리에 관한 법률」상 소방대상물의 소방안전관리에 대한 설명으로 옳은 것은?

① 특정소방대상물의 소방안전관리자는 소방훈련 및 교육과 소방시설이나 그 밖의 소방 관련 시설의 관리 업무를 수행한다.
② 소방대상물의 이전·제거 등의 필요한 조치를 할 것을 요구받은 경우 소방안전관리자는 공정하고 객관적으로 그 업무를 수행하여야 한다.
③ 특정소방대상물의 소유주는 소방안전관리자가 소방안전관리업무를 성실하게 수행할 수 있도록 지도·감독하여야 한다.
④ 일반소방대상물의 소방안전관리자로 선임된 자는 선임된 날부터 1개월 이내에 제34조에 따른 교육을 받아야 한다.

22. 「소방시설공사업법」상 하도급의 계약과 관련한 설명으로 옳지 않은 것은?

① 대통령령으로 정하는 바에 따라 발주자는 하도급계약 자료를 공개해야 한다.
② 수급인은 하수급인에게 하도급과 관련하여 자재구입처의 지정 등 하수급인에게 불리하다고 인정되는 행위를 강요하여서는 안 된다.
③ 특정소방대상물의 관계인 또는 발주자는 소방시설공사 등을 도급할 때에는 해당 소방시설업자에게 도급하여야 한다.

④ 도급계약의 수급인이 정당한 사유 없이 60일 이상 소방시설공사를 계속하지 않는 경우 발주자는 도급계약을 해지할 수 있다.

23. 「소방시설 설치 및 관리에 관한 법률 시행규칙」상 성능위주설계의 검토 및 평가에 대한 설명으로 옳지 않은 것은?

① 사전검토의 신청을 받은 소방서장은 필요한 경우 보완 절차를 거쳐 소방청장에게 평가단의 검토·평가를 요청해야 한다.
② 성능위주설계의 세부 기준은 소방청장이 정한다.
③ 성능위주설계 사전검토의 신청을 받은 소방청장은 신기술·신공법 등 검토·평가에 고도의 기술이 필요한 경우 중앙위원회에 심의를 요청하여야 한다.
④ 성능위주설계에 대한 사전검토를 요청받은 소방청장 또는 소방본부장은 평가단의 심의·의결을 거쳐야 한다.

24. 「위험물안전관리법」상 위험물의 누출·화재·폭발 등의 사고조사위원회에 대한 설명으로 옳은 것은?

① 위원장은 소방공무원 중에서 소방청장이 임명한다.
② 위원회에 출석한 위원에게는 예산의 범위에서 수당, 여비, 그 밖에 필요한 경비를 지급할 수 있다.
③ 공무원인 위원이 그 소관 업무와 직접적으로 관련되어 위원회에 출석하는 경우에도 수당, 여비 등을 지급한다.
④ 위원은 위험물 안전관리 관련 업무에 3년 이상 종사한 사람에 해당하는 사람 중에서 소방청장이 임명한다.

25. 「화재의 예방 및 안전관리에 관한 법률」상 소방안전관리자 등에 대한 교육과 관련한 설명으로 옳지 않은 것은?

① 선임된 소방안전관리보조자는 소방청장이 실시하는 실무교육을 받아야 한다.
② 교육방법은 집합교육, 정보통신매체를 이용한 원격교육, 이를 혼용한 교육이 있다.
③ 소방안전관리자가 되려는 사람은 소방청장이 실시하는 강습교육을 받아야 하나 소방안전관리자로 선임된 사람은 실무교육만 받으면 된다.
④ 감염병 등 불가피한 사유가 있는 경우 행정안전부령으로 정하는 바에 따라 정보통신매체를 이용한 원격교육으로 실시할 수 있다.

01. 행정처분에 관한 다음 내용 중 옳지 않은 것은? (다툼이 있는 경우 판례에 의함)

① 어떠한 행정처분이 후에 항고소송에서 취소되었다고 할지라도 그 기판력에 의하여 당해 행정처분이 곧바로 공무원의 고의 또는 과실로 인한 것으로서 불법행위를 구성한다고 단정할 수는 없다.
② 인·허가 등의 수익적 행정처분을 신청한 수인이 서로 경쟁관계에 있어서 일방에 대한 허가 등의 처분이 타방에 대한 불허가 등으로 귀결될 수밖에 없는 때 허가 등의 처분을 받지 못한 자는 비록 경원자에 대하여 이루어진 허가 등 처분의 상대방이 아니라 하더라도 당해 처분의 취소를 구할 원고 적격이 있다.
③ 행정처분이 있음을 안 날부터 90일을 넘겨 행정심판을 청구하였다가 부적법하다는 이유로 각하재결을 받은 후 재결서를 송달받은 날부터 90일 내에 원래의 처분에 대하여 취소소송을 제기한 경우, 취소소송의 제소기간을 준수한 것으로 볼 수 있다.

④ 수익적 행정처분을 취소할 수 있는 경우, 수익적 행정처분의 하자가 당사자의 사실은폐나 기타 사위의 방법에 의한 신청행위에 기인한 경우, 당사자의 처분에 관한 신뢰이익을 고려하지 않아도 된다.

02. 법치행정의 원리에 관한 다음 설명 중 옳지 않은 것은?

① 법률에 의한 행정은 법률우위와 법률유보를 그 내용으로 한다.
② 법에 의한 행정이 요구되는 이유는 행정의 자의방지와 행정의 예측성을 부여하기 위해서이다.
③ 법률유보원칙은 행정의 모든 영역에서 적용되나, 법률우위원칙의 적용영역에 관해서는 학설이 대립된다.
④ 오늘날 법률우위원칙은 헌법에 적합한 법률의 행정에 대한 우위를 뜻한다.

03. 다음 (   ) 안에 들어갈 내용이 순서대로 올바르게 나열된 것은?

> 심판청구는 (㉮)부터 (㉯)일 이내에 제기하여야 한다. 청구인이 천재지변, 전쟁, 사변 그밖에 불가항력으로 인하여 정한 기간에 심판청구를 할 수 없었을 때에는 그 사유가 소멸한 날로부터 (㉰)일 이내에 심판청구를 제기할 수 있다.

	㉮	㉯	㉰
①	처분이 있음을 알게 된 날	60	30
②	처분이 있음을 알게 된 날	90	14
③	처분이 있었던 날	60	30
④	처분이 있었던 날	90	14

★ 행정법총론

04. 행정상의 질서벌로서 과태료에 해당하는 것은?

① 민법에 정한 법인의 재산목록에 부정의 기재를 한 경우, 이사 및 청산인에 대한 과태료
② 법원의 소환을 받고 정당한 이유 없이 출석하지 않은 증인에 대한 과태료
③ 직무상의 의무에 반한 공증인에 대한 과태료
④ 정당한 이유 없이 일정한 기간 내에 주민등록법에 정한 신고를 태만히 한 자에 대한 과태료

05. 행정행위와 관련한 다음 설명 중 가장 올바른 것은?

① 신뢰보호와 법적 안정성을 이유로 사실상 공무원의 행위도 유효한 것으로 다루게 한다.
② 행정청의 대리권이 없는 사람이 행한 행정행위는 원칙적으로 당연무효가 아니다.
③ 행정기관의 내부에서 의사결정이 있었을 뿐이고, 외부에 표시되지 않은 경우의 행정행위도 유효하다.
④ 소정의 의사정족수에 미달된 합의기관의 행위는 중대한 흠이라고 할 수 없다.

06. 정보공개와 관련한 다음 내용 중 판례의 입장이 아닌 것은?

① 공공기관이 공개청구의 대상이 된 정보를 공개는 하되, 청구인이 신청한 공개방법 이외의 방법으로 공개하기로 하는 결정을 하였다면, 이는 정보공개청구 중 정보공개방법에 관한 부분에 대하여 일부 거부처분을 한 것이므로 청구인은 그에 대하여 항고소송으로 다툴 수 없다.
② 문제은행 출제방식을 채택하고 있는 치과의사 국가시험의 문제지와 정답지

는 공공기관의 정보공개에 관한 법률상 비공개대상정보에 해당한다.
③ 구 공공기관의 정보공개에 관한 법률(2004. 1. 29. 법률 제7127호로 전문 개정되기 전의 것)의 목적, 규정 내용 및 취지에 비추어 보면 정보공개청구의 목적에 특별한 제한이 없으므로, 오로지 상대방을 괴롭힐 목적으로 정보공개를 구하고 있다는 등의 특별한 사정이 없는 한 정보공개의 청구가 신의칙에 반하거나 권리남용에 해당한다고 볼 수 없다.
④ 불기소처분 기록 중 피의자신문조서 등에 기재된 피의자 등의 인적사항 외의 진술내용이 개인의 사생활 비밀 또는 자유를 침해할 우려가 인정되는 경우, 공공기관의 정보공개에 관한 법률 제9조 제1항 제6호에서 정한 비공개대상에 해당한다.

07. 개인정보 보호법에 대한 내용으로 옳지 않은 것은?

① 개인정보의 주체가 개인정보 수집에 동의하지 않는다는 이유로 정보주체에게 재화 또는 서비스의 제공을 거부해서는 안 된다.
② 개인정보 보호에 관한 사항을 심의·의결하기 위하여 대통령 소속으로 개인정보 보호위원회를 둔다.
③ 정보주체의 동의를 받은 경우 최소한의 개인정보 수집이라는 입증책임은 개인정보처리자가 부담한다.
④ 개인정보는 살아 있는 개인 또는 사자(死者)에 관한 정보로서 성명, 주민등록번호 등을 통하여 개인을 알아볼 수 있는 정보의 총체를 말한다.

08. 행정청이 당사자에게 의무를 과하거나 권리를 제한하는 처분을 하는 경우 옳지 않은 것은?

① 행정처분의 통지는 처분의 내용과 처분하고자 하는 원인이 되는 사실을 기재

하여야 한다.
② 공공의 안전과 복리를 위하여 긴급히 처분할 필요가 있는 경우에는 사전 통지를 생략할 수 있다.
③ 사전통지의무가 면제되는 경우라도 의견청취는 반드시 실시하여야 한다.
④ 처분의 방식은 신속을 요하거나 사안이 경미한 경우에는 구술 기타 방법으로 할 수 있다.

09. 다음 허가에 관한 다음 설명 중 옳지 않은 것은?
① 허가는 언제나 구체적 처분의 형식으로 행하여지므로 그 대상은 특정인이다.
② 상대방의 출원 없이 허가가 행해지는 경우도 있다.
③ 출원의 내용과 다른 허가도 가능하다.
④ 허가가 1인에게만 행하여짐으로써 사실상 독점적 이익을 받더라도 그 이익은 반사적 이익이다.

10. 대집행에 대한 설명으로 옳지 않은 것은?
① 행정청이 불법 건축물에 대한 철거를 하기 위한 적합한 강제수단은 대집행이다.
② 해산명령을 받은 집회자를 실력으로써 해산시키는 것을 대집행이라 한다.
③ 모든 제3자로 하여금 이를 이행하게 하고 그 비용을 의무자로부터 징수하는 것을 대집행이라 한다.
④ 대집행은 대체적 작위 의무의 불이행의 경우에 당해 행정청이 의무자가 행할 작위를 스스로 행한다.

11. 다음 강제징수의 절차가 올바르게 연결된 것은?

① 독촉 – 압류 – 환가처분 – 결손처분 – 배분
② 압류 – 독촉 – 환가처분 – 배분 – 청산
③ 독촉 – 압류 – 환가처분 – 배분 – 결손처분
④ 압류 – 환가처분 – 독촉 – 청산 – 배분

12. 행정심판의 청구절차에 관한 다음 기술 중 옳지 않은 것은?

① 심판청구서는 피청구인인 행정청 또는 위원회에 제출하여야 한다.
② 심판청구서를 받은 재결청은 지체 없이 피청구인에게 송부하고, 피청구인은 답변서를 재결청에 제출하여야 한다.
③ 행정청은 청구인이 심판청구를 취하한 경우를 제외하고는 심판청구서를 받은 날로부터 10일 이내에 그 심판청구서를 위원회에 송부하여야 한다.
④ 피청구인이 심판청구서를 위원회에 송부할 때에는 답변서를 첨부하여야 하며 심판청구는 처분이 있었던 날로부터 180일을 경과하면 제기하지 못한다.

13. 행정처분이나 행정심판에 관한 다음 설명 중 옳지 않은 것은? (다툼이 있는 경우 판례에 의함)

① 항고소송은 다른 법률에 특별한 규정이 없는 한 원칙적으로 소송의 대상인 행정처분을 외부적으로 행한 행정청을 피고로 하여야 하고 다만 대리기관이 대리관계를 표시하고 피대리 행정청을 대리하여 행정처분을 한 때에는 피대리 행정청이 피고로 되어야 한다.
② 행정처분이나 행정심판 재결이 불복기간의 경과로 인하여 확정될 경우 그 확정력은, 그 처분으로 인하여 법률상 이익을 침해받은 자가 당해 처분이나 재결의

효력을 더 이상 다툴 수 없다는 의미일 뿐, 당사자들이나 법원이 이에 기속되어 모순되는 주장이나 판단을 할 수 없게 된다.
③ 청구인적격이 없는 자의 명의로 제기된 행정심판청구에 대하여 행정청이나 재결청에게 행정심판청구인을 청구인적격이 있는 자로 변경할 것을 요구하는 보정을 명할 의무가 없고, 행정심판절차에서 임의적인 청구인의 변경은 원칙적으로 허용되지 아니한다.
④ 행정청의 처분을 구하는 신청에 대하여 상당한 기간 처분 여부 결정이 지체되었다고 하여 곧바로 공무원의 고의 또는 과실에 의한 불법행위를 구성한다고 단정할 수는 없다.

14. 국가배상법 제5조의 손해배상에 관한 설명으로 옳지 않은 것은? (다툼이 있는 경우에는 판례에 의함)
① 판례는 일반 공중의 이용에 제공되지 않은 미완성의 옹벽에 의한 사건에서 이를 영조물의 설치상의 하자로 판시하였다.
② 공공시설 등의 하자로 인한 손해의 원인에 대하여 책임을 지는 사람이 따로 있으면 국가나 지방자치단체는 그 자에게 구상할 수 있다.
③ 공공의 영조물에는 경찰견, 소방차, 도로, 부동산, 맨홀, 가로수 등도 포함된다.
④ 불가항력적인 사유와 통상 요구되는 안전성을 결여하여 발생시킨 손해의 경우에도 배상책임이 성립할 수 있다.

15. 확인행위에 관한 다음 설명 중 옳지 않은 것은?
① 확인은 특정한 법률사실이나 법률관계의 존부(存否) 등을 확정하기 위한 인식표시 행위이다.
② 확인은 준사법작용으로 건축물의 위법성 확인, 행정소송의 확인 판결 등이

해당된다.
③ 확인행위는 법률에 근거하여 법률에 따라야 하고 확인은 기속행위에 속한다.
④ 확인은 당연히 구체적 처분의 형식으로 행해지며 그 성립에 하자가 있어도 절대무효인 경우를 제외하고는 적법추정을 받는다.

16. 행정법상 행정행위의 실현을 담보하는 수단에 관한 설명이 옳지 않은 것은?
① 행정강제는 의무불이행에 대해서 직접적으로 실력을 행사하여 장래에 그 의무이행의 실현을 확보하는 수단이다.
② 행정상 강제집행은 실력을 가하는 적극적 내용과 함께 행정객체의 수인의무를 포함하고 상대방의 저항을 배제하는 것을 내용으로 한다.
③ 최근에는 사회구조의 변화에 따라 행정작용이 복잡 다양해져 행정강제나 행정벌과 같은 전통적 수단만으로는 행정목적을 달성할 수 없는 상황에 이르렀다.
④ 행정행위의 실행수단으로서 민사상 강제집행의 수단은 그 활용의 필요성이 점점 멀어지고 있다.

17. 행정심판의 집행정지와 관련한 다음 설명 중 옳지 않은 것은?
① 신청의 취지와 원인을 적은 서면을 위원회에 제출하여야 하며 서면에는 신청의 이유를 소명하는 서류 또는 자료를 첨부할 수 있다.
② 위원회는 직권으로 집행정지 결정을 취소할 수 없다.
③ 당사자가 피청구인인 행정청에 집행정지신청서를 제출한 경우에는 피청구인인 행정청은 이를 지체 없이 위원회에 송부하여야 한다.
④ 집행정지는 공공복리에 중대한 영향을 미칠 우려가 있을 때에는 허용되지 않는다.

18. 행정행위의 개념요소에 대한 설명 중 옳지 않은 것은?

① 행정행위는 행정주체의 행위로서 공무수탁사인의 행위도 포함된다.
② 구체적 사실을 규율하는 행위이므로 사실행위도 행정행위라고 할 수 있다.
③ 권력적 단독행위이므로 공법상 계약과 같은 비권력적 행위는 포함되지 않는다.
④ 행정기관과 기관 사이의 내부적 행위는 행정행위가 아니다.

19. 국가의 수입은 공법적 수입과 사법상 수입으로 양분된다. 다음 중 국가의 사법상 수입에 해당하는 것은?

① 수수료수입   ② 조세수입
③ 부담금수입   ④ 전매수입

20. 대집행에 대한 설명으로 옳지 않은 것은?

① 대집행이란 행정상 강제집행의 한 수단으로서 행정법상 대체적 작위의무에 대해서 인정된다.
② 장차 대집행요건을 갖추면 대집행 하겠다는 정지조건부 계고 또는 의무를 명함과 동시에 불이행시는 대집행 하겠다는 계고도 가능하다.
③ 행정대집행법상 대집행의 대상이 되는 의무는 행정대집행법(제2조)에 의하면, 행정처분의 형식으로 과하여지는 경우도 있지만 법령 등에 의하여 직접 부과되는 경우도 포함한다.
④ 자기 집행과 타자 집행을 모두 대집행으로 보는 입법 예도 있지만, 타자 집행만을 대집행으로 보는 입법 예도 있다.

21. 행정안전부장관이 공무원채용시험 합격증을 고시과장으로 하여금 그 이름으로 발급하게 한 것은 무엇에 해당하는가?

① 위임   ② 위임전결
③ 임의대리   ④ 내부위임

22. 부담에 관한 설명으로 옳지 않은 것은?

① 부담상의 의무불이행이 있으면 주된 행정행위의 효력은 당연히 소멸한다.
② 주된 행정행위가 효력을 발생할 수 없는 경우에는 부담도 당연히 그 효력을 상실한다.
③ 부담의 불이행에 대해 부담만을 강제집행 할 수 있으며, 사후부담도 가능하다고 보며 영업을 허가하되 수수료를 납부하여야 한다는 것은 부담의 예이다.
④ 실정법상 조건이라는 용어와 종종 혼용되어 사용되므로 구별할 필요가 있다.

23. 비공식 행정작용에 관한 설명으로 옳지 않은 것은?

① 비공식 행정작용을 통한 국가간섭은 법외적 작용이므로 헌법상의 법치국가의 원리와 모순되기 때문에 허용되지 않는 것이 원칙이다.
② 비공식 행정작용은 행정기관과 사인(私人) 사이에 행하여지기 때문에 그 사인과 제3자의 지위 보장에 적합한 행위형식이다.
③ 비공식 행정작용은 사실행위로서 아무런 법적 효과를 발생하지 않는 작용이므로 처분성이 인정되지 않는다.
④ 비공식 행정작용도 행정법의 일반원칙에 의한 구속을 받는다.

24. 행정규제에 관한 현행법의 설명 중 옳지 않은 것은?

① 행정규제의 수단은 규제의 목적을 실현하는 데 필요한 최소한의 범위 안에서 가장 효과적인 방법으로 객관성·투명성·공정성이 확보되도록 설정되어야 한다.
② 국가나 지방자치단체는 국민의 자유와 창의를 존중하고, 규제를 정하는 경우에도 그 본질적 내용을 침해하지 않도록 하여야 한다.
③ 행정기관은 법률에 근거하지 아니한 규제로 국민의 권리를 제한하거나 의무를 부과할 수 없다.
④ 행정규제는 법령의 형식만으로 공포하여야 하고 고시로 정할 수 없다.

25. 취소소송의 원고적격에 대한 다음 설명 중 옳지 않은 것은? (다툼이 있는 경우에는 판례에 의함)

① 기존 공중목욕탕허가를 받은 자는 나중에 받은 공중목욕탕허가에 대한 원고적격이 인정되지 않는다.
② 주거지역에서 행해진 위법한 연탄공장허가로 인하여 인근주민이 불이익을 받는 경우 인근주민에게 원고적격이 있다.
③ 위법한 음식점영업허가에 대하여 인근의 기존업자가 제기한 취소소송에서 인근의 기존업자는 원고적격이 있다.
④ 다른 운송사업자의 시외버스를 시내버스로 전환을 허용하는 사업계획변경인가처분으로 기존 시내버스업자가 불이익을 받는 경우 원고적격이 있다.

제8회 실전모의고사

소방학개론

01. 다음 중 물의 화학적 성질에 관하여 설명한 것으로 옳지 않은 것은?

① 물이 큰 표면장력을 갖는 것은 분자간의 인력의 세기와 관계가 없다.
② 물은 수소 2원자와 산소 1원자로 이루어져 있다.
③ 물과 수소 사이의 화학결합은 극성공유결합이다.
④ 물의 비정상적인 성질은 대부분 수소 결합의 결과이다.

02. 연결살수설비의 사용 요령에 대한 설명으로 옳지 않은 것은?

① 개방형 헤드가 설치되고 송수구역에 나눠져 있는 경우 각종 밸브의 조작을 완료한 후 송수한다.
② 살수에 의한 소화효과는 배출되는 연기의 열, 색깔 및 수증기로 판단한다.
③ 송수 정지 후에는 헤드에서의 계속적인 살수가 이루어져 살수를 중지 시킬 수 없다.
④ 송수구역, 송수밸브, 송수계통도 내용을 충분히 파악한 후 조작한다.

03. 적상주수에 대한 설명으로 옳지 않은 것은?

① 스프링클러소화설비 헤드의 주수형태로서 살수라고도 한다.
② 막대 모양의 굵은 물줄기를 가연물에 직접 주수하는 방법이다.
③ 저압으로 방출되기 때문에 물방울의 평균 직경은 0.5~6㎜ 정도이다.
④ 일반적으로 실내 고체가연물의 화재에 사용된다.

04. 「화재조사 및 보고규정」상 화재의 피해금액 산정에 대한 설명으로 옳지 않은 것은?

① 재피해금액 산정에 이의가 있는 경우 관할 소방관서장에게 재산피해신고를 할 수 있다.
② 차량의 산정기준은 전부 손해의 경우 시중 판매 가격으로 하고 전부 손해가 아닌 경우에는 수리비로 한다.
③ 정확한 피해물품을 확인하기 곤란한 경우에는 소방청장이 정하는 「화재피해금액 산정매뉴얼」의 간이평가방식으로 산정할 수 있다.
④ 건물 등 자산에 대한 최종잔가율은 건물·부대설비·구축물·가재도구는 20%로 하며, 그 이외의 자산은 10%로 정한다.

05. 다음 설명에 해당하는 것은?

> 소화에서 물의 미립자가 기름의 연소면을 두드려서 표면을 물과 기름이 섞인 유화상으로 만들어 기름의 증발 능력을 떨어뜨림으로써 연소성을 상실시킨다.

① 에멀전효과　　　　② 냉각효과
③ 질식효과　　　　　④ 에어로졸효과

06. 보기와 같은 성질에도 불구하고 화재 시 물을 사용해도 좋은 물질은?

> 물은 가장 널리 사용되는 소화약제이지만 몇 가지 가연물의 화재에 대해서는 사용을 금지하거나 또는 주의를 해야 한다.

① 칼륨과 나트륨
② 볏짚과 면화류
③ 알킬알루미늄과 알킬리튬
④ 과산화물 금속의 수소화물과 인화물

07. 물을 이용한 소화방법에 대한 설명으로 적절치 못한 것은?

① 가연성 금속은 물과 만나면 수소가스와 같은 가연성 가스를 발생시킨다.
② 가연성 금속의 화재 시 물을 사용하면 오히려 화재가 확대된다.
③ 방사성 금속의 화재에는 물을 연속적으로 사용해서 소화해야 된다.
④ 가스화재에서 물은 일반적으로 과열된 탱크의 온도를 냉각시켜 가스의 누출 및 폭발을 방지하기 위하여 사용된다.

08. 유류화재를 진압하는 방법 중 질식효과에 대한 설명으로 옳지 않은 것은?

① 유류화재의 진압을 위해서는 유류 표면에 부드럽게 분무 형태(무상)로 주수해야 한다.
② 질식을 위해 물에 약간의 포소화약제를 첨가하는 것이 가장 효과적이다.
③ 100℃의 물이 100℃의 수증기로 변하면 체적이 약 1600배 정도나 증가하여 화재 현장의 공기를 대체하거나 희석시키는 방법이다.
④ 유류 표면에서 발생된 수증기가 공기와 적당하게 혼합되어 연소 범위 내에 있는 연소 영역을 제한한다면 질식효과는 약해진다.

09. 예산과 관련한 다음 설명 중 옳지 않은 것은?

① 지방자치단체의 예산편성 기본지침은 시·도지사가 정한다.
② 예산 성립 후에 생긴 사유로 인하여 필요한 경비의 부족이 생길 때 편성하는 예산을 추가경정예산이라 한다.
③ 예산의 기능에는 경제적 기능, 재정적 통제 기능, 정치적 기능이 있다.
④ 지방자치단체가 채택하고 있는 예산제도는 품목별예산이다.

10. 소화기에 관한 설명으로 옳지 않은 것은?

① 소화기는 화재 초기단계에 소화제가 가지는 냉각·억제 등의 효과를 이용하여 불을 끄는 소형기구이다.
② 사용하는 약제나 기구에 따라 여러 종류가 있고, 불을 끄려는 대상물에 따라 적합한 소화기를 선택해야 한다.
③ 소화기에는 소화기와 화재의 원인이 되는 가연성물질과의 적합성을 나타내는 표시를 해 둘 필요는 없다.
④ 소화기 설치장소는 눈에 잘 띄고 사용하기 쉬운 장소로서, 통행에 불편을 주지 않고 진동이 적으며 습도·온도가 높지 않은 장소가 좋다.

11. 소화기구의 화재안전기준에 따른 소화기구 설치에 관한 설명으로 옳지 않은 것은?

① 자동확산소화기는 방호대상물에 소화약제가 유효하게 방사될 수 있도록 설치하여야 한다.
② 모든 소화기구는 거주자 등이 손쉽게 사용할 수 있도록 바닥으로부터 높이 1.5m 이하의 곳에 비치하여야 한다.
③ 특정소방대상물의 각층이 2 이상의 거실로 구획된 경우에는 각 층마다 설치

하여야 한다.
④ 특정소방대상물의 각 부분으로부터 1개의 소화기까지의 보행거리가 소형소화기의 경우에는 20m 이내에 설치하여야 한다.

12. 다음 중 분말소화약제의 주성분으로 사용되지 않는 것은?
① 중탄산나트륨($NaHCO_3$)
② 중탄산칼륨($KHCO_3$)
③ 제1인산암모늄($NH_4H_2PO_4$)
④ 알킬알루미늄

13. 이산화탄소(CO_2) 소화기의 사용상 주의할 점과 거리가 먼 것은?
① 정밀기기, 통신기기, 전기실, 변전실, 정비공장, 주유소, 자동차선박, 항공기 등의 화재 시에는 사용할 수 없다.
② 기화열 흡수로 인하여 소화기 본체 및 호스가 냉각되므로 반드시 열전도도가 적은 재질로 처리된 손잡이 부분을 잡아야 한다.
③ 실내소화효과가 크므로 사용자가 질식하지 않도록 주의할 필요가 있다.
④ 불이 꺼진 후 물에 젖거나 더러움을 타지 않는 장점이 있고 유류·전기화재에 적합하다.

14. 할로겐화합물소화기(할론소화기)에 대한 설명이 옳지 않은 것은?
① 자유라디칼(free radical)을 흡착함으로써 화학적 억제소화를 한다.
② 산소농도를 낮추는 질식, 기화열에 의한 냉각 등 부차적인 효과도 있다.
③ A·B·C급 화재에 모두 적응성이 낮으며 특히 소화력이 떨어진다.

④ CFC(염화불화탄소)의 일종으로 환경적 부작용 때문에 생산 및 사용이 규제되고 있다.

15. 할로겐화합물 불활성기체 소화설비에 대한 설명으로 옳지 않은 것은?
① 불활성기체로서 전기적으로 비전도성이며 휘발성이 있거나 증발 후 잔여물을 남기지 않는 소화약제이다.
② 할로겐화합물 불활성기체 소화설비는 할로겐화합물인 할론1301, 할론2402, 할론1211를 포함하는 소화약제이다.
③ 불활성가스 소화약제는 헬륨, 네온, 아르곤 또는 질소가스 중 하나 이상의 원소를 기본성분으로 하는 소화약제이다.
④ 할로겐화합물 소화약제는 불소, 염소, 브롬 또는 요오드 중 하나 이상의 원소를 포함하고 있는 유기화합물을 기본성분으로 하는 소화약제이다.

16. 포말소화기에 사용되는 약제가 아닌 것은?
① 목재·섬유 등 일반화재에도 사용되지만 특히 가솔린과 같은 타기 쉬운 유류나 화학약품의 화재에 적당하나 전기화재는 부적당하다.
② 포말소화기에 사용되는 약제로는 카세인·젤라틴·황산암모늄·사포닌·소다회·탄산수소나트륨 등이 있다.
③ 소화기의 구조는 손잡이·자동안전밸브·거름망·호스·노즐·내통·외통으로 되어 있다.
④ 포말소화기는 두 종류 이상의 약제의 화합으로 포말(거품)을 발생시켜 공기의 공급을 차단해서 소화한다.

17. 연소폭발인 폭연(deflagration)과 폭굉(detonation)에 대한 설명으로 옳지 않은 것은?

① 폭연(deflagration)은 반응속도가 비반응 연료매체에서 음속 이상인 연소반응이다.
② 산화반응이 일어나게 하는 것은 폭효 시이다.
③ 화염전파속도는 폭연의 경우 음속보다 느리며, 폭굉의 경우 음속보다 빠르다.
④ 폭굉(detonation)은 화염전면의 전파속도에 따른 분류로 폭효라고도 한다.

18. 다음 중 연기에 관한 설명으로 옳지 않은 것은?

① 연기는 기체가운데 불완전 연소된 고체미립자가 떠돌아다니는 상태이다.
② 연기 농도의 측정방법으로는 보통 측광율법이 이용되고 있다.
③ 연기는 순한 연기, 유독성 연기, 맹독성 연기 등으로 구분할 수 있다.
④ 연기는 보통 검은 연기, 푸른 연기, 흰 연기, 보이지 않는 연기로 구분할 수도 있다.

19. D급화재(가연성 금속화재)에 대한 설명으로 옳은 것은?

① 다른 화재보다 발생빈도가 높으며 공장, 주택, 산가 등에서 부주의에 의해 발생하고 피해액도 가장 크다.
② 물을 포함한 액체의 냉각작용이 가장 중요한 소화방법인 대상물의 화재이다.
③ 제4류 위험물인 특수인화물, 석유류, 알코올류 등의 인화성 물체와 가연성 액체에 의한 화재이다.
④ 마그네슘, 티타늄, 지르코늄, 나트륨, 칼륨 등 연성 금속들이 타는 화재이다.

20. 기폭제(blasting agents)에 대한 설명으로 옳지 않은 것은?

① 특정물질 또는 연료와 산화제로 이루어져 있다.
② 화약·탄환·폭탄·어뢰의 도화관인 신관, 뇌관 등에 들어가는 혼합물(폭약)이다.
③ 사소한 자극으로 쉽게 폭발하는 성질을 가지고 있으며 폭발을 목적으로 하지만 그 자체를 폭발물로 분류하지는 않는다.
④ 화염·열·충격·마찰이나 진동에 민감하나 폭발을 일으킨 후에는 스스로 연소하지 못한다.

21. 현행법상 소방시설로 분류하고 있지 않은 것은?

① 소화용수설비 ② 경보설비
③ 통신설비 ④ 소화활동설비

22. 「재난 및 안전관리 기본법」상 다음 (   ) 안에 들어갈 내용으로 옳은 것은?

> 재난 발생 시 신속한 재난대응 활동 참여 등 중앙민관협력위원회의 기능을 지원하기 위하여 (㉮)에 대통령령으로 정하는 바에 따라 (㉯)를(을) 둘 수 있다.

	㉮	㉯
①	재난긴급대응단	중앙협력위원회
②	중앙민관협력위원회	통합지원본부
③	중앙민관협력위원회	재난긴급대응단
④	통합지원본부	중앙민관협력위원회

23. 폭발한계에 대한 설명으로 옳지 않은 것은?

① 낮은 쪽의 농도를 폭발하한계, 높은 쪽의 농도를 폭발상한계라 한다.
② 하한계와 상한계 사이의 농도범위를 폭발한계(폭발범위)라 한다.
③ 폭발한계(폭발범위)의 단위는 보통 Vol%를 사용한다.
④ 가연성 가스는 공기(또는 산소)와의 혼합농도에 상관없이 연소한다.

24. 분말소화설비의 화재안전기준에 대한 설명으로 옳지 않은 것은?

① 분말소화약제의 저장용기가 하나의 방호구역만을 담당하는 경우 저장용기와 집합관을 연결하는 연결배관에는 체크밸브를 설치하여야 한다.
② 분말소화설비가 설치된 부분의 출입구 등의 보기 쉬운 곳에 소화약제의 방사를 표시하는 표시등을 설치하여야 한다.
③ 분말소화약제의 가압용가스 용기에는 2.5MPa 이하의 압력에서 조정이 가능한 압력조정기를 설치하여야 한다.
④ 분말소화약제의 저장용기는 온도가 40℃이하이고, 온도변화가 적은 곳에 설치하여야 한다.

25. 다음 중 제1종 분말소화약제의 주성분에 해당하는 것은?

① 탄산수소칼륨
② 탄산수소나트륨
③ 탄산수소칼륨과 요소와의 반응물
④ 제1인산암모늄

소방관계법규

01. 「위험물안전관리법 시행령」 및 「위험물안전관리법 시행규칙」상 행정안전부령으로 정하는 사항을 잘못 서술한 것은?

① 제6류의 품명란 제4호에서 "행정안전부령으로 정하는 것"은 차아염소산염류와 염소화이소시아눌산물을 말한다.
② 제3류의 품명란 제11호에서 "행정안전부령으로 정하는 것"은 염소화규소화합물을 말한다.
③ 제1류의 품명란 제10호에서 "행정안전부령으로 정하는 것"은 과요오드산염류, 과요오드산 등을 말한다.
④ 제5류의 품명란 제10호에서 "행정안전부령으로 정하는 것"은 금속의 아지화합물과 질산구아니딘을 말한다.

02. 「소방시설 설치 및 관리에 관한 법률」상 특정소방대상물에 설치하는 소방시설의 관리에 관한 설명으로 옳지 않은 것은?

① 특정소방대상물에 설치하여야 하는 소방시설 가운데 기능과 성능이 유사한 스프링클러설비, 물분무등소화설비, 비상경보설비 및 비상방송설비 등의 소방시설의 경우 유사한 소방시설의 설치를 면제할 수 있다.
② 특정소방대상물에 소방시설을 설치·관리하는 경우 화재 시 소방시설의 기능과 성능에 지장을 줄 수 있는 폐쇄·차단을 할 수 없으나 잠금을 할 수 있다.
③ 화재안전기준이 변경되어 그 기준이 강화되는 경우 기존의 특정소방대상물의 소방시설에 대하여는 변경 전의 대통령령 또는 화재안전기준을 적용한다.
④ 소방시설이 화재안전기준에 따라 설치·관리되고 있지 않을 때에는 소방본부장은 해당 특정소방대상물의 관계인에게 필요한 조치를 명할 수 있다.

03. 「소방기본법」상 다음 (   ) 안에 들어갈 내용이 올바르게 연결된 것은?

㉮ (   )은(는) 소방의 역사와 안전문화를 발전시키고 국민의 안전의식을 높이기 위하여 소방박물관을 설립·운영할 수 있다.
㉯ (   )은(는) 화재현장에서의 피난 등을 체험할 수 있는 소방체험관을 설립하여 운영할 수 있다.
㉰ 소방체험관의 설립과 운영에 관하여 필요한 사항은 (   )로 정한다.

	㉮	㉯	㉰
①	시·도지사	소방서장	행정안전부령
②	소방청장	시·도지사	시·도 조례
③	소방청장	시·도지사	대통령령
④	소방본부장	소방서장	훈령

04. 「위험물관리법 시행규칙」상 안전관리대행기관의 기술인력이 안전관리업무를 성실하게 수행하지 않을 때 받는 처벌에 해당하지 않는 것은?

① 경고
② 지정취소
③ 업무정지 90일
④ 업무정지 30일

05. 「위험물안전관리법」상 용어의 정의가 잘못 된 것은?

① 위험물은 인화성 또는 발화성 등의 성질을 가지는 것으로서 대통령령이 정하는 물품을 말한다.
② 저장소는 제조소 및 취급소를 말한다.
③ 취급소는 지정수량 이상의 위험물을 제조외의 목적으로 취급하기 위한 대통

령령이 정하는 장소로서 위험물안전관리법 규정에 따른 허가를 받은 장소를 말한다.
④ 지정수량은 위험물의 종류 별로 위험성을 고려하여 대통령령이 정하는 수량으로서 제조소 등의 설치허가 등에 있어서 최저의 기준이 되는 수량을 말한다.

06. 「화재의 예방 및 안전관리에 관한 법률」상 소방안전관리대상물의 소방안전관리자의 업무가 아닌 것을 모두 고른 것은?

> ㉮ 소방시설이나 그 밖의 소방 관련 시설의 관리
> ㉯ 자위소방대의 운영 및 교육
> ㉰ 초기대응체계의 구성
> ㉱ 위험물 취급
> ㉲ 화기 취급의 감독

① ㉮, ㉯, ㉰
② ㉰, ㉱
③ ㉱
④ ㉮, ㉱, ㉲

07. 「소방시설공사업법 시행령」상 소방기술자의 배치기간에 대한 설명으로 옳지 않은 것은?

① 발주자가 공사의 중단을 요청하는 경우 해당 공사가 중단된 기간 동안 소방기술자를 공사 현장에 배치하지 않을 수 있다.
② 시공관리, 품질 및 안전에 지장이 없으나 민원으로 해당 공정의 공사가 일정 기간 중단된 경우 공사가 중단된 기간 동안 소방기술자를 공사 현장에 배치하지 않을 수 있다.

③ 소방기술자를 소방시설공사의 착공 일부터 소방시설 완공검사증명서 발급일까지 배치한다.
④ 천재지변 등 불가항력적인 사유가 아닌 이상 공사가 중단된 기간 동안 소방기술자를 공사 현장에 배치하여야 한다.

08. 「화재의 예방 및 안전관리에 관한 법률」상 시·도지사가 화재예방강화지구로 지정할 수 있는 대상을 모두 고른 것은?

> ㉮ 위험물의 저장 및 처리시설이 밀집한 지역
> ㉯ 목조건물이 밀집한 지역
> ㉰ 석유화학제품을 생산하는 공장이 있는 지역
> ㉱ 공장·창고가 밀집한 지역
> ㉲ 소방용수시설 또는 소방출동로가 없는 지역

① ㉮, ㉯, ㉰, ㉲
② ㉯, ㉰, ㉱
③ ㉰, ㉱
④ ㉮, ㉯, ㉰, ㉱, ㉲

09. 「소방의 화재조사에 관한 법률」상 화재조사에 대한 다음 설명 중 타당하지 않은 것은?

① 소방청장, 소방본부장 또는 소방서장은 화재발생 사실을 알게 된 때에는 지체 없이 화재조사를 하여야 한다.
② 화재조사의 방법 및 운영과 화재조사자의 자격 등 화재조사에 관하여 필요한 사항은 행정안전부령으로 정한다.
③ 시·도지사는 화재조사를 위하여 필요한 범위에서 화재현장 보존조치를 하거나 화재현장과 그 인근 지역을 통제구역으로 설정할 수 있다.

④ 화재조사를 전담하는 화재조사전담부서는 소방재청과 각 시·도의 소방본부와 소방서에 각각 둔다.

10. 「위험물안전관리법 시행령」상 운송책임자의 감독 및 지원을 받아 운송하여야 하는 위험물에 해당하는 것은?

① 특수강철
② 알킬알루미늄
③ 무기과산화
④ 황화인

11. 「위험물관리법」상 안전교육에 대한 설명으로 옳은 것은?

① 소방본부장은 매년 12월말까지 실무교육대상자 현황을 협회에 보고하여야 한다.
② 안전관리자·탱크시험자·위험물운반자·위험물운송자의 안전교육은 강습교육과 실무교육으로 구분하여 실시한다.
③ 한국소방안전원은 매년 교육실시계획을 수립하여 소방본부장의 승인을 받아야하여야 한다.
④ 위험물운반자로 종사한 날부터 1년 이내에 한국소방안전원에서 6시간의 실무교육을 받아야 한다.

12. 「소방시설 설치 및 관리에 관한 법률」상 소방시설관리사에 대한 설명으로 옳지 않은 것은?

① 소방시설관리사는 동시에 둘 이상의 업체에 취업할 수 있다.
② 거짓이나 부정한 방법으로 소방시설관리사 시험에 합격한 때에는 그 자격이

취소된다.
③ 소방시설관리사 시험에 합격한 사람에게 소방청장은 소방시설관리사증을 발급해 주어야 한다.
④ 소방시설관리사는 소방시설관리사증을 다른 사람에게 빌려주어서는 안 된다.

13. 「소방시설 설치 및 관리에 관한 법률 시행규칙」상 소방시설관리업자에 대한 2차 위반 시의 행정처분 기준이 다른 것은?

① 점검능력을 평가 받지 않고 자체점검을 한 경우
② 등록수첩을 빌려준 경우
③ 소방시설관리업의 등록기준이 미달하게 된 경우
④ 소방시설 등의 자체점검을 거짓으로 한 경우

14. 「소방시설공사업법 및 시행규칙」상 소방기술자의 실무교육에 관한 다음 설명 중 옳지 않은 것은?

① 소방시설관리업의 기술인력으로 등록된 소방기술자는 행정안전부령으로 정하는 바에 따라 실무교육을 받아야 한다.
② 소방기술자 실무교육에 관한 업무를 소방청장이 지정하는 실무교육기관에 위탁한다.
③ 소방기술자가 정해진 교육을 받지 않으면 그 교육을 이수할 때까지 소방시설관리업의 기술인력으로 등록된 사람으로 보지 않는다.
④ 소방기술자는 실무교육을 1년마다 1회 이상 받아야 하고 실무교육기관으로 지정을 받으려면 비영리법인이어야 한다.

15. 「소방시설공사업법」상 소방시설 관리업의 운영과 관련하여 관계인에게 지체없이 그 사실을 알려야 하는 경우에 해당하지 않는 것은?

> 소방시설관리업자는 화재의 예방 및 안전관리에 관한 법률 제25조에 따라 소방시설 등의 점검업무를 수행하게 한 특정소방대상물의 관계인에게 지체없이 그 사실을 알려야 한다.

① 휴업 또는 폐업을 한 경우
② 소방시설 관리업의 등록취소 또는 영업정지 처분을 받은 경우
③ 소방시설관리사가 성실하게 자체점검업무를 수행하지 않은 경우
④ 소방시설관리업자의 지위를 승계한 경우

16. 「소방시설공사업법」상 소방시설업의 등록 결격사유가 아닌 것은?

① 피성년후견인
② 소방기본법에 따른 금고 이상의 형의 집행유예선고를 받고 그 집행유예 기간이 끝난 사람
③ 위험물안전관리법에 따른 금고 이상의 실형 선고를 받고 그 집행 중에 있는 사람
④ 소방시설업 등록이 취소된 날부터 1년이 지나지 않은 사람

17. 「소방시설공사업법」상 소방용품의 형식승인 취소에 관한 사항으로 옳은 것은?

① 소방용품의 형식승인이 취소된 사람은 그 취소된 날부터 2년 이내에는 형식승인이 취소된 동일품목에 대하여 형식승인을 받을 수 없다.
② 소방용품의 형식승인을 받으려는 사람이 거짓 그 밖의 부정한 방법으로 형식

승인을 얻은 때에는 6월 이내의 기간을 정하여 제품검사의 중지를 명할 수 있다.
③ 제품검사 시 기술기준에 미달되는 때에는 형식승인을 취소하여야 한다.
④ 형식승인의 내용 또는 행정안전부령이 정하는 사항을 변경하고자 하는 경우에는 행정안전부장관의 변경승인을 얻어야 한다.

18. 「소방기본법 시행령」상 과태료 부과 금액이 ㉮, ㉯, ㉰에 공통적으로 해당하는 금액은?

> ㉮ 소방차 전용구역에 차를 주차한 경우
> ㉯ 소방자동차의 출동에 지장을 준 경우
> ㉰ 소방활동구역에 출입한 경우

① 50만원
② 200만원
③ 100만원
④ 500만원

19. 「소방시설 설치 및 관리에 관한 법률」상 소방시설관리사 자격의 결격사유에 해당하지 않는 사람은?

① 피성년후견인
② 소방시설공사업법을 위반하여 금고 이상의 실형 선고를 받고 그 집행이 종료되거나 집행이 면제된 날부터 2년이 지난 사람
③ 피성년후견인에 해당되어 자격이 취소된 날부터 1년이 지나지 않은 사람
④ 소방기본법을 위반하여 금고 이상의 형의 집행유예를 선고받고 그 유예기간이 끝나지 않은 사람

20. 「소방기본법」상 소방활동에 대한 다음 설명 중 타당하지 않는 것은?

① 화재현장을 발견한 사람은 지체 없이 소방본부, 소방서 또는 관계행정기관에게 알려야한다.
② 소방자동차의 우선 통행에 관하여는 도로교통법이 정하는 바에 따른다.
③ 소방자동차가 화재진압훈련을 위하여 필요한 경우 사이렌을 사용할 수 있다.
④ 의용소방대원은 화재현장에 출동하기 위하여 긴급한 상황이 아니어도 일반적인 통행로가 아닌 도로를 통행할 수 없다.

21. 「화재의 예방 및 안전관리에 관한 법률」상 소방안전관리에 대한 설명으로 옳지 않은 것은?

① 소방안전관리자 자격증을 잃어버린 경우 대통령령으로 정하는 바에 따라 소방안전관리자 자격증을 재발급 받을 수 있다.
② 소방안전관리자 자격시험에 응시할 수 있는 사람의 자격은 대통령령으로 정한다.
③ 소방안전관리업무를 대행하는 사람은 대행인력의 배치기준 및 자격 등 행정안전부령으로 정하는 준수사항을 지켜야 한다.
④ 소방안전관리업무를 게을리한 경우 1년 이하의 기간을 정하여 그 자격을 정지시킬 수 있다.

22. 「소방시설공사업법」상 공사감리자의 지정에 대한 설명으로 옳지 않은 것은?

① 기간 내에 신고수리 여부를 신고인에게 통지하지 않으면 그 기간이 끝난 날의 다음 날에 신고를 수리한 것으로 본다.
② 공사감리자를 변경하였을 때에는 행정안전부령으로 정하는 바에 따라 소방

본부장에게 신고하여야 한다.
③ 소방청장은 공사감리자 지정신고를 받은 날부터 7일 이내에 신고수리 여부를 신고인에게 통지하여야 한다.
④ 특정소방대상물은 건축물 등의 규모·용도 및 수용인원 등을 고려하여 소방시설을 설치하여야 하는 소방대상물로서 대통령령으로 정하는 것을 말한다.

23. 「소방의 화재조사에 관한 법률 및 시행령」상 화재조사에 대한 설명으로 옳은 것은?

① 화재합동조사단은 화재조사를 완료하면 화재합동조사단 운영 개요, 화재조사 개요 등을 시·도지사에게 보고해야 한다.
② 화재로 사망자가 5명 이상 발생한 화재는 대통령령으로 정하는 대형화재에 해당한다.
③ 시·도지사는 화재조사를 위하여 시설과 전문인력 등 지정기준을 갖춘 기관을 화재감정기관으로 지정·운영하여야 한다.
④ 소방관서장은 수사가 진행 중이더라도 국민이 유사한 화재로부터 피해를 입지 않도록 하기 위해 화재조사 결과를 공표해야 한다.

24. 「화재의 예방 및 안전관리에 관한 법률 시행령」상 화재의 조사와 관련한 다음 설명 중 옳지 않은 것은?

① 중앙화재안전조사단 및 지방화재안전조사단은 각각 단장을 포함하여 50명 이내로 구성한다.
② 소방관서장은 화재안전조사를 실시하는 경우 다른 목적을 위하여 조사권을 남용해서는 안 되며 화재안전조사의 항목은 대통령령으로 정한다.
③ 화재안전조사 항목 전부를 확인하는 조사하는 종합조사와 화재안전조사 항목 중 일부를 확인하는 조사하는 부분조사의 방법으로 화재안전조사를 실시

할 수 있다.
④ 화재안전조사는 소방대상물에 화재의 발생 위험이 있는지 등을 확인하기 위하여 실시하는 것이므로 현장조사를 제외한 문서열람·보고요구 등의 활동은 포함되지 않는다.

25. 「소방의 화재조사에 관한 법률 및 시행령」상 화재조사에 대한 설명으로 옳지 않은 것은?

① 소방관서장이나 관할 경찰서장 또는 해양경찰서장은 화재현장 보존조치를 하거나 통제구역을 설정할 수 있다.
② 화재조사는 현장출동 중 조사, 화재현장 조사, 정밀조사, 화재조사 결과 보고 절차에 따라 실시한다.
③ 소방관서장은 화재조사관 양성을 위한 전문교육 등 화재조사관에 대한 교육훈련을 실시한다.
④ 화재조사에 필요한 기술의 연구·개발 및 화재조사의 정확도를 향상시키기 위한 시책을 소방청장이 추진하여야 한다.

01. 행정조사에 대한 다음 설명 중 옳은 것은?

① 조사원이 현장조사 중에 자료·서류·물건 등을 영치하는 때에는 조사대상자 입회 없이 가능하다.
② 당해 행정기관 내의 2 이상의 부서가 동일하거나 유사한 업무분야에 대하여 동일한 조사대상자에게 행정조사를 실시하는 경우에는 공동조사를 하여야 한다.

③ 가택·사무실 또는 사업장 등에 출입하여 사무실 또는 사업장 등의 업무시간에 행정조사를 실시하는 경우 현장조사는 해가 뜨기 전이나 해가 진 뒤에는 할 수 없다.
④ 사전에 발송된 사항에 한해 조사대상자를 조사하되, 추가적인 행정조사가 필요할 경우 조사대상자에게 추가조사의 필요성과 조사내용 등에 관한 사항을 반드시 서면으로 통보하여야 한다.

02. 국가배상책임에 대한 설명으로 옳지 않은 것은? (다툼이 있는 경우 판례에 의함)

① 장교가 그의 소유 오토바이에 군부대 표시의 번호판을 달고 기름을 공급받아 군무수행을 하다가 오토바이 사고를 일으킨 경우에 국가배상책임을 부정하고 있다.
② 지방자치단체 소유의 임야에 무허가주택을 짓고 살고 있는 주민을 대상으로 한 통·반이 조직되고 주민세를 부과하는 등의 관리행정까지 실시해 왔다면 그 자치단체는 주민들의 복리를 위하여 주택가 내에 돌출하여 위험이 예견되는 자연암반을 사전에 제거하여야 할 의무를 부담한다.
③ 경찰관들이 인질의 구출 및 납치범의 검거 직무를 수행하는 과정에서 범인에게 돈을 전달하기로 한 인질의 아버지가 피살된 사안에서, 경찰관의 직무수행이 합리성 내지 상당성을 현저히 결여하였다거나 합리적인 판단 기준에서 현저히 잘못된 것이라고 볼 수 없으므로 국가배상책임이 없다.
④ 공무원의 직무상 과실로 무효한 농지분배절차가 이루어져 그에 관한 소유권 이전등기까지 넘겨진 경우, 이 등기를 믿고 이를 매수한 자는 그로 인한 손해의 배상을 직접 나라에 청구할 수 있다.

03. 다음은 행정규칙에 관한 설명이다. 옳지 않은 것은?

① 행정조직 내부규범이므로 국민에 대하여는 직접 효력을 미치지 못한다.

② 행정규칙의 제정에 있어서는 별도의 법률의 수권을 필요로 하지 않는다.
③ 행정규칙은 공포됨으로써 효력을 발생한다.
④ 행정규칙은 요식행위가 아니므로 구두로 발할 수도 있다.

04. 행정심판법과 관련하여 행정심판의 청구인에 대한 설명으로 옳지 않은 것은?
① 법인이 아닌 사단 또는 재단으로서 대표자나 관리인이 정하여져 있는 경우에는 그 사단이나 재단의 이름으로 심판청구를 할 수 있다.
② 여러 명의 청구인이 공동으로 심판청구를 할 때에는 청구인들 중에서 3명 이하의 선정대표자를 선정할 수 있다.
③ 청구인이 사망한 경우에는 상속인이나 그 밖에 법령에 따라 심판청구의 대상에 관계되는 권리나 이익을 승계한 자가 청구인의 지위를 승계한다.
④ 무효등확인심판은 처분의 효력 유무 또는 존재 여부의 확인을 구할 법률상 이익이 있는 사람은 청구할 수 없다.

05. 행정규칙의 통제에 관한 설명이 타당하지 않은 것은? (다툼이 있는 경우 판례에 의함)
① 법규성을 인정하는 행정규칙의 경우는 그 내용이 위헌·위법적 요소가 있다면 사법부에 의한 위헌·위법명령심사제도의 대상이 된다.
② 개인택시면허처분을 위하여 그 면허순위에 관한 내부적 심사기준을 시달한 예규나 통첩에 불과한 '개인택시면허우선순위에 관한 국토해양부장관의 시달'은 행정소송의 대상이 되지 않는다는 것이 판례의 입장이다.
③ 전라남도교육위원회의 1990학년도 인사관리원칙(중등)은 중등학교교원 등에 대한 임용권을 적정하게 행사하기 위하여 그 기준을 미리 일반적·추상적 형태로 제한한 '조직내부의 사무지침'에 불과하지만, 헌법소원의 대상을 부

정한 것이 헌법재판소의 판단이다.
④ 헌법재판소의 결정에 의하면, 서울대 1994학년도 신입생선발입시요강에 헌법소원의 대상성을 부정하였다.

06. 다음 중 사인(私人)의 공법행위에 속하지 않는 것을 모두 고른 것은?

> ㉮ 공무원의 임명에 있어 상대방의 동의
> ㉯ 사인과 국가와의 공사도급계약
> ㉰ 해외여행을 위한 여권의 신청
> ㉱ 혼인신고
> ㉲ 지방자치단체가 지방채를 모집하는 경우

① ㉮, ㉰
② ㉮, ㉲
③ ㉯, ㉱
④ ㉯, ㉰, ㉱

07. 공공기관의 정보공개에 관한 법률과 관련한 다음 내용 중 옳지 않은 것은? (다툼이 있는 경우 판례에 의함)

① 공공기관의 정보공개청구의 목적에 특별한 제한이 없으므로, 오로지 상대방을 괴롭힐 목적으로 정보공개를 구하고 있다는 등의 특별한 사정이 없는 한 정보공개의 청구가 신의칙에 반하거나 권리남용에 해당한다고 볼 수 없다.
② 청구취지의 변경이 없더라도 정보공개거부처분의 일부취소를 명할 수 있는 경우 및 공개청구의 취지에 어긋나지 않는 범위 안에서 비공개대상 정보에 해당하는 부분과 공개가 가능한 부분을 분리하여 공개 할 수 있다.
③ 공공기관의 정보공개에 관한 법률에 의한 정보공개청구는 군사기밀보호법에 의한 군사기밀 공개요청과 동일한 것으로 보아 공개 할 수 없다.

④ 국가정보원이 직원에게 지급하는 현금급여 및 월초수당에 관한 정보가 공공기관의 정보공개에 관한 법률의 비공개대상정보인 '다른 법률에 의하여 비공개 사항으로 규정된 정보'이므로 공개 할 수 없다.

08. 행정행위의 철회에 관한 다음 설명으로 옳지 않은 것은?
① 해당 행정행위를 한 행정청뿐 아니라 그 감독청 및 법원도 철회권자가 될 수 있다.
② 철회권의 근거에 관해 우리나라에서는 철회자유설이 다수설이다.
③ 법령에 철회의 절차에 관한 규정이 있으면 이에 따라야 한다.
④ 철회사유는 행정행위가 유효하게 성립된 후에 생긴 새로운 사유이다.

09. 다음은 행정지도에 관한 설명이다. 이 중 옳지 않은 것은?
① 행정지도는 그에 관한 개별적 근거 없이도 할 수 있다.
② 행정지도는 법규에 위반할 수 없다.
③ 위법한 행정지도로 국민이 손해를 입어도 국가배상책임이 인정될 수 없다.
④ 행정지도의 법적 성질은 비권력적 사실행위이다.

10. 행정소송법상 집행정지에 대한 설명으로 옳지 않은 것은? (다툼이 있는 경우 판례에 의함)
① 행정소송에 있어서 본안판결에 대하여 상소를 한 경우에 소송기록이 원심법원에 있으면 원심법원이 규정에 의한 집행정지에 관한 결정을 할 수 있다.

② 집행정지의 요건인 '회복하기 어려운 손해'란 특별한 사정이 없는 한 금전으로 보상할 수 없는 손해이다.
③ 집행정지의 소극적 요건에 대한 주장·소명책임은 행정청에게 있다.
④ 국가가 가집행선고부 판결에 대하여 상소를 제기하면서 강제집행의 정지신청을 한 경우, 법원이 이를 인용하면서 담보제공을 명할 수 있다.

11. 행정입법에 관한 판례의 내용으로 옳지 않은 것은?

① 집행명령의 경우 근거법령인 상위법령이 개정되었다 하더라도 개정법령과 성질상 모순·저촉되지 아니하고 개정법령의 시행에 필요한 사항을 규정하고 있는 이상 그 집행명령은 개정법령의 시행을 위한 새로운 집행명령이 제정·발효될 때까지 여전히 그 효력을 유지한다.
② 조례가 집행행위의 개입 없이 그 자체로서 직접 국민의 구체적인 권리·의무나 법적 이익에 영향을 미치는 등의 법률상 효과를 발생하는 경우 그 조례는 항고소송의 대상이 되는 행정처분에 해당한다.
③ 법률이 고시의 형식으로 입법위임을 할 때에는 전문적·기술적 사항이나 경미한 사항으로서 업무의 성질상 위임이 불가피한 사항으로 한정한다.
④ 법률의 제정여부는 그 자체로서 국민의 구체적인 권리·의무에 직접적인 변동을 초래하는 것이기 때문에 법규명령의 입법부작위에 대하여 부작위위법확인소송으로 다툴 수 있다.

12. 수용적 침해에 관한 설명으로 옳지 않은 것은?

① 적법한 행정작용으로 인한 비정형적 손실이 발생한 경우에 관한 이론이다.
② 행정기관에 의한 비의도적인 손실이 발생하는 경우에 대상이 된다.
③ 독일에서의 인정논거는 보상청구권이다.

④ 우리나라 대법원판례도 이를 인정해 오고 있다.

13. 행정상 손실보상제도와 관계가 없는 것은?
① 도지사가 위법하게 영업허가를 철회한 경우 손실보상을 해야 한다.
② 수용유사적 침해는 공용침해의 요건을 구비하였으나 보상규정을 결하고 있는 경우를 말한다.
③ 손실보상은 당해 재산권 자체에 내재하는 사회적인 제약에 해당하는 경우에는 인정되지 않는다.
④ 제약되는 재산권의 의미는 소유권에만 한정되지 않는다.

14. 다음 ㉮, ㉯에 들어갈 준법률행위적 행정행위가 올바르게 연결된 것은?

| 대통령 후보자인 甲에 대한 선거관리위원회의 당선인결정은 (㉮) 행위이며, 당선증 교부는 (㉯) 행위라고 할 수 있다. |

　　　㉮　㉯　　　　　　　　　㉮　㉯
① 확인, 수리　　　　　② 확인, 통지
③ 공증, 통지　　　　　④ 확인, 공증

15. 행정관청의 권한의 대리에 관한 설명으로 옳지 않은 것은?
① 대리는 권한의 전부 또는 일부에 대해서 할 수 있다.
② 대리로 인하여 권한의 귀속 자체가 대리관청으로 이전되는 것은 아니다.

③ 대리는 법정대리를 의미하므로 반드시 법령의 근거가 요구된다.
④ 대리관청은 피대리관청을 위한 것임을 표시하고 자신의 이름으로 행한다.

16. 다음 중 Blanco판결과 직접적인 관련이 있는 것은?
① 행정상 손실보상   ② 행정상 손해배상
③ 공법상의 계약   ④ 권력관계와 관리관계

17. 수익적 행정행위의 취소 및 철회에 대한 설명으로 옳지 않은 것은? (다툼이 있는 경우 판례에 의함)
① 수익적 처분을 철회하는 경우 이미 부여된 국민의 기득권을 침해하는 것이 되므로, 그 처분으로 인하여 공익상의 필요보다 상대방이 받게 되는 불이익 등이 막대한 경우에는 재량권의 한계를 일탈한 것으로서 허용되지 않는다.
② 수익적 행정행위를 취소시키는 경우에는 이미 부여된 국민의 기득권을 침해하는 것이므로, 상대방이 받는 불이익과 비교·교량하여 볼 때 공익상의 필요 등이 상대방이 입을 불이익을 정당화할 만큼 강한 경우에 한하여 허용될 수 있다.
③ 수익적 행정행위를 취소 또는 철회하거나 중지시키는 경우에는 이미 부여된 국민의 기득권을 침해하는 것이 되므로, 비록 취소 등의 사유가 있다고 하더라도 허용되지 않는다.
④ 수익적 행정행위를 철회시키는 경우에는 그 철회권 등의 행사는 기득권의 침해를 정당화할 만한 중대한 공익상의 필요 등이 상대방이 입을 불이익을 정당화할 만큼 강한 경우에 한하여 허용될 수 있다.

18. 행정절차법의 규정 내용으로 옳지 않은 것은?

① 행정청에 대하여 처분을 구하는 신청은 원칙적으로 문서로 하여야 한다.
② 입법예고기간은 예고할 때 정하되, 특별한 사정이 없는 한 40일 이상으로 한다.
③ 청문주재자의 자격은 공무원이 아닌 자이어야 하며, 독립하여 직무를 수행한다.
④ 행정청은 청문을 실시하고자 하는 경우에 청문이 시작되는 날부터 10일 전까지 법이 정한 사항을 당사자에게 통지하여야 한다.

19. 다음 처분 중 옳지 않은 것은? (다툼이 있는 경우 판례에 의함)

① 공매기일·공매방법·공매장소를 가등기권자인 원고들에게 통지를 하지 아니 하였다는 하자를 소위 공매절차에 있어서의 중대하고도 명백한 하자에 해당된다 할 수 없고 따라서 그와 같은 하자가 있다 하여 그 공매처분을 당연 무효라 할 수 없다.
② 건축사사무소의 등록취소 및 폐쇄처분에 관한 규정(1979. 9. 6. 건설부훈령 제447호) 제9조의 청문절차를 거치지 아니하고 한 건축사사무소등록취소처분은 위법한 처분이다.
③ 자동차운수사업법 제31조 등의 규정에 의한 사업면허의 취소 등의 처분에 관한 규칙(교통부령 제742호) 제5조 제1항에 의한 진술변명의 기회를 주지 않은 처분에 위법의 문제는 생기지 않는다.
④ 개인택시 운전자가 음주측정의 결과에 의하여 음주운전의 내용을 직접 확인한 경우라고 해도 관할 관청이 이를 이유로 개인택시운송사업면허를 취소함에 있어서 운전자의 의견을 듣지 아니한 것은 절차에 위법이 있다고 할 것이다.

20. 행정절차법상 행정예고사무에 속하지 않는 것을 모두 고른 것은?

> ㉮ 법령 등의 단순한 집행을 위한 경우
> ㉯ 많은 국민의 이해가 상충되는 경우
> ㉰ 공공의 안전을 해할 우려가 있는 경우
> ㉱ 정책 등의 내용이 국민의 권리·의무 또는 일상생활과 관련이 없는 경우
> ㉲ 많은 국민에게 불편을 주는 경우
> ㉳ 국민의 의견수렴이 필요한 경우

① ㉮, ㉰, ㉳
② ㉮, ㉰, ㉱
③ ㉰, ㉱
④ ㉮, ㉯, ㉲

21. 부당결부금지의 원칙에 대한 설명으로 옳지 않은 것은?

① 부당결부금지의 원칙은 행정작용을 함에 있어 실체적 관련성이 없는 상대방의 반대급부를 조건으로 해서는 안 된다는 원칙이다.
② 법치국가원리에서 도출되는 헌법상 원칙이며 도로교통법 위반에 대해 건축허가를 취소하는 것은 부당결부가 될 수 있다.
③ 결부제도가 부당결부가 되지 않기 위해 원인적 관련성과 목적적 관련성이 있어야 한다.
④ 행정절차법은 공법상 계약의 체결과 관련하여 부당결부금지의 원칙을 명문으로 규정하고 있다.

22. 공법상 합동행위에 관한 다음 설명 중 옳지 않은 것은?

① 공법적 효과의 발생을 목적으로 하는 복수당사자의 의사표시의 합치이다.

② 개개의 당사자의 무능력이나 착오 등을 이유로 그 효력을 다툴 수 있다.
③ 당사자 사이의 동일방향의 의사표시의 합치로 각 당사자에게 동일한 법적 효과를 발생한다.
④ 행위 당시의 당사자는 물론 그 후에 참가한 자도 구속한다.

23. 헌법재판소의 결정이나 대법원의 판례에 관한 설명으로 옳지 않은 것은? (다툼이 있는 경우 판례에 의함)
① 법률의 근거 없이 다수의 체육시설 중 오직 당구장업자에 대하여만 출입문에 '18세 미만 출입금지'를 표시하도록 규정한 것은 당구장업자의 직업종사의 자유를 침해한 것이다.
② 영업허가취소처분 자체가 나중에 청문절차 흠결을 이유로 행정심판절차에 의해 취소된 경우, 그 영업허가취소처분 이후의 영업행위를 무허가영업이라고는 볼 수 없다.
③ 주세법상 주류제조면허를 얻은 자의 이익은 단순한 사실상의 반사적 이익에 그치는 것이 아니라 주세법의 규정에 따라 보호되는 이익이다.
④ 광천음료수제조업허가는 그 성질상 제조업자에게 권리를 설정하는 강학상 특허에 해당해 국가가 그 발령에 대하여 재량권을 갖는다.

24. 행정범과 형사범의 구별에 관한 설명 중 적절하지 못한 것은?
① 행정범의 경우 법인의 책임능력을 인정하는 경우가 많다.
② 행정범은 타인의 행위로 인한 책임을 인정하지 않는다.
③ 형사범에 있어서 책임능력에 관한 규정이 행정범에는 적용되지 않는 경우가 많다.
④ 행정범은 교사범을 정범으로 처벌하는 경우가 있다.

25. 평등원칙에 대한 설명으로 옳지 않은 것은? (다툼이 있는 경우 판례에 의함)

① 헌법상 평등원칙은 본질적으로 같은 것을 자의적으로 다르게 취급함을 금지하는 것으로서, 일체의 차별적 대우를 부정하는 절대적 평등을 뜻하는 것이 아니라 입법을 하고 법을 적용할 때에 합리적인 근거가 없는 차별을 하여서는 안 된다는 상대적 평등을 뜻한다.

② 공정거래위원회의 법 위반행위자에 대한 과징금 부과처분은 재량행위이므로 이러한 재량을 행사하면서 과징금 부과의 기초가 되는 사실을 오인하여, 비례·평등원칙에 반하는 사유가 있다 하더라도 이는 재량권의 일탈·남용이 아니므로 위법하지 않다.

③ 행정청은 장애인복지법 시행령 조항 중 해당 장애와 가장 유사한 장애 유형에 관한 규정을 찾아 유추 적용함으로써 위 시행령 조항을 최대한 모법의 취지와 평등원칙에 부합하도록 운용하여야 한다.

④ 개발행위허가는 허가기준 및 금지요건이 불확정개념으로 규정된 부분이 많아 그 요건에 해당하는지 여부는 행정청의 재량판단의 영역에 속하므로 그에 대한 사법심사는 행정청의 공익판단에 관한 재량의 여지를 감안하여 원칙적으로 재량권의 일탈이나 남용이 있는지 여부만을 대상으로 하고, 사실오인과 비례·평등의 원칙 위반 여부 등이 그 판단 기준이 된다.

제9회 실전모의고사

 소방학개론

01. 탄화수소계 연료가 연소할 때 그 화염이 밝게 빛나는 이유로 옳은 것은?

① 탄소입자가 화염 중에 많이 존재하여 고온에서 열발광을 하기 때문이다.
② 연료분자가 화염 중에서 탈수소와 동시에 중합을 반복하기 때문이다.
③ 화염의 외부에서 탄소고분자의 성장이 물리적으로 응집하기 때문이다.
④ 연료분자들의 운동이 활발해지면서 그 입자들 상호간에 빛이 굴절하기 때문이다.

02. 유류화재에 물을 무상으로 주수할 때 나타나는 유화효과에 관한 설명으로 옳지 않은 것은?

① 유화효과는 물의 미립자가 기름의 연소면을 두드려서 표면을 유화상으로 하여 가연성 증기의 발생을 억제한다.
② 물을 무상으로 주수하면 유탁액이 생성되어 유화효과가 나타난다.
③ 유화효과를 높이기 위해서는 유면에의 타격력을 경감(속도에너지 환원)시켜 주어야 한다.
④ 유화효과는 가연성 증기 발생을 억제함으로써 기름의 연소성을 상실시키는 효과를 말한다.

03. 건축물 내부에서 연기가 어떻게 확산되는가는 연기를 포함한 공기의 온도에 따라 크게 달라진다. 연기의 흐름에 대한 설명으로 옳지 않은 것은?

① 화염에서 발생하는 연기공급에 의해 실내의 상부에는 연기 층이 생성되고 그 두께가 증가되어 간다.
② 연기 층은 벽면에 멀리 떨어진 중심부분에서부터 하강해 가는 것이 특징이다.
③ 연기의 비중은 공기와 그다지 차이가 없지만 연기를 포함한 공기는 따뜻하기 때문에 부력에 의하여 공기가 유동한다.
④ 연기는 우선 위쪽으로 확산되어서 천장 면에 닿아 수평방향으로 퍼지며 벽면으로부터 하강한다.

04. 폭발에 대하여 잘못 설명하고 있는 것은?

① 기상폭발은 가스폭발, 분무폭발, 분해폭발, 분진폭발로 구분된다.
② 폭발재해는 폭발물질이 폭발하기 전의 물리적 상태에 따라 이것을 기상폭발과 응상폭발로 대별한다.
③ 폭발에 의한 기계적 일은 폭발 중 생성되는 기체에서만 찾을 수 있다.
④ 응상폭발은 증기폭발, 혼합위험에 의한 폭발, 폭발성 화합물의 폭발로 구분된다.

05. 「재난 및 안전관리 기본법」상 재난관리에 대한 설명으로 옳지 않은 것은?

① 중앙행정기관 및 지방자치단체는 재난관리책임기관이다.
② 긴급구조지원기관은 긴급구조에 필요한 인력·시설 및 장비, 운영체계 등 긴급구조능력을 보유한 기관으로 행정안전부령으로 정하는 기관을 말한다.
③ 해양재난 외의 재난에 관한 긴급구조기관은 소방청·소방본부 및 소방서이다.
④ 재난관리주관기관은 재난 등을 예방·대비·대응 및 복구 등의 업무를 주관하

여 수행하도록 대통령령으로 정하는 관계 중앙행정기관을 말한다.

06. 건축물 내 연기의 이동에 관한 설명으로 옳지 않은 것은?
① 화재에 의한 높은 온도의 연기는 밀도의 감소에 따른 부력을 가진다.
② 화재구역과 그 주변지역 사이의 압력차에 의한 부력에 의해 연기가 이동하게 된다.
③ 화염으로부터 연기가 이동할 때에 있어서 온도의 강하는 열전달과 희석작용에 기인한다.
④ 연기의 부력효과는 화염으로부터 거리가 증가할수록 증가한다.

07. 다음 내용은 무엇에 관한 설명인가?

> 화재 시 발생되는 유독가스 중 썩은 달걀과 같은 냄새가 나고 액체화하기 쉬우며 독성이 있고, 공기 속에서 점화하면 청색불꽃을 내면서 타서 이산화황으로 되며 가열하면 분해되어 1,700℃에서는 완전히 수소와 황으로 분리된다.

① 시안화수소 ② 황화수소
③ 염화수소 ④ 이산화황

08. 화학반응이 일어날 때 출입하는 열을 반응열이라 한다. 옳지 않은 것은?
① 화학반응이 일어날 때 반응물질과 생성물질의 에너지가 다르기 때문에 열을 방출하거나 흡수하게 된다.

② 반응열은 연소열, 생성열, 분해열, 중화열, 용해열 등이 있다.
③ 연소열은 어떤 물질 1mole이 완전 연소될 때의 반응열을 말한다.
④ 중화열은 어떤 물질 1mole이 상온에서 가장 안정한 상태의 성분원소로부터 생성될 때의 반응열을 말한다.

09. 화염과 열에 의한 화상의 분류에 대한 설명으로 옳지 않은 것은?
① 특수화상 : 최외각의 피부와 피하가 손상되어 그 부위가 노란 색깔을 띠고 상당한 통증을 느끼는 상태(황반성)
② 1도 화상 : 최외각의 피부가 손상되어 그 부위가 빨간 색깔을 띠고 심한 통증을 느끼는 상태(홍반성)
③ 2도 화상 : 피하 깊숙한 곳까지 손상을 입어 부위가 분홍색을 띠고 분비물이 피하에 모여 물집이 생기는 상태(수포성)
④ 3도 화상 : 말초신경까지 손상을 입어 그 기능이 죽은 상태이며, 화상부위는 통증을 거의 못 느끼는 상태(괴저성)

10. 산·염기소화기에 대한 설명으로 옳지 않은 것은?
① 일반 화재용이지만 방출 기구를 바꾸면 전기화재에도 사용할 수 있다.
② 물의 냉각효과와 이산화탄소에 의한 공기억제효과를 이용하여 불을 끈다.
③ 진한 탄산칼륨 수용액의 소화제로 축압식과 가압식(반응식·가스가압식)이 있다.
④ 황산과 탄산수소나트륨의 화합으로 발생하는 이산화탄소의 압력에 의해 소화제를 방출한다.

11. 재난에 관한 다음 설명 중 옳지 않은 것은?

① 재난은 보상 및 복구의 책임이 발생 원인에 따라 다르다.
② 자연적 재해는 전국적인 범위에서 발생 할 수 있다.
③ 자연적 재해는 피해를 예측하기가 불가능하다.
④ 재해의 보상 및 복구의 책임은 국가나 지방자치단체에 있다.

12. 분해폭발에 대한 설명으로 옳지 않은 것은?

① 분해폭발은 화염, 스파크, 가열 등의 열원에 의해 많이 발생한다.
② 분해폭발은 흡열화합물이 분해하면서 발열하는데 이로 인해 가끔 폭발로 이어진다.
③ 분해폭발은 혼합물이 자체적으로 분해하면서 발생하므로 산소가 필요하지 않다.
④ 분해폭발성 물질에는 과염소산, 진한 황산, 산화에틸렌, 이산화염소 등이 있다.

13. 화재하중을 적게 할 수 있는 방법이 아닌 것은?

① 건축구조재료 및 실내 내장용 재료 등을 모두 불연화해야 한다.
② 일반설비의 기자재 및 배관·닥트 류의 보온 및 보냉재료를 불연화해야 한다.
③ 건축물의 채광설비를 강화하고 수용인원을 많이 해야 한다.
④ 연소하기 쉬운 가연물의 수납 개수를 적게 하고 가연물질의 양을 규제해야 한다.

14. 기상폭발과 관련한 설명으로 옳지 않은 것은?

① 분진폭발은 입자표면에 열에너지가 주어져서 표면온도가 상승한다.
② 가스폭발은 일산화탄소, 메탄, 프로판, 아세틸렌 등의 가연성가스와 지연성가스의 혼합기체에서 발생한다.
③ 기상폭발에는 가스폭발, 분무폭발, 분진폭발, 가스의 분해폭발로 나뉜다.
④ 대량의 가연성액체가 유출되어 발생하는 증기가 공기와 혼합해서 가연성 혼합기체를 형성하고 발화원에 의하여 발생하는 폭발이다.

15. 다음 설명에 해당하는 폭발은?

> 공기와 같은 산화성 기체 속에 고체의 미세한 분말이 떠 있어서 그 농도가 적당한 범위 안에 있을 때 거기에 불꽃, 화염, 섬광 등 화원에 의하여 에너지가 공급되면 격심한 폭발이 일어난다.

① 오존폭발　　　　　② 분진폭발
③ 분무폭발　　　　　④ 가스폭발

16. 「화재조사 및 보고규정」에 따른 다음 용어데 대한 설명으로 옳지 않은 것은?

① 손해율은 피해물의 종류, 손상 상태 및 정도에 따라 피해금액을 적정화시키는 일정한 비율을 말한다.
② 동력원은 발화관련 기기나 제품을 작동 또는 연소시킬 때 사용되어진 연료 또는 에너지를 말한다.
③ 내용연수는 고정자산을 경제적으로 사용할 수 있는 연수를 말한다.
④ 최종잔가율은 화재 당시에 피해물의 재구입비에 대한 현재가의 비율을 말한다.

17. 전기화재의 원인이 되는 전기 스파크가 발생되는 경우로 옳지 않은 것은?

① 전기기계·기구를 사용하기 위해서 스위치를 작동할 때
② 전기기계·기구를 사용하기 위해서 콘센트에 플러그를 꽂거나 뽑을 때
③ 전기기계·기구를 사용하는 전기회로에 전류가 흘렀다 끊어졌다 할 때
④ 전기기계·기구의 접속부분의 접촉이 불량할 때

18. 분진폭발에 관한 내용 중 옳지 않은 것은?

① 탄광에서 탄진에 의해 폭발이 일어난다는 점에서 분진폭발이 인정되었으며 우리나라에서 발생한 탄광 폭발도 대규모적인 것은 거의 탄진에 의한 것이었다.
② 입자표면의 분자가 열분해 또는 건류작용을 일으켜서 기체로 되어 입자 주위에 방출된다.
③ 기체가 공기와 혼합되어 폭발성 혼합기체를 생성·발화하여 화염을 발생시킨다.
④ 분진폭발은 가스폭발이나 화약폭발과는 달라서 화염에 의해 생성된 열은 다른 분말의 분해를 지연시킨다.

19. 다음 중 전기와 관련한 설명으로 옳지 않은 것은?

① 대전체가 전하를 잃는 과정을 방전이라고 한다.
② 플레밍의 법칙(Fleming's rule)은 전자기현상에 대해 프랑스의 물리학자 샤를(Charles)에 의하여 창설되었다.
③ 도체에 전압을 인가하여 전류가 흐르게 되면, 도체 내부의 전류흐름 방해현상이 나타나는데 이것을 전기저항이라 한다.
④ 줄(Joule)은 열역학 제1법칙(에너지보존법칙)의 창설자이다.

20. 재난이 발생했을 때 국민의 생명과 신체 및 재산을 보호하기 위한 재난 및 안전관리기본법상의 긴급구조기관에 해당하지 않는 것은?

① 소방청
② 소방본부 및 지방해양경찰청
③ 대한적십자사
④ 소방서 및 해양경찰서

21. 다음 설명에 해당하는 폭발은?

> 대기 중에 대량의 가연성가스 또는 가연성액체가 유출되면 그것으로부터 발생하는 증기가 공기와 혼합되어 가연성 혼합기체를 형성하면서 발화원에 의한 폭발이 발생될 수 있다.

① 양성자폭발
② 비등액체폭발
③ 중성자폭발
④ 증기운폭발

22. 전기화재(C급화재)에 대한 설명으로 옳지 않은 것은?

① 도체에 전류가 흐르면 줄열이 발생하며, 절연물에 전압이 내전압 초과 시 불꽃을 수반한 방전이 발생한다.
② 2종류 이상의 약제의 화합으로 포말을 발생시켜 공기의 공급을 차단해서 소화하는 포말소화기는 전기화재 시 소화에 적당하다.
③ 전기에 의한 발열체가 발화원이 되는 화재의 총칭이다.
④ 전기에너지를 열원으로 사용하는 설비 및 기계 및 기구에서 발생한 화재를 전기화재라고 한다.

23. 화재원인에 대한 설명으로 옳지 않은 것은?

① 전열기, 조명기구 등의 과열에 의해 주변 가연물에 착화하게 된다.
② 전기설비시공의 적합, 안전수칙의 철저한 준수 등이 요인이 된다.
③ 진동 등에 의한 절연재료 소손과 배선 과열로 전선 피복에 착화하여 발생한다.
④ 전동기·변압기 등의 과열과 단락·누전·정전기 등에 의한 사고·절연열화에 의한다.

24. 포소화약제에 대한 설명으로 옳지 않은 것은?

① 사용온도는 10℃ 단위로 구분하여야 하며 설계된 사용온도 범위에서 사용할 경우 성상, 발포성능 및 소화성능의 기능이 유효하게 발휘되어야 한다.
② 수성막포소화약제의 확산계수는 (20 ± 2)℃인 포수용액을 싸이크로헥산을 사용하여 절삭유제 시험방법으로 측정한 경우 3.5이상이어야 한다.
③ 인화점은 클리블랜드 개방식 방법에 적합한 인화점 시험기로 측정한 경우 60℃ 이상이어야 한다.
④ 포소화약제의 성상은 균질이어야 하고 변질방지를 위한 유효한 조치가 강구되어야 한다.

25. 유전가열에 대한 설명으로 옳지 않은 것은?

① 전자파의 누설에 의하여 사용자의 건강과 통신설비에 심각한 영향을 미친다.
② 유전가열방식은 가정용 전자레인지, 산업용으로는 농수산물의 건조·가공, 섬유, 합판 등의 가열·성형·가공 등에 사용된다.
③ 저항체인 발열체에 전류를 흐르게 하여 발열체 양단에서 발생된 아크의 열을 피열물에 전달하여 가열하는 방식이다.

④ 외부에서 전기장 방향을 교번적으로 인가하면 물질 구성분자들이 서로 충돌하면서 발생시키는 마찰열이다.

소방관계법규

01. 「소방시설공사업법」 및 「소방시설공사업법 시행규칙」상 방염과 관련한 설명으로 옳지 않은 것은?

① 방염은 「소방시설공사업법」에 따른 방염성능기준 이상이 되도록 하여야 한다.
② 방염처리능력을 평가받으려는 경우 방염처리능력 평가 신청서를 소방시설업자협회에 매년 2월 15일까지 제출해야 한다.
③ 방염처리능력 평가 신청에 필요한 세부규정은 소방시설업자협회가 정하되, 소방청장의 승인을 받아야 한다.
④ 방염처리능력 평가를 받으려는 방염처리업자는 전년도 방염처리 실적 등의 서류를 소방청장에게 제출하여야 한다.

02. 「위험물안전관리법 시행령」상 자체소방대를 설치하여야 하는 사업소에 대한 설명으로 옳지 않은 것은?

① "대통령령이 정하는 제조소 등"은 제4류 위험물을 취급하는 제조소 또는 일반취급소를 말한다.
② 제4류 위험물 최대수량의 합이 지정수량의 12만배 미만의 사업소의 자체소방대는 화학소방자동차 1대와 자체소방대원 10명을 두어야 한다.
③ "대통령령이 정하는 수량"은 제조소 또는 일반취급소에서 취급하는 제4류 위험물의 최대수량의 합이 지정수량의 3천배 이상, 옥외탱크저장소에 저장하는 제4류 위험물의 최대수량이 지정수량의 50만배 이상을 말한다.

④ 자체소방대를 설치하는 사업소의 관계인은 자체소방대에 화학소방자동차 및 자체소방대원을 두어야 한다.

03. 「위험물안전관리법」상 안전관리대행기관의 지정 취소 사유에 해당하는 것은?
① 다른 사람에게 지정서를 대여한 때
② 안전관리대행기관의 지정기준에 미달되는 때
③ 소방청장의 지도·감독에 정당한 이유 없이 따르지 않은 때
④ 변경·휴업 또는 재개업의 신고를 연간 2회 이상 하지 않았을 때

04. 「소방시설 설치 및 관리에 관한 법률」상 건축허가 등의 동의에 관한 사항이다. 옳은 것은?
① 건축허가 등에 있어서 소방본부장 또는 소방서장의 동의를 받아야 하는 건축물 등의 범위는 행정안전부령으로 정한다.
② 권한이 있는 행정기관은 건축허가 등을 할 때 미리 그 건축물 등의 소재지를 관할하는 시·도지사의 동의를 받아야 한다.
③ 건축물 등의 신축·증축·개축·재축 또는 이전의 허가·협의 및 사용승인에 대한 동의를 할 때에 소방시설공사의 완공검사증명서를 발급으로 동의를 갈음할 수 있다.
④ 건축허가 등의 권한이 있는 행정기관은 소방시설공사의 착공검사필증을 확인하여야 한다.

05.
「소방시설 설치 및 관리에 관한 법률 시행령」상 피난구조설비 중 인명구조기구는 몇 층 이상의 병원에 설치하여야 하는가?

① 3층　　　　② 4층
③ 5층　　　　④ 7층

06.
「화재의 예방 및 안전관리에 관한 법률」상 소방관서장이 화재안전조사를 실시할 수 있는 경우를 모두 고른 것은?

> ㉮ 자체점검이 불성실하거나 불완전하다고 인정되는 경우
> ㉯ 화재예방강화지구 등 법령에서 화재안전조사를 하도록 규정되어 있는 경우
> ㉰ 화재예방안전진단이 불성실하거나 불완전하다고 인정되는 경우
> ㉱ 화재가 발생할 우려가 뚜렷한 곳에 대한 조사가 필요한 경우

① ㉮, ㉰　　　　② ㉯, ㉱
③ ㉰　　　　④ ㉮, ㉯, ㉰, ㉱

07.
「위험물안전관리법 시행규칙」상 제조소 등에 관한 행정처벌 기준이 동일하지 않은 것은?

① 법 제18조제3항의 규정에 의한 정기검사를 받지 않은 때
② 법 제26조의 규정에 의한 저장·취급기준 준수명령을 위반한 때
③ 법 제15조제5항의 규정을 위반하여 대리자를 지정하지 않은 때
④ 법 제18조제1항의 규정에 의한 정기점검을 하지 않은 때

08. 「소방기본법」상 소방대의 구성원이 될 수 있는 사람을 모두 고르면?

㉮ 의용소방대원　㉯ 소방공무원　㉰ 의무소방원　㉱ 소방대장

① ㉮, ㉯
② ㉮, ㉯, ㉰
③ ㉮, ㉯, ㉰, ㉱
④ ㉯, ㉰

09. 「소방시설공사업법 시행령」상 소방시설공사의 하자보수보증 기간이 동일한 것을 모두 고른 것은?

| ㉮ 스프링클러설비　㉯ 자동화재탐지설비　㉰ 비상조명등 |
㉱ 상수도소화용수설비　㉲ 피난기구

① ㉮, ㉯, ㉲
② ㉮, ㉯, ㉱
③ ㉯, ㉱
④ ㉰, ㉱

10. 「위험물안전관리법 시행규칙」상 위험물 품명의 지정에서 "행정안전부령이 정하는 것"에 해당하지 않는 것을 모두 고르면?

| ㉮ 질산구아니딘　　㉯ 아질산염류 |
| ㉰ 차아염소산염류　㉱ 과요오드산 |
㉲ 금속의 아지화합물

① ㉮, ㉲
② ㉯, ㉰, ㉱
③ ㉰, ㉲
④ ㉮, ㉱

11. 「소방기본법 시행규칙」상 종합상황실의 실장이 상급기관의 종합상황실에 보고해야 하는 내용으로 볼 수 없는 것은?

① 사망자가 5인 이상 발생하거나 사상자가 10인 이상 발생한 화재
② 이재민이 100인 이상 발생한 화재
③ 항구에 매어둔 총 톤수가 1천톤 이상인 선박에서 발생한 화재
④ 연면적 1만제곱미터인 공장에서 발생한 화재

12. 「위험물안전관리법 시행규칙」상 (   ) 안에 공통적으로 들어갈 내용으로 옳은 것은?

> ㉮ 「기업활동 규제완화에 관한 특별조치법」 제40조제1항제3호의 규정에 의하여 위험물안전관리자의 업무를 위탁받아 수행할 수 있는 관리대행기관은 안전관리대행기관의 지정기준을 갖추어 (   )의 지정을 받아야 한다.
> ㉯ 안전관리대행기관으로 지정받고자 하는 사람은 신청서에 해당 서류를 첨부하여 (   )에게 제출하여야 한다.

① 행정안전부장관   ② 소방본부장 및 소방서장
③ 소방청장   ④ 시·도지사

13. 「소방시설 설치 및 관리에 관한 법률 시행령」상 건축허가 등을 할 때 미리 소방본부장이나 소방서장의 동의를 받아야 하는 건축 대상물에 해당되지 않는 것은?

① 연면적 100제곱미터 이상인 노유자 시설 및 수련시설
② 항공기격납고
③ 승강기 등 기계장치에 의한 주차시설로서 자동차 20대 이상 주차할 수 있는 시설

④ 연면적 400제곱미터 이상인 건축물

14. 「소방시설공사업법」상 소방시설업의 등록을 할 수 있는 사람은?

① 피성년후견인에 해당되어 등록이 취소된 경우를 제외하고 등록하고자 하는 소방시설업의 등록이 취소된 날부터 2년이 지나지 않은 사람
② 법인의 대표가 피성년후견인 또는 피한정후견인 경우
③ 소방기본법에 따른 금고 이상의 형의 집행유예선고를 받고 그 유예기간 중에 있는 사람
④ 파산선고를 받은 사람으로서 복권되지 않은 사람

15. 「소방시설 설치 및 관리에 관한 법률 시행령」상 대통령령으로 정하는 특정소방대상물 중 노유자시설이 잘못 연결된 것은?

① 노인 관련 시설 - 노인주거복지시설, 노인의료복지시설 등
② 아동 관련 시설 - 아동복지시설, 어린이집, 유치원 등
③ 장애인시설 - 장애인 지역사회 재활시설, 장애인 직업재활시설 등
④ 병원시설 - 종합병원·치과병원, 한방병원, 요양병원 등

16. 「위험물관리법상」상 탱크시험자로 등록하고자 하는 사람은 첨부서류를 갖추어 누구에게 제출하여야 하는가?

① 행정안전부장관　　　　② 소방청장
③ 시·도지사　　　　　　④ 소방본부장

제 9회 실전모의고사

17. 「소방시설 설치 및 관리에 관한 법률」상 용어의 정의 중 타당하지 않은 것은?

① 소방시설은 소화설비·경보설비·피난설비·소화용수설비로서 행정안전부령이 정하는 것을 말한다.
② 특정소방대상물은 소방시설을 설치해야 하는 소방대상물로서 대통령령으로 정하는 것을 말한다.
③ 성능기준은 화재안전 확보를 위하여 소방청장이 고시하여 정하는 기준을 말한다.
④ 화재안전성능은 화재발생 시 피해를 최소화하기 위하여 소방대상물의 재료 등에 요구되는 안전성능을 말한다.

18. 「소방시설공사업법 시행령」상 "자동화재탐지설비, 옥내소화전설비 등 대통령령으로 정하는 소방시설을 시공할 때"에 해당하지 않는 것은?

① 자동화재탐지설비를 개설할 때
② 호스릴 방식의 소화설비를 제외한 물분무등소화설비의 방수 구역을 증설할 때
③ 캐비닛형 간이스프링클러설비를 신설할 때
④ 통합감시시설을 신설 또는 개설할 때

19. 「소방의 화재조사에 관한 법률」상 화재조사에 대한 설명으로 옳지 않은 것은?

① 소방청장·소방본부장 또는 소방서장은 화재조사를 하기 위해 화재조사관으로 하여금 관계인에게 질문하게 할 수 있다.
② 화재조사를 하는 화재조사관은 관계인의 정당한 업무를 방해 하여서는 안 된다.
③ 화재조사관은 화재조사를 수행하면서 알게 된 비밀을 다른 사람에게 누설하

여서는 안 된다.
④ 소방관서장은 국민이 유사한 화재로부터 피해를 입지 않도록 하기 위하여 화재조사 결과를 공표하지 않는다.

20. 「화재의 예방 및 안전관리에 관한 법률」상 화재의 예방조치에 대한 설명으로 옳지 않은 것은?

① 시·도지사는 화재의 예방 등을 위하여 필요한 비용을 지원할 수 있다
② 시·도지사는 노후·불량건축물이 밀집한 지역은 화재예방강화지구로 지정하여 관리할 수 있다.
③ 화재안전영향평가를 실시한 경우 소방청장은 그 결과를 해당 법령이나 정책의 소관 기관의 장에게 통보하여야 한다.
④ 태풍예보에 따라 화재 발생의 위험이 높다고 판단되는 경우 경찰관서장은 화재에 관한 위험경보를 발령할 수 있다.

21. 「소방기본법」상 강제처분 등에 대한 설명으로 옳지 않은 것은?

① 소방대장은 소방활동에 방해가 되는 주차된 차량의 이동을 위하여 관할 관련 기관에 견인차량과 인력 등에 대한 지원을 요청할 수 있다.
② 소방활동을 위하여 긴급하게 출동할 때에는 소방자동차의 통행과 소방활동에 방해가 되는 정차된 차량 및 물건 등을 제거하거나 이동시킬 수 있다.
③ 화재가 발생하거나 불이 번질 우려가 있는 소방대상물 및 토지를 일시적으로 사용하거나 소방활동에 필요한 처분을 할 수 있다.
④ 견인차량과 인력 등을 지원한 사람에게 소방청장은 행정안전부령으로 정하는 바에 따라 비용을 지급할 수 있다.

22. 「화재의 예방 및 안전관리에 관한 법률 시행령」상 소방계획서에 포함되어야 하는 대통령령으로 정하는 사항이 아닌 것은?

① 소방시설·피난시설 및 방화시설의 점검 및 정비계획
② 소방안전관리에 대한 업무수행에 관한 기록 및 유지에 관한 사항
③ 소화에 관한 사항과 연소 방지에 관한 사항
④ 모든 곳에서의 위험물의 저장·취급에 관한 사항

23. 「소방의 화재조사에 관한 법률 및 시행령」상 화재현장의 보존과 관련한 설명으로 옳지 않은 것은?

① 화재조사가 완료된 경우 화재현장 보존조치나 통제구역의 설정을 지체 없이 해제해야 한다.
② 실화의 혐의로 수사의 대상이 된 경우 관할 소방서장이 통제구역을 설정할 수 있다.
③ 화재현장 보존조치를 하거나 통제구역을 설정하는 경우 관계인에게 알려야 한다.
④ 화재현장 보존조치를 하거나 통제구역을 설정한 경우 누구든지 허가 없이 화재현장에 있는 물건 등을 이동시킬 수 없다

24. 「화재의 예방 및 안전관리에 관한 법률」상 소방안전관리자에 대한 설명으로 옳지 않은 것은?

① 소방안전관리자가 실무교육을 받지 않은 경우에는 최고 자격정지 6개월의 행정처분을 받는다.
② 소방안전관리자 자격증을 잃어버린 경우 대통령령으로 정하는 바에 따라 소

방안전관리자 자격증을 재발급 받을 수 있다.
③ 소방안전관리자가 소방안전관리업무를 게을리한 경우 1차 위반 시 시정명령을 받는다.
④ 건설현장 소방안전관리대상물을 신축하는 경우 소방안전관리자를 소방시설공사 착공 신고일부터 건축물 사용승인 일까지 소방안전관리자로 선임하여야 한다.

25. 「화재의 예방 및 안전관리에 관한 법률」상 소방안전관리대상물 근무자 및 거주자의 소방훈련에 대한 설명으로 옳지 않은 것은?

① 소방안전관리대상물의 근무자 등에 대한 소방훈련을 한 날부터 30일 이내에 소방훈련 결과를 소방본부장에게 제출하여야 한다.
② 소방서장은 소방훈련을 한 그 특정소방대상물 근무자 등의 불편을 최소화하고 안전 등을 확보하는 대책을 마련하여야 한다.
③ 소방서장은 소방안전관리대상물에 근무하거나 거주하는 사람 등에게 소방훈련을 실시하여야 한다.
④ 소방안전관리대상물의 관계인이 실시하는 소방훈련과 교육을 지도·감독할 수 있다.

01. 통치행위에 대한 다음 설명 중 옳지 않은 것은? (다툼이 있는 경우 판례·헌재결정에 의함)

① 통치행위를 절대적 통치행위와 상대적 통치행위로 나누고, 상대적 통치행위는 경우에 따라 사법심사가 가능하다는 견해가 있다.

② 헌법재판소는 대통령의 사면권은 국가원수에게 부여된 고유한 은사권이며 국가원수가 시혜적으로 행사한다고 한 바 있다.
③ 프랑스에서는 국참사원의 판례를 통하여 가장 먼저 인정되었다.
④ 정치적 성질을 가진 행위로서 법률적 측면을 갖지 않은 것이 특색이다.

02. 우리나라 행정법의 발달에 대한 설명 중 옳지 않은 것은?
① 오랫동안 중앙집권적인 전제군주 하에 있으므로 해서 행정법이 일찍 성립할 여지가 없었다.
② 우리나라가 일제의 식민지로 되면서부터 우리나라 행정법은 식민지 행정법으로 체계화되었다.
③ 일본 행정법은 영·미행정법을 본 딴 것이었으므로 우리 행정법도 그렇게 되었다.
④ 해방 후 정부를 수립한 우리나라는 행정법에 있어서도 근대입헌주의적 면모를 띠게 되었다.

03. 정보공개입법과 행정절차법에 관한 다음 설명 중 틀린 것은? (다툼이 있는 경우 판례에 의함)
① 행정청은 행정처분기준설정(재량기준설정) 및 그 공개제는 우리 행정절차법도 행정처분의 공표를 의무화하고 있다.
② 행정결정 근거자료의 사전개시제는 우리 행정절차법은 당사자 등이 자기의 권리 또는 이익을 주장하거나 방어하기 위해 기록의 열람 또는 복사권을 인정하고 있다.
③ 행정처분의 이유부기의무의 일반화는 우리 행정절차법안도 이유부기를 의무화하고 있다.

④ 행정문서의 공개청구권을 인정하는 판례나 헌법재판소의 결정은 아직 없다.

04. 수리에 관한 설명으로서 타당하지 않은 것은?

① 타인의 행정청에 대한 행위를 유효한 것으로 수령하는 것을 말한다.
② 수리는 도달이나 접수와 달리 형식요건을 갖추었다는 인식표시이다.
③ 수리의 효과는 행정청만을 구속하여 처리의무를 발생하게 한다.
④ 행정청은 수리 여부의 결정에 있어서 형식적 요건을 심사함에 그친다.

05. 재량행위에 대한 설명으로 옳지 않은 것은?

① 요건재량설은 행정법규요건에 재량이 인정된다고 본다.
② 요건재량설의 가장 큰 단점은 자유재량의 범위가 확대된다.
③ 효과재량설을 취하면 음식점영업허가는 자유재량행위로 볼 수 없다.
④ 오늘날은 급부행정 및 수익적 행위에도 기속이 있을 수 있다.

06. 현행법상 심판청구의 재결에 대한 설명으로 옳지 않은 것은?

① 재결의 방식은 서면 또는 구술로 할 수 있다.
② 재결기간은 피청구인 또는 위원회가 심판청구서를 받은 날부터 60일 이내에 하여야 한다.
③ 위원회는 심판청구의 대상이 되는 처분보다 청구인에게 불리한 재결을 하지 못한다.
④ 위원회는 심판청구가 적법하지 아니하면 그 심판청구를 각하(却下)한다.

07. 공청회에 관한 다음 설명 중 옳지 않은 것은?

① 행정청은 공청회를 개최하려는 경우에는 공청회 개최 20일 전까지 당사자 등에게 통지하여야 한다.
② 공청회의 주재자는 공청회의 원활한 진행을 위하여 발표내용을 제한할 수 있다.
③ 전자공청회를 실시하는 경우 누구든지 정보통신망을 이용하여 의견을 제출하거나 제출된 의견 등에 대한 토론에 참여할 수 있다.
④ 공청회의 주재자는 발표자의 발표가 끝난 후에는 발표자 상호 간에 질의 및 답변을 할 수 있도록 하여야 한다.

08. 허가에 관한 설명으로 가장 옳지 않은 것은?

① 상대방의 신청 없이도 가능하다는 점에서 인가와 구별된다.
② 허가의 효과는 제한되었던 자연적 자유의 회복이다.
③ 허가를 받지 않고 행한 행위는 당연 무효가 된다.
④ 허가는 원칙적으로 기속행위 또는 기속재량행위이다.

09. 행정법상의 신뢰보호의 원칙과 관련한 다음 내용 중 틀린 것은?

① 신뢰보호의 원칙이 적용되는 영역으로는 적법한 수익적 행정행위의 취소 등이 있다.
② 신뢰보호의 원칙의 근거로는 법적 안정성을 들 수 있다.
③ 신뢰보호원칙은 행정법의 일반원칙으로서 효력이 있으므로 그에 위반한 처분은 위법을 구성하여 무효 또는 취소소송을 통하여 권리를 구제 받을 수 있다.
④ 신뢰보호의 원칙이 적용되기 위한 일반적인 요건으로는 선행조치, 행정의 편

의, 인과관계, 보호가치가 있다.

10. 다음 중 행정상의 강제집행의 근거법에 해당하는 것으로만 연결된 것은?
① 행정대집행법 - 소방법 - 국세징수법
② 행정절차법 - 행정소송법
③ 국세징수법 - 출입국관리법 - 관세법
④ 출입국관리법 - 경찰법 - 내국세법

11. 다음은 행정상 강제집행과 민사상 강제집행을 비교한 것이다. 잘못 대비된 것은?
① 대집행 - 민사상 대체집행
② 집행벌 - 민사상 간접강제
③ 강제집행 - 민사상 자력집행
④ 직접강제 - 부동산명도청구의 집행

12. 행정구제제도에 관한 설명으로 옳지 않은 것은?
① 사전적 권리구제제도로서는 행정절차, 청원, 옴부즈만제 등이 있다.
② 사후적 권리구제제도로서는 손해전보제도와 행정쟁송제도 및 정당방위 등을 들 수 있다.
③ 오늘날은 사전적 측면에서의 절차준수가 중요한 의미를 갖는다.
④ 행정구제제도에 관하여 실체적인 구제수단과 절차적인 구제수단으로 분류하

는 견해도 있다.

13. 행정소송법상의 행정처분에 대한 설명으로 옳은 것은?

① 공법상의 계약, 징계의 의결 등과 같이 행정행위가 성립되지 않거나 행정행위가 아닌 것도 행정처분에 해당한다.
② 특허공무원의 특허에 관한 처분 등은 구제에 관한 특별 규정이 있는 처분으로 행정처분에 해당한다.
③ 토지대장 등에 등재 행위 등은 행정처분에 해당한다.
④ 검사의 불기소 처분은 행정행위에는 속하나 행정소송법상의 행정처분에는 속하지 않는다는 것이 통설이다.

14. 국민권익위원회에 대한 설명으로 옳지 않은 것은?

① 정당의 당원이거나 「공직선거법」에 따라 실시하는 선거에 후보자로 등록한 사람은 위원이 될 수 없다.
② 위원은 재직 중 국회의원 또는 지방의회의원, 행정기관등과 대통령령으로 정하는 특별한 이해관계가 있는 개인이나 법인 또는 단체의 임·직원이 될 수 없다.
③ 위원이 궐위된 때에는 지체 없이 새로운 위원을 임명 또는 위촉하여야 하며 이 경우 후임으로 임명 또는 위촉된 위원의 임기는 전임 위원의 잔여 임기로 한다.
④ 고충민원의 처리와 이에 관련된 불합리한 행정제도를 개선하고, 부패의 발생을 예방하며 부패행위를 효율적으로 규제하도록 하기 위하여 국무총리 소속으로 국민권익위원회를 둔다.

15. 공공기관의 정보공개에 관한 법률상 정보의 공개와 관련한 사항으로 옳지 않은 것은?

① 진행 중인 재판에 관련된 정보라 하더라도 알권리를 존중하는 차원에서 공개할 수도 있다.
② 모든 국민은 정보의 공개를 청구할 권리를 가진다.
③ 공공기관이 보유·관리하는 정보는 공개 대상이 되나 예외도 있다.
④ 지방자치단체의 소관 사무의 정보공개에 관한 내용은 조례로 정할 수 있다.

16. 행정소송의 원고적격에 대한 설명으로 옳지 않은 것은? (다툼이 있는 경우 판례에 의함)

① 행정처분의 근거 법규 또는 관련 법규에 그 처분으로써 이루어지는 행위 등 사업으로 인하여 환경상 침해를 받으리라고 예상되는 영향권의 범위가 구체적으로 규정되어 있는 경우에는, 환경상 이익에 대한 침해 또는 침해 우려가 있는 것으로 사실상 추정된다 하더라도 원고적격이 인정되지 않는다.
② 부작위위법확인의 소에 있어 당사자가 행정청에 대하여 어떠한 행정행위를 하여 줄 것을 요구할 수 있는 법규상 또는 조리상 권리를 갖고 있지 아니한 경우에는 원고적격이 없거나 항고소송의 대상인 위법한 부작위가 있다고 볼 수 없어 그 부작위위법확인의 소는 부적법하다.
③ 환경상의 이익은 주민 개개인에 대하여 개별적으로 보호되는 직접적·구체적 이익으로서 그들에 대하여는 특단의 사정이 없는 한 환경상의 이익에 대한 침해 또는 침해우려가 있는 것으로 사실상 추정되어 폐기물 소각시설의 입지지역을 결정·고시한 처분의 무효확인을 구할 원고적격이 인정된다.
④ 행정처분으로서의 통보에 대하여는 그 직접 상대방이 아닌 제3자라도 그 취소를 구할 법률상의 이익이 있는 경우에는 원고적격이 인정된다.

17. 다음 설명 중 행정처분에 해당하지 않는 것은? (다툼이 있는 경우 판례에 의함)

① 구 표시·광고의 공정화에 관한 법률 위반을 이유로 한 공정거래위원회의 경고 의결은 행정처분에 해당한다.
② 국토해양부, 환경부, 문화체육관광부, 농림수산부, 식품부가 합동으로 2009. 6. 8. 발표한 '4대강 살리기 마스터플랜' 등은 행정기관 내부에서 사업의 기본방향을 제시하는 계획일 뿐 국민의 권리·의무에 직접 영향을 미치는 것이 아니어서, 행정처분에 해당하지 않는다.
③ 재단법인 한국연구재단이 甲 대학교 총장에게 乙에 대한 대학 자체징계를 요구한 것은 법률상 구속력이 없는 권유 또는 사실상의 통지로서 乙의 권리, 의무 등 법률상 지위에 직접적인 법률적 변동을 일으키는 행위로, 항고소송의 대상인 행정처분에 해당된다.
④ 정보통신윤리위원회가 특정 인터넷사이트를 청소년유해매체물로 결정한 행위는 항고소송의 대상이 되는 행정처분에 해당한다.

18. 행정청의 행정행위와 관련한 설명으로 옳지 않은 것은? (다툼이 있는 경우 판례에 의함)

① 행정청이 불특정 다수인을 상대로 의무를 부과하거나 권익을 제한하는 처분을 할 때 상대방에게 의견 제출의 기회를 주지 않아도 된다.
② 과징금 청구권에 관하여 회생계획인가결정 후에 한 부과처분은 부과권이 소멸된 뒤에 한 부과처분이어서 위법하다.
③ 행정청이 도시계획시설인 유원지를 설치하는 도시계획시설사업에 관한 실시계획을 인가하려면, 유원지의 개념인 '주로 주민의 복지향상에 기여하기 위하여 설치하는 오락과 휴양을 위한 시설'에 해당하여야 한다.
④ 행정청이 기반시설부담 구역 안에서 기반시설부담개발행위를 하는 자에게 이에 소요되는 기반시설부담비용을 부담시키는 것은 위법이다.

19. 행정지도와 쟁송에 관한 설명으로 타당하지 않는 것은? (다툼이 있는 경우 판례에 의함)

① 민사소송상의 가처분의 허용성에 대하여 판례는 부정적 입장을 나타내고 있다.
② 처분개념의 쟁송법적 개념설에 의하면 행정지도를 대상으로 하여 집행정지 신청이 가능하다.
③ 권력적 성질을 갖는 행정지도가 국민의 기본권을 침해하게 되면 헌법재판소에 헌법소원을 제기할 수도 있다.
④ 대법원은 행정지도를 통해 불이익을 받게 되는 자는 행정지도의 철회를 청구하는 내용의 이행소송이 가능하다고 보고 있다.

20. 통고처분에 관한 설명으로 옳지 않은 것은?

① 통고처분의 법적 성질은 준사법적 행정행위에 해당한다.
② 통고처분을 받은 사람은 이의가 있는 경우 행정소송을 제기 할 수 있다.
③ 통고처분을 받은 사람이 통고내용을 이행하지 않으면 당연 실효가 된다.
④ 고발에 의해 사법절차에 의한 구제가 가능하다.

21. 형성적 행정행위에 관한 설명으로 옳지 않은 것은?

① 형성적 행정행위는 특허·인가·대리로 구분되고 형성적 행정행위의 요건이 결여되면 무효의 문제가 생긴다.
② 권리를 설정하는 행위를 협의의 특허라 한다.
③ 형성적 행정행위는 명령적 행정행위와는 달리 준법률행위적 행정행위에 속한다.
④ 형성적 행정행위는 국민에게 새로운 권리·능력 기타 법률상의 힘을 형성하는 행위라는 점에서 자연적 자유를 대상으로 하는 명령적 행정행위와 구별된다.

22. 행정법상 신뢰보호의 원칙의 요건에 대한 설명으로 옳지 않은 것은?

① 행정청이 공적인 견해를 명시적으로 표명함을 요건으로 한다.
② 행정청의 선행조치가 존재하여야 한다.
③ 행정청의 견해표명을 신뢰함에 있어서 상대방에게 귀책사유가 없어야 한다.
④ 행정청의 선행조치와 이를 믿는 상대방의 신뢰 사이에 인과관계가 존재하여야 한다.

23. 현행 국가배상법의 규정 내용으로 볼 수 없는 것은?

① 국가배상청구권의 소멸시효기간에 관하여는 국가배상법에 규정되어 있다.
② 국가배상법은 "외국인이 피해자인 경우에는 상호의 보증이 있는 때에 한하여 적용한다."고 하여 외국인에 대한 책임에 관하여 상호주의를 채택하고 있다.
③ 피해자가 손해를 입은 동시에 이익을 얻은 경우에는 손해배상액에서 그 이익에 상당하는 금액을 빼야 한다.
④ 국가나 지방자치단체는 공무원이 직무를 집행하면서 고의 또는 과실로 법령을 위반하여 타인에게 손해를 입히거나, 손해배상의 책임이 있을 때에는 이 법에 따라 그 손해를 배상하여야 한다.

24. 행정심판의 재결에 관한 설명 중 옳지 않은 것은?

① 심판청구가 이유가 없다고 인정할 때에는 심판청구를 기각한다.
② 본안심리결과 행정심판이 이유 있고 원처분이 위법 또는 부당하면 인용한다.
③ 행정심판법은 처분청에 대한 재심사청구를 인정하나 특별법상으로는 재심청구가 인정된 예가 없다.

④ 행정심판의 재결은 불가쟁력·불가변력·구속력을 발생한다.

25. 행정조사에 대한 설명으로 옳지 않은 것은? (다툼이 있는 경우 판례에 의함)

① 행정기관은 법령 등에서 행정조사를 규정하고 있는 경우에 한하여 행정조사를 실시할 수 있으나, '조사대상자의 자발적인 협조를 얻어 실시하는 행정조사'의 경우에는 그러한 제한이 없이 실시가 허용된다.

② 행정기관은 행정조사를 통하여 알게 된 정보를 다른 법률에 따라 내부에서 이용하거나 다른 기관에 제공하는 경우를 제외하고는 원래의 조사목적 이외의 용도로 이용하거나 타인에게 제공하여서는 아니 된다.

③ 행정조사는 조사목적을 달성하는데 필요한 최소한의 범위 안에서 실시하여야 하며, 다른 목적 등을 위하여 조사권을 남용하여서는 아니 된다.

④ 당사자가 청문의 통지가 있는 날부터 청문이 끝날 때까지 행정청에 해당 사안의 조사결과에 관한 문서의 열람 또는 복사를 '요청'을 거부할 수 있다.

제10회 실전모의고사

소방학개론

01. 화재 발생 시 건축물 내부에서 연기의 이동과 관련한 설명으로 옳지 않은 것은?

① 연기 이동과 밀접한 관련이 있는 굴뚝효과는 빌딩 내부의 온도가 외기보다 더 따뜻하고 밀도가 낮을 때 건축물 내부의 공기는 부력을 받아 계단, 벽, 승강기 등을 통해 상향 이동한다.
② 연기는 일반적으로 수평방향으로는 0.5m~1m/sec정도로 사람의 일반 보행 속도(1.0~1.2m/sec) 보다 늦다.
③ 연기가 움직이는 속도는 바람의 유무와 강도, 실내 외 기온과 습도, 연소재료 등 상황에 따라 달라진다.
④ 건축물 내부에서 연기를 이동시키는 주요 추진력으로는 채광, 단열, 통신, 공기정화시스템 등이 있다.

02. 기구 그 자체는 문제가 없는데 사용법을 잘 알지 못해 잘못 사용함으로써 출화한 예로서 부적절한 것은?

① TV 위에 놓아둔 화분의 물이 넘쳐흘러 TV케이스 내에 들어가 고전압부에서 누설전류가 발생, 인접한 의류 등 가연물에 착화·출화
② 수은등(400W)의 열이 가까운 근처에 쌓아 놓은 내용물이 없는 철판상자에

가열·과열됨으로써 출화
③ 전기난로를 나무로 만든 지지대 속에 넣어 사용했는데 스위치를 끄는 것을 잊었기 때문에 지지대에 과열되어 착화·출화
④ 플러그를 콘센트에 꽂아 놓은 모발건조기가 낙하함으로써 스위치가 on되어 과열로 인접한 의류 등 가연물에 착화·출화

03. 가스와 관련한 설명으로 옳지 않은 것은?
① 불연성가스는 이산화탄소·질소 등과 같이 산소와 반응하지 아니하거나 반응한다 하더라도 산화·흡열반응을 일으킨다.
② 용해가스인 아세틸렌은 진한 황산용제나 케톤용제에 용해시킨 상태로 저장한다.
③ 아세틸렌과 같이 용제에 용해시켜 저장·취급 및 사용하는 가스를 용해가스라 한다.
④ 상온에서 기체 상태인 가스는 그 성질에 따라 가연성·불연성 가스 및 독성가스로 구분되며, 상태에 따라 압축·액화가스 및 용해가스로 구분된다.

04. LPG(액화석유가스)는 상온·상압에서는 기체이지만 압력을 높이거나 냉각하면 쉽게 액화하는 탄화수소화합물을 혼합한 것인데 그 구성 성분으로 볼 수 없는 것은?
① 프로판, 프로필렌
② 부탄, 부틸렌
③ 프레온, 프로필렌
④ 약간의 에탄, 에틸렌

05. 가연성가스에 대한 설명으로 옳지 않은 것은?

① 상한 또는 하한의 농도범위 외에서는 착화원이 있더라도 연소나 폭발은 일어나지 않는다.
② 폭발범위는 가스의 종류에 따라서 매우 다르며 그 범위에 따라서 인화위험성이 달라진다.
③ 가연성사스에는 수소·메탄·에탄·프로판·부탄·아세틸렌·암모니아·일산화탄소 등이 있다.
④ 가연성가스는 어느 특정한 공기와의 혼합범위에 이르렀을 때 폭발을 일으키게 되는데 이 범위를 가연범위 또는 연소범위라 한다.

06. 불활성기체 소화약제에 대한 설명으로 옳은 것은?

① IG-01 소화약제의 구성물은 아르곤이 99.9vol% 이상이어야 한다.
② 불소·염소·요오드 중 하나 이상의 원소를 포함하고 있는 유기화합물을 기본성분으로 하는 소화약제이다.
③ 물의 침투능력, 분산능력 및 유화능력 등을 증대하기 위하여 물과 혼합하여 사용하는 약제이다.
④ 주성분이 중탄산나트륨인 소화약제는 중탄산나트륨(NaHCO3)이 90wt% 이상이어야 한다.

07. 분해폭발에 대한 설명으로 옳지 않은 것은?

① 공기 중에 분출된 가연성 액체의 미세한 액적이 무상으로 되어 공기 중에 부유하고 있을 때에 발생한다.
② 분해폭발은 혼합물이 자체적으로 분해하면서 발생하는 것이므로 공기 또는 산

소의 존재를 필요로 하지 않는다.
③ 분해폭발은 화염, 스파크, 가열 등의 열원에 의하여 발생하는 경우가 많지만 밸브의 개폐에 의한 단열압축열에 의해 발화하는 경우도 있다.
④ 일반적으로 흡열화합물은 분해하면서 발열하고 때때로 폭발로 이어지는데 이런 폭발을 분해폭발이라고 한다.

08. 분말소화설비의 화재안전기준에 따른 다음 설명 중 옳지 않은 것은?2
① 전역방출방식의 분말소화설비의 분사헤드는 소화약제 저장량을 30초 이내에 방사할 수 있는 것으로 설치하여야 한다.
② 분말소화설비의 비상전원은 분말소화설비를 유효하게 20분 이상 작동할 수 있어야 한다.
③ 호스릴분말소화설비의 저장용기에는 녹색의 표시등을 설치하고, 이동식분말소화설비가 있다는 뜻을 표시한 표지를 해야 한다.
④ 분말소화설비의 화재표시반은 제어반에서의 신호를 수신하여 작동하는 기능을 가진 것으로 하여야 한다.

09. 다음과 같은 폭발을 무엇이라고 하는가?

> 공기와 같은 산화성 기체 속에 농도가 적당한 범위 안에 있을 때 화원에 의하여 에너지가 공급되면 격심한 폭발이 일어나게 된다.

① 오존폭발   ② 분진폭발
③ 가스폭발   ④ 분무폭발

10. 전기화재(C급 화재)에 대한 설명으로 옳지 않은 것은?
    ① 전류가 단락(합선)이 되는 순간 폭음과 함께 단락 지점이 떨어지게 되고 이렇게 단락 사고가 발생되었을 경우 화재가 발생된다.
    ② 일정 용량의 전류가 전선에 흐르게 되면 전선에서의 발열이 생성되지 않아 피복의 변형, 변질, 발화를 가져오지 못한다.
    ③ 전기화재를 일으키는 원인 중 가장 많은 비중을 차지하고 있는 단락은 보통 합선이라고 부르는 것으로 두 개의 전선이 어떤 원인에 의해 서로 접촉되는 현상이다.
    ④ 전선에 전류가 흐르게 되면 열이 발생하는데 이 열은 평상시에 발열과 방열이 평형을 이루게 된다.

11. 분진폭발 과정에 관한 내용 중 옳지 않은 것은?
    ① 분진폭발은 분진 입자의 표면에서 산소와 반응이 일어난다.
    ② 입자표면의 분자가 열분해 또는 건류작용을 일으켜서 기체로 되어 입자 주위에 방출된다.
    ③ 기체가 공기와 혼합되어 폭발성 혼합기체를 생성·발화하여 화염을 발생시킨다.
    ④ 화염에 의해 생성된 열은 다시 다른 분말의 분해를 지연시킨다.

12. 비상방송설비의 음향장치 화재안전기준에 대한 설명으로 옳지 않은 것은?
    ① 다른 방송설비와 공용하는 경우 화재 시 비상경보 외의 방송을 차단할 수 있는 구조로 하여야 한다.
    ② 확성기는 각층마다 설치하지 않아도 되나 설치할 경우 그 층의 각 부분으로

부터 하나의 확성기까지의 수평거리가 15m 이하가 되도록 하여야 한다.
③ 조작부의 조작스위치는 바닥으로부터 0.8m 이상 1.5m 이하의 높이에 설치하여야 한다.
④ 음량조정기를 설치하는 경우에는 음량조정기의 배선은 3선식으로 설치하여야 한다.

13. 다음과 같은 현상에 해당하는 것은?

> 액화가스탱크의 파열로 그 내부에 액화상태로 저장된 가스는 빠르게 기화하면서 주변의 공기와의 폭발성혼합기를 형성하고 존재하는 화염을 착화에너지로 하여 다시 폭발하게 된다.

① 증기운폭발
② 열전도폭발
③ 끓는액체증기폭발
④ 위치에너지폭발

14. 「재난 및 안전관리 기본법」상 중앙재난안전대책본부(중앙대책본부)에 관한 설명으로 옳지 않은 것은?

① 대규모 재난의 대응·복구 등에 관한 사항을 총괄·조정하고 필요한 조치를 하기 위하여 행정안전부에 중앙재난안전대책본부를 둔다.
② 중앙재난안전대책본부에 두는 차장은 행정안전부차관이 된다.
③ 중앙대책본부에 본부장과 차장을 두되 본부장(중앙대책본부장)은 행정안전부장관이 된다.
④ 국무총리가 범정부적 차원의 통합 대응이 필요하다고 인정하는 경우에는 국무총리가 중앙대책본부장의 권한을 행사할 수 있다.

15. 위험물의 대표적인 성질에 관한 설명으로 옳지 않은 것은?

① 제1류 위험물은 강산화성물질이며 상온에서는 거의 액체이다.
② 제2류 위험물은 환원성물질 또는 이연성물질이며 상온에서 고체이다.
③ 제3류 위험물은 자연발화성 물질 및 금수성물질이며 고체이다.
④ 제4류 위험물은 인화성 액체인 인화성증기를 발생하는 액체이다.

16. 제5류 위험물에 대한 설명으로 옳지 않은 것은?

① 제5류 위험물은 한번 연소되기 시작하면 억제하기 힘든 물질에 해당한다.
② 분자 속에 환원성 부분과 산소 공급체가 공존하고 있는 물질로 화약이나 폭약의 원료로 많이 쓰인다.
③ 물과 접촉함으로서 현저하게 발열하는 물질, 금속과의 반응이 심하여 부식성을 나타낸다.
④ 유기과산화물, 질산에스테르류, 니트로화합물, 니트로소화합물 등 자기반응성물질이다.

17. 다음 설명과 같은 연소형태는?

> 황이나 나프탈렌 등과 같은 고체위험물을 가열하면 열분해를 일으키지 않고 증발하여 그 증기가 연소하거나 혹은 열에 의한 상태변화를 일으켜 액체로 변한 후 어떤 일정한 온도에서 발생된 가연성 증기가 연소한다.

① 분해연소 ② 표면연소
③ 증발연소 ④ 내부연소

18. 다음 중 제1류 위험물에 속하는 물질로만 바르게 연결된 것은?

① 황화린, 적린, 유황, 철분, 금속분, 마그네슘, 인화성 고체
② 아염소산염류, 염소산염류, 과염소산염류, 무기과산화물
③ 칼륨, 나트륨 알킬알루미늄, 알킬리튬, 황린, 금속의 수소화물
④ 유기과산화물, 질산에스테르류, 니트로화합물, 니트로소화합물

19. 스프링클러설비의 화재안전기준에 관한 설명으로 옳지 않은 것은?

① 스프링클러설비의 수원은 산출된 유효수량 외에 유효수량의 3분의 1 이상을 스프링클러설비가 설치된 건축물의 주된 옥상에 설치하여야 한다.
② 옥내송수구로부터 스프링클러헤드에 급수하는 배관을 급수배관이라 한다.
③ 가압송수장치에는 "스프링클러펌프"라고 표시한 표지를 하여야 한다.
④ 개폐 표시형 밸브는 밸브의 개폐여부를 외부에서 식별이 가능한 밸브이다.

20. 위험물화재의 일반적 특성에 관한 설명 중 옳지 않은 것은?

① 위험물화재는 일반적으로 소화가 용이하다.
② 산소와의 친화력이 큰 물질은 격렬히 연소하고 고온을 낸다.
③ 발화에너지가 적어도 비교적 연소가 용이하다.
④ 비교적 연소점이 낮아 계속 연소되기 쉽다.

21. 「재난 및 안전관리 기본법」상 대규모 재난에 대한 예방·수습 기타 재난관리에 관한 정부중요정책의 심의 및 총괄·조정하는 곳은?

① 재해대책본부   ② 중앙재난안전대책본부

③ 중앙안전관리위원회　　　　④ 119구조대

22. 연소범위에 대한 설명으로 옳지 않은 것은?
① 초기에 발생한 불꽃이 일정한 온도와 압력 하에서 확산되기를 계속하는 산화체 내의 가연성물질의 극단적인 농도범위를 말한다.
② 가연성 가스·인화성 액체 혹은 가연성 분진 등이 공기와 혼합 상태를 이뤄 혼합기체의 조성비율이 일정 농도의 최고치와 최저치의 사이를 연소범위라고 한다.
③ 연소범위의 상·하 한계는 10기압의 상온에서 측정한 값을 말한다.
④ 연소가 성립되는데 필요한 농도 및 압력의 상한계와 하한계의 사이가 연소범위이다.

23. 다음 중 원자 또는 원자핵의 구성요소라고 볼 수 없는 것은?
① 양자　　　　　　　　　② 중성자
③ 분자　　　　　　　　　④ 분자

24. 다음 설명과 같은 폭발에 해당하는 것은?

대기 중에 대량의 가연성가스로부터 발생하는 증기가 공기와 혼합되어 가연성 혼합기체를 형성하면서 발화원에 의한 폭발이 발생된다.

① 비등액체폭발　　　　　② 양성자폭발
③ 중성자폭발　　　　　　④ 증기운폭발

25. 다음 중 봉상주수에 대한 설명으로 옳은 것은?
   ① 스프링클러소화설비 헤드의 주수형태로서 살수라고도 하며 저압으로 방출되기 때문에 물방울의 평균 직경은 0.5~6㎜ 정도이다.
   ② 막대 모양의 굵은 물줄기를 가연물에 직접 주수하는 방법으로 소방용 방수노즐을 이용한 주수이다.
   ③ 물분무소화설비의 헤드나 소방대의 분무노즐에서 고압으로 방수할 때 나타나는 안개형태의 주수이다.
   ④ 열용량이 큰 일반 고체가연물의 대규모 화재에 유효한 주수 형태로 감전의 위험성이 없다.

01. 「위험물안전관리법 시행규칙」상 다음 (   ) 안에 들어갈 알맞은 것으로 연결된 것은?

   | (   )는(은) 탱크시험자의 등록신청서를 접수한 때에는 (   ) 이내에 그 신청이 규정에 의한 등록기준에 적합하다고 인정하는 때에는 위험물탱크안전성능시험자등록증을 발급하여야 한다. |

   ① 시·도지사 - 30일　　② 시·도지사 - 15일
   ③ 소방청장 - 20일　　④ 행정안전부장관 - 30일

02. 「소방시설공사업법」상 소방시설업에 대한 설명으로 옳은 것은?
   ① 소방시설업자는 규정에 따라 등록한 사항 중 행정안전부령이 정하는 중요 사

항의 변경이 있는 때에는 시·도지사에게 신고하여야 한다.
② 소방시설업의 등록증 또는 등록수첩을 제3자에게 대여할 수 있다.
③ 영업정지 또는 등록취소의 처분을 받은 방염업자는 처분을 받은 날의 그 다음날부터 방염대상물품에 대한 소방시설공사를 하여서는 안 된다.
④ 소방시설업자는 행정안전부령으로 정하는 관계 서류를 하자보수 보증기간이 지난 후 1년까지 보관하여야 한다.

03. 「소방시설공사업법」상 감리업에 대한 설명으로 옳은 것은?
① 감리업자는 소방시설공사가 화재안전기준에 적합하지 않은 경우 그 공사를 계속하는 때에는 행정안전부령에 따라 시·도지사에게 보고하여야 한다.
② 감리원은 소방본부에 소속된 소방기술자로서 소방시설공사를 감리하는 사람이다.
③ 소방시설공사의 감리를 위해 소속 감리원을 행안부령이 정하는 바에 따라 소방시설공사현장에 배치하여야 한다.
④ 감리업자는 감리를 함에 있어서 소방시설공사가 설계도에 적합하지 않은 경우 해당 공사에 대한 시정 요구에 공사업자는 따라야 한다.

04. 「화재의 예방 및 안전관리에 관한 법률」상 화재의 예방 및 안전관리 기본계획 등의 수립과 시행에 대한 설명으로 옳지 않은 것은?
① 화재의 예방 및 안전관리에 관한 기본계획은 5년마다 수립·시행하여야 한다.
② 소방청장은 기본계획을 시행하기 위하여 매년 시행계획을 수립하고 시행하여야 한다.
③ 기본계획은 소방청장이 행정안전부령이 정하는 바에 따라 수립하여야 한다.
④ 소방청장은 수립된 기본계획과 시행계획을 관계 중앙행정기관의 장과 시·도

지사에게 통보하여야 한다.

05. 「위험물관리법」 및 「시행규칙」상 안전교육에 대한 설명으로 옳지 않은 것은?

① 안전관리자의 실무교육 시간은 8시간 이내이며 신규종사 후 3년마다 1회씩 안전원에서 교육을 받아야 한다.
② 협회의 회장은 강습교육을 실시하고자 하는 때에는 매년 1월 5일까지 일시, 장소 그 밖의 강습의 실시에 관한 사항을 공고해야 한다.
③ 기술원 또는 안전원은 실무교육을 실시하고자 하는 때에는 교육실시 10일전까지 교육대상자에게 그 내용을 통보해야 한다.
④ 위험물운송자의 실무교육 시간 중 4시간 이내를 사이버교육의 방법으로 실시할 수 있다.

06. 「소방시설공사업법」 및 「시행규칙」상 다음 (   ) 안에 들어갈 내용으로 옳은 것은?

> 소방시설업자는 소방시설업 등록사항이 변경된 경우에는 변경일부터 (㉮) 이내에 소방시설업 등록사항 변경신고서(전자문서로 된 소방시설업 등록사항 변경신고서를 포함)에 변경사항별로 해당 서류(전자문서 포함)를 첨부하여 (㉯) 에게(에) 제출하여야 한다.

① ㉮ 15일, ㉯ 시·도지사
② ㉮ 15일, ㉯ 소방청장
③ ㉮ 30일, ㉯ 소방시설업자협회
④ ㉮ 30일, ㉯ 소방본부장 또는 소방서장

07. 「소방기본법」상 화재를 진압하고 화재·재난·재해 그 밖의 위급한 상황에서의 구조·구급 활동 등을 하기 위하여 구성된 조직체의 구성원이 아닌 것은?

① 소방공무원　　　　② 의용소방대원
③ 방화관리자　　　　④ 의무소방원

08. 「소방시설공사업법」상 하자보수 대상의 소방시설과 하자보수 보증기간이 잘못 연결된 것은?

① 비상경보설비·비상조명등 – 2년
② 스프링클러설비·간이스프링클러설비 – 3년
③ 피난기구·유도등·유도표지 – 3년
④ 자동화재탐지설비·상수도소화용수설비 – 3년

09. 「소방시설공사업법 시행규칙」상 한국소방안전원장이 소방기술자에 대한 실무교육을 실시하고자 하는 때에는 교육실시 며칠 전까지 공지하여야 하는가?

① 7일　　　　② 20일
③ 15일　　　 ④ 10일

10. 「소방기본법」상 소방용수시설을 설치하고 유지 및 관리 등을 하여야 하는 사람은 누구인가?

① 소방본부장 또는 소방서장　　② 시·도지사
③ 소방대장　　　　　　　　　　④ 관계인

11. 「소방시설 설치 및 관리에 관한 법률」상 행정처분 기준 중 일반기준에 관한 내용으로 옳지 않은 것은?

① 사용정지 처분기간 중 사용정지에 해당하는 위반사항이 있을 때에는 종전의 처분기간 만료일의 다음날부터 새로운 위반사항에 의한 사용정지의 행정처분을 한다.
② 2 이상의 처분기준이 동일한 영업정지이거나 사용정지인 경우에는 각 처분기준을 합산한 기간을 넘지 않은 범위에서 무거운 처분기준에 각 각 나머지 처분기준의 2분의 1 범위에서 가중한다.
③ 영업정지에 해당하는 위반사항으로 위반의 내용이 경미하여 미치는 피해가 적다고 인정되는 경우에는 그 처분기준의 2분의 1까지 경감할 수 있다.
④ 위반행위의 차수에 의한 행정처분기준은 최근 6개월간 같은 위반행위로 행정처분을 받은 경우에 적용한다.

12. 「소방기본법 시행령」상 손실보상에 관한 설명으로 옳지 않은 것은?

① 물건의 훼손으로 인한 손실 외의 재산상 손실에 대해서는 직무집행과 상당한 인과관계가 있는 범위에서 보상한다.
② 손실을 입은 물건을 수리할 수 없는 때에는 수리비에 상당하는 금액의 2배를 보상 받을 수 있다.
③ 특별한 사유가 없으면 손실보상심의위원회는 보상금 지급 청구서를 받은 날부터 60일 이내에 보상금 지급 여부 및 보상금액을 결정하여야 한다.
④ 영업자가 손실을 입은 물건의 수리나 교환으로 인하여 영업을 계속할 수 없는 때에는 영업을 계속할 수 없는 기간의 영업이익액에 상당하는 금액을 더하여 보상한다.

13. 「위험물안전관리법 시행령」상 다음 (　) 안에 들어갈 내용으로 옳은 것은?

> 위험물안전관리법 제18조제3항에서 "대통령령이 정하는 제조소 등"이라 함은 액체위험물을 저장 또는 취급하는 (　　) ℓ 이상의 옥외탱크저장소를 말한다.

① 1만　　② 100만
③ 10만　　④ 50만

14. 「소방시설공사업법」상 소방시설업자의 승계에 대한 설명으로 옳지 않은 것은?

① 소방시설업자가 사망한 경우 그 상속인이 종전의 소방시설업자의 지위를 승계하려는 경우 그 상속일부터 30일 이내에 시·도지사에게 신고하여야 한다.
② 소방시설업 등록이 말소된 후 12개월 이내에 같은 업종의 소방시설업을 다시 등록한 경우 해당 소방시설업자는 폐업신고 전 소방시설업자의 지위를 승계한 것으로 본다.
③ 소방시설업자의 소방시설의 전부를 인수한 사람은 인수일부터 종전의 소방시설업자의 지위를 승계한다.
④ 소방시설업자의 지위를 승계한 사람은 폐업신고 전의 소방시설업자에 대한 행정처분의 효과가 승계된다.

15. 「소방시설 설치 및 관리에 관한 법률 시행규칙」상 다음과 같이 통보할 경우 누구에게 하는가?

> 건축허가 등의 동의를 요구한 건축허가청 등이 그 허가 등을 취소한 때에는 취소한 날부터 7일 이내에 그 사실을 통보하여야 한다.

① 소방본부장 또는 소방서장
② 시·도지사 또는 소방본부장
③ 시장·군수
④ 시·도지사

16. 「소방시설 설치 및 관리에 관한 법률 시행령」상 방염성능기준의 범위 중 소방청장이 정하여 고시하는 범위에 해당하지 않는 것은?

① 탄화한 면적은 50㎠ 이내, 탄화한 길이가 20㎝ 이내일 것
② 버너의 불꽃을 제거한 때부터 불꽃을 올리며 연소하는 상태가 그칠 때까지 시간이 20초 이내일 것
③ 버너의 불꽃을 제거한 때부터 불꽃을 올리지 않고 연소하는 상태가 그칠 때까지 시간이 30초 이내일 것
④ 불꽃에 의하여 완전히 녹을 때까지 불꽃의 접촉 횟수가 2회 이상일 것

17. 「소방시설 설치 및 관리에 관한 법률 시행령」상 소방시설관리사 시험에 응시할 수 없는 사람을 모두 고른 것은?

㉮ 소방설비산업기사 중 소방실무 경력이 10년 이상인 사람
㉯ 소방청장이 정하여 고시하는 소방안전 관련 분야의 박사학위를 취득한 사람
㉰ 건축전기설비기능사
㉱ 위험물기술사
㉲ 소방공무원 중 소방에 관한 실무경력이 3년 이상인 사람

① ㉮, ㉯
② ㉮, ㉯, ㉱
③ ㉰, ㉱
④ ㉯, ㉲

18. 「소방기본법 시행규칙」상 소방신호의 방법에 대한 다음 설명으로 옳지 않은 것은?

① 소방대의 비상소집을 하는 경우에는 경계신호를 사용할 수 있다.
② 소방신호의 방법은 그 전부 또는 일부를 함께 사용할 수 있다.
③ 해제신호의 싸이렌신호는 1분간 1회이다.
④ 소방신호의 방법은 타종신호, 싸이렌신호 등이 있다.

19. 「소방의 화재조사에 관한 법률 시행규칙」상 화재조사와 관련한 설명으로 옳지 않은 것은?

① 전담부서에 배치된 화재조사관은 2년마다 의무 보수교육을 실시하여야 한다.
② 화재조사에 관한 자격시험을 실시하는 경우 시험 실시 30일 전까지 소방청의 인터넷 홈페이지에 공고해야 한다.
③ 소방조사관이 의무 보수교육을 이수하지 않았더라도 화재조사 업무를 수행하게 한 후 1개월 이내에 보수교육을 이수하게 하여야 한다.
④ 화재조사관은 권한을 표시하는 증표를 관계인에게 보여야 하며 권한을 표시하는 증표는 화재조사관 자격증으로 한다.

20. 「소방기본법」상 처벌 규정이 나머지 셋과 다른 것은?

① 사람을 구출하는 일을 방해한 사람
② 불이 번질 우려가 있는 소방대상물에 대하여 소방활동에 필요한 처분을 방해한 사람
③ 소방용수시설의 정당한 사용을 방해한 사람
④ 소방자동차의 출동을 방해한 사람

21. 「화재의 예방 및 안전관리에 관한 법률」상 화재안전영향평가에 대한 설명으로 옳지 않은 것은?

① 화재안전영향평가심의회는 소방청장이 구성하고 운영한다.
② 화재안전영향평가의 방법과 절차 및 기준 등에 필요한 사항은 대통령령으로 정한다.
③ 화재발생 원인을 분석하는 등의 과정에서 법령이나 정책의 개선이 필요하다고 인정되는 경우 화재안전영향평가를 실시할 수 있다.
④ 화재안전영향평가심의회는 위원장 1명을 포함한 12명 이내의 위원으로 구성하되 위원장은 소방청장이 된다.

22. 「소방의 화재조사에 관한 법률 시행령」상 화재합동조사단에 대한 설명으로 옳지 않은 것은?

① 화재합동조사단의 단원은 화재조사 업무에 관한 경력이 3년 이상인 소방공무원 중에서 화재합동조사단장이 임명한다.
② 화재로 인해 사회적 및 경제적 영향이 광범위하다고 소방관서장이 인정할 경우 화재합동조사단을 구성하여 운영할 수 있다.
③ 화재합동조사단은 화재조사를 완료하면 소방관서장에게 다수의 인명피해가 발생한 경우 그 원인 등이 포함된 화재조사 결과를 보고해야 한다.
④ 화재합동조사단 운영을 위해여 관계 행정기관의 장에게 소속 공무원의 파견을 요청할 수 있다.

23. 「화재의 예방 및 안전관리에 관한 법률 시행령」상 다음 내용 중 옳지 않은 것은?

① 화재안전조사의 목적에 따라 종합조사, 부분조사의 방법으로 화재안전조사를

실시할 수 있다.
② 화재안전조사를 효율적으로 실시하기 위해 필요한 경우 한국소방안전원의 장과 합동으로 조사반을 편성하여 화재안전조사를 할 수 있다.
③ 화재안전조사 실시에 대한 권한은 각 시·도지사에게 있다.
④ 사전 통지 없이 화재안전조사를 실시하는 경우 화재안전조사를 실시하기 전에 관계인에게 조사사유 등을 현장에서 설명해야 한다.

24. 「소방의 화재조사에 관한 법률」상 화재감정기관에 대한 설명으로 옳지 않은 것은?

① 화재감정기관은 화재조사를 수행할 수 있는 감식 및 감정 장비, 증거물 수집 장비 등을 갖추어야 한다.
② 지정이 취소된 화재감정기관은 지정이 취소된 날부터 10일 이내에 화재감정기관 지정서를 반환해야 한다.
③ 화재감정기관은 화재조사관 자격 취득 후 화재조사 관련 분야에서 5년 이상 근무한 사람을 2명 이상을 보유하여야 한다.
④ 거짓이나 그 밖의 부정한 방법으로 감정 비용을 청구한 경우 지정을 취소하여야 한다.

25. 「위험물관리법 시행규칙」상 탱크안전성능검사에 대한 설명으로 옳은 것은?

① 위험물탱크의 기초 및 지반에 대한 탱크안전성능검사는 기초 및 지반에 관한 공사 개시 직후에 신청하여야 한다.
② 탱크안전성능검사의 세부기준·방법·절차에 관하여 필요한 사항은 한국소방산업기술원장이 정하여 고시한다.
③ 위험물탱크에 대한 충수 및 수압검사를 면제 받으려면 탱크시험합격확인증

에 탱크시험성적서를 첨부하여 소방본부장에게 제출하여야 한다.
④ 탱크안전성능검사를 받으려면 신청서를 해당 위험물탱크의 설치장소를 관할하는 소방서장 또는 한국소방산업기술원에 제출하여야 한다.

행정법총론

01. 다음 내용은 대법원 판결문이다. ( ) 안에 들어갈 내용이 순서대로 바르게 연결된 것은?

> (㉮)의 법리는 법의 일반원리인 (㉯)에 바탕을 둔 파생원칙인 것이므로 공법관계 가운데 관리관계는 물론이고 권력관계에도 적용되어야 함을 배제할 수는 없다 하겠으나 그것은 본래 권리행사의 기회가 있음에도 불구하고 권리자가 장기간에 걸쳐 그의 권리를 행사하지 아니하였기 때문에 의무자인 상대방은 이미 그의 권리를 행사하지 아니할 것으로 믿을 만한 정당한 사유가 있게 되거나 행사하지 아니할 것으로 추인케 할 경우에 새삼스럽게 그 권리를 행사하는 것이 (㉰)에 반하는 결과가 될 때 그 권리행사를 허용하지 않는 것을 의미한다.

	㉮	㉯	㉰
①	실효	금반언의 원칙	신의성실의 원칙
②	실효	신뢰보호의 원칙	비례의 원칙
③	실권	신의성실의 원칙	신의성실의 원칙
④	실권	비례의 원칙	신뢰보호의 원칙

02. 행정행위의 실효에 관한 설명으로 옳지 않은 것은?

① 공고·통지 등 행정청의 행위 없이도 당연히 효력이 소멸한다.
② 실효사유 발생 시부터 장래에 향하여 효력이 소멸된다.
③ 중대하고 명백한 하자는 무효사유에 해당한다.
④ 행정행위의 대상인 사람의 사망은 행정행위의 실효원인이 될 수 없다.

03. 행정행위를 기속행위와 재량행위로 구별하는 필요성으로 볼 수 있는 것은?

① 행정소송과 민사소송의 관할을 구별하기 위함이다.
② 공법상의 이익과 사법상의 이익을 구별하기 위함이다.
③ 행정소송에 있어서 심사대상을 한계를 지우기 위함이다.
④ 행정주체의 자의적 권한행사를 막기 위함이다.

04. 불특정 다수인을 규율하지만 시간적·공간적으로 특정된 사항만을 규율하는 것을 설명하는 것들이다. 틀린 것은?

① 도시계획결정고시
② 주차금지·좌회전금지 등 교통표지
③ 한옥보존지구결정고시
④ 공유수면매립면허

05. 행정행위의 구성요건적 효력에 관한 설명 중 옳지 않은 것은?

① 당연무효인 경우 구성요건적 효력은 인정되지 않는다.
② 구성요건적 효력의 인정근거는 권한·관할분배에서 찾는다.

③ 공정력과 같이 상대방 및 관계인에 대한 구속력이다.
④ 타행정기관 또는 법원에 대한 구속력이다.

06. 하자 있는 행정처분에 대한 설명으로 옳지 않은 것은? (다툼이 있는 경우 판례에 의함)

① 행정처분이 아무리 위법하다고 하여도 그 하자가 중대하고 명백하여 당연무효라고 보아야 할 사유가 있는 경우를 제외하고는 아무도 그 하자를 이유로 무단히 그 효과를 부정하지 못한다.
② 수익적 행정처분의 하자가 당사자의 사실은폐나 기타 사위의 방법에 의한 신청행위에 기인한 것이라면, 당사자는 처분에 의한 이익을 위법하게 취득하였음을 알아 취소가능성도 예상하고 있었을 것이므로 행정청이 이를 고려하지 않았다 하여도 재량권의 남용이 되지 않는다.
③ 행정처분이 정당한 것으로 인정되어 행정심판청구를 기각한 재결에 대한 항고소송은 원처분의 하자를 이유로 주장할 수 없고, 그 재결자체에 주체, 절차, 형식 또는 내용상의 위법이 있는 경우에 한한다.
④ 행정처분을 한 처분청은 그 처분에 하자가 있는 경우에는 별도의 법적 근거가 있어야 스스로 이를 직권으로 취소할 수 있다.

07. 압류와 관련한 다음 설명 중 타당한 것은? (다툼이 있는 경우 판례에 의함)

① 체납세액과 압류재산의 시가 사이에 현저한 차이가 있어도 그것만으로 압류처분이 당연무효라 할 수 없다.
② 압류처분과 공매처분은 개별의 처분으로 압류처분이 당연무효인 경우를 제외하고는 공매처분의 취소소송에 있어서 압류처분의 위법을 주장할 수 없다.
③ 상속인이 상속 재산의 한도내에서 승계한 피상속인의 체납국세의 납부의무

를 이행하지 않은 경우 상속인의 고유재산에 대해서는 압류할 수 없다.
④ 압류금지재산은 그 소유자가 법인인 경우도 포함된다.

08. 행정청의 처분 및 부작위에 대한 심판기관이 다른 것은?
① 국무총리나 행정 각 부 장관
② 국회사무총장·법원행정처장
③ 헌법재판소사무처장
④ 대통령 직속기관의 장

09. 행정행위의 무효와 취소의 구별 실익에 대한 다음 설명 중 옳지 않은 것은?
① 취소는 취소소송·무효 등 확인소송에 의해 가능하다.
② 취소는 제소기간·행정심판전치주의 등에 제한이 있으나 무효는 제소기간·행정심판전치주의 제한이 없다.
③ 무효는 하자의 승계를 인정하지 않는다.
④ 처음부터 무효이기 때문에 법원은 독자적 판단으로 무효임을 인정할 수 있으므로 공정력을 부인한다.

10. 행정행위의 부관의 일종인 부담에 관한 다음 설명 중 옳지 않은 것은?
① 주로 수익적 행정행위에 붙여진다.
② 본체인 행정행위의 효과는 부담에 관계없이 확정된다.
③ 다른 부관인 조건과의 구별이 불명확할 때에는 부담으로 추정한다.
④ 그 존속 여부가 주된 행정행위에 의존하는 것은 아니다.

11. 현행 국가배상법 상의 내용과 일치하지 않은 것은?

① 외국인이 피해자인 경우에는 상호의 보증이 있는 때에 한하여 적용하는 상호주의를 채택하고 있다.
② 피해자가 손해를 입은 동시에 이익을 얻은 경우에는 손해배상액에서 그 이익에 상당하는 금액을 빼는 손익상계 규정이 명시 되어 있다.
③ 불법행위로 인한 손해배상의 청구권은 피해자나 그 법정대리인이 그 손해 및 가해자를 안 날로부터 3년간 이를 행사하지 않으면 시효로 인하여 소멸한다.
④ 국가나 지방자치단체는 공무원이 직무를 집행하면서 고의 또는 과실로 법령을 위반하여 타인에게 손해를 입혀 손해배상의 책임이 있는 경우 그 손해를 배상하여야 한다고 규정하고 있다.

12. 행정대집행에 관한 설명으로 옳지 않은 것은?

① 대집행의 비용은 의무자로부터 징수한다.
② 대집행의 대상은 행정법상의 대체적 작위의무에 한한다.
③ 대집행의 요건은 계고할 때 이미 충족되어야 한다.
④ 대집행권자는 처분청 및 상급감독청이다.

13. 행정행위에 대한 설명으로 옳지 않은 것은? (다툼이 있는 경우 판례에 의함)

① 행정처분이 아무리 위법하다고 하여도 그 하자가 중대하고 명백하여 당연무효라고 보아야 할 사유가 있는 경우를 제외하고는 아무도 그 하자를 이유로 무단히 그 효과를 부정하지 못한다.
② 행정처분에 있어 수개의 처분사유 중 일부가 적법하지 않다고 하더라도 다른 처분사유로써 그 처분의 정당성이 인정되는 경우에는 그 처분은 정당하다.

③ 행정청이 건축물에 관한 건축물대장을 직권말소한 행위는 항고소송의 대상이 되는 행정처분에 해당한다.
④ 행정행위의 취소는 일단 유효하게 성립한 행정행위를 그 행위에 위법 또는 부당한 하자가 있음을 이유로 소급하여 그 효력을 소멸시키는 별도의 행정처분이다.

14. 행정심판의 재결에 관한 설명 중 옳지 않은 것은?
① 행정심판 청구가 이유가 없으면 기각한다.
② 무효확인 심판의 청구가 이유 있다고 인정하면 처분을 취소 또는 다른 처분으로 변경한다.
③ 행정심판법은 행정청에 대한 재심사청구를 인정하나 특별법상으로는 재심청구가 인정된 예가 없다.
④ 행정심판의 재결은 불가쟁력·불가변력·구속력을 발생한다.

15. 과태료의 과벌 절차에 관한 다음의 기술 중 옳지 않은 것은?
① 과태료는 원칙적으로 과태료에 처할 사람의 주소지를 관할하는 지방법원이 결정으로써 과한다.
② 과태료에 처한 사람이 소정기한까지 과태료를 납부하지 않은 경우에는 법원은 노역장 유치를 명할 수 있다.
③ 각 개별법에서 행정기관의 부과결정을 전치시키는 경우가 많은 바, 이는 국민 편의와 과태료 규정의 실효성을 확보하기 위함이다.
④ 각 개별법이 행정기관으로 하여금 부과·징수하게 한 경우 이에 대한 불복은 행정심판이나 행정소송을 제기하여야 한다.

16. 다음은 징계벌과 형벌을 비교 설명한 것이다. 옳지 않은 것은?

① 징계벌은 특별권력에 기초하는 데 대하여, 형벌은 국가의 일반통치권에 근거한다.
② 징계벌이 공무원관계의 내부질서의 유지를 목적으로 하는 데 대하여, 형벌은 일반사회의 질서유지를 목적으로 한다.
③ 징계벌은 형벌과 달리 고의·과실을 그 요건으로 하지 아니한다.
④ 징계벌에는 일사부재리의 원칙이 적용되지 않는 데 대하여, 형벌에는 일사부재리의 원칙이 적용된다.

17. 행정상 대집행에 관한 설명으로 옳지 않은 것은?

① 대집행의 실행행위는 권력적 사실행위로서의 성질을 갖는다.
② 대집행의 주체는 당해 행정청이 되나, 대집행의 실행행위는 행정청에 의한 경우 이외에 제3자에 의해서도 가능하다.
③ 의무자는 대집행의 실행행위에 대해서 수인의무를 진다.
④ 대집행의 소요비용은 행정청이 스스로 부담한다.

18. 다음은 행정기관에 대한 설명이다. 옳지 않은 것은?

① 국방안전보장회의는 합의제 행정관청이 아니다.
② 정부조직법은 권한 배분단위로서의 행정기관의 개념을 채택한다.
③ 행정관청은 행정주체를 위해 의사의 결정·표시할 권한을 가진 행정기관이다.
④ 부, 처, 청은 행정사무의 분배단위로서의 행정기관의 개념에 입각한 것이다.

19. 행정상의 강제집행에 관한 설명 중 틀린 것은?
① 행정객체의 행정법상의 의무의 불이행을 전제로 이루어진다.
② 행정상 필요한 상태를 실현시키는 작용이므로 행정상의 즉시강제와 다를 것이 없다.
③ 의무자의 신체·재산에 실력을 가함으로써 장래에 그 의무를 이행시키거나 이행이 있는 것과 같은 상태를 실현시키는 작용이다.
④ 민사소송에 있어서는 달리 채무명의 없이도 자력집행을 할 수 있다.

20. 국세기본법에 의한 행정심판 중 행정소송 제기를 위하여 의무적으로 거치도록 되어 있는 것은?
① 심사청구 또는 심판청구
② 심사청구 및 심판청구
③ 이의신청 또는 심판청구
④ 이의신청, 심사청구 및 심판청구

21. 규제완화에 대한 설명으로 옳지 않은 것은?
① 행정규제의 신설 또는 필요성과 규제목적의 실현가능성을 고려하여 규제영향분석을 하는 것은 비효율적인 행정규제의 억제를 통하여 규제의 완화에 기여한다고 볼 수 있다.
② 규제완화의 기본취지는 규제영향평가를 통한 적정하고 객관적인 이익형량에 따른 과잉규제의 개선을 추구한다는데 있다.
③ 규제완화는 규제의 순기능보다 그 역기능이 커짐에 따라 개인의 자율과 창의를 촉진하기 위하여 논의되기 시작하였다.
④ 행정행위의 성질상 하명·허가 등의 명령적 행위나 특허·인가 등의 형성적 행위와 같은 법률행위적 행정행위는 규제완화의 대상이 될 수 있으나 확인

· 공증 등의 준법률행위적 행정행위는 규제완화의 대상이 되지 않는다.

22. 행정행위의 무효와 취소의 구별 실익에 대한 다음 설명 중 옳지 않은 것은?
① 취소는 취소소송·무효 등 확인소송에 의해 가능하다.
② 취소는 제소기간·행정심판전치주의 등에 제한이 있으나 무효는 제소기간·행정심판전치주의 제한이 없다.
③ 무효는 하자의 승계를 인정하지 않는다.
④ 처음부터 무효이기 때문에 법원은 독자적 판단으로 무효임을 인정할 수 있으므로 공정력을 부인한다.

23. 민원 처리에 관한 법률상의 내용과 관련하여 옳지 않은 것은?
① 대통령 소속 하에 국민권익위원회를 둔다.
② 행정처분에 관한 사무 역시 민원사무에 해당한다.
③ 행정심판이 진행 중인 사항은 국민권익위원회의 관할범위에 속하지 않는다.
④ 관계 행정기관의 장은 권익민원의 조사에 따른 처리결과를 존중하여야 한다.

24. 행정법상 신뢰보호의 원칙의 요건에 대한 설명으로 옳지 않은 것은?
① 행정청이 공적인 견해를 명시적으로 표명하였을 것
② 행정청의 선행조치가 존재할 것
③ 행정청의 견해 표명을 신뢰함에 있어서 상대방에게 귀책사유가 없을 것
④ 행정청의 선행조치와 이를 믿는 상대방의 신뢰 사이에 인과관계가 존재할 것

25. 행정행위의 항고소송에 대한 설명으로 옳지 않은 것은? (다툼이 있는 경우 판례에 의함)

① 항고소송 대상이 되는 행정청의 처분이란 원칙적으로 행정청의 공법상 행위로서 특정사항에 대하여 법규에 의한 권리의 설정 또는 의무의 부담을 명하거나 기타 법률상 효과를 직접 발생하게 하는 등 국민의 권리의무에 직접 관계가 있는 행위를 말한다.

② 부가가치세법상의 사업자등록은 과세관청으로 하여금 부가가치세의 납세의무자를 파악하고 그 과세자료를 확보하게 하려는 데 제도의 취지가 있는바, 이는 단순한 사업사실의 신고로서 사업자가 관할세무서장에게 소정의 사업자등록신청서를 제출함으로써 성립하는 것이고, 사업자등록증의 교부는 이와 같은 등록사실을 증명하는 증서의 교부행위에 불과한 것이다. 나아가 구 부가가치세법(2006. 12. 30. 법률 제8142호로 개정되기 전의 것) 제5조 제5항에 의한 과세관청의 사업자등록 직권말소행위도 폐업사실의 기재일 뿐 그에 의하여 사업자로서의 지위에 변동을 가져오는 것이 아니라는 점에서 항고소송의 대상이 된다.

③ 방산물자 지정이 취소되는 경우 당해 물자에 대한 방산업체 지정도 취소될 수밖에 없다고 보아야 한다. 그렇게 되면 방위사업법에서 규정하는 방산물자 등에 대한 수출지원(제44조)을 받을 수 없을 뿐 아니라 방산업체로서 방위사업법에 따라 누릴 수 있는 각종 지원과 혜택을 상실하게 되고, 국가를 당사자로 하는 계약에 관한 법률 시행령 제26조 제1항 제6호 (다)목에서 규정한 '방위사업법에 의한 방산물자를 방위산업체로부터 제조·구매하는 경우' 수의계약에 의할 수 있는 지위도 상실하게 되므로, 결국 방산물자 지정취소는 당해 방산물자에 대하여 방산업체로 지정되어 이를 생산하는 자의 권리의무에 직접 영향을 미치는 행위로서 항고소송의 대상이 되는 행정처분에 해당한다.

④ 항고소송의 대상인 '처분'이란 '행정청이 행하는 구체적 사실에 관한 법집행으로서의 공권력의 행사 또는 그 거부와 그 밖에 이에 준하는 행정작용'(행정소송법 제2조 제1항 제1호)을 말한다.

정답 및 해설
소방학개론 · 소방관계법규 · 행정법총론

제 1회 정답 및 해설
제 2회 정답 및 해설
제 3회 정답 및 해설
제 4회 정답 및 해설
제 5회 정답 및 해설
제 6회 정답 및 해설
제 7회 정답 및 해설
제 8회 정답 및 해설
제 9회 정답 및 해설
제10회 정답 및 해설

제1회 정답 및 해설

소방학개론

```
01. ②  02. ②  03. ③  04. ①  05. ④  06. ③  07. ②  08. ①  09. ④  10. ②
11. ③  12. ①  13. ③  14. ④  15. ②  16. ④  17. ③  18. ②  19. ①  20. ②
21. ①  22. ②  23. ③  24. ④  25. ④
```

01. ② 실내에서 화재가 천장까지 연소 확대된 상태를 출화라고 하며 이 시점에 다다르면 소화는 어려워진다.

02. 플룸(plume)
  ㉠ 화재 위로 오르는 열 가스·불꽃 및 연기 기둥을 말한다.
  ㉡ 대류기둥(thermal updraft) 또는 열 기둥이라고도 부른다.
  ㉢ 화재 플룸이 벽으로부터 멀리 떨어진 천장 하단부에 위치할 때, 상승하는 열 가스와 연소 생성물이 천장에 부딪히며 그 플룸 중앙선으로부터 바깥쪽으로 흐르기 시작한다.
  ㉣ 플룸이 연소물과 천장 사이에서 형성될 때 이 흐름을 '플룸지대와 천장분출지대'로 구분하여 볼 수 있다.

03. ③ 산소나 열의 공급이 원활하지 못해 소극적으로 연소하는 상태를 훈소라 한다.

04. 액체의 비등점(BP / bp)
  ㉠ 증발된 기체로 가득 찬 기포가 그 내부에 형성될 때의 온도이다(즉, 액체가 끓기 시작하는 온도).
  ㉡ 액체 표면으로부터 증발이 일어날 뿐만 아니라 액체 내부로부터 기화가 일어나 기포가 올라가기 시작하는 온도를 말한다.

ⓒ 비등점을 비점 또는 '끓는점'이라고도 하는데 이는 액체의 포화증기압이 대기압과 같아지는 온도를 말하며 이 비점은 압력이 증가함에 따라 증가하는 특성이 있다.

05. ① 국가 및 지방자치단체가 행하는 재난 및 안전관리 업무를 총괄·조정하는 사람은 행정안전부장관이다.
② 재외공관의 장은 관할구역 안에서 해외재난이 발생하거나 발생할 우려가 있는 때에는 즉시 그 상황을 외교부장관에게 보고하여야 한다.
③ 재난관리책임기관의 재난 및 안전관리 실태를 점검하기 위하여 정부합동안전점검단을 편성하여 안전 점검을 실시할 수 있는 사람은 행정안전부장관이다.

06. 끓는액체팽창증기폭발(BLEVE)
㉠ 액화가스탱크의 파열이 발생하면 탱크내부에 액화된 상태로 저장되어 있던 가스는 빠르게 기화하면서 파열점을 통해 외부로 확산된다.
㉡ 확산된 가스는 주변의 공기와 혼합되어 폭발성혼합기를 형성하고 존재하는 화염을 착화에너지로 하여 다시 폭발하게 된다.
㉢ 단계 별로 분석하면 물리적 폭발이 순간적으로 화학적 폭발로 이어지는 것으로 볼 수 있다.
㉣ 끓는액체팽창증기폭발에 의해 발생된 화염은 최초엔 지표면 부근에서 발생하여 거대하게 성장하고 반구형의 형태를 형성한 후 부력에 의해 상승하면서 버섯모양으로 변하는데 이 화염을 파이어볼이라 한다.

07. ② 학교·공장·창고시설(옥상수조를 설치한 대상은 제외)로서 동결의 우려가 있는 장소에 있어서는 기동스위치에 보호판을 부착하여 옥내소화전함 내에 설치할 수 있다.

08. ㉠ 연소에너지 한계에 의한 소화 : 연소 시에 발생하는 열에너지를 흡수하는 매체를 화염 속에 투입하여 소화하는 것으로서 냉각소화라고도 한다.
㉡ 농도 한계에 의한 소화 : 혼합기의 조성변화에 의한 소화라고도 하며 연소는 가연성기체가 연소범위 내의 농도에 있을 때에만 진행하는 것을 이용하여 소화하는 방법이다.
㉢ 화염의 불안정화에 의한 소화 : 화염을 불면 꺼지는 현상을 이용하는 방법으로 구체적으로는 작은 화염에 강한 기류를 보내는 방법과 실제로 성공한 예는 적지만 유정화재를 폭약폭발에 의한 폭풍으로 끄는 것이 여기에 해당된다.

09. ④ 산화제로는 산소·오존·질산·과산화수소·크롬산·염소산·진한황산 등이 있으며 환원제로는 수소·탄소·아연 등이 있다.

10. ①, ③, ④가 연소의 필요조건이며 연소가 정상적으로 이루어지려면 이 조건이 주변의 상황에 따라 충분해야 한다. 또한 연소상태가 지속적으로 순조롭게 진행되려면, 화학적 연쇄반응이 차질 없이 추진되어야 하므로 최근에는 화학적 연쇄반응을 필요조건으로 내세우기도 한다.

11. ③ 우리나라의 소방이 국가와 지방자치 소방체제로 성장한 시기는 1970년부터 1992년까지로 구분하여 볼 수 있고 1992년부터 현재에 이르기까지를 소방행정의 성숙기라 할 수 있다.

12. ① 불소, 오존, 염소, 산화질소 등은 불이 타는 것을 돕는 조연성 물질에 해당한다.

13. 화재를 일으킬 수 있는 열에너지원의 범주
  ㉠ 화학열에너지 : 연소열·자생열·분해열·용해열 등과 같이 어떤 형태의 화학반응의 결과로 발생된다.
  ㉡ 전기열에너지 : 전기열은 저항열·절연체열·누전열 등과 같이 다양한 방법 하에서 일어날 수 있다.
  ㉢ 기계열에너지 : 기계열은 마찰과 압축이라는 두 가지 방법에 의하여 발생된다.
  ㉣ 원자핵열에너지 : 원자핵열에너지는 원자가 따로 떨어져 분리되든지 혹은 서로 결합되든지 할 때 발생된다.
  ㉤ 태양열에너지 : 태양열 에너지는 전자기복사형태 내에서 태양으로부터 전달된 에너지이다.

14. ④ 플레밍의 법칙(Fleming's rule)은 전자기현상에 대해 영국의 전기공학자 플레밍이 발견한 법칙으로 저항가열은 저항 R에서 발생하는 줄 열을 이용한 방식이다. 또한 저항체 중의 전자가 이동할 때 원자와 충돌함으로써 발생하는 열진동에너지에 의한 것이다.

15. 1995년 6월 삼풍백화점 붕괴 사고가 발생하면서 인위적인 사고에 대한 예방 및 수습대책의 일환으로 1995년 7월에 재난관리법이 제정되었다.

제 1회 정답 및 해설

16. ① 내부연소 : 질산에스테르류, 셀룰로이드류, 니트로화합물류, 히드라진유도체류 등은 가연성 물질이면서 그 자체에 산소를 함유하고 있어 외부에서 열을 가하면 분화되어 가연성 기체와 산소를 발생하게 되므로 공기 중의 산소 없이도 그 자체의 산소만으로도 연소하는 현상을 내부연소라 하며 자기연소 또는 자활연소라고 한다.
② 분해연소 : 충분한 열에너지 공급 시 가열분해에 의하여 발생된 가연성 기체가 공기와 혼합되어 타는 현상을 고체의 분해연소라고 한다.
③ 표면연소 : 표면연소란 열분해에 의하여 가연성 가스를 발생치 않고 그 자체가 연소하는 형태 즉, 가연성 고체가 열분해 하여 증발하지 않고 그 고체의 표면에서 산소와 반응하여 연소되는 현상으로서 직접연소라고 부른다.
④ 확산연소 : 가연성 기체의 대표적인 연소과정으로 연소면에 대하여 연료인 가스와 산소의 공급이 확산에 의하여 이루어지는 형태를 취하며 기체의 증발연소 및 분해연소의 대부분이 여기에 속한다.

17. ① 지하층을 제외한 층수가 11층 이상의 층에는 60분 이상 유효하게 작동시킬 수 있는 용량으로 하여야 하며 예비전원을 내장하지 않은 비상조명등의 비상전원은 비상조명등을 20분 이상 유효하게 작동시킬 수 있는 용량으로 하여야 한다.
② 휴대용비상조명등의 설치높이는 바닥으로부터 0.8m 이상 1.5m 이하의 높이에 설치하여야 한다.
④ 조도는 비상조명등이 설치된 장소의 각 부분 바닥에서 1lx 이상이 되도록 하여야 한다.

18. ② 산소의 공급이나 고체의 표면적에 좌우되므로 연소 생성물 층이 형성되는 표면연소의 경우는 그 반응속도가 비교적 느리다.

19. 우리나라 현행 구조·구급 업무 관련법규
㉠ 소방기본법(시행령/규칙)
㉡ 재난 및 안전관리 기본법(시행령/규칙)
㉢ 수난구호법(시행령/규칙)
㉣ 응급의료에 관한 법률(시행령/규칙)
㉤ 구급차의 기준 및 응급환자이송업의 시설 등 기준에 관한 규칙(보건복지부령)
㉥ 긴급구조대응활동 및 현장지휘에 관한 규칙(행정안전부령)

ⓧ 소방장비 관리 규칙(행정안전부령)

20. 탄소[목탄·코크스(coke) 등] : 보통의 연소 온도로는 휘발되지 않으므로 탄소의 연소는 표면연소 외에는 존재하지 않는다.

21. ① 탄화수소계 연료의 화염이 밝게 빛나는 것은 탄소입자가 화염 중에 많이 존재하여 고온에서 열발광을 하기 때문이다.

22. 재난상황의 보고 및 통보에는 다음의 사항이 포함되어야 한다.
　　ⓐ 재난 발생의 일시·장소와 재난의 원인
　　ⓑ 재난으로 인한 피해내용
　　ⓒ 응급조치 사항
　　ⓓ 대응 및 복구활동 사항
　　ⓔ 향후 조치계획
　　ⓕ 그 밖에 해당 재난을 수습할 책임이 있는 중앙행정기관의 장이 정하는 사항

23. ③ 화재조사는 소방청장, 소방본부장 또는 소방서장이 화재원인, 피해상황, 대응활동 등을 파악하기 위하여 자료의 수집, 관계인등에 대한 질문, 현장 확인, 감식, 감정 및 실험 등을 하는 일련의 행위를 말한다.

24. ④ 층수가 5층 이상으로서 연면적이 3,000㎡를 초과하는 2층 이상의 층에서 발화한 때에는 발화층 및 그 직상층에 경보를 발하도록 하여야 하며 발화층, 그 직상층 및 지하층에 경보를 발하는 경우는 지하층에서 발화한 때이다.

25. 폭연 : 연소의 전파속도가 그 물질 내에서 음속보다 느린 것 즉, 불꽃 면이 정지하고 있는 매질에 대하여 음속보다 느린 속도로 이동하는 경우를 말한다. 폭연 현상에서 일어나는 폭풍압의 파풍속도는 음속 이하이며 연소의 유형에 속한다.

제 1회 정답 및 해설

```
소 방 관 계 법 규
01. ②  02. ④  03. ③  04. ①  05. ②  06. ④  07. ④  08. ②  09. ④  10. ③
11. ②  12. ②  13. ④  14. ③  15. ②  16. ③  17. ④  18. ④  19. ①  20. ④
21. ②  22. ①  23. ④  24. ④  25. ③
```

01. ② 거짓이나 그 밖의 부정한 방법으로 소방시설업 운영을 등록하여 영업정지 또는 등록취소의 처분을 받은 소방시설업자는 그 날부터 소방시설에 대한 설계·시공 또는 감리를 하여서는 안 된다.

02. 다음에 해당하는 사람은 소방시설관리사가 될 수 없다.
  1. 피성년후견인
  2. 이 법, 「소방기본법」, 「화재의 예방 및 안전관리에 관한 법률」, 「소방시설공사업법」 또는 「위험물안전관리법」을 위반하여 금고 이상의 실형을 선고받고 그 집행이 끝나거나(집행이 끝난 것으로 보는 경우를 포함한다) 집행이 면제된 날부터 2년이 지나지 아니한 사람
  3. 이 법, 「소방기본법」, 「화재의 예방 및 안전관리에 관한 법률」, 「소방시설공사업법」 또는 「위험물안전관리법」을 위반하여 금고 이상의 형의 집행유예를 선고받고 그 유예기간 중에 있는 사람
  4. 제28조에 따라 자격이 취소(이 조 제1호에 해당하여 자격이 취소된 경우는 제외)된 날부터 2년이 지나지 아니한 사람

03. ③ 이동저장탱크는 그 외면을 적색으로 도장하여야 하며, 백색문자로서 동판의 양측면 및 경판(동체의 양 끝부분에 부착하는 판)에 별표 4 Ⅲ제2호 라목의 규정에 의한 주의사항을 표시하여야 한다.

04. ① 소방안전교육훈련은 이론교육과 실습(체험)교육을 병행하여 실시하되, 실습(체험)교육이 전체 교육시간의 100분의 30 이상이 되어야 한다.

05. ② 소방박물관장은 소방공무원 중에서 소방청장이 임명한다.

06. 건축허가 등의 동의 대상물의 범위
법 제6조제1항에 따라 건축물 등의 신축·증축·개축·재축·이전·용도변경 또는 대수선의

★ 소방관계법규

허가·협의 및 사용승인을 할 때 미리 소방본부장 또는 소방서장의 동의를 받아야 하는 건축물의 범위는 다음과 같다.
1. 연면적(「건축법 시행령」제119조제1항제4호에 따라 산정된 면적을 말한다.)이 400제곱미터 이상인 건축물이나 시설. 다만, 다음 각 목의 어느 하나에 해당하는 건축물이나 시설은 해당 목에서 정한 기준 이상인 건축물이나 시설로 한다.
    가. 「학교시설사업 촉진법」제5조의2제1항에 따라 건축등을 하려는 학교시설 : 100제곱미터
    나. 별표 2의 특정소방대상물 중 노유자 시설 및 수련시설 : 200제곱미터
    다. 「정신건강증진 및 정신질환자 복지서비스 지원에 관한 법률」제3조제5호에 따른 정신의료기관(입원실이 없는 정신건강의학과 의원은 제외한다) : 300제곱미터
    라. 「장애인복지법」제58조제1항제4호에 따른 장애인 의료재활시설 : 300제곱미터
2. 지하층 또는 무창층이 있는 건축물로서 바닥면적이 150제곱미터(공연장의 경우에는 100제곱미터) 이상인 층이 있는 것
3. 차고·주차장 또는 주차 용도로 사용되는 시설로서 다음 각 목의 어느 하나에 해당하는 것
    가. 차고·주차장으로 사용되는 바닥면적이 200제곱미터 이상인 층이 있는 건축물이나 주차 시
    나. 승강기 등 기계장치에 의한 주차시설로서 자동차 20대 이상을 주차할 수 있는 시설
4. 층수(「건축법 시행령」제119조제1항제9호에 따라 산정된 층수를 말한다.)가 6층 이상인 건축물
5. 항공기 격납고, 관망탑, 항공관제탑, 방송용 송수신탑
6. 별표 2의 특정소방대상물 중 의원(입원실이 있는 것으로 한정한다)·조산원·산후조리원, 위험물 저장 및 처리 시설, 발전시설 중 풍력발전소·전기저장시설, 지하구(地下溝)
7. 제1호나목에 해당하지 않는 노유자 시설 중 다음 각 목의 어느 하나에 해당하는 시설. 다만, 가목2) 및 나목부터 바목까지의 시설 중 「건축법 시행령」별표 1의 단독주택 또는 공동주택에 설치되는 시설은 제외한다.
    가. 별표 2 제9호가목에 따른 노인 관련 시설 중 다음의 어느 하나에 해당하는 시설
        1) 「노인복지법」제31조제1호에 따른 노인주거복지시설, 같은 조 제2호에 따른 노인의료복지시설 및 같은 조 제4호에 따른 재가노인복지시설
        2) 「노인복지법」제31조제7호에 따른 학대피해노인 전용쉼터
    나. 「아동복지법」제52조에 따른 아동복지시설(아동상담소, 아동전용시설 및 지역아동센터는 제외)
    다. 「장애인복지법」제58조제1항제1호에 따른 장애인 거주시설
    라. 정신질환자 관련 시설(「정신건강증진 및 정신질환자 복지서비스 지원에 관한 법률」제27조제1항제2호에 따른 공동생활가정을 제외한 재활훈련시설과 같은 법 시행령 제16조제3호에 따른 종합시설 중 24시간 주거를 제공하지 않는 시설은 제외)
    마. 별표 2 제9호마목에 따른 노숙인 관련 시설 중 노숙인자활시설, 노숙인재활시설 및 노숙인요양시설
    바. 결핵환자나 한센인이 24시간 생활하는 노유자 시설
8. 「의료법」제3조제2항제3호라목에 따른 요양병원. 다만, 의료재활시설은 제외.
9. 별표 2의 특정소방대상물 중 공장 또는 창고시설로서 「화재의 예방 및 안전관리에 관한 법률 시행령」

별표 2에서 정하는 수량의 750배 이상의 특수가연물을 저장·취급하는 것
10. 별표 2 제17호나목에 따른 가스시설로서 지상에 노출된 탱크의 저장용량의 합계가 100톤 이상인 것

㉮ 주차장으로 사용되는 층 중 바닥 면적이 200제곱미터인 이상인 층이 있는 시설
㉯ 특정소방대상물 중 연면적 200제곱미터인 노유자시설

07. ① 소방청장 및 시·도지사는 소방정보통신망의 안정적 운영을 위하여 소방정보통신망의 회선을 이중화할 수 있다. 이 경우 이중화된 각 회선은 서로 다른 사업자로부터 제공받아야 한다.
② 소방업무를 수행하는 소방본부장 또는 소방서장은 그 소재지를 관할하는 특별시장·광역시장·특별자치시장·도지사 또는 특별자치도지사의 지휘와 감독을 받는다.
③ 이웃한 소방본부장 또는 소방서장에게 소방업무의 응원(應援)을 요청에 따라 소방업무의 응원을 위하여 파견된 소방대원은 응원을 요청한 소방본부장 또는 소방서장의 지휘에 따라야 한다.

08. 소방대상물 : 건축물, 차량, 선박(「선박법」 제1조의2제1항의 규정에 따른 선박으로서 항구에 매어둔 선박만 해당), 선박, 건조 구조물, 산림 그 밖의 인공구조물 또는 물건을 말한다.

09. ④ 이동용조명기는 화재조사전담부서에 갖추어야 할 장비 중 조명기기에 해당하고 비디오카메라세트는 기록용기기, 고속카메라세트는 감정용기기에 각각 해당된다.

■ 소방의 화재조사에 관한 법률 시행규칙 [별표]

<u>전담부서에 갖추어야 할 장비와 시설(제3조 관련)</u>

구 분	기자재명 및 시설규모
발굴용구 (8종)	공구세트, 전동 드릴, 전동 그라인더(절삭·연마기), 전동 드라이버, 이동용 진공청소기, 휴대용 열풍기, 에어컴프레서(공기압축기), 전동 절단기
기록용 기기 (13종)	디지털카메라(DSLR)세트, 비디오카메라세트, TV, 적외선거리측정기, 디지털온도·습도측정시스템, 디지털풍향풍속기록계, 정밀저울, 버니어캘리퍼스(아들자가 달려 두께나 지름을 재는 기구), 웨어러블캠, 3D스캐너, 3D카메라(AR), 3D캐드시스템, 드론
감식기기 (16종)	절연저항계, 멀티테스터기, 클램프미터, 정전기측정장치, 누설전류계, 검전기, 복합가스측정기, 가스(유증)검지기, 확대경, 산업용실체현미경, 적외선열상카

	메라, 접지저항계, 휴대용디지털현미경, 디지털탄화심도계, 슈미트해머(콘크리트 반발 경도 측정기구), 내시경현미경
감정용 기기(21종)	가스크로마토그래피, 고속카메라세트, 화재시뮬레이션시스템, X선 촬영기, 금속현미경, 시편(試片)절단기, 시편성형기, 시편연마기, 접점저항계, 직류전압전류계, 교류전압전류계, 오실로스코프(변화가 심한 전기 현상의 파형을 눈으로 관찰하는 장치), 주사전자현미경, 인화점측정기, 발화점측정기, 미량융점측정기, 온도기록계, 폭발압력측정기세트, 전압조정기(직류, 교류), 적외선 분광광도계, 전기단락흔실험장치[1차 용융흔, 2차 용융흔, 3차 용융흔 측정 가능]
조명기기 (5종)	이동용 발전기, 이동용 조명기, 휴대용 랜턴, 헤드랜턴, 전원공급장치(500A 이상)
안전장비 (8종)	보호용 작업복, 보호용 장갑, 안전화, 안전모(무전송수신기 내장), 마스크(방진마스크, 방독마스크), 보안경, 안전고리, 화재조사 조끼
증거 수집 장비(6종)	증거물수집기구세트(핀셋류, 가위류 등), 증거물보관세트(상자, 봉투, 밀폐용기, 증거수집용 캔 등), 증거물 표지세트(번호, 스티커, 삼각형 표지 등), 증거물 태그 세트(대, 중, 소), 증거물보관장치, 디지털증거물저장장치
화재조사 차량(2종)	화재조사 전용차량, 화재조사 첨단 분석차량(비파괴 검사기, 산업용 실체현미경 등 탑재)
보조장비 (6종)	노트북컴퓨터, 전선 릴, 이동용 에어컴프레서, 접이식 사다리, 화재조사 전용 의복(활동복, 방한복), 화재조사용 가방
화재조사 분석실	화재조사 분석실의 구성장비를 유효하게 보존·사용할 수 있고, 환기 시설 및 수도·배관시설이 있는 30제곱미터(m^2) 이상의 실(室)
화재조사 분석실 구성 장비(10종)	증거물보관함, 시료보관함, 실험작업대, 바이스(가공물 고정을 위한 기구), 개수대, 초음파세척기, 실험용 기구류(비커, 피펫, 유리병 등), 건조기, 항온항습기, 오토 데시케이터(물질 건조, 흡습성 시료 보존을 위한 유리 보존기)

비고
1. 위 표에서 화재조사 차량은 탑승공간과 장비 적재공간이 구분되어 주요 장비의 적재·활용이 가능하고, 차량 내부에 기초 조사사무용 테이블을 설치할 수 있는 차량을 말한다.
2. 위 표에서 화재조사 전용 의복은 화재진압대원, 구조대원 및 구급대원의 의복과 구별이 가능하고, 화재조사 활동에 적합한 기능을 가진 것을 말한다.
3. 위 표에서 화재조사용 가방은 일상적인 외부 충격으로부터 가방 내부의 장비 및 물품이 손상

되지 않을 정도의 강도를 갖춘 재질로 제작되고, 휴대가 간편한 가방을 말한다.
4. 위 표에서 화재조사 분석실의 면적은 청사 공간의 효율적 활용을 위하여 불가피한 경우 최소 기준 면적의 절반 이상에 해당하는 면적으로 조정할 수 있다.

10. ③ 소방안전교육사시험은 2년마다 1회 시행함을 원칙으로 하되, 소방청장이 필요하다고 인정하는 경우 그 횟수를 증감할 수 있다.

11. ② 안전원의 사업계획 및 예산에 관하여는 소방청장의 승인을 얻어야 한다.

12. 소방청장은 다음 각 호에 해당하는 사람을 명예직의 소방대원으로 위촉할 수 있다.
    1. 「의사상자 등 예우 및 지원에 관한 법률」 제2조에 따른 의사상자로서 같은 법 제3조제3호 또는 제4호에 해당하는 사람
    「의사상자 등 예우 및 지원에 관한 법률」 제3조제3호 : 천재지변, 수난, 화재, 건물·축대·제방의 붕괴 등으로 위해에 처한 다른 사람의 생명·신체 또는 재산을 구하다가 사망을 하거나 부상을 입는 구조행위를 한 때
    「의사상자 등 예우 및 지원에 관한 법률」 제3조제4호 : 천재지변, 수난, 화재, 건물·축대·제방의 붕괴 등으로 일어날 수 있는 불특정 다수인의 위해를 방지하기 위하여 긴급한 조치를 하다가 사망하거나 부상을 입는 구조행위를 한 때
    2. 소방행정 발전에 공로가 있다고 인정되는 사람

    ② 강도·절도·폭행·납치 등의 범죄행위를 제지하거나 그 범인을 체포하다가 부상을 입은 사람은 「의사상자 등 예우 및 지원에 관한 법률」 제3조제1호에 해당하는 사람이므로 명예직의 소방대원으로 위촉할 수 없다.

13. ④ 화재안전기준에서 성능기준은 화재안전 확보를 위하여 재료, 공간 및 설비 등에 요구되는 안전성능으로서 소방청장이 고시로 정하는 기준을 말하고 기술기준은 성능기준을 충족하는 상세한 규격, 특정한 수치 및 시험방법 등에 관한 기준으로서 행정안전부령으로 정하는 절차에 따라 소방청장의 승인을 받은 기준을 말한다.

14. 소방기술자 실무교육기관 지정 신청의 경우 (㉮ 소방청장)은 신청자가 제출한 신청서(전자문서로 된 신청서를 포함) 및 첨부서류(전자문서를 포함)가 미비하거나 현장 확인 결과 제29조의 규정에 의한 지정기준을 충족하지 못하였을 때에는 (㉯ 15일) 이내의 기간을 정하여 이를 보완하게 할 수 있다. 이 경우 보완기간 내에 보완하지 않으면 신청서를 되돌려 보내야 한다.

15. 필요한 경우에 두는 인력
    ㉠ 충·수압시험, 진공시험, 기밀시험 또는 내압시험의 경우 : 누설비파괴검사의 기사, 산업기사 또는 기능사
    ㉡ 수직·수평도시험의 경우 : 측량 및 지형공간정보 기술사, 기사, 산업기사 또는 측량기능사
    ㉢ 방사선투과시험의 경우 : 방사선비파괴검사 기사 또는 산업기사
    ㉣ 필수 인력의 보조 : 방사선비파괴검사·초음파비파괴검사·자기비파괴검사 또는 침투비파괴검사 기능사

16. 대통령령으로 정하는 화재의 예방과 안전관리에 필요한 사항
    ㉠ 화재발생 현황
    ㉡ 소방대상물의 환경 및 화재위험특성 변화 추세 등 화재예방정책의 여건 변화에 관한 사항
    ㉢ 소방시설의 설치·관리 및 화재안전기준의 개선에 관한 사항
    ㉣ 계절별·시기별·소방대상물별 화재예방대책의 추진 및 평가 등에 관한 사항
    ㉤ 그 밖에 화재의 예방 및 안전관리와 관련하여 소방청장이 필요하다고 인정하는 사항

17. ④ "관계인등"이란 화재가 발생한 소방대상물의 소유자·관리자 또는 점유자(이하 "관계인"이라 한다) 및 다음 각 목의 사람을 말한다.
    ㉠ 화재 현장을 발견하고 신고한 사람
    ㉡ 화재 현장을 목격한 사람
    ㉢ 소화활동을 행하거나 인명구조 활동(유도대피 포함)에 관계된 사람
    ㉣ 화재를 발생시키거나 화재발생과 관계된 사람

18. ① 소방청장은 화재의 예방 및 안전관리에 관한 기본계획을 계획 시행 전년도 8월 31일까지 관계 중앙행정기관의 장과 협의한 후 계획 시행 전년도 9월 30일까지 수립해야 한다.
    ② 전산시스템을 구축·운영하는 경우 빅데이터를 활용하여 화재발생 동향 분석 및 전망 등을 하기 위한 방법·절차 등에 관하여 필요한 사항은 소방청장이 정한다.
    ③ 세부 시행계획에는 기본계획 및 시행계획에 대한 관계 중앙행정기관 또는 시·도의 세부 집행계획과 직전 세부시행계획의 시행 결과가 포함되어야 한다.

19. ① 작동점검은 소방시설 등을 인위적으로 조작하여 소방시설이 정상적으로 작동하는지를 소방청장이 정하여 고시하는 소방시설 등에 대하여 작동점검표에 따라 점검하는 것을 말한다.

20. ① 시·도지사가 설치허가신청을 접수하고 처리한 경우 그 신청서와 첨부서류의 사본 및 처리결과를 관할 소방서장에게 송부해야 한다.
② 시·도지사가 변경허가신청을 접수하고 처리한 경우 그 신청서와 첨부서류의 사본 및 처리결과를 관할 소방서장에게 송부해야 한다.
③ 소방서장이 제조소 등의 설치자 지위승계 신고를 접수받고 처리한 경우 신고서에 제조소 등의 완공검사필증과 지위승계를 증명하는 서류를 첨부하여 시·도지사 또는 소방서장에게 신청하여야 한다.
④ 시·도지사 또는 소방서장이 영 제7조제1항의 설치·변경 관련 서류제출, 제6조의 설치허가신청, 제7조의 변경허가신청, 제10조의 품명 등의 변경신고, 제19조제1항의 완공검사신청, 제22조의 지위승계신고, 제23조제1항의 용도폐지신고 또는 제23조의2제2항의 사용 중지신고 또는 재개신고를 각각 접수하고 처리한 경우 그 신청서 또는 신고서와 구조설비명세표(설치허가신청 또는 변경허가신청에 한한다)의 사본 및 처리결과를 관할 시장·군수·구청장에게 송부해야 한다.

21. 등록의 결격사유
㉠ 피성년후견인
㉡ 이 법, 「소방기본법」, 「화재의 예방 및 안전관리에 관한 법률」, 「소방시설 설치 및 관리에 관한 법률」 또는 「위험물안전관리법」에 따른 금고 이상의 실형을 선고받고 그 집행이 끝나거나(집행이 끝난 것으로 보는 경우를 포함한다) 면제된 날부터 2년이 지나지 아니한 사람
㉢ 이 법, 「소방기본법」, 「화재의 예방 및 안전관리에 관한 법률」, 「소방시설 설치 및 관리에 관한 법률」 또는 「위험물안전관리법」에 따른 금고 이상의 형의 집행유예를 선고받고 그 유예기간 중에 있는 사람
㉣ 등록하려는 소방시설업 등록이 취소(제1호에 해당하여 등록이 취소된 경우는 제외한다)된 날부터 2년이 지나지 아니한 자
㉤ 법인의 대표자가 ㉠ 또는 ㉡부터 ㉣까지에 해당하는 경우 그 법인
㉥ 법인의 임원이 ㉡부터 ㉣까지의 규정에 해당하는 경우 그 법인

22. ① 실태조사를 전문연구기관·단체나 관계 전문가에게 의뢰하여 실시할 수 있으며 실태조사의 결과를 인터넷 홈페이지 등에 공표할 수 있다.

23. ④ 방염처리업은 「소방시설 설치 및 관리에 관한 법률」 제20조제1항에 따른 방염대상물품에 대하여 방염처리 하는 영업이다.

24. ④ 소방관서장은 사상자가 많거나 사회적 이목을 끄는 화재 등 대통령령으로 정하는 대형화재 등이 발생한 경우 종합적이고 정밀한 화재조사를 위하여 유관기관 및 관계 전문가를 포함한 화재합동조사단을 구성·운영할 수 있다.

25. 하자보수 대상 소방시설과 하자보수 보증기간
 ㉠ 피난기구, 유도등, 유도표지, 비상경보설비, 비상조명등, 비상방송설비 및 무선통신보조설비 : 2년
 ㉡ 자동소화장치, 옥내소화전설비, 스프링클러설비, 간이스프링클러설비, 물분무등소화설비, 옥외소화전설비, 자동화재탐지설비, 상수도소화용수설비 및 소화활동설비(무선통신보조설비는 제외한다) : 3년

행 정 법 총 론

01. ④ 02. ② 03. ③ 04. ④ 05. ③ 06. ④ 07. ③ 08. ③ 09. ④ 10. ②
11. ④ 12. ④ 13. ③ 14. ③ 15. ④ 16. ③ 17. ③ 18. ② 19. ① 20. ①
21. ③ 22. ② 23. ④ 24. ③ 25. ①

---

01. ① 대판 1998.5.22, 98다2242
 ② 대판 2012.4.26, 2011두2521
 ③ 대판 2001.9.14, 2001다40879
 ④ 하천구역으로 편입되어 국유로 된 제외지의 구 소유자가 서울시를 상대로 제기한 손실보상금 청구를 채권양도 후 대항요건이 구비되기 전의 청구로 보아, 그 청구가 기각되어 시효중단의 효력이 소멸하였다고 하더라도 그로부터 6월 내에 구 소유자

의 승계인인 위 토지에 관한 권리의 매수인이 손실보상금을 청구한 이상, 구 소유자의 소제기로 인하여 시효가 중단되었다고 봄이 타당하다(대판 2009.2.12, 2008두20109).

02. 국가배상법은 공무원의 직무상 불법행위로 인한 국가배상(동법 제1조)과 영조물의 설치·관리의 하자로 인한 국가배상(동법 제5조)에 대해 규정하고 있으나, 헌법은 제29조에서 공무원의 직무상 불법행위로 인한 국가배상에 대해서만 규정하고 있다.

① 공무를 위탁받은 사인이 직무를 집행하면서 고의 또는 과실로 법령을 위반하여 타인에게 손해를 입힌 때에는 이 법에 따라 그 손해를 배상하여야 한다(국가배상법 제2조).
③ 공무원에게 고의 또는 중대한 과실이 있으면 국가나 지방자치단체는 그 공무원에게 구상할 수 있도록 하여 책임을 묻고 있다.
④ 직무행위의 범위를 정함에 있어서 외형설을 취할 경우 국가배상책임은 오히려 확대된다.

03. ① 행정처분의 직접 상대방이 아닌 제3자라도 행정처분으로 인하여 법률상 보호되는 이익을 침해당한 경우에는 취소소송을 제기하여 당부의 판단을 받을 자격이 있고, 여기에서 말하는 법률상 보호되는 이익은 처분의 근거 법규 및 관련 법규에 의하여 보호되는 개별적·직접적·구체적 이익을 말한다(대판 2016.11.25, 2014두5316).
② 행정처분의 무효확인 또는 취소를 구하는 소에서, 비록 행정처분의 위법을 이유로 무효확인 또는 취소 판결을 받더라도 처분에 의하여 발생한 위법상태를 원상으로 회복시키는 것이 불가능한 경우에는 원칙적으로 무효확인 또는 취소를 구할 법률상 이익이 없고, 다만 원상회복이 불가능하더라도 무효확인 또는 취소로써 회복할 수 있는 다른 권리나 이익이 남아 있는 경우 예외적으로 법률상 이익이 인정될 수 있을 뿐이다(대판 2016.6.10, 2013두1638).
③ 건축허가의 취소처분이 확정되면 건축은 불가능해지게 되어 건축을 전제로 한 산지전용허가도 아무런 의미가 없게 되므로 이러한 경우에 산지전용허가 취소를 기다리지 않고 산지전용허가가 당연히 취소되는 것으로 의제하여 산지전용허가의 효력을 소멸시키려는 데에 취지가 있다. 이러한 규정은 목적사업의 시행에 필요한 행정처분을 받은 사람이 스스로 취소한 경우에도 그 취지에 비추어 마찬가지로 유추 적용된다(대판 2014.9.4, 2014두267).

④ 대판 2015.9.10, 2013추517

04. 처분성 인정여부에 관한 판례
  ㉠ 처분성을 긍정한 경우
   • 지방의회의 의장 선거
   • 지방의회의장에 대한 불신임의결
   • 문화재에 대한 보호구역지정처분
   • 행정청의 입찰자격제한조치
   • 공용개시의 표시
   • 노동조합규약의 변경보완시정명령
   • 주차금지·좌회전금지 등 교통표지
   • 컴퓨터 등 자동기기에 의한 행정결정
   • 영업허가 갱신신청에 대한 거부행위
   • 공무원 면접시험의 면접불합격 결정행위
   • 단수처분
   • 소속장관의 변상명령
   • 주택건설사업계획의 승인
   • 개별공시지가
   • 대한주택공사(현 토지주택공사)가 시행한 택지개발사업 및 이에 따른 이주대책에 관한 처분
   • 폐기물처리업허가 전의 사업계획에 대한 부적정통보
   • 국유재산 무단점유자에 대한 변상금 부과처분
   • 지방의회의원의 징계의결
   • 국립대학 내의 징계행위
   • 대집행계고
   • 용도지역변경행위
   • 민방위경보 재거부처분
   • 정보제공신청에 대한 거부행위
   • 공무원 견책처분
   • 국유재산사용료의 부과처분
   • 분교를 폐교하는 도의 조례

제1회 정답 및 해설

- 도시계획결정
- 경정처분
- 대학교원의 임용권자가 임용기간이 만료된 조교수에 대하여 재임용을 거부하는 취지로 한 임용기간만료의 통지(대판 전합 2004.4.22, 2000두7735)
- 지적공부, 소관청의 지목변경신청 반려행위(대판 전합 2004.4.22, 2003두9015)

ⓒ 처분성을 부정한 경우
- 행정청간 국유재산의 이관 결정
- 검찰총장의 재항고기각결정
- 토지대장·가옥대장 등에의 등재
- 정년퇴직통보
- 환지계획결정
- 감사원의 심사청구의 결정 및 그 통지
- 병역법상 군의관의 신체등위 판정
- 자체완성적 사인의 공법행위인 신고나 수리행위
- 당연퇴직의 인사명령
- 행정지도
- 교통법규위반에 대한 벌점부과행위
- 교통경찰관의 교통사고조사서
- 공정거래위원회의 고발조치 및 고발의결
- 보류처분
- 기획재정부장관의 예산편성지침통보
- 국세환급금결정·거부결정
- 장관의 소속공무원에 대한 경고
- 공장입지기준 확인
- 정부투자기관(한국전력공사)의 입찰자격제한조치
- 대학입시기본계획 내의 내신성적산정지침
- 국유재산매각신청에 대한 거부
- 국유잡종재산인 임야의 대부 및 그 대부의 취소
- 위법건축물에 대한 단수·단전화조치에 대한 요청행위
- 성업공사(현 자산관리공사)의 공매결정·통지

★ 행정법총론

- 산업재해보상보험법령에 의하여 노동부장관(현 고용노동부)이 보험가입대상자에 대하여 한 보험관계성립통지
- 행정청간의 협의
- 고충심사결정
- 검사의 불기소처분·공소제기
- 통고처분

05. ③ 의무를 명하는 행위(하명)와 대집행계고는 양자가 서로 독립하여 별개의 효과를 목적으로 하는 것으로서, 선행행위인 하명이 당연무효가 아닌 한 선행행위인 하명의 하자(취소사유)는 후행행위인 계고에 승계되지 않는다(대판 1998.9.8, 97누20502).

06. ① 대판 2005.4.15, 2004두10883
② 대판 2005.11.10, 2004다7873
③ 대판 2012.12.13, 2011두21218
④ 행정청의 어떤 행위가 항고소송의 대상이 될 수 있는지의 문제는 추상적·일반적으로 결정할 수 없고, 구체적인 경우 행정처분은 행정청이 공권력의 주체로서 행하는 구체적 사실에 관한 법집행으로서 국민의 권리의무에 직접적으로 영향을 미치는 행위라는 점을 염두에 두어야 한다(대판 2011.3.10, 2009두23617, 23624).

07. ① 동법 제5조제1항
② 동법 제9조제1항제5호
③ 공공기관의 정보공개에 관한 법률은 청구권의 불복구제절차로서 이의신청·행정심판·행정소송 등을 규정하고 있으나, 이의신청이나 행정심판을 행정소송의 전심절차로 규정하지 않았다. 따라서 행정소송을 제기하기 위해서 이러한 절차를 거칠 필요 없이 곧바로 행정소송법이 정하는 바에 따라 행정소송을 제기할 수 있다(공공기관의 정보공개에 관한 법률 제20조제1항).
④ 동법 제20조제2항

08. ③ 판례는 직위해제처분과 직권면직처분 사이에는 흠의 승계를 부정한다. 즉, 구 경찰공무원법 제50조 제1항에 의한 직위해제처분과 같은 제3항에 의한 면직처분은 후자가 전자의 처분을 전제로 한 것이기는 하나 각각 단계적으로 별개의 법률효과를

발생하는 행정처분이어서 선행 직위해체처분의 위법사유가 면직처분에는 승계되지 아니한다 할 것이므로 선행된 직위해제처분의 위법사유를 들어 면직처분의 효력을 다툴 수는 없다(대판 1984.9.11, 84누191).

09. ④ 조례가 집행행위의 개입 없이도 그 자체로서 직접 국민의 구체적인 권리의무나 법적 이익에 영향을 미치는 등의 법률상 효과를 발생하는 경우 그 조례는 항고소송의 대상이 되는 행정처분에 해당하고, 이러한 조례에 대한 무효확인소송을 제기함에 있어서 행정소송법 제38조 제1항·제13조에 의하여 피고적격이 있는 처분 등을 행한 행정청은 행정주체인 지방자치단체 또는 지방자치단체의 내부적 의결기관으로서 지방자치단체의 의사를 외부에 표시할 권한이 없는 지방의회가 아니라, 지방자치단체의 집행기관으로서 조례로서의 효력을 발생시키는 공포권이 있는 지방자치단체의 장이다(대판 1996.9. 20. 95누8003).

10. ① 대판 1986.6.24, 85누321
② 행정소송에 있어서 특단의 사정이 있는 경우를 제외하면 당해 행정처분의 적법성에 관하여는 당해 처분청이 이를 주장·입증하여야 할 것이나 행정소송에 있어서 직권주의가 가미되어 있다고 하여도 여전히 변론주의를 기본 구조로 하는 이상 행정처분의 위법을 들어 그 취소를 청구함에 있어서는 직권조사사항을 제외하고는 그 취소를 구하는 자가 위법사유에 해당하는 구체적인 사실을 먼저 주장하여야 한다(대판 2000.3.23, 98두2768).
③ 대판 2001.10.23, 99두3423
④ 대판 2012.9.27, 2010두3541

11. 행정유보 : 행정권이 법률의 수권없이 스스로 활동할 수 있는 행정의 고유한 영역을 말하는데, 구체적으로 행정유보의 문제는 일정한 경우에 법률의 위임 없이도 행정기관이 명령을 제정할 수 있는가의 문제로 나타난다. 행정유보에는 일정한 사항에 대하여 법률의 개입을 배제하고 행정권에 배타적 입법권을 인정하는 '배타적 행정유보'(⑩ 프랑스 제5공화국 헌법상 독립명령) 법률의 부재 시에는 명령이 제정될 수 있고, 명령이 제정된 경우에도 언제든지 법률의 개입을 인정하는 '허용적 행정유보'가 있다.

④ 배타적 행정유보는 헌법적 근거를 요한다. 따라서 우리나라에서는 현행헌법상 허용적 행적유보만이 문제된다.

12. ④ 행정청은 당사자에게 의무를 과하거나 권익을 제한하는 처분을 하는 경우, 즉 부담적(침익적) 처분을 하는 경우에는 미리 일정사항을 당사자 등에게 통지하여야 하나(행정절차법 제21조제1항), 복효적 행정행위에서 권익을 침해받는 제3자에게 사전통지를 하도록 의무화 하고 있지는 않다.

13. ① 약식쟁송 : 정식 쟁송의 두 요건 중 하나 이상이 결여되어 있는 형태의 쟁송이다.
② 주관적 쟁송 : 개인이 권리이익의 구제를 목적으로 하는 쟁송으로 항고쟁송과 당사자쟁송이 있다.
③ 복심적 쟁송 : 행정의 공권적 작위나 부작위를 전제로 하여 그것이 위법하거나 부당하다고 주장하는 자의 청구에 의하여 행정 기관이 재심사하는 절차. 행정 심판법이 규정하는 쟁송이다.
④ 시심적 쟁송 : 법률관계의 형성 또는 존부의 확인에 관한 행정작용 자체가 쟁송의 형식으로 행해지는 쟁송형식의 행정작용이다. 그러므로 행정쟁송은 복심적 쟁송이기도 하며 주관적 쟁송이기도 하다.

14. ③ 행정청의 재량권은 법령에서 개별적 수권이 없는 경우에도 행정목적(공익) 실현을 위하여 탄력적으로 행사할 수 있다. 예컨대, 산림훼손은 국토 및 자연의 유지와 수질 등 환경의 보전에 직접적으로 영향을 미치는 행위이므로, 법령이 규정하는 산림훼손금지 또는 제한지역에 해당하는 경우는 물론 금지 또는 제한지역에 해당하지 않더라도 허가관청은 산림훼손허가신청 대상토지의 현상과 위치 및 주위의 상황들을 고려하여 국토 및 자연의 유지와 환경의 보전 등 중대한 공익상 필요가 있다고 인정될 때에는 허가를 거부할 수 있고, 그 경우 법규에 명문의 근거가 없더라도 거부처분을 할 수 있다(대판 1995.9.15. 95누6113).

15. ④ 재산권의 객관적 가치의 보상은 대물적 보상의 이념이다. 생활보상은 재산권 외에 생활이익에 대한 이념이 포함된다.

16. ① 행정절차법 제21조제2항
② 동법 제29조
③ 행정청은 직권으로 또는 당사자의 신청에 따라 여러 개의 사안을 병합하거나 분리하여 청문을 할 수 있다(동법 제32조).
④ 동법 제37조제1항 및 제2항

17. ③ 등재사실을 통지한 날부터 2주 이내(재결서 외의 서류는 7일 이내)에 확인하지 않았을 때에는 등재사실을 통지한 날부터 2주가 지난 날(재결서 외의 서류는 7일이 지난 날)에 도달한 것으로 본다.

18. ② 우리의 경우, 하자의 치유가 어느 시점까지 허용될 수 있는가의 문제와 관련하여 다수설·판례는 쟁송제기 이전까지만 가능한 것으로 보고 있다.

19. ① 일반택시 운송사업자들에 대하여 부가가치세 경감세액을 위 개정 취지에 따라 일반택시 운전기사들의 처우개선에 사용하도록 건설교통부지침을 정하였다고 하더라도 이는 어디까지나 건설교통부의 일반택시 운송사업자들에 대한 행정지도에 불과할 뿐 대외적 효력이 있는 법규명령이라고 볼 수 없다(대판 2017.6.19, 2014다63087).
② 대판 2008.9.25, 2006다18228
③ 대판 2002.2.5, 2001두7138
④ 대판 2000.11.14, 99두5870

20. ① 건축신고를 하려는 자는 인·허가의제사항 관련 법령에서 제출하도록 의무화하고 있는 신청서와 구비서류를 제출하여야 하는데, 이는 건축신고를 수리하는 행정청으로 하여금 인·허가의제사항 관련 법률에 규정된 요건에 관하여도 심사를 하도록 하기 위한 것으로 볼 수밖에 없다. 따라서 인·허가의제 효과를 수반하는 건축신고는 일반적인 건축신고와는 달리, 특별한 사정이 없는 한 행정청이 그 실체적 요건에 관한 심사를 한 후 수리하여야 하는 이른바 '수리를 요하는 신고'로 보는 것이 옳다(대판 2011.1.20, 2010두14 954, 전합).
② 대판 2018.6.28, 2015두47737
③ 대판 2018.1.25, 2015두35116
④ 대판 2019.10.31, 2017두74320

21. ① 대판 2012.6.14, 2010두19720
② 대판 2015.3.26, 2014두42742
③ 지방병무청장이 보충역 편입처분을 받은 자에 대하여 복무기관을 정하여 공익근무요원 소집통지를 한 이상 그것으로써 공익근무요원으로서의 복무를 명하는 병역법상의 공익근무요원 소집처분이 있었다고 할 것이고, 그 후 지방병무청장이 공익근무

요원 소집대상자의 원에 의하여 또는 직권으로 그 기일을 연기한 다음 다시 공익근무요원 소집통지를 하였다고 하더라도 이는 최초의 공익근무요원 소집통지에 관하여 다시 의무이행기일을 정하여 알려주는 연기 통지에 불과한 것이므로, 이는 항고소송의 대상이 되는 독립한 행정처분으로 볼 수 없다(대판 2005.10.28, 2003두14550).
④ 대판 2008.1.31, 2005두8269

22. ① 대판 1987.10.28, 86누460
② 법인세법상 과소신고가산세는 과세의 적정을 기하기 위하여 납세의무자인 법인으로 하여금 성실한 과세표준의 신고를 의무지우고 이를 확보하기 위하여 그 의무이행을 해태하였을 때 가해지는 일종의 행정벌의 성질을 가진 제재라고 할 것이고, 이와 같은 제재는 납세의무자가 그 의무를 알지 못하는 것이 무리가 아니었다고 할 수 있어서 그를 정당시할 수 있는 사정이 있을 때 또는 그 의무의 이행을 그 당사자에게 기대하는 것이 무리라고 하는 사정이 있을 때 등 그 의무해태를 탓할 수 없는 정당한 사유가 있는 경우에는 이를 과할 수 없다(대판 1992.10.23, 92누2936).
③ 대판 1976.9.14, 75누255
④ 대판 1989.2.14, 87누1121

23. ① 대판 2006.6.9, 2004두46
② 대판 2005.3.10, 2002두5474
③ 대판 2021.12.30, 2021두45671
④ 신뢰보호의 원칙은 행정청이 공적인 견해를 표명할 당시의 사정이 그대로 유지됨을 전제로 적용되는 것이 원칙이므로, 사후에 그와 같은 사정이 변경된 경우에는 그 공적 견해가 더 이상 개인에게 신뢰의 대상이 된다고 보기 어려운 만큼, 특별한 사정이 없는 한 행정청이 그 견해표명에 반하는 처분을 하더라도 신뢰보호의 원칙에 위반된다고 할 수 없다(대판 2020.6.25, 2018두34732).

24. ① 대판 2017.4.20, 2015두45700, 전합
② 대판 2018.6.15, 2015두40248
③ 항고소송의 대상이 되는 행정처분은 행정청의 공법상 행위로서 특정 사항에 대하여 법률에 의하여 권리를 설정하고 의무의 부담을 명하거나 그 밖의 법률상 효과를 발

생하게 하는 등으로 상대방의 권리의무에 직접 영향을 미치는 행위이어야 하고, 다른 집행행위의 매개 없이 그 자체로 상대방의 구체적인 권리의무나 법률관계에 직접적인 변동을 초래하는 것이 아닌 일반적, 추상적인 법령 등은 그 대상이 될 수 없다(대판 2022.12.1, 2019두48905).

④ 대판 2021.2.10, 2020두47564

25. ① 경찰서장이 범칙행위에 대하여 통고처분을 하였으나 범칙자의 이의신청이 없었던 사안에서, 원칙적으로 경찰서장은 범칙금 납부기간 전까지 임의로 통고처분을 취소하거나 즉결심판을 청구할 수 없고, 검사도 위 납부기간 전후를 불문하고 경찰서장의 즉결심판청구에 따른 절차의 진행 없이는 동일한 범칙행위에 대하여 공소를 제기할 수 없다(대판 2022.4. 14, 2021도15467).

② 대판 2016.9.28, 2014도10748
③ 대판 2020.10.29, 2017두51174
④ 대판 2007.5.11, 2006도1993

정답 및 해설

소방학개론

```
01. ④  02. ②  03. ①  04. ③  05. ②  06. ②  07. ③  08. ④  09. ③  10. ①
11. ②  12. ②  13. ④  14. ③  15. ④  16. ③  17. ③  18. ②  19. ①  20. ④
21. ③  22. ④  23. ③  24. ①  25. ④
```

01. ④ 발화장소는 화재가 발생한 장소를 말하고 열원과 가연물이 상호작용하여 화재가 시작된 지점을 발화지점이라 한다.

02. 대전체가 전하를 잃는 과정을 방전이라고 하며 방전불꽃은 전극 간 방전에 의한 것, 정전기방전에 의한 것, 낙뢰에 의한 것 등으로 구분된다.

03. 내부연소＝자기연소 또는 자활연소 : 질산에스테르류(셀룰로이드류 포함)·니트로화합물류·니트로소화합물류·아조화합물·히드라진유도체류 등(제5류 위험물)은 가연성 물질이면서 그 자체에 산소(O_2)를 함유하고 있어 외부에서 열을 가하면 분해되어 가연성 기체와 산소를 발생하게 되므로 공기 중의 산소 없이도 그 자체의 산소만으로도 연소하는 현상을 말한다.

① 과염소산·과산화수소는 산화성 액체(제6류 위험물에 해당)이다.

04. 고체의 분해연소 : 충분한 열에너지 공급 시 가열분해에 의하여 발생된 가연성 기체가 공기와 혼합되어 타는 현상을 말한다. 목재·석탄·종이·합성수지 등은 가열 분해되면서 CO, CO_2, H_2, 메탄(CH_4) 외에 탄화수소, 카르본산 등이 발생되고 결국 이 열분해에서 생성된 가연성 기체에 착화·연소하게 된다.

05. ② 존스(Jones)는 재난의 분류에서 스모그 현상, 온난화 현상, 사막화 현상, 염수화

현상, 눈사태, 산성화, 홍수, 토양침식 등을 준자연적 재난으로 분류하고 있다.

06. ② 연소의 반응 면은 매질의 표면에서 내부로 이동해간다.

07. ③ 캐비넷형자동소화장치는 열, 연기 또는 불꽃 등을 감지하여 소화약제를 방사하여 소화하는 캐비넷형태의 소화장치이고 에어로졸의 소화약제를 방사하여 소화하는 것은 에어로졸식자동소화장치이다.

08. ④ 긴급구조기관은 소방청, 소방본부 및 소방서, 해양에서 발생한 재난의 경우는 해양경찰청, 지방해양경찰청 및 해양경찰서이고 국토교통부, 해양수산부, 경찰청, 군부대, 전국재해구호협회 등은 긴급구조지원기관에 해당한다.

09. 일반회계에 포함 되는 것으로는 인건비와 주요 사업비 그리고 기본 경비이다.

10. ① 안정제라고도 하며 주로 화학반응에서 활발한 반응 막기 위하여 불안정물질에 소량을 첨가시키는 것은 억제제이다.

11. 연소공기비율(공기비) : 실제적 완전연소에 필요한 공기량(=실제공기량)에 대한 이론적 완전연소에 필요한 공기량(=이론공기량)의 비율을 말한다(공기비=실제공기÷이론공기).
㉠ 공기비가 클 경우 : 연소실내의 온도저하, 배기 기체에 의한 열 손실 증대, H_2S, SO_3, NO_2, CO 등 유해성가스 생성 증대와 같은 현상이 발생한다.
㉡ 공기비가 작을 경우 : 불완전연소로 매연발생이 심하고 미연소에 의한 열 손실이 늘어나며 미연소 기체에 의한 폭발사고 등이 일어나기 쉽다.

12. ② 소화 시 전기전도성을 가진 약제를 사용하면 위험할 수 있으므로 주의해야 하는 것은 C급 화재이다. B급 화재는 소화를 위해서는 포 등을 이용한 질식소화가 적응성이 있으나 알코올 등의 수용성액체에는 일반포가 적응성이 없으므로 내알코올형포를 쓰는 것이 좋다.

13. C급화재(흐르는 전기화재 / 청색)
㉠ 전류가 흐르는 전기시설물·전기용품 등이 타는 화재를 말하는 것으로 중요한 것은 전압이 가해져 전류가 흐른다.

ⓒ 전원이 내려져 있는 상태에서의 화재라면 이는 다른 물질이 탄 것으로 분류된다 (즉, C급화재가 아니다).
ⓒ C급화재인 전기화재는 전기에너지가 발화원으로 작용한 화재가 아니고 전기 기기가 설치되어 있는 장소에서의 화재를 말한다.
ⓔ 소화 시 물 등의 전기전도성을 가진 약제를 사용하면 위험할 수 있으므로 주의해야 한다.

14. ③ 고체계의 연기는 연소 결과로서 발생하는 탄소의 응집체이기 때문에 흑색을 나타난다.

15. ① 적상주수
② 봉상주수
③ 무상주수

16. ㉠ 보통 건축물 내에서 발생하는 화재는 내장재료나 기구를 구성하고 있는 고분자물질을 중심으로 한 유기재료가 복잡하게 조합되어 연소하는 현상이다.
ⓒ 고분자는 종이·헝겊·목재와 같은 천연고분자와 화학섬유·성형품·발포제 등과 같은 합성고분자가 있으며, 재료의 형상, 특성도 다양하므로 재료의 연소구조는 개개의 물질에 의하여 각각 변한다.

17. ③ 일반적으로 굴뚝효과는 항상 건축물 내부에서 존재한다.

18. 유기재료의 일반적인 연소구조
㉠ PVC나 목재와 같은 고분자에서는 기체생성물 외에 탄소질의 고체잔사가 생긴다.
ⓒ 이들 생성물을 정리하면 가연성과 불연성의 기체생성물 및 고체잔사이며, 이 가운데 가연성기체는 공기와 혼합하여 가연성 혼합기를 형성한다.
ⓒ 점화원이 있으면 착화되고 점화원이 없어도 온도가 상승하면 발염연소를 시작한다.
ⓔ 한번 연소가 시작되면 거기서 발생하는 열의 일부는 미연소 고체의 가열에 쓰여 연소 사이클이 형성되므로 물질이 있는 한 연소는 계속된다.
ⓜ 고체잔사도 공기와 접하면 표면산화가 진행되며 상황에 따라서는 불꽃 없이 타는 무염연소(glow) 한다.

19. ① 대한민국은 정부 수립 초기까지 소방의 주된 활동이 화재진압이었지만 1958년 3월

에 최초로 소방법을 제정·공포하여 1950년대 후반부터는 소방행정의 비중을 화재예방업무에 두었다.

20. ④ 훈소에서는 분해생성물이 그대로 외부로 방출되므로 특유의 눈은 냄새가 나고 시안 등의 유독가스가 생성된다. 이와 같이 화염을 통하지 않고 직접경로로 분해생성물이 외부로 방출되는 경우 생성물에 포함된 비점이 낮은 성분은 생성 시에는 기체상이라 하더라도 점점 냉각되어 액적이 된다.

21. ③ 재난관리를 위한 재난방송이 원활히 수행될 수 있도록 중앙안전관리위원회(중앙위원회)에 중앙재난방송협의회를 둘 수 있다.

22. ④ 연료노즐에서 흐름이 난류구간인 경우 확산연소에서 화염의 높이는 분출 속도는 관계가 없으며 층류구간인 경우 화염의 높이(길이)는 분출 속도에 비례한다.

23. ㉮ 목조건축물의 화재 진행 상황은 일반적으로 화원 – 무염착화 – 발염착화 – 출화 – 성기 – 소화 순으로 이어진다.

24. ① 스프링클러설비 리타딩 체임버(retarding chamber)에는 역류방지, 가압송수, 동파방지 기능이 있다.

25. 목재 가옥의 경우 벽이나 추녀 밑의 목재에서 발염 착화하거나 창이나 출입구 등에서 발염 착화한 때를 옥외출화라 한다.

①, ②, ③이 옥외출화에 해당한다.

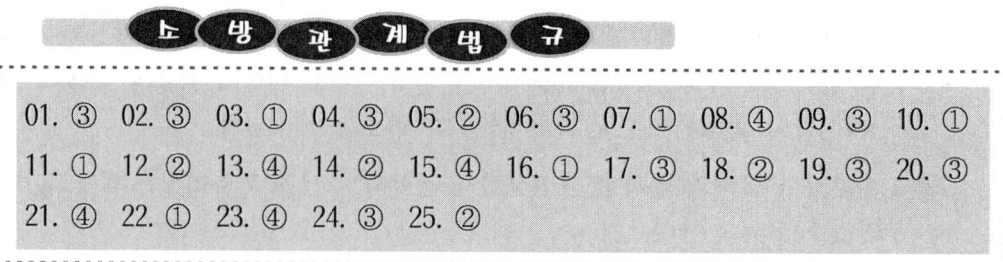

소방관계법규

01. ③	02. ③	03. ①	04. ③	05. ②	06. ③	07. ①	08. ④	09. ③	10. ①
11. ①	12. ②	13. ④	14. ②	15. ④	16. ①	17. ③	18. ②	19. ③	20. ③
21. ④	22. ①	23. ④	24. ③	25. ②					

01. 소방교육·훈련의 종류와 종류별 소방교육·훈련의 대상자는 다음과 같다.

종류	교육·훈련을 받아야 할 대상자
가. 화재진압훈련	1) 화재진압업무를 담당하는 소방공무원 2) 「의무소방대설치법 시행령」 제20조제1항제1호에 따른 임무를 수행하는 의무소방원 3) 「의용소방대 설치 및 운영에 관한 법률」 제3조에 따라 임명된 의용소방대원
나. 인명구조 훈련	1) 구조업무를 담당하는 소방공무원 2) 「의무소방대설치법 시행령」 제20조제1항제1호에 따른 임무를 수행하는 의무소방원 3) 「의용소방대 설치 및 운영에 관한 법률」 제3조에 따라 임명된 의용소방대원
다. 응급처치 훈련	1) 구급업무를 담당하는 소방공무원 2) 「의무소방대설치법」 제3조에 따라 임용된 의무소방원 3) 「의용소방대 설치 및 운영에 관한 법률」 제3조에 따라 임명된 의용소방대원
라. 인명대피 훈련	1) 소방공무원 2) 「의무소방대설치법」 제3조에 따라 임용된 의무소방원 3) 「의용소방대 설치 및 운영에 관한 법률」 제3조에 따라 임명된 의용소방대원
마. 현장지휘 훈련	소방공무원 중 다음의 계급에 있는 사람 1) 소방정, 2) 소방령, 3) 소방경, 4) 소방위

02. 법 제17조제1항에 따라 영 제15조 각호의 어느 하나에 해당하는 제조소 등의 관계인은 다음 사항이 포함된 예방규정을 작성하여야 한다(위험물안전관리법 시행규칙 제63조제1항).

1. 위험물의 안전관리업무를 담당하는 자의 직무 및 조직에 관한 사항
2. 안전관리자가 여행·질병 등으로 인하여 그 직무를 수행할 수 없을 경우 그 직무의 대리자에 관한 사항
3. 영 제18조의 규정에 의하여 자체소방대를 설치하여야 하는 경우에는 자체소방대의 편성과 화학소방자동차의 배치에 관한 사항
4. 위험물의 안전에 관계된 작업에 종사하는 자에 대한 안전교육에 관한 사항
5. 위험물시설 및 작업장에 대한 안전순찰에 관한 사항
6. 위험물시설·소방시설 그 밖의 관련시설에 대한 점검 및 정비에 관한 사항
7. 위험물시설의 운전 또는 조작에 관한 사항
8. 위험물 취급 작업의 기준에 관한 사항
9. 이송취급소에 있어서는 배관공사 현장책임자의 조건 등 배관공사 현장에 대한 감독체제에 관한 사항과 배관주위에 있는 이송취급소 시설 외의 공사를 하는 경우 배관의 안전 확보에 관한 사항

10. 재난 그 밖의 비상시의 경우에 취하여야 하는 조치에 관한 사항
11. 위험물의 안전에 관한 기록에 관한 사항
12. 제조소 등의 위치·구조 및 설비를 명시한 서류와 도면의 정비에 관한 사항
13. 그밖에 위험물의 안전관리에 관하여 필요한 사항

03. ㉯, ㉰, ㉱는 화재위험도가 낮은 특정소방대상물에 해당되고 ㉶ 핵폐기물처리시설은 화재안전을 달리 적용하여야 하는 특수한 용도 또는 구조를 가진 특정소방대상물에 해당한다.

소방시설을 설치하지 아니할 수 있는 특정소방대상물 및 소방시설의 범위(제16조 관련)

구분	특정소방대상물	소방시설
1. 화재 위험도가 낮은 특정소방대상물	석재, 불연성금속, 불연성 건축재료 등의 가공공장·기계조립공장·주물공장 또는 불연성 물품을 저장하는 창고	옥외소화전 및 연결살수설비
2. 화재안전기준을 적용하기 어려운 특정소방대상물	펄프공장의 작업장, 음료수 공장의 세정 또는 충전을 하는 작업장, 그 밖에 이와 비슷한 용도로 사용하는 것	스프링클러설비, 상수도소화용수설비 및 연결살수설비
	정수장, 수영장, 목욕장, 농예·축산·어류양식용 시설, 그 밖에 이와 비슷한 용도로 사용되는 것	자동화재탐지설비, 상수도소화용수설비 및 연결살수설비
3. 화재안전기준을 달리 적용하여야 하는 특수한 용도 또는 구조를 가진 특정소방대상물	원자력발전소, 핵폐기물처리시설, 중·저준위 방사성폐기물의 저장시설	연결송수관설비 및 연결살수설비
4.「위험물 안전관리법」제19조에 따른 자체소방대가 설치된 특정소방대상물	자체소방대가 설치된 위험물 제조소등에 부속된 사무실	옥내소화전설비, 소화용수설비, 연결살수설비 및 연결송수관설비

04. ① 둘 이상의 위험물을 같은 장소에서 저장하는 경우 당해 장소에서 저장하는 각 위험물의 수량을 그 위험물의 지정수량으로 각각 나누어 얻은 수의 합계가 1 이상인 경우 당해 위험물은 지정수량 이상의 위험물로 본다.
② 군부대가 지정수량 이상의 위험물을 군사목적으로 임시로 저장하는 경우 제조소등이 아닌 장소에서 지정수량 이상의 위험물을 취급할 수 있다.
④ 중요기준은 화재 등 위해의 예방과 응급조치에 있어서 큰 영향을 미치거나 그 기준을 위반하는 경우 직접적으로 화재를 일으킬 가능성이 큰 기준으로서 행정안전부령

이 정하는 기준을 말한다.

05. 중앙위원회의 위원은 과장급 직위 이상의 소방공무원과 다음에 해당하는 사람 중에서 소방청장이 임명 또는 위촉한다.
1. 소방기술사
2. 석사 이상의 소방 관련 학위를 소지한 사람
3. 소방시설관리사
4. 소방관련 법인·단체에서 소방관련 업무에 5년 이상 종사한 사람
5. 소방공무원 교육기관, 대학교 또는 연구소에서 소방과 관련된 교육 또는 연구에 5년 이상 종사한 사람

06. 한국소방안전원 정관의 기재 사항
1. 목적
2. 명칭
3. 사무소의 소재지
4. 사업에 관한 사항
5. 이사회에 관한 사항
6. 회원과 임원 및 직원에 관한 사항
7. 재정 및 회계에 관한 사항
8. 정관의 변경에 관한 사항

07. 소방신호의 종류에는 ②, ③, ④ 이외에 소화활동이 필요 없다고 인정되는 때에 발령하는 해제신호가 있으며 구조신호는 소방신호의 종류에 해당되지 않는다.

08. ④ 소방안전관리자가 되려고 하는 사람 또는 소방안전관리자(소방안전관리보조자 포함)로 선임된 사람은 소방안전관리업무에 관한 능력의 습득 또는 향상을 위하여 행정안전부령으로 정하는 바에 따라 소방청장이 실시하는 강습교육 또는 실무교육을 받아야 한다.

09. ③ 소방본부장 또는 소방서장은 제출받은 화재예방안전진단 결과에 따라 보수·보강 등의 조치가 필요하다고 인정하는 경우에는 해당 소방안전 특별관리시설물의 관계인에게 보수·보강 등의 조치를 취할 것을 명할 수 있다.

10. ② 화재조사를 위하여 필요한 경우 증거물을 수집하여 검사·시험·분석 등을 할 수 있으나 범죄수사와 관련된 증거물인 경우에는 수사기관의 장과 협의하여 수집할 수 있다.
③ 소방관서장은 사상자가 많거나 사회적 이목을 끄는 화재 등 대통령령으로 정하는 대형

화재 등이 발생한 경우 종합적이고 정밀한 화재조사를 위하여 유관기관 및 관계 전문가를 포함한 화재합동조사단을 구성·운영할 수 있다.
④ 소방청장은 화재감정기관의 지정을 취소하려면 청문을 하여야 한다.

11. ② 소방시설관리업자는 법 제31조의 규정에 의하여 등록사항의 변경이 있는 때에는 변경 일부터 30일 이내에 소방시설관리업 등록사항 변경신고서에 서류를 첨부하여 시·도지사에게 제출하여야 한다.
③ 시·도지사는 소방시설관리업 변경신고를 받은 때에는 5일 이내에 소방시설관리업 등록증 및 등록수첩을 새로 발급하여야 한다.
④ 소방시설관리업 등록사항의 변경신고를 하여야 경우는 행정안전부령으로 정하는 중요 사항인 명칭·상호 또는 영업소 소재지·대표자·기술인력이 변경되었을 때이다.

12. ■ 위험물안전관리법 시행령 [별표 5] <개정 2017. 7. 26.>

위험물취급자격자의 자격(제11조제1항 관련)

위험물취급자격자의 구분	취급할 수 있는 위험물
1. 「국가기술자격법」에 따라 위험물기능장, 위험물산업기사, 위험물기능사의 자격을 취득한 사람	별표 1의 모든 위험물
2. 안전관리자교육이수자(법 28조제1항에 따라 소방청장이 실시하는 안전관리자교육을 이수한 자)	별표 1의 위험물 중 제4류 위험물
3. 소방공무원 경력자(소방공무원으로 근무한 경력이 3년 이상인 자)	별표 1의 위험물 중 제4류 위험물

13. ④ 특정소방대상물의 발주자는 해당 도급계약의 수급인이 정당한 사유 없이 30일 이상 소방시설공사를 계속하지 않는 경우에는 도급계약을 해지할 수 있다

14. 국고보조의 대상이 되는 소방활동장비 및 설비의 종류와 규격(제5조제1항관련)

구분			종류	규격
소방활동장비	소방자동차	펌프차	대형	240마력 이상
			중형	170마력 이상 240마력 미만
			소형	120마력 이상 170마력 미만
		물탱크소방차	대형	240마력 이상
			중형	170마력 이상 240마력 미만

			비활성가스를 이용한 소방차	
		화학소방차	고성능	340마력 이상
			내폭	340마력 이상
			일반 대형	240마력 이상
			일반 중형	170마력 이상 240마력 미만
		사다리소방차	고가(사다리의 길이 33m 이상)	330마력 이상
			굴절 27m 이상급	330마력 이상
			굴절 18m 이상 27m 미만급	240마력 이상
		조명차	중형	170마력
		배연차	중형	170마력 이상
		구조차	대형	240마력 이상
			중형	170마력 이상 240마력 미만
		구급차	특수	90마력 이상
			일반	85마력 이상 90마력 미만
	소방정		소방정	100톤 이상급, 50톤급
			구조정	30톤급
		소방헬리콥터		5~17인승
통신설비	유선통신장비		디지털전화교환기	국내 100회선, 내선 1000회선 이상
			키폰장치	국내 100회선, 내선 200회선 이상
			팩스	일제 개별 동보장치
			영상장비다중화장치	동화상 및 정지화상 E1급 이상
	무선통신기기	극초단파무선기기	고정용	공중전력 50와트 이하
			이동용	공중전력 20와트 이하
			휴대용	공중전력 5와트 이하
소방전용통신설비및전산설비		초단파무선기기	고정용	공중전력 50와트 이하
			이동용	공중전력 20와트 이하
			휴대용	공중전력 5와트 이하
		단파무전기	고정용	공중전력 100와트 이하
			이동용	공중전력 50와트 이하
	전산설비	주전산기기	중앙처리장치	클럭속도 : 90메가헤르즈 이상, 워드길이 : 32비트 이상
			주기억장치	용량 : 125메가바이트 이상, 전송속도 : 초당22메가바이트 이상 캐시메모리 : 1메가바이트 이상

		보조기억장치	용량 5기가바이트 이상
	보조전산기기	중앙처리장치	성능 : 26밉스 이상, 클럭속도 : 25메가헤르츠 이상, 워드길이 : 32비트 이상
		주기억장치	용량 : 32메가바이트 이상 전송속도 : 초당 22메가바이트 이상 캐시메모리 : 128킬로바이트 이상
		보조기억장치	용량 : 22기가바이트 이상
	서버	중앙처리장치	성능 : 80밉스 이상, 클럭속도: 100메가헤르츠 이상, 워드길이: 32비트 이상
		주기억장치	용량 : 초당 32메가바이트 이상 전송속도 : 초당 22메가바이트 이상 캐시메모리 : 128킬로바이트 이상
		보조기억장치	용량 : 3기가바이트 이상
	단말기	중앙처리장치	클럭속도 : 100메가헤르즈 이상
		주기억장치	용량 : 16메가바이트 이상
		보조기억장치	용량 : 1기가바이트 이상
		모니터	칼라, 15인치 이상
	라우터(네트워크 연결장치)		6시리얼포트 이상
	스위칭허브		16이더넷포트 이상
	디에스유,씨에스유		초당 56킬로바이트 이상
	스캐너		A4사이즈, 칼라 600, 인치당 2400도트 이상
	플로터		A4사이즈, 칼라 300, 인치당 600도트 이상
	빔프로젝트		밝기 400럭스 이상 컴퓨터 데이터 접속 가능
	액정프로젝트		밝기 400럭스 이상 컴퓨터 데이터 접속 가능
	무정전 전원장치		5킬로볼트암페어 이상

15. 소방청장·소방본부장 또는 소방서장은 국민 안전의식을 높이기 위하여 화재발생시 피난 및 행동방법 등을 홍보하여야 한다.

16. ① 중앙소방기술심의위원회는 소방청에 두고 지방소방기술심의위원회는 각 시·도에 둔다.

17. ③ 화재안전조사업무를 수행하는 관계공무원 및 관계 전문가는 그 권한 또는 자격을 표시하는 증표를 지니고 이를 관계인에게 내보여야 한다.

18. ② 소방시설 등은 소방시설과 비상구, 그 밖에 소방 관련 시설로서 대통령령으로 정하

는 것을 말한다.

19. ③ 소방안전교육사 시험의 응시자격, 시험방법, 시험과목, 시험위원, 그 밖에 소방안전교육사 시험의 실시에 필요한 사항은 대통령령으로 정한다.

20. ③ 용접부검사는 탱크본체에 관한 공사 개시 전에 신청해야 하며 이동저장탱크를 완공하고 상치장소를 확보한 후에는 이동탱크저장소의 완공검사 신청 시기에 해당한다.

21. (㉮ 시·도지사)은(는) 화재예방강화지구로 지정할 필요가 있는 지역을 화재예방강화지구로 지정하지 않은 경우 (㉯ 소방청장)은(는) 해당 (㉰ 시·도지사)에게 해당 지역의 화재예방강화지구 지정을 요청할 수 있다.

22. ① 특정소방대상물(신축하는 것만 해당)에 대해서는 그 용도, 위치, 구조, 수용 인원, 가연물의 종류 및 양 등을 고려하여 성능위주설계를 하여야 한다.

23. ④ 소방관서장은 전문성에 기반하는 화재조사를 위하여 화재조사전담부서를 설치·운영하여야 한다.

24. ① 소방안전관리자로 선임된 사람은 선임된 날부터 3개월 이내에 화재의 예방 및 안전관리에 관한 법률 제34조에 따른 교육을 받아야 한다.
② 소방안전관리자 또는 소방안전관리보조자를 선임한 경우에는 행정안전부령으로 정하는 바에 따라 선임한 날부터 14일 이내에 소방본부장 또는 소방서장에게 신고하여야 한다.
④ 소방안전관리자의 업무에 대하여 보조가 필요한 대통령령으로 정하는 소방안전관리대상물의 경우에는 소방안전관리자 외에 소방안전관리보조자를 추가로 선임하여야 한다.

25. ② 소방청장은 과학적이고 전문적인 화재조사를 위하여 대통령령으로 정하는 시설과 전문인력 등 지정기준을 갖춘 기관을 화재감정기관으로 지정·운영하여야 한다.

제 2회 정답 및 해설

행정법통론

```
01. ②  02. ②  03. ③  04. ①  05. ③  06. ①  07. ②  08. ④  09. ④  10. ③
11. ②  12. ④  13. ①  14. ④  15. ④  16. ①  17. ④  18. ④  19. ②  20. ②
21. ④  22. ④  23. ③  24. ②  25. ①
```

01. 법규 명령 형식의 행정규칙의 성질에 대하여 우리 대법원 판례는 그 법규 명령의 형식이 대통령령(시행령)인 경우에는 법규성을 인정하여 행정청에 재량권이 없다고 보았다(대판 1997.12.26, 97누15418).

02. ② 행정소송에서는 사정판결이 취소소송에서만 인정되지만, 행정심판에서는 사정재결이 취소심판과 의무이행심판에서 인정된다.

03. 공무수탁사인도 행정청에 포함되는 결과(행정절차법 제2조제1호) 공무수탁사인의 행위는 행정청이 행위로서 행정행위가 될 수 있다.

04. 인가는 당해 유효요건이므로 그 대상은 언제나 법률행위이지 사실행위는 아니라는 점에서 허가와는 다르다. 다만 인가대상인 법률행위에는 공법상의 행위도 있고(예 공공단체의 정관 인가), 사법상의 행위도 있다(예 비영리법인설립인가).

05. ① 부관이 무효인 경우에 그 본체인 행정행위에 어떠한 영향을 미치는가에 대하여는 견해가 갈리고 있다. 즉 이에 대하여는 ㉠ 부관의 무효는 본체인 행정행위에는 영향이 없는 것으로 당해행위는 부관 없는 단순행정행위로 된다는 설 ㉡ 부관의 무효는 행정행위자체를 무효로 한다는 설 ㉢ 원칙적으로 부관 없는 단순행정행위가 되는 것이나, 부관이 그 행위에 있어 없어서는 안 될 본질적인 요소를 이루는 것인 때에는, 부관의 무효는 본체인 행위 그 자체를 무효로 한다는 설이 공존한다.
② 징계원인이 있는 경우에 어떤 종류의 징계를 할 것인지는 원칙적으로 징계권자의 재량적 판단에 속한다(대판 1997.1.25, 76누235).
③ 현재로서 철회에 관한 통칙적 규정이 없기 때문에 처분청이 철회권을 행사하기 위해서는 개별적인 법률의 근거가 있어야 하는가가 문제된다. 이에 대해서는 근거불요설·근거필요설·제한적긍정설 등이 대립되고 있는 바, 근거불요설이 다수설·판례의

입장이다(대판 2002.11.26, 2001두2874).
④ 판례는 문교부장관(현 교육부)의 교과서 검정에 관한 처분과 관련하여 법원이 교과서의 저술내용이 교육에 적합한지의 여부를 심사할 수 없다고 보았다(대판 1988.11.8, 86누618).

06. ① 대통령이 甲을 한국방송공사 사장직에서 해임한 사안에서, 대통령의 해임처분에 재량권 일탈·남용의 하자가 존재한다고 하더라도 그것이 중대·명백하지 않고, 행정절차법을 위반한 위법이 있으나 절차나 처분형식의 하자가 중대하고 명백하다고 볼 수 없어 당연무효가 아닌 취소 사유에 해당한다(대판 2012.2.23, 2011두5001).
② 대판 2017.9.21, 2017도7321
③ 대판 2007.11.16, 2005두15700
④ 대판 2000.3.23, 99두11851

07. ② 행정소송법에서 명문으로 무명항고소송(의무이행소송)을 인정하고 있지 않을 뿐만 아니라 판례도 부정적 입장을 취하고 있다(대판 1992.2.11, 91누426).

08. 서리는 피대리청의 구성원이 궐위되어 있는 경우의 대리이나, 서리는 행정청의 지위에 있는 자에게 사고가 있는 경우의 대리와는 달리 대리되는 자가 없는 점에 그 특징이 있다. 그러나 피대리청의 지위에 있지 않는 자의 행위가 피대리청의 행위로서의 효과를 발생하는 점은 일반의 대리와 같다.

09. 해당 행위에 대한 청구권이 없는 경우 행정청은 사인의 신청에 대하여 법적인 처리의무는 없다. 그러나 법률에 그에 대한 처리결과를 사인에게 통지할 것을 규정한 경우도 있으므로, 행정청이 어떠한 의무도 부담하지 않는 것은 아니다.

10. ① 국가배상청구권의 성격과 책임의 본질, 소멸시효제도의 존재이유 등을 종합적으로 고려한 입법재량 범위 내에서의 입법자의 결단의 산물인 것으로 국가배상청구권의 본질적인 내용을 침해하는 것이라고는 볼 수 없고 기본권 제한에 있어서의 한계를 넘어서는 것이라고 볼 수도 없으므로 헌법에 위반되지 아니한다(헌재 전원재판부 96헌바24, 1997.2.20).
② 운전부주의로 탑승한 청소부를 차 밖으로 추락시킨 구청청소차 운전사에 대한 운직권면직처분은 법률상의 요건이나 절차에 위배한 처분이라 할 수 없다고 하여 공무원으로 보았다(대판 1984.5.29, 84누199).

③ 대법원은 피해자의 선택청구에 대해 고의·중과실의 경우는 인정하였다.(대판 1996.2.15, 95다38677).
④ 헌법 제37조 제2항에서 규정하고 있는 기본권 제한입법에 있어서의 과잉입법금지의 원칙에 반할 뿐 아니라, 권력을 입법·행정 및 사법 등으로 분립한 뒤 실질적 의미의 사법작용인 분쟁해결에 관한 종국적인 권한은 원칙적으로 이를 헌법과 법률에 의한 법관으로 구성되는 사법부에 귀속시키고 나아가 국민에게 그러한 법관에 의한 재판을 청구할 수 있는 기본권을 보장하고자 하는 헌법의 정신에도 충실하지 못한 것이다(헌재 전원재판부 91헌가7, 1995.5.25).

11. 판례는 국무총리훈령인 개별토지가격합동조사지침(현재, 폐지 됨)의 법규성을 인정했지만, 이를 위임명령으로 본 것이 아니라 집행명령으로 보았다. "개별토지가격합동지침(국무총리훈령 현재는 폐지) 제6조는 개별 토지 가격 결정 절차를 규정하고 있으면서, 그 중 제3호에서 산정된 지가의 공개·열람 및 토지소유자 또는 이해관계인의 의견 접수를 그 절차의 하나로 규정하고 있는 바, 위 지침은 부동산 가격공시 및 감정평가에 관한 법률 제10조의 시행을 위한 집행명령으로서 법률보충적인 구실을 하는 법규적 성질을 가지고 있는 것으로 보아야 할 것이므로, 위 지침에 규정된 절차에 위배하여 이루어진 지가결정은 위법하다"(대판 1994.2.8, 93누111).

12. ④ 일반적·추상적 규범 정립행위나 사실행위 등은 행정행위가 아니다. 행정행위는 구체적 사실에 관한 법집행행위이며 권력적 단독행위이기 때문이다.

13. ① 대집행의 주체는 의미를 부과한 행정청만이 된다.

14. ④는 공제설(소극설)에 대하여 가하여지는 비판의 내용이다. 기관양태설은 실질적 의미의 행정개념을 부정한다.

15. ④의 경우, 부관 없는 행정행위로 보아 본체인 행정행위는 유효하다.

16. 헌법 제29조의 손해배상청구권으로 볼 경우 과실책임을 따르나, 국가배상법 제3조의 경우로 보면 무과실책임이 되므로 학설상 대립이 있다.

17. ④ 특허가 공익재량행위라고 하더라도 재량의 일탈·남용이 되면 역시 위법이 된다.

18. ④ 변상금의 체납 시 국세징수법에 의하여 강제징수토록 하고 있는 점 등에 비추어 보면 국유재산의 관리청이 그 무단점유자에 대하여 하는 변상금부과처분은 순전히 사경제 주체로서 행하는 사법상의 법률행위라 할 수 없고 이는 관리청이 공권력을 가진 우월적 지위에서 행한 것으로서 행정소송의 대상이 되는 행정처분이라고 보아야 한다(대판 1988.2.23, 87누1046).

19. ① 그 부작위가 위법함의 확인을 구하는 청구는 과거의 역사적 사실관계의 존부나 공법상의 구체적인 법률관계가 아닌 사실관계에 관한 것들을 확인의 대상으로 하는 것이거나 행정청의 단순한 부작위를 대상으로 하는 것으로서 항고소송의 대상이 되지 않는다(대판 1990.11.23, 90누3553).
② 우리판례는 일관되게 무명항고소송을 부정하고 있다.
③ 대통령의 계엄선포행위는 고도의 정치적, 군사적 성격을 띠는 행위라고 할 것이어서, 그 선포의 당, 부당을 판단할 권한은 헌법상 계엄의 해제요구권이 있는 국회만이 가지고 있다 할 것이고 그 선포가 당연무효의 경우라면 모르되, 사법기관인 법원이 계엄선포의 요건 구비여부나, 선포의 당, 부당을 심사하는 것은 사법권의 내재적인 본질적 한계를 넘어서는 것이 되어 적절한 바가 못 된다(대판 1979.12.7, 79초70).
④ 임용신청자가 임용거부처분이 재량권을 남용한 위법한 처분이라고 주장하면서 그 취소를 구하는 경우에는 법원은 재량권남용 여부를 심리하여 본안에 관한 판단으로서 청구의 인용 여부를 가려야 한다(대판 1991.2.12, 90누5825).

20. 무효선언을 구하는 취소소송도 형식상 취소소송인 이상, 취소소송에 관한 각 규정이 적용된다는 것이 판례의 태도이므로 행정소송법상 제소기간이 동일하게 적용된다.

21. ① 대판 1996.2.13, 95누11023
③ 대판 1990.3.23, 89누4789
④ 산림청장이나 그로부터 권한을 위임받은 행정청이 산림법 등이 정하는 바에 따라 국유임야를 대부하거나 매각하는 행위는 사경제적 주체로서 상대방과 대등한 입장에서 하는 사법상 계약이지 행정청이 공권력의 주체로서 상대방의 의사 여하에 불구하고 일방적으로 행하는 행정처분이라고 볼 수 없으며 이 대부계약에 의한 대부료부과 조치 역시 사법상 채무이행을 구하는 것으로 보아야지 이를 행정처분이라고 할 수 없다(대판 1993.12.7, 91누11612). 국유잡종재산의 대부·매각은 국고행위

이다.

22. ① 공청회의 주재자는 해당 공청회의 사안과 관련된 분야에 전문적지식이 있거나 그 분야에 종사한 경험이 있는 사람 중에서 행정청이 선정한다(행정절차법 제38조의3 제1항).
② 행정절차에 소요되는 비용은 행정청이 부담한다. 다만, 당사자가 자기를 위해 스스로 지출한 비용은 그러하지 아니하다(법 제54조).
③ 청문주재자는 당사자 등이 주장하지 아니한 사실에 대해서도 조사할 수 있다(법 제33조제1항).

23. ③ 통고처분 불이행시 고발에 의해 정식형사재판을 받게 된다.

24. ① 감액경정처분은 증액경정처분의 경우와는 달리, 당초의 처분 전부를 취소하고, 새로이 처분을 한 것이 아니라, 당초처분의 일부 효력을 취소하는 처분으로, 소송의 대상은 경정처분으로 인하여 감액되고 남아 있는 당초의 처분이다.
② 증액경정처분이 있는 경우 당초 신고나 결정은 증액경정처분에 흡수됨으로써 독립된 존재가치를 잃게 된다고 보아야 할 것이므로, 원칙적으로는 당초 신고나 결정에 대한 불복기간의 경과 여부 등에 관계없이 증액경정처분만만이 항고소송의 심판대상이 된다(대판 2009.5.14, 008두17134).
③ 항고소송에 관한 원처분주의에 배치되어 틀리다.
④ 과태료 불복절차 준용규정이 삭제되어 이행강제금을 순수한 간접강제수단으로 보아 그 계고와 부과처분은 행정행위의 성격을 띠게 되어 행정쟁송과 항고소송의 대상이 된다(대판 2006.5.22, 2004마953).

25. ① 부당결부금지의 원칙은 실질적 관련성을 기준으로 한다.
② 신뢰 보호의 원칙은 행정청의 일정한 작위 부작위에 대해 보호할 가치 있는 신뢰가 상대방에게 생긴 경우 그 신뢰를 보호하여야 한다는 원칙이다.
③ 비례의 원칙은 행정의 목적과 수단의 관계에 있어 수단은 목적달성에 적합한 것이고 최소한으로 침해하는 것이어야 하며 수단으로 침해되는 사익이 달성 하려는 공익에 비해 현저하게 큰 경우가 아니어야 한다는 원칙을 말한다.
④ 오늘날 법치국가원리에 비추어, 행정법의 일반원칙에는 조리도 있고, 불문법도 있기 때문에 성문법적 근거가 반드시 요구되는 것은 아니다.

제3회 정답 및 해설

소방학개론

```
01. ②  02. ③  03. ①  04. ④  05. ②  06. ③  07. ④  08. ①  09. ③  10. ④
11. ②  12. ②  13. ①  14. ②  15. ③  16. ④  17. ③  18. ③  19. ④  20. ①
21. ①  22. ③  23. ④  24. ④  25. ②
```

01. 화재가 확산되어 가는 과정 : 화원 → 가연물 착화 → 입상재료 착화 → 천장 면으로의 착화 → 다른 실로의 확대 → 불이 난 건물 전소 → 인접 건물로 확대된다.

02. 중앙대책본부장은 (㉮ 행정안전부장관)이 되며, 해외재난의 경우 (㉯ 외교부장관)이, 방사능재난의 경우 (㉰ 중앙방사능방재대책본부의 장)이 각각 중앙대책본부장의 권한을 행사한다.

03. ㉠ 화재는 3단계로 초기단계 → 자유연소단계 → 훈소단계이다.
㉡ 화재가 처음 시작되는 초기단계의 공기 중 산소 함유량은 약 21%이다.
㉢ 열이 발생되어지고, 화염온도는 화씨 1800°~2200°(섭씨 982°~ 1204°) 정도로 높게 되어 발열반응이 일어난다.

04. ④ 최종잔가율은 피해물의 내용연수가 다한 경우 잔존하는 가치의 재구입비에 대한 비율을 말하고 화재 당시에 피해물의 재구입비에 대한 현재가의 비율은 잔가율이라 한다.

05. ② 플래쉬오버(flashover) 현상이 발생할 때의 온도는 조건에 따라 다르지만 일반적으로 800~1,000℃정도이다.

06. ③ 산소의 양이 15%이하로 떨어지면 연소는 늦어지고 화재는 훈소단계로 들어간다.

07. 혼합기체의 연소속도는 정상조건 하에서 일반적으로 0.1~10cm/sec이지만 연소공간이 넓고 밀폐된 상태에서 착화되면 순간적으로 연소하게 되고 동시에 연소기체가 급팽창됨에 따라 약 7~8kg/㎠의 고압상태로 급변하면서 강한 파괴력을 갖게 되는데 이와 같은 현상을 기체(가스)폭발이라고 한다.

08. ① 액체 미립자계의 연기는 입자의 성분과 크기에 따라 자색, 백색, 황색을 띠고 고체계의 연기는 연소결과로서 발생하는 탄소의 응집체이기 때문에 흑색을 띤다.

09. ③ 자연발화(spontaneous ignition)는 산화하기 쉬운 물질이 공기 중에서 산화하여 축적된 열에 의해 자연적으로 발화하는 현상을 말한다. 즉, 가연성 물질 또는 혼합물이 외부에서의 가열 없이 내부의 반응열의 축적만으로도 발화점에 도달하여 연소를 일으키는 현상이다.

10. ④ 전기화재는 발열작용·방전현상의 이용조건이 극도로 현저한 경우에 발생한다.

11. 화재진압의 단계별 순서
화재감지 – 화재출동 – 현장 도착 – 상황판단 – 인명구조 – 수관연장 – 노즐배치 – 파괴활동 – 방수 활동 – 잔화처리

12. 방화죄(arson): 불을 놓아 건조물 기타 물건이 타서 없어지게 하는 죄(형법 164조 이하)로 공공위험죄의 대표적인 것이다.

13. ① 자연발화를 막으려면 통풍이 잘 되게 하고 온도를 낮게 하며 습도를 높게 하여야 한다.

14. 착화온도(착화점) 또는 발화온도(발화점) : 가연성 물질 또는 혼합물이 연소를 개시하는데 필요한 최저가열온도(즉, 공기 중에서 가연성 물질을 가열할 경우 다른 곳에서 화염·전기불꽃 등 발화원이 없어도 연소가 일어나 계속 유지되는 최저의 온도)를 말한다.

② 연소점 : 어떤 물질이 연소하고 있을 때의 온도로서 일정량의 연료가 연소하여 발생하는 생성물질의 최고온도를 말하며 화염온도라고도 부른다.
③ 인화점 : 가연성 액체 또는 고체가 표면근처에서 공기와 혼합하여 연소하기에 충분한 농도의 혼합증기를 발생하는 최저의 온도를 말한다.
④ 화재점 : 개방된 용기 내에 있는 액체의 연소를 지속시키기에 충분한 증기가 급속도로 방출되는 시점에서의 액체의 최저 온도로 정의될 수 있으며 화재점은 보통 인화점 보다 약간 더 높은 온도이다.

15. 우리나라의 인명 피해를 기준으로 하였을 때 10대 화재로는 ①, ②, ④ 이 외에 부산 국제고무공장 화재, 서울 대왕코너 화재, 서울 시민회관 화재, 부산역 여객차량 화재, 충북영동역 유조차 화재, 부산 대아호텔 화재, 부산 미군용 송유관 화재이다.

16. ④ 캐비닛형자동소화장치는 열, 연기 또는 불꽃 등을 감지하여 소화약제를 방사하여 소화하는 캐비닛형태의 소화장치이고 에어로졸의 소화약제를 방사하여 소화하는 것은 에어로졸식자동소화장치이다.

17. 중앙긴급구조통제단(중앙통제단)은 긴급구조활동의 역할분담과 지휘·통제하기 위해 소방청에 두며 단장은 소방청장이 된다.

18. ③ 황린은 자연발화성 물질 및 금수성 물질로 제3류 위험물이다. 공기 속에서 즉각 자연발화 하며 유지류, 질산섬유소, 석탄 등도 저장조건에 따라 자연발화를 일으키는 경우가 있다.

19. 소화약제로서 갖추어야 될 조건
    ㉠ 연소의 4요소 중 한 가지 이상을 제거할 수 있는 능력이 탁월할 것
    ㉡ 가격이 저렴할 것(경제적일 것)
    ㉢ 저장상 안정성이 있을 것
    ㉣ 환경에 대한 오염이 적을 것
    ㉤ 인체에 대한 독성이 없을 것

    ④ 소화약제는 그를 구성하고 있는 물질의 상태에 따라 기체·액체·고체(분말)소화약제로 분류된다. 또한 방출의 수단으로 가스의 압력을 이용하는 것과 펌프 동력을 이용하는 것, 그리고 수동식으로 된 것 등으로 분류한다.

20. ① 어떤 물질이 연소하고 있을 때의 온도로서 일정량의 연료가 연소하여 발생하는 생성 물질의 최고 온도를 말하며 화염온도라고도 부른다.

21. 실내에서 착화물이 연소하기 시작했을 때 본격적인 화재로 발전하는가의 여부는 입상재를 거쳐서 천장으로 착화하느냐 않느냐로 결정된다. 이 단계에서 착화가 없으면 더 이상 화재는 진전하지 않는다. 입상재로는 가구, 칸막이, 내장재, 커튼 등이 있다.

① 실내에서 화재가 천장까지 연소 확대된 상태를 일반적으로 출화라고 하며 이 시점에서 화재는 본격적으로 되며 소화는 어려워진다.

22. ③ 이산화탄소는 유기물의 연소에 의해 생기는 가스로 공기보다 약 1.5배 정도 무거운 기체로 방출 시에는 배관 내를 액상으로 흐르지만 분사헤드에서는 기화되어 분사된다. 가장 큰 소화효과는 질식효과이며 이산화탄소는 사용 후에 오염의 영향이 전혀 없다는 큰 장점이 있다.

23. ④ 고온의 발열체나 알루미늄분 등 물과 급격하게 반응하는 화학물질 즉, 금수성물질에는 방수를 해서는 안 된다.

24. ④ 음향장치의 음량은 부착된 음향장치의 중심으로부터 1m 떨어진 위치에서 90dB 이상이 되는 것으로 하여야 한다.

25. ② 화합물의 특성을 밝히기 위해 분자 중의 작용기의 존재를 나타내는 화학식(chemical formula)은 시성식이고 구조식은 분자에서 홑원소물질·화합물의 각 원자의 결합상태를 결합선을 써서 도표로 나타낸 것을 말한다.

소방관계법규

01. ② 02. ③ 03. ③ 04. ② 05. ③ 06. ④ 07. ① 08. ② 09. ④ 10. ①
11. ④ 12. ① 13. ③ 14. ① 15. ② 16. ④ 17. ④ 18. ③ 19. ② 20. ③
21. ① 22. ② 23. ④ 24. ④ 25. ①

★ 소방관계법규

01. ① 국가는 우수소방제품의 전시·홍보를 위하여 「대외무역법」 제4조제2항에 따른 무역전시장 등을 설치한 자에 대하여 다음에 정한 범위에서 재정적인 지원을 할 수 있다.
　1. 소방산업전시회 운영에 따른 경비의 일부
　2. 소방산업전시회 관련 국외 홍보비
　3. 소방산업전시회 기간 중 국외의 구매자 초청 경비
② 삭제(2008.6.5)
③ 소방청장은 소방기술 및 소방산업의 국제경쟁력과 국제통용성을 높이기 위하여 다음의 사업을 추진하여야 한다.
　1. 소방기술 및 소방산업의 국제 협력을 위한 조사·연구
　2. 소방기술 및 소방산업에 관한 국제 전시회·국제 학술회의 개최 등 국제교류
　3. 소방기술 및 소방산업의 국외시장의 개척
　4. 그 밖에 소방기술 및 소방산업의 국제경쟁력과 국제적 통용성을 높이기 위하여 필요하다고 인정하는 사업
④ 국가는 국민의 생명과 재산을 보호하기 위하여 다음 각 호의 어느 하나에 해당하는 기관이나 단체로 하여금 소방기술의 연구·개발 사업을 수행하게 할 수 있다.
　1. 국공립 연구기관
　2. 「과학기술분야 정부출연연구기관 등의 설립·운영 및 육성에 관한 법률」에 따라 설립된 연구기관
　3. 「특정연구기관 육성법」 제2조에 따른 특정연구기관
　4. 「고등교육법」에 따른 대학·산업대학·전문대학 및 기술대학
　5. 「민법」이나 다른 법률에 따라 설립된 소방기술 분야의 법인인 연구기관 또는 법인 부설연구소
　6. 「기초연구진흥 및 기술개발지원에 관한 법률」 제14조제1항제2호에 따른 기업부설연구소
　7. 「소방산업의 진흥에 관한 법률」 제14조에 따른 한국소방산업기술원
　8. 그 밖에 대통령령으로 정하는 소방에 관한 기술개발 및 연구를 수행하는 기관·협회

02. ③은 화재안전기준을 적용하기가 어려운 특정소방대상물에 해당된다.
소방시설을 설치하지 아니할 수 있는 특정소방대상물 및 소방시설의 범위(제16조 관련)

구분	특정소방대상물	설치하지 않을 수 있는 소방시설
1. 화재 위험도가 낮은 특정소방대상물	석재, 불연성금속, 불연성 건축재료 등의 가공공장·기계조립공장 또는 불연성 물품을 저장하는 창고	옥외소화전 및 연결살수설비
2. 화재안전기준을 적용하기 어려운 특정소방대상물	펄프공장의 작업장, 음료수 공장의 세정 또는 충전을 하는 작업장, 그 밖에 이와 비슷한 용도로 사용하는 것	스프링클러설비, 상수도소화용수설비 및 연결살수설비

	정수장, 수영장, 목욕장, 농예·축산·어류양식용 시설, 그 밖에 이와 비슷한 용도로 사용되는 것	자동화재탐지설비, 상수도소화용수설비 및 연결살수설비
3. 화재안전기준을 달리 적용해야 하는 특수한 용도 또는 구조를 가진 특정소방대상물	원자력발전소, 중·저준위방사성폐기물의 저장시설	연결송수관설비 및 연결살수설비
4. 「위험물 안전관리법」 제19조에 따른 자체소방대가 설치된 특정소방대상물	자체소방대가 설치된 제조소등에 부속된 사무실	옥내소화전설비, 소화용수설비, 연결살수설비 및 연결송수관설비

03. ③ 이동탱크저장소는 위험물안전관리법 제18조제1항에서 "대통령령이 정하는 제조소 등"에 속한다(위험물안전관리법 시행령 제16조). 위험물안전관리법 제17조제1항에서 "대통령령이 정하는 제조소 등"에는 ①, ②, ④ 외에 ㉠ 지정수량의 100배 이상의 위험물을 저장하는 옥외저장소 ㉡ 지정수량의 200배 이상의 위험물을 저장하는 옥외탱크저장소 ㉢ 이송취급소 ㉣ 지정수량의 10배 이상의 위험물을 취급하는 일반취급소 등이 있다(위험물안전관리법 시행령 제15조). 다만, 제4류 위험물(특수인화물을 제외)만을 지정수량의 50배 이하로 취급하는 일반취급소(제1석유류·알코올류의 취급량이 지정수량의 10배 이하인 경우에 한한다)로서 다음 각목의 어느 하나에 해당하는 것을 제외한다.
  가. 보일러·버너 또는 이와 비슷한 것으로서 위험물을 소비하는 장치로 이루어진 일반취급소
  나. 위험물을 용기에 옮겨 담거나 차량에 고정된 탱크에 주입하는 일반취급소

04. 공사업자가 (㉮ 대통령령)으로 정하는 소방시설공사를 하려면 (㉯ 행정안전부령)으로 정하는 바에 따라 그 공사의 내용, 시공 장소 그 밖의 필요한 사항을 (㉰ 소방본부장 또는 소방서장)에게 신고하여야 한다.

05. ① 위반행위가 2 이상인 때에는 그 중 중한 처분기준(중한 처분기준이 동일한 때에는 그 중 하나의 처분기준)에 의한다.
  ② 2 이상의 처분기준이 동일한 사용정지이거나 업무정지인 경우에는 중한 처분의 2분의 1까지 가중처분 할 수 있다.
  ④ 위반행위의 횟수에 따른 행정처분기준은 최근 2년간 같은 위반행위로 행정처분을

받은 경우에 적용한다.

[별표 2] 행정처분기준(제25조, 제58조제1항 및 제62조제1항 관련)
1. 일반기준
가. 위반행위가 2 이상인 때에는 그 중 중한 처분기준(중한 처분기준이 동일한 때에는 그 중 하나의 처분기준을 말한다. 이하 이 호에서 같다)에 의하되, 2 이상의 처분기준이 동일한 사용정지이거나 업무정지인 경우에는 중한 처분의 2분의 1까지 가중처분할 수 있다.
나. 사용정지 또는 업무정지의 처분기간 중에 사용정지 또는 업무정지에 해당하는 새로운 위반행위가 있는 때에는 종전의 처분기간 만료일의 다음 날부터 새로운 위반행위에 따른 사용정지 또는 업무정지의 행정처분을 한다.
다. 위반행위의 횟수에 따른 행정처분기준은 최근 2년간 같은 위반행위로 행정처분을 받은 경우에 적용한다. 이 경우 기간의 계산은 위반행위에 대하여 행정처분을 받은 날과 그 처분 후 다시 같은 위반행위를 하여 적발된 날을 기준으로 한다.
라. 다목에 따라 가중된 행정처분을 하는 경우 가중처분의 적용 차수는 그 위반행위 전 행정처분 차수(다목에 따른 기간 내에 행정처분이 둘 이상 있었던 경우에는 높은 차수를 말한다)의 다음 차수로 한다.
마. 사용정지 또는 업무정지의 처분기간이 완료될 때까지 위반행위가 계속되는 경우에는 사용정지 또는 업무정지의 행정처분을 다시 한다.
바. 처분권자는 다음의 사항을 고려하여 제2호의 개별기준에 따른 처분을 감경할 수 있다. 이 경우 그 처분이 사용정지 또는 업무정지인 경우에는 그 처분기준의 2분의 1 범위에서 처분기간을 감경할 수 있고, 그 처분이 지정취소(제58조제1항제1호부터 제3호까지에 해당하는 경우는 제외한다) 또는 등록취소(법 제16조제5항제1호부터 제3호까지에 해당하는 경우는 제외한다)인 경우에는 6개월의 업무정지 처분으로 감경할 수 있다.
  1) 위반행위의 동기·내용·횟수 또는 그 결과 등을 고려할 때 제2호 각 목의 기준을 적용하는 것이 불합리하다고 인정되는 경우
  2) 고의 또는 중과실이 없는 위반행위자가 「소상공인기본법」 제2조에 따른 소상공인인 경우로서 해당 행정처분으로 위반행위자가 더 이상 영업을 영위하기 어렵다고 객관적으로 인정되는지 여부, 경제위기 등으로 위반행위자가 속한 시장·산업 여건이 현저하게 변동되거나 지속적으로 악화된 상태인지 여부 등을 종합적으로 고려할 때 행정처분을 감경할 필요가 있다고 인정되는 경우

06. ① 소방청장은 규정에 따른 소방기술자에 대한 실무교육을 효율적으로 수행하기 위하여 실무교육기관을 지정할 수 있다.
② 실무교육기관의 지정방법·절차·기준 등에 관하여 필요한 사항은 행정안전부령으로 정한다.
③ 지정된 실무교육기관의 지정취소·업무정지 및 청문에 관한 사항은 「소방시설 설치 및 관리에 관한 법률」 제47조 및 제49조를 준용한다.
④ 소방기술자는 실무교육을 2년마다 1회 이상 받아야 한다. 다만, 실무교육을 받아야 할 기간 내에 소방기술자 양성·인정 교육훈련을 받은 경우에는 해당 실무교육을 받은 것으로 본다.

07. 공사업자는 소방시설공사 결과 자동화재탐지설비 등 대통령령이 정하는 소방시설에 하

자가 있는 경우에는 대통령령이 정하는 기간 동안 그 하자를 보수하여야 한다. 법 규정에 의하여 하자보수를 하여야 하는 소방시설과 소방시설별 하자보수보증기간은 다음과 같다.
1. 피난기구·유도등·유도표지·비상경보설비·비상조명등·비상방송설비 및 무선통신보조설비 : 2년
2. 자동식소화기·옥내소화전설비·스프링클러설비·간이스프링클러설비·물분무등소화설비·옥외소화전설비·자동화재탐지설비·상수도소화용수설비 및 소화활동설비(무선통신보조설비 제외) : 3년

08. ② 소방시설 등의 자체점검 대가에서 행정안전부령으로 정하는 방식은 「엔지니어링산업 진흥법」 제31조에 따라 산업통상자원부장관이 고시한 엔지니어링사업의 대가 기준 중 실비정액가산방식을 말한다.

09. 소방기본법상의 관계인은 소방대상물의 소유자·관리자 또는 점유자를 말한다.

10. 명령에 따라 소방활동에 종사한 사람은 시·도지사로부터 소방활동의 비용을 지급 받을 수 있다. 다만, 다음에 해당하는 사람의 경우에는 그러하지 않는다.
1. 소방대상물에 화재, 재난·재해 그 밖의 위급한 상황이 발생한 경우 그 관계인
2. 고의 또는 과실로 화재 또는 구조·구급활동이 필요한 상황을 발생시킨 사람
3. 화재 또는 구조·구급 현장에서 물건을 가져간 사람

11. 제조소 등의 (㉮ 관계인 : 소유자·점유자 또는 관리자)은 당해 제조소 등의 용도를 폐지(장래에 대하여 위험물시설로서의 기능을 완전히 상실시키는 것을 말한다)한 때에는 행정안전부령이 정하는 바에 따라 제조소 등의 용도를 폐지한 날부터 (㉯ 14일) 이내에 (㉰ 시·도지사)에게 신고하여야 한다.

12. ① 이동탱크저장소에 의하여 위험물을 운송하는 사람은 당해 위험물을 취급할 수 있는 「국가기술자격법」에 따른 위험물 분야의 자격 취득 또는 소방청장이 실시하는 안전교육을 수료하여야 한다.

13. ① 법 제30조 각호의 1의 등록 결격사유에 해당하게 된 때 : 1차 위반 시 등록취소이다.
등록의 결격사유
1. 피성년후견인
2. 이 법, 소방기본법, 화재의 예방 및 안전관리에 관한 법률, 소방시설공사업법 및 위험물안전관리법을 위반하여 금고 이상의 실형의 선고를 받고 그 집행이 끝나거나(집행이 끝난 것으로 보는

경우를 포함한다) 집행이 면제된 날부터 2년이 지나지 않은 사람
3. 이 법, 소방기본법, 화재의 예방 및 안전관리에 관한 법률, 소방시설공사업법 또는 위험물안전관리법을 위반하여 금고 이상의 형의 집행유예선고를 받고 그 유예기간 중에 있는 사람
4. 제35조제1항에 따라 관리업의 등록이 취소(피성년후견인에 해당하여 등록이 취소된 경우는 제외)된 날부터 2년이 지나지 아니한 자
5. 임원 중에 제1호부터 제4호의 어느 하나에 해당하는 사람이 있는 법인

② 소방시설 등에 대한 자체점검을 거짓으로 점검한 경우 : 1차 경고(시정명령), 2차 영업정지 3개월, 3차 등록취소

④ 점검능력 평가를 받지 않고 자체점검을 한 경우 : 1차 영업정지 1개월, 2차 영업정지 3개월, 3차 등록취소

14. 시·도지사는 제9조제1항 각 호의 어느 하나에 해당하는 경우로서 영업정지가 그 이용자에게 불편을 주거나 그 밖에 공익을 해칠 우려가 있을 때에는 영업정지처분을 갈음하여 (2억원 이하)의 과징금을 부과할 수 있다

15. ㉮ 시·도지사는 소방시설관리업의 등록증 재발급 신청서를 제출받은 경우에는 (3일) 이내에 소방시설관리업 등록증 또는 등록수첩을 재발급해야 한다.

㉯ 시·도지사는 소방시설관리업의 등록사항의 변경신고를 받은 경우 (5일) 이내에 소방시설관리업 등록증 및 등록수첩을 새로 발급하여야 한다.

16. 소방기본법은 화재를 예방·경계하거나 진압하고 화재, 재난·재해 그 밖의 위급한 상황에서의 구조·구급 활동 등을 통하여 국민의 생명·신체 및 재산을 보호함으로써 공공의 안녕 및 질서 유지와 복리증진에 이바지함을 목적으로 한다.

17. ㉯ ㉱가 옳은 설명이다.
㉮ 모든 선박이 아니라 항구 안에 메어둔 선박에 한한다.
㉰ 행정안전부령이 아니라 대통령령이다.
㉱ 소방대상물이 있는 장소 및 그 이웃 지역으로서 화재의 예방·경계·진압, 구조·구급 등의 활동에 필요한 지역을 말한다.

㉠ 소방대상물 : 건축물, 차량, 선박(「선박법」 제1조의2의 규정에 따른 선박으로서 항구 안에 매어둔 선박만 해당한다), 선박 건조 구조물, 산림 그 밖의 인공 구조물 또는 물건을 말한다.

㉡ 관계지역 : 소방대상물이 있는 장소 및 그 이웃지역으로서 화재의 예방·경계·진압,

구조·구급 등의 활동에 필요한 지역을 말한다.
ⓒ 관계인 : 소방대상물의 소유자·관리자 또는 점유자를 말한다.
② 소방시설 : 소화설비·경보설비·피난구조설비·소화용수설비 그밖에 소화활동설비로서 대통령령이 정하는 것을 말한다.
⑩ 위험물 : 인화성 또는 발화성 등의 성질을 가지는 것으로서 대통령령이 정하는 물품을 말한다.

18. 소방대 : 화재를 진압하고 화재, 재난·재해 그 밖의 위급한 상황에서의 구조·구급활동 등을 하기 위하여 다의 사람으로 구성된 조직체를 말한다.
    1. 소방공무원법에 따른 소방공무원
    2. 의무소방대설치법 제3조에 따라 임용된 의무소방원
    3. 의용소방대 설치 및 운영에 관한 법률에 따른 의용소방대원

19. ② 제조·가공 공정에서 방염처리한 물품을 수입한 경우에는 방염처리 실적에 포함되지 않는다.

20. ③ 1회 위반 시 100만원, 2회 위반 시 150만원, 3회 위반 시 200만원의 과태료가 부과된다.

21. ① 상호 또는 명칭의 변경 : 위험물탱크안전성능시험자등록증

22. ② 화재안전영향평가심의회는 위원장 1명을 포함한 12명 이내의 위원으로 구성한다.

23. ④ 「건축법」 제2조제2항제2호에 따른 공동주택 중 대통령령으로 정하는 공동주택의 건축주는 제16조제1항에 따른 소방 활동의 원활한 수행을 위하여 공동주택에 소방자동차 전용구역을 설치하여야 한다.

24. ④ 대통령령으로 정하는 공공기관이 발주하는 소방시설공사 등을 하도급한 경우 해당 발주자는 공사명, 예정가격 및 수급인의 도급금액 및 낙찰률 등의 사항을 누구나 볼 수 있는 방법으로 공개하여야 한다.

25. ① 화재감정 지정기준을 충족하는 경우 화재감정기관으로 지정하고, 행정안전부령으로 정하는 화재감정기관 지정서를 발급해야 한다.

★ 행정법총론

```
01. ④  02. ②  03. ④  04. ①  05. ④  06. ②  07. ②  08. ④  09. ④  10. ②
11. ②  12. ②  13. ④  14. ④  15. ①  16. ①  17. ②  18. ②  19. ④  20. ④
21. ①  22. ④  23. ②  24. ④  25. ③
```

01. ① 판례법은 영미법계에서는 법원성이 인정되나, 대륙법계에서는 법원성이 부정된다.
② 우리나라는 대륙법계이므로 판례의 법률상 구속력이 인정되지 않는다.
③ 법원이 아니므로 법률규정의 공백에 대하여 판례가 법적 근거가 될 수는 없다.

02. ① 대판 2008.5.6, 2007무147
② 원심이 국가로서 가집행선고부 판결에 기한 강제집행의 정지신청을 한 신청인에게 위와 같이 담보를 제공할 것을 조건으로 강제집행의 일시정지를 명한 것은 인지 첩부 및 공탁 제공에 관한 특례법 제3조의 법리를 오해한 위법이 있다고 하지 않을 수 없다(대판 2010.4.7, 2010부1).
③ 대판 2005.12.12, 2005무67
④ 대판 2012.2.1, 2012무2

03. ④ 국립대학이 등록금을 징수하는 관계는 사법관계이다.

04. ① 행정지도나 법령해석 등의 행정청의 행정작용도 신뢰보호에서 말하는 선행 조치에 포함된다는 것이 일반적인 입장이다.

05. ① 대결 2002.8.16, 2002마1022
② 대판 2015.6.24, 2011두2170
③ 대판 2018.1.25, 2015두35116
④ 의무를 명할 여유가 없거나 의무를 명하여서는 행정목적의 달성이 불가능할 경우에만 행정상 즉시강제의 대상이다.

06. 행정행위의 필요적 전제요건인 경우에는(광업권설정출원, 행정심판의 청구 등) 그 하자의 정도에 따라 행정행위의 효력에 영향을 미치게 된다.

제 3회 정답 및 해설

07. 우리나라는 행정법의 기본원리로 법치주의를 채택하고 있으므로 법령의 근거없이 특별한 경우를 제외하고는 행정행위를 행할 수 없다.

행정행위의 특성 : 법적합성, 공정성, 자력집행성, 확정력, 행정쟁송절차의 특수성 등

08. ① 대판 2014.7.24, 2013두20301
② 대판 2003.3.11, 2001두6425
③ 대판 2007.6.1, 2006두20587
④ 고속철도 역의 유치위원회에 지방자치단체로부터 지급받은 보조금의 사용 내용에 관한 서류 일체 등의 공개를 청구한 사안에서, 공개 청구한 정보 중 개인의 성명은 비공개에 의하여 보호되는 개인의 사생활 등의 이익이 국정운영의 투명성 확보 등의 공익보다 더 중요하여 비공개대상정보에 해당한다(대판 2009.10.29, 2009두14224).

09. ④ 각 개별법에 명문규정이 없는 경우에는 행정상 금전급부의 불이행을 민사소송법상 강제집행에 의한다는 견해와 공법규정의 흠결로 보아 국세징수법을 적용해야 한다는 견해의 대립이 있으나, 국세징수법에 의한다는 명문이 있을 때만 적용된다고 봄이 타당하다.

10. ㉮ 특별시·광역시에서 처리하는 사무, ㉱ 지방자치단체의 고유 사무에 해당한다. 나머지는 중앙정부의 사무에 해당한다.

11. ② 헌법 규정의 성질에 대한 직접효력설에 관한 설명이다. 다만, 학설·판례는 위헌무효설, 유추 적용설 등으로 대립한다.

12. ② 신청인이 고충민원을 취하하려는 경우 취하서를 권익위원회의 결정이 있기 전까지 서면으로 제출하여야 한다.

13. ① 헌법재판소의 결정은 형벌의 종류 및 상한을 명백히 규정하여야 한다(헌결 1991.7.8, 91헌가4)고 판시 하였다.
② 법규명령의 제정은 상위법령의 직접적이고 개별적, 구체적 위임이 있어야 하므로 행정입법으로 정할 대상을 특정사항으로 한정할 것과 기준의 명확성이 요구 된다.

③ 우리나라는 법규명령에 대한 사법적 통제와 관련하여 구체적 규범통제가 규정되어 있기 때문에 법규명령 자체에 대한 취소소송은 허용되지 않는다.

14. ① 대판 2000.10.13, 99두653
② 대판 1996.4.23, 94다446
③ 대판 2020.10.29, 2017다269152
④ 행정청이 도시 및 주거환경정비법 등 관련 법령에 근거하여 행하는 조합설립인가처분은 단순히 사인들의 조합설립행위에 대한 보충행위로서의 성질을 갖는 것에 그치는 것이 아니라 법령상 요건을 갖출 경우 도시 및 주거환경정비법상 주택재건축사업을 시행할 수 있는 권한을 갖는 행정주체(공법인)로서의 지위를 부여하는 일종의 설권적 처분의 성격을 갖는다고 보아야 한다. 그리고 그와 같이 보는 이상 조합설립결의는 조합설립인가처분이라는 행정처분을 하는 데 필요한 요건 중 하나에 불과한 것이어서, 조합설립결의에 하자가 있다면 그 하자를 이유로 직접 항고소송의 방법으로 조합설립인가처분의 취소 또는 무효확인을 구하여야 하고, 이와는 별도로 조합설립결의 부분만을 따로 떼어내어 그 효력 유무를 다투는 확인의 소를 제기하는 것은 원고의 권리 또는 법률상의 지위에 현존하는 불안·위험을 제거하는 데 가장 유효·적절한 수단이라 할 수 없어 특별한 사정이 없는 한 확인의 이익은 인정되지 아니한다(대판 2009.9.24, 2008다60568).

15. 국가배상에 관하여는 국가배상에 관한 특별법 → 국가배상법 → 민법의 순으로 적용된다(국가배상법 제8조).

16. ㉯ 사무관리 ㉱ 행정행위 ㉲ 사실행위

17. ① 대판 2010.12.23, 2010두14800
② 개인정보자기결정권의 보호대상이 되는 개인정보는 개인의 신체, 신념, 사회적 지위, 신분 등과 같이 인격주체성을 특징짓는 사항으로서 개인의 동일성을 식별할 수 있게 하는 일체의 정보를 의미하며, 반드시 개인의 내밀한 영역에 속하는 정보에 국한되지 않고 공적 생활에서 형성되었거나 이미 공개된 개인정보까지도 포함한다(대판 2016.3.10, 2012다105482).
③ 대판 2013.11.28, 2011두5049
④ 대판 2009.4.23, 2009두2702

제 3회 정답 및 해설

18. ① 개인정보보호법 제17조제3항
    ② 공공부문과 민간부문을 망라하여 국제 수준에 부합하는 개인정보 처리원칙 등을 규정하고, 개인정보 침해로 인한 국민의 피해 구제를 강화하여 국민의 사생활의 비밀을 보호하며, 개인정보에 대한 권리와 이익을 보장하려는 것이다.
    ③ 동법 제2조
    ④ 동법 제24조

19. ④ 행정조사를 인정하는 입장에서 행정조사에 해당하는 것은 불심검문, 신체 수색, 전당포의 조사 등을 들 수 있으며 물건의 영치는 즉시강제에 해당한다.

20. ④ 영조물은 계속적 시설체이다. 반면에 공기업은 계속적 사업만이 아니라 일시적 사업도 포함한다.

21. ① 대집행의 요건은 계고 시에 충족되어야 한다. 계고가 상당한 기한까지 의무를 이행하지 아니할 때에는 대집행을 할 수밖에 없다는 의사표시로 장래 대집행을 한다는 것을 확실히 나타내는 것이므로 계고를 할 때에 위의 요건충족이 선행될 필요가 있다고 해석되기 때문으로 판례의 입장이기도 하다.

22. ④ 행정상 결과제거청구권은 행정작용으로 발생한 직접적인 위법적 결과만이 대상이 된다. 해당 행정작용으로 인한 부수적인 불이익의 제거는 다른 청구권의 대상이 될 뿐이다.

23. ② 국가기관간의 권한쟁의는 국회·정부·법원·중앙선거관리위원회 상호간의 권한쟁의를 말하므로(헌법재판소법 제62조 제1항제1호), 행정관청 상호간의 권한쟁의는 헌법재판소의 심판대상이 아니다.

24. ① 고등학교졸업이 대학입학자격이나 학력인정으로서의 의미밖에 없다고 할 수 없으므로 고등학교졸업학력검정고시에 합격하였다 하여 고등학교 학생으로서의 신분과 명예가 회복될 수 없는 것이니 퇴학처분을 받은 자로서는 퇴학처분의 위법을 주장하여 그 취소를 구할 소송상의 이익이 있다(대판 1992.7.14, 91누4737).
    ② 행정처분의 취소를 구하는 소는 그 처분에 의하여 발생한 위법상태를 배제하여 원상으로 회복시키고 그 처분으로 침해되거나 방해받은 권리와 이익을 보호·구제하고

자 하는 소송이므로, 비록 처분을 취소한다 하더라도 원상회복이 불가능한 경우에는 그 처분의 취소를 구할 이익이 없다(대판 2017.9.12, 2017두44091).

③ 선행처분을 가중사유 또는 전제요건으로 하는 후행처분을 받을 우려가 현실적으로 존재하는 경우에는, 선행처분을 받은 상대방은 비록 그 처분에서 정한 제재기간이 경과하였다 하더라도 그 처분의 취소소송을 통하여 그러한 불이익을 제거할 권리보호의 필요성이 충분히 인정된다고 할 것이므로, 선행처분의 취소를 구할 법률상 이익이 있다고 보아야 한다(대판 2006.6.22, 2003두1684, 전원합의체).

④ 서울대학교학칙 제37조 제1항 소정의 학생의 입학시기에 관한 규정이나 대학학생정원령 제2조 소정의 입학정원에 관한 규정은 학사운영 등 교육행정을 원활하게 수행하기 위한 행정상의 필요에 의하여 정해놓은 것으로서 어느 학년도의 합격자는 반드시 당해 년도에만 입학하여야 한다고 볼 수 없으므로 원고들이 불합격처분의 취소를 구하는 이 사건 소송계속 중 당해년도의 입학시기가 지났더라도 당해 년도의 합격자로 인정되면 다음년도의 입학시기에 입학할 수도 있다고 할 것이고, 피고의 위법한 처분이 있게 됨에 따라 당연히 합격하였어야 할 원고들이 불합격 처리되고 불합격되었어야 할 자들이 합격한 결과가 되었다면 원고들은 입학정원에 들어가는 자들이라고 하지 않을 수 없다고 할 것이므로 원고들로서는 피고의 불합격처분의 적법여부를 다툴만한 법률상의 이익이 있다(대판 1990.8.28, 89누8255).

25. ① 과징금은 불법적 경제적 이익의 박탈에 해당하므로 행정형벌인 벌금이나 행정질서벌인 과태료와는 달리 과징금은 형식상 행정벌에 해당하지 않는다.

② 청문은 행정청이 어떠한 처분을 함에 앞서 당사자 등의 의견 등을 듣고 증거를 조사하는 절차로 과징금부과처분을 할 경우에는 청문절차를 반드시 거쳐야 한다.

③ 자동차운수사업면허조건 등을 위반한 사업자에 대하여 행정청이 행정제재수단으로 사업 정지를 명할 것인지, 과징금을 부과할 것인지, 과징금을 부과키로 한다면 그 금액은 얼마로 할 것인지에 관하여 재량권이 부여되었다 할 것이므로 과징금부과처분이 법이 정한 한도액을 초과하여 위법할 경우 법원으로서는 그 전부를 취소할 수밖에 없다(대판 1998.4.10, 98두2270).

④ 면허받은 장의자동차운송사업구역에 위반하였음을 이유로 한 행정청의 과징금부과처분에 의하여 동종업자의 영업이 보호되는 결과는 사업구역제도의 반사적 이익에 불과하기 때문에 그 과징금부과처분을 취소한 재결에 대하여 처분의 상대방 아닌 제3자는 그 취소를 구할 법률상 이익이 없다(대판 1992.12.8, 91누13700).

정답 및 해설

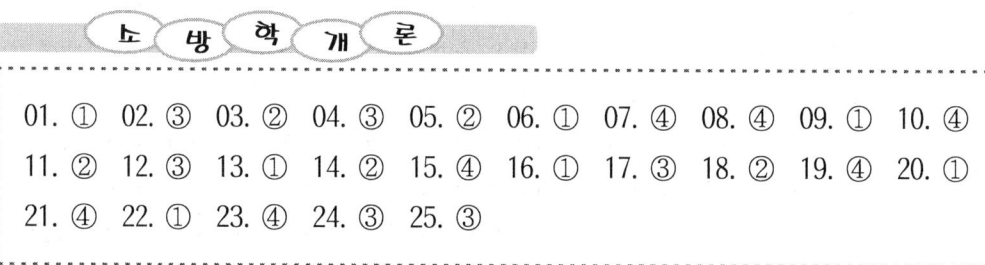

01. ① 02. ③ 03. ② 04. ③ 05. ② 06. ① 07. ④ 08. ④ 09. ① 10. ④
11. ② 12. ③ 13. ① 14. ② 15. ④ 16. ① 17. ③ 18. ② 19. ④ 20. ①
21. ④ 22. ① 23. ④ 24. ③ 25. ③

01. 연쇄반응을 포함한 연소의 4요소가 정상적으로 구비되어 상호균형을 이루고 있는 한 화재의 현상은 진행된다. 화재의 성장과 확대에 영향을 미치는 요소들은 여러 가지가 있겠으나 대개는 ㉠ 원활한 열의 이동 ㉡ 지속적인 산소의 공급 ㉢ 광범위하게 연결된 가연성물질(연료) ㉣ 화재진행 중 발생되는 폭발 및 비화 ㉤ 바람 및 습도 등을 들 수 있다.

02. 보기의 설명은 중앙위원회 즉 중앙안전관리위원회에 관한 내용이다.

03. ② 고온부에서 저온부로 이동하여 시간이 지나면 결국 두 부분의 온도가 같아지는 열 평형에 이르게 된다.

04. ③ 행정안전부장관 또는 재난관리책임기관의 장은 안전조치를 할 때에는 미리 해당 소유자·관리자 또는 점유자에게 서면으로 이를 알려 주어야 하며 긴급한 경우에는 구두로 알리되, 미리 구두로 알리는 것이 불가능하거나 상당한 시간이 걸려 공중의 안전에 위해를 끼칠 수 있는 경우에는 안전조치를 한 후 그 결과를 통보할 수 있다.

05. 가연성물질의 표면의 모양과 크기, 열의 비율과 내구(duration), 발화원의 종류와 온도, 촉매, 가열방법, 공기의 혼입도에 의해 발화점 값을 현저하게 변동시킨다.

06. 열복사
㉠ 모든 물체는 그 물체의 온도 때문에 열에너지를 파장의 형태로 계속적으로 방사하며 그렇게 방사하는 에너지를 말한다.
㉡ 복사로 전달되는 열에너지의 양은 고온체와 저온체의 온도차의 4승에 비례한다.

07. ④ 접염연소는 화염이 물체에 접촉하여 연소가 확산되는 현상으로 화염의 온도가 높을수록 잘 이루어진다.

08. ㉮ 비화에 의한 연소의 확대이다.
㉯ 비화에 대한 화재방어 상의 관심사이다.

09. ① 소방공무원에 대한 중징계는 파면, 해임, 강등 또는 정직을 말하며 감봉, 견책은 경징계에 해당한다.

10. ④ 무연탄이 가장 탄화도가 높은 석탄으로 고정탄소의 함유율은 90~95%, 발열량은 7,000~8,000kcal/kg에 이른다.

11. 탄화심도
㉠ 목재 등의 표면이 타 들어가 귀갑상을 이루면서 형성된 탄화 부분의 총 깊이를 말한다.
㉡ 발화부에 가까울수록 깊어지고 심하게 연소한 부분일수록 더 깊어진다.
㉢ 탄화심도는 원래의 표면에서 탄화된 부분을 지나 연소되지 않고 남아있는 부분까지의 깊이로 측정한다.

12. 물질 중에 열전도가 높은 물질은 외부에서 열에너지를 가하더라도 그 열에너지를 물체 내부로 효과적으로 확산시키므로 열의 축적이 적어서 가연성증기를 발생시킬 수 있는 인화점까지 이르기가 힘들어진다. 따라서 열전도도가 낮을수록 인화가 용이한 물질이라고 할 수 있다.

13. ② 대피명령 : 재난발생 위험이 있는 지역의 주민 또는 당해 지역에 있는 사람에게 대피를 명하는 것을 말한다.

제 4회 정답 및 해설

③ 응원 : 시장·군수·구청장은 응급조치를 위하여 필요한 때에는 다른 시장·군수·구청장 또는 시·군·구의 관할구역 안에 있는 군부대 및 관계행정기관의 장에게 소속공무원의 파견 등 필요한 사항을 요청하는 것을 말한다.
④ 강제대피 : 대피명령을 받은 사람 또는 경계구역에서의 퇴거나 대피명령을 받은 사람이 그 명령을 이행하지 않아 위급하다고 판단된 때에는 해당 지역 또는 위험구역 안의 주민이나 해당 지역 또는 위험구역 안에 있는 사람을 강제대피 시키거나 강제퇴거시키는 것을 말한다.

14. ② 가연성물질을 공기 속에서 태워 휘발성분을 없애고 재로 만드는 것을 하소라 한다.

15. ① 타르(tar), ② 흑연, ③ 이산화탄소
    ④ 탄화물(숯)은 나무·동물·식물 등과 같은 유기물질의 불완전연소로 인해 검은 형태로 된 탄소성분(열분해를 거쳐 목탄 또는 탄소로 변함)의 물질을 말한다.

16. ② 주거용 주방자동소화장치의 소화약제 방출구는 환기구의 청소부분과 분리되어 있어야 한다.
    ③ 소화기는 특정소방대상물의 각 층마다 설치하되, 특정소방대상물의 각 부분으로부터 1개의 소화기까지의 보행거리가 소형소화기의 경우에는 20m 이내, 대형소화기의 경우에는 30m 이내가 되도록 배치하여야 한다.
    ④ 캐비닛형 자동소화장치의 분사헤드(방출구) 설치 높이는 방호구역의 바닥으로부터 형식승인을 받은 범위 내에서 유효하게 소화약제를 방출시킬 수 있는 높이에 설치하여야 한다.

17. ㉠ 목재·고무·플라스틱 등 유기물 절연체에 전기회로 중 컨센트, 스위치 등이 접속되어 있을 때 이들의 사용과정에서 자주 발생하는 고온의 스파크가 이들의 표면을 탄화시키기 시작하고 이런 상태가 장기간 반복적으로 계속되면 표면이 흑연화 된다.
    ㉡ 당초에는 유기물 절연체이었지만 흑연화 하게 되면 양도체가 되어 전류가 잘 흐르게 되고 백열화하게 되며 이는 고온이므로 심부 다시 흑연화 하게 된다.
    ㉢ 이 현상이 반복되면 목재 등의 표면은 점차 깊게 타 나가 움푹 파이고 심하면 종국적으로 착화하기에 이르는데 이를 가네하라 현상이라고 부른다.

18. ② 연소흔은 연소 작용 상태에 따라 완소흔·강소흔·열소흔 등으로 구분할 수 있다.

★ 소방관계법규

19. ④ 목재·고무·합성수지(plastic) 등 유기물 절연체(insulator)에 전기회로 중 콘센트, 개폐기 등이 접속되어 있을 때 이들의 사용과정에서 자주 발생하는 고온의 스파크가 이들의 표면을 탄화시키기 시작하는데 이런 상태가 장기간 반복적으로 계속되면 표면이 흑연화 된다.

20. ① 소방재원으로는 일반재원으로 지방세, 지방교부세가 있고, 특정재원으로서 소방시설공동세, 국고보조금 등이 있다.

21. ④ 목재·기둥 및 두꺼운 판자 등이 900℃내외로 강하게 탈 때 그 표면이 귀갑상으로 갈라져 탄화된 연소흔적으로서 대개 그 홈은 깊고 만두 모양의 요철(凹凸)을 이루는 강소흔에 대한 설명이다.

22. ① 탄화물의 돌출부는 열분해 또는 연소결과 목재와 같은 물질을 이루는 숯의 표면에 형성되는 균열 혹은 갈라진 깊은 틈으로 분리, 탄화된 물질의 볼록한 부분을 말한다.

23. ④ 최고온도는 화재가혹도의 질적 개념으로 화재강도와 관련이 있고 지속시간은 화재가혹도의 양적 개념으로 화재하중과 관련이 있다.

24. ③ 고인화점으로 휘발성이 낮은 위험물을 저장하고 있는 탱크나 용기의 화재는 상황에 따라서 외부에서 냉각하기 위하여 주수하고 가연성의 증기발생을 억제해야 한다.

25. ③ 아세틸렌, 산화에틸렌, 에틸렌, 히드라진, 모노비닐아세틸렌, 메틸아세틸렌, 디아세틸렌, 오존, 이산화염소, 청산 등이 분해폭발성 물질에 해당한다.

소방관계법규

01. ④ 02. ③ 03. ③ 04. ④ 05. ③ 06. ① 07. ④ 08. ② 09. ④ 10. ①
11. ② 12. ③ 13. ② 14. ① 15. ① 16. ④ 17. ② 18. ③ 19. ② 20. ④
21. ② 22. ① 23. ④ 24. ③ 25. ④

01. ④ 소방기술 및 소방산업의 국제경쟁력과 국제적 통용성을 높이기 위하여 소방청장이

추진하여야 하는 사업이다. 한국소방안전원은 소방기술과 안전관리기술의 향상 및 홍보, 그 밖의 교육·훈련 등 행정기관이 위탁하는 업무의 수행과 소방 관계 종사자의 기술 향상을 위하여 설립한다.

한국소방안전원의 정관의 사항
1. 목적
2. 명칭
3. 주된 사무소의 소재지
4. 사업에 관한 사항
5. 이사회에 관한 사항
6. 회원과 임원 및 직원에 관한 사항
7. 재정 및 회계에 관한 사항
8. 정관의 변경에 관한 사항

02. ③ 국가기술자격 법령의 규정에 따른 소방기술자·소방설비기사·소방설비산업기사·위험물기능장·위험물산업기사·위험물기능사로 소방시설업 및 소방시설 설치 및 관리에 관한 법률의 규정에 따른 소방시설관리업의 기술인력으로 등록된 사람이다.

03. 소방공사감리업의 등록을 한 감리업자는 소방공사 감리를 함에 있어서 다음의 업무를 수행하여야 한다.
1. 소방시설 등의 설치계획표의 적법성 검토
2. 소방시설 등 설계도서의 적합성(적법성과 기술상의 합리성) 검토
3. 소방시설 등 설계 변경 사항의 적합성 검토
4. 「소방시설 설치 및 관리에 관한 법률」 제2조제1항제7호의 소방용품의 위치·규격 및 사용 자재의 적합성 검토
5. 공사업자가 한 소방시설 등의 시공이 설계도서와 화재안전기준에 맞는지에 대한 지도·감독
6. 완공된 소방시설 등의 성능시험
7. 공사업자가 작성한 시공 상세 도면의 적합성 검토
8. 피난시설 및 방화시설의 적법성 검토
9. 실내장식물의 불연화와 방염 물품의 적법성 검토

③은 안전관리자의 위험물 취급에 관한 안전관리와 감독 업무에 해당한다.

04. ④는 특정소방대상물의 소방안전관리에 관한 관계인 등의 의무에 관한 설명이다.

05. ㉮ 소방업무를 수행하는 (소방본부장 또는 소방서장)은 그 소재지를 관할하는 특별시장·광역시장·특별자치시장·도지사·특별자치도지사의 감독을 받는다.

ⓗ (소방청장)은 화재 예방 및 대형 재난 등 필요한 경우 시·도 소방본부장 및 소방서장을 지휘·감독할 수 있다

06. 소방신호의 종류
ⓙ 경계신호 : 화재 예방상 필요하다고 인정되거나 「화재의 예방 및 안전관리에 관한 법률」 제20조의 규정에 의한 화재위험경보 시 발령
ⓛ 발화신호 : 화재가 발생한 때 발령
ⓝ 해제신호 : 소화활동이 필요 없다고 인정되는 때 발령
ⓞ 훈련신호 : 훈련상 필요하다고 인정되는 때 발령

07. 다음에 해당하는 사람은 소방시설업의 등록을 할 수 없다.
등록의 결격사유
1. 피성년후견인
2. 삭제 〈2015. 7. 20.〉
3. 이 법, 「소방기본법」, 「화재의 예방 및 안전관리에 관한 법률」, 「소방시설 설치 및 관리에 관한 법률」 또는 「위험물안전관리법」에 따른 금고 이상의 실형을 선고받고 그 집행이 끝나거나(집행이 끝난 것으로 보는 경우를 포함한다) 면제된 날부터 2년이 지나지 아니한 사람
4. 이 법, 「소방기본법」, 「화재의 예방 및 안전관리에 관한 법률」, 「소방시설 설치 및 관리에 관한 법률」 또는 「위험물안전관리법」에 따른 금고 이상의 형의 집행유예를 선고받고 그 유예기간 중에 있는 사람
5. 등록하려는 소방시설업 등록이 취소(제1호에 해당하여 등록이 취소된 경우는 제외한다)된 날부터 2년이 지나지 아니한 자
6. 법인의 대표자가 제1호 또는 제3호부터 제5호까지에 해당하는 경우 그 법인
7. 법인의 임원이 제3호부터 제5호까지의 규정에 해당하는 경우 그 법인

08. ② 등록기준에 미달하게 된 경우는 1차 위반 시 업무정지 30일, 2차 위반 시 업무정지 60일, 3차 위반 시 등록취소에 해당한다.

다. 탱크시험자에 대한 행정처분기준

위반사항	근거 법령	행정처분기준		
		1차	2차	3차
(1) 허위 그 밖의 부정한 방법으로 등록을 한 경우	법 제16조제5항	등록취소		
(2) 법 제16조제4항 각호의 1의 등록의 결격사유에 해당하게 된 경우	법 제16조제5항	등록취소		
(3) 다른 자에게 등록증을 빌려준 경우	법 제16조제5항	등록취소		

(4) 법 제16조제2항의 규정에 의한 등록기준에 미달하게 된 경우	법 제16조제5항	업무정지 30일	업무정지 60일	등록취소
(5) 탱크안전성능시험 또는 점검을 허위로 하거나 이 법에 의한 기준에 맞지 않게 탱크안전성능시험 또는 점검을 실시하는 경우 등 탱크시험자로서 적합하지 않다고 인정되는 경우	법 제16조제5항	업무정지 30일	업무정지 90일	등록취소

09. ㉠ 무창층 : 지상층 중 다음 각목의 요건을 모두 갖춘 개구부(건축물에서 채광·환기·통풍 또는 출입 등을 위하여 만든 창·출입구 그 밖에 이와 비슷한 것을 말함)의 면적의 합계가 해당 층의 바닥면적(건축법 시행령 제119조제1항제3호에 따라 산정된 면적을 말함)의 30분의 1 이하가 되는 층을 말한다.
    가. 크기는 지름 50센티미터 이상의 원이 통과할 수 있을 것
    나. 해당 층의 바닥면으로부터 개구부 밑부분까지의 높이가 1.2미터 이내일 것
    다. 도로 또는 차량이 진입할 수 있는 빈터를 향할 것
    라. 화재 시 건축물로부터 쉽게 피난할 수 있도록 창살이나 그 밖의 장애물이 설치되지 않을 것
    마. 내부 또는 외부에서 쉽게 부수거나 열 수 있을 것
㉡ 피난층 : 곧바로 지상으로 갈 수 있는 출입구가 있는 층을 말한다.

10. 소방활동구역에 출입할 수 있는 사람
  1. 소방활동구역 안에 있는 소방대상물의 소유자·관리자 또는 점유자
  2. 전기·가스·수도·통신·교통의 업무에 종사하는 사람으로서 원활한 소방활동을 위하여 필요한 사람
  3. 의사·간호사 그 밖의 구조·구급업무에 종사하는 사람
  4. 취재인력 등 보도업무에 종사하는 사람
  5. 수사업무에 종사하는 사람
  6. 그 밖에 소방대장이 소방활동을 위하여 출입을 허가한 사람

11. ② 등록증을 다른 자에게 빌려준 경우에는 시·도지사가 탱크시험자의 등록을 취소할 수 있는 경우에 해당한다.

12. ③ 위반행위가 2 이상인 때에는 그 중 중한 처분기준(중한 처분기준이 동일한 때에는 그 중 하나의 처분기준에 의하되, 2 이상의 처분기준이 동일한 사용정지이거나 업무정지인 경우에는 중한 처분의 2분의 1까지 가중처분 할 수 있다.

13. ② 지정을 받은 실무교육기관은 휴업·재개업 또는 폐업을 하려면 그 휴업 또는 재개업

을 하려는 날의 14일 전까지 휴업·재개업·폐업 보고서에 실무교육기관 지정서 1부를 첨부(폐업을 하는 경우에만 첨부)하여 소방청장에게 보고하여야 한다.

14. ② 방염성능검사의 방법과 검사결과에 따른 합격표시 등에 관하여 필요한 사항은 행정안전부령으로 정한다.
③ 방염대상물품에 대하여 방염처리를 하고자 하는 사람은 시·도지사에게 방염처리업의 등록을 하여야 한다.
④ 방염업의 종류와 그 종류별 영업의 범위, 방염업의 등록기준 등에 관하여 필요한 사항은 대통령령으로 정한다.

15. ① 1년 이하의 징역 또는 1천만원 이하의 벌금에 처한다.
②, ③, ④ 3년 이하의 징역 또는 3천만원 이하의 벌금에 처한다.

16. ④ 소방기술민원센터는 소방청 또는 소방본부에 각각 설치 및 운영한다.

17. ② 성능위주설계는 건축물 등의 재료, 공간, 이용자, 화재 특성 등을 종합적으로 고려하여 공학적 방법으로 화재 위험성을 평가하고 그 결과에 따라 화재안전성능이 확보될 수 있도록 특정소방대상물을 설계하는 것을 말한다.

18. 시·도지사는 소방활동에 필요한 소화전·급수탑·저수조를 설치하고 유지·관리하여야 한다.

19. 화재예방강화지구
    1. 시장지역
    2. 공장·창고가 밀집한 지역
    3. 목조건물이 밀집한 지역
    4. 노후·불량건축물이 밀집한 지역
    5. 위험물의 저장 및 처리 시설이 밀집한 지역
    6. 석유화학제품을 생산하는 공장이 있는 지역
    7. 「산업입지 및 개발에 관한 법률」 제2조제8호에 따른 산업단지
    8. 소방시설·소방용수시설 또는 소방출동로가 없는 지역
    9. 「물류시설의 개발 및 운영에 관한 법률」 제2조제6호에 따른 물류단지
    10. 그 밖에 제1호부터 제9호까지에 준하는 지역으로서 소방관서장이 화재예방강화지구로 지정할 필요가 있다고 인정하는 지역

20. ㉮ 재산피해액이 50억원 이상 발생한 화재
    ㉰ 층수가 5층 이상이거나 객실이 30실 이상인 숙박시설에서 발생한 화재
    ㉲ 이재민이 100인 이상 발생한 화재

    종합상황실의 실장은 다음에 해당하는 상황이 발생하는 때에는 그 사실을 지체 없이 서면·팩스 또는 컴퓨터통신 등으로 소방서의 종합상황실의 경우는 소방본부의 종합상황실에, 소방본부의 종합상황실의 경우는 소방청의 종합상황실에 각각 보고해야 한다.
    1. 다음 각목의 1에 해당하는 화재
        가. 사망자가 5인 이상 발생하거나 사상자가 10인 이상 발생한 화재
        나. 이재민이 100인 이상 발생한 화재
        다. 재산피해액이 50억원 이상 발생한 화재
        라. 관공서·학교·정부미도정공장·문화재·지하철 또는 지하구의 화재
        마. 관광호텔, 층수(「건축법 시행령」 제119조제1항제9호의 규정에 의하여 산정한 층수를 말한다.)가 11층 이상인 건축물, 지하상가, 시장, 백화점, 「위험물안전관리법」 제2조제2항의 규정에 의한 지정수량의 3천배 이상의 위험물의 제조소·저장소·취급소, 층수가 5층 이상이거나 객실이 30실 이상인 숙박시설, 층수가 5층 이상이거나 병상이 30개 이상인 종합병원·정신병원·한방병원·요양소, 연면적 1만5천제곱미터 이상인 공장 또는 「화재의 예방 및 안전관리에 관한 법률」 제18조제1항 각 목에 따른 화재경계지구에서 발생한 화재
        바. 철도차량, 항구에 매어둔 총 톤수가 1천톤 이상인 선박, 항공기, 발전소 또는 변전소에서 발생한 화재
        사. 가스 및 화약류의 폭발에 의한 화재
        아. 「다중이용업소의 안전관리에 관한 특별법」 제2조에 따른 다중이용업소의 화재
    2. 「긴급구조대응활동 및 현장지휘에 관한 규칙」에 의한 통제단장의 현장지휘가 필요한 재난상황
    3. 언론에 보도된 재난상황
    4. 그 밖에 소방청장이 정하는 재난상황

21. ② 전력용 및 통신용 지하구 중 「국토의 계획 및 이용에 관한 법률」 제2조제9호에 따른 공동구

    화재예방안전진단의 대상(대통령령으로 정하는 소방안전 특별관리시설물)
    1. 법 제40조제1항제1호에 따른 공항시설 중 여객터미널의 연면적이 1천제곱미터 이상인 공항시설
    2. 법 제40조제1항제2호에 따른 철도시설 중 역 시설의 연면적이 5천제곱미터 이상인 철도시설
    3. 법 제40조제1항제3호에 따른 도시철도시설 중 역사 및 역 시설의 연면적이 5천제곱미터 이상인 도시철도시설
    4. 법 제40조제1항제4호에 따른 항만시설 중 여객이용시설 및 지원시설의 연면적이 5천제곱미터 이상인 항만시설
    5. 법 제40조제1항제10호에 따른 전력용 및 통신용 지하구 중 「국토의 계획 및 이용에 관한 법

률」 제2조제9호에 따른 공동구
6. 법 제40조제1항제12호에 따른 천연가스 인수기지 및 공급망 중 「소방시설 설치 및 관리에 관한 법률 시행령」 별표 2 제17호나목에 따른 가스시설
7. 제41조제2항제1호에 따른 발전소 중 연면적이 5천제곱미터 이상인 발전소
8. 제41조제2항제3호에 따른 가스공급시설 중 가연성 가스 탱크의 저장용량의 합계가 100톤 이상이거나 저장용량이 30톤 이상인 가연성 가스 탱크가 있는 가스공급시설

22. ① 소방시설공사는 다른 업종의 공사와 분리하여 도급하여야 한다. 다만, 공사의 성질 상 또는 기술관리 상 분리하여 도급하는 것이 곤란한 경우로서 대통령령으로 정하는 경우에는 다른 업종의 공사와 분리하지 않고 도급할 수 있다.

23.

3. 제조소 또는 일반취급소에서 취급하는 (제4류) 위험물의 최대수량의 합이 지정수량의 24만배 이상 48만배 미만인 사업소	(3)대	(15)인

24. ③ 중앙화재안전조사단 및 지방화재안전조사단은 각각 단장을 포함하여 50명 이내의 단원으로 성별을 고려하여 구성한다.

25. 소방청장은 소방용품의 형식승인을 받았거나 제품검사를 받은 자가 다음에 해당할 때에는 행정안전부령으로 정하는 바에 따라 그 형식승인을 취소하거나 6개월 이내의 기간을 정하여 제품검사의 중지를 명할 수 있다. 다만, 제1호·제3호 또는 제5호의 경우에는 해당 소방용품의 형식승인을 취소하여야 한다.
1. 거짓이나 그 밖의 부정한 방법으로 제37조제1항 및 제10항에 따른 형식승인을 받은 경우
2. 제37조제2항에 따른 시험시설의 시설기준에 미달되는 경우
3. 거짓이나 그 밖의 부정한 방법으로 제37조제3항에 따른 제품검사를 받은 경우
4. 제품검사 시 제37조제5항에 따른 기술기준에 미달되는 경우
5. 제38조에 따른 변경승인을 받지 아니하거나 거짓이나 그 밖의 부정한 방법으로 변경승인을 받은 경우

④ 소방용품의 형식승인을 부정한 방법으로 받은 경우에는 허가취소에 해당한다.

제 4회 정답 및 해설

행정법총론

01. ④ 02. ④ 03. ④ 04. ③ 05. ④ 06. ③ 07. ④ 08. ② 09. ① 10. ①
11. ④ 12. ② 13. ③ 14. ④ 15. ① 16. ④ 17. ④ 18. ④ 19. ③ 20. ④
21. ④ 22. ② 23. ② 24. ③ 25. ③

01. ① 공개 여부는 공개를 거부할 만한 정당한 이익이 있는지 여부에 따라 결정되어야 하는바, 국민에 의한 감시의 필요성이 크고 이를 감수하여야 하는 면이 강한 공익법인에 대하여는 보다 소극적으로 판단하여야 한다(대판 2010.12.23, 2008두13101).
② 재소자가 교도관의 가혹행위를 이유로 형사고소 및 민사소송을 제기하면서 그 증명자료 확보를 위해 '징벌위원회 회의록' 등의 정보공개를 요청한 경우 징벌위원회 회의록 중 비공개 심사·의결 부분은 비공개사유에 해당하지만 징벌절차 진행 부분은 비공개사유에 해당하지 않는다(대판 2009.12.10, 2009두12785)고 보아 분리 공개가 허용된다고 판시 하였다.
③ 정보공개청구의 대상이 이미 널리 알려진 사항이거나 청구량이 과다하여 정상적인 업무수행에 현저한 지장을 초래할 우려가 있더라도 청구된 정보의 사본 또는 복제물의 교부를 제한할 수는 없다(대판 2009.4.23, 2009두2702).
④ 공개청구의 대상이 되는 정보가 이미 다른 사람에게 공개되어 널리 알려져 있다거나 인터넷 등을 통하여 공개되어 인터넷검색 등을 통하여 쉽게 알 수 있다는 사정만으로는 소의 이익이 없다거나 비공개결정이 정당화될 수 없다(대판 2010.12.23, 2008두13101).

02. 권력분립
  ㉠ 3권 분립 : 몽테스키외(Montesquieu)
  ㉡ 2권 분립 : 로크(J. Locke)

03. ④ 행위의 효력과 관련되는 것으로 볼 때는 조건으로 보는 견해에 따른 입장이다.

04. ③ 행정행위의 철회의 경우 상대방에게 책임이 없는 한 법률에 따른 보상을 해 주어야 하는 것은 옳으나 하자와 관계없이 변화하는 사실에 근거한 철회는 장래효에만 인정한다.

★ 행정법총론

05. 행정심판법과 행정소송법에서 직접 상대방뿐만 아니라 행정심판 및 행정소송을 제기할 이익이 있는 자에게 행정심판의 청구인적격이나 행정소송의 원고적격을 인정하고 있다.

06. ③ 위원장 및 부위원장은 국무총리의 제청으로 대통령이 임명하고 상임위원은 위원장의 제청으로 대통령이 임명한다.

07. ④ 직권취소의 경우 새로운 내용으로 적극적 변경이 허용된다.

08. 행정지도는 항상 법적 근거를 요하는 것은 아니어서 전혀 법적 근거를 요하지 않는 행정지도도 있다(예 금리·물가상승의 억제권장).

09. ① 국유재산의 매각관계는 국고작용으로 공정력 등 행정법관계의 특성은 적용이 없다.

10. ① 행정행위는 대륙법계에서 유래된 개념으로 앵글로 색슨법계와는 관계가 적다.

11. 형사벌 법규는 행위규범을 생략하고 제재규범을 정립하는데 그치는 것이 보통이고, 행정벌 법규는 행위규범을 포함하고 있다.

12. ② 행정조사는 법령 등의 위반에 대한 처벌보다는 법령 등을 준수하도록 유도하는 데 중점을 두어야 한다.

13. 쟁송취소는 행정행위의 일반적인 적법성을 확보하고 행정구제를 도모하기 위해 회고적으로 적법상태를 실현하려는 것으로 행정행위에 대한 적극적 변경은 불가능하다. 행정행위의 적극적 변경은 의무이행소송을 인정할 때 가능하다.

14. ① 대판 1971.11.15, 71다1952
    ② 결정전치주의의 요건은 '사실심의 변론종결 전'까지 갖추면 족하다는 것이 판례의 태도이다(대판 1994.2.25, 93다38444).
    ③ 불법행위로 인한 손해배상의 청구권은 피해자나 그 법정대리인이 그 손해 및 가해자를 안 날로부터 3년간 이를 행사하지 아니하면 시효로 인하여 소멸한다. 불법행위를 한 날로부터 10년을 경과한 때에도 시효로 인하여 소멸한다.
    ④ 국가배상청구소송에는 가집행선고를 붙일 수 없는데, 헌법재판소는 그것이 평등원칙에 위배되는 것이라 하였다.

제 4회 정답 및 해설

15. ① 행정청이 상·하수도관로가 매설되어 있지 않는 등 도시기반시설이 미비하고 난개발 및 도시슬럼화를 방지하기 위한 계획적인 개발이 검토되고 있다는 이유로 토지의 형질변경행위를 수반하는 건축허가신청을 거부한 사안에서, 그 처분에 재량권의 범위를 일탈·남용한 위법이 없다(대판 2010.2.25, 2009두19960).
   ② 대판 2005.7.14, 2004두6181
   ③ 대판 2012.12.13, 2011두29205
   ④ 대판 2011.1.20, 2010두14954, 전합

16. ① 대판 2011.12.27, 2009다56993
    ② 대판 2016.12.15, 2016다22156
    ③ 대판 1975.7.8, 75누26
    ④ 공무원 및 사립학교 교직원 의료보험법 등 관계법령의 규정내용에 비추어 보면, 공무원 및 사립학교 교직원 의료보험관리공단 직원의 근무관계는 공법관계가 아니라 사법관계이다(대판 1993.11.23, 93누15212).

17. ① 대판 1999.5.14, 98다14030
    ② 대판 2014.9.25, 2012두24092
    ③ 하천구역으로 편입되어 국유로 된 제외지의 구 소유자가 서울시를 상대로 제기한 손실보상금 청구가 채권양도 후 대항요건을 갖추기 전의 청구라는 이유로 기각되어 시효중단의 효력이 소멸하였다고 하더라도 그로부터 6월내에 구 소유자의 승계인이 손실보상금을 청구한 이상, 구 소유자의 소제기로 인하여 시효가 중단되었다(대판 2009.2.12, 2008두20109).
    ④ 대판 2010.4.29, 2009두17360

18. ④ 행정처분의 상대방 아닌 제3자도 그 처분으로 인하여 법률상 보호되는 이익을 침해당한 경우에는 그 처분의 취소 또는 변경을 구하는 행정소송을 제기하여 그 당부의 판단을 받을 법률상 자격이 있다(대판 1983.7.12, 83누59).

19. ③ 미연방 대법원 판사인 '프랭크 피터'의 말이다.

20. ④ 법령의 효력은 조례 - 규칙 순이다.

21. ① 대판 2005.12.23, 2005두3554

② 대판 1996.6.25, 93누17935
③ 대판 2020.10.29, 2017다269152
④ 하자 있는 행정처분이 당연무효가 되기 위하여는 그 하자가 법규의 중요한 부분을 위반한 중대한 것으로서 객관적으로 명백한 것이어야 하며, 하자가 중대하고 명백한 것인지 여부를 판별함에 있어서는 그 법규의 목적, 의미, 기능 등을 목적론적으로 고찰함과 동시에 구체적 사안 자체의 특수성에 관하여도 합리적으로 고찰함을 요한다(대판 1996.11.12, 96누1221).

22. ① 대판 2014.10.6, 2014두37863,
② 주주 丙 등이 주주총회결의 부존재 또는 취소사유가 존재한다고 주장하면서 乙 등에 대한 직무집행정지가처분을 구한 사안에서, 피보전권리가 소명되지 않았다고 보아 가처분신청을 기각한 원심결정에 법리오해의 위법이 있다(대판 2014.7.11, 2013마2397).
③ 대판 2014.5.16, 2014두786
④ 대판 2015.3.20, 2011두3746

23. ② 반사적 이익 영역을 축소시키고 법률상 이익을 확대시키는 것이 현대 행정법의 특징이다.

24. ① 대판 2010.8.26, 2010두2579
② 대판 2014.11.27, 2013두16111
③ 선행행위와 후행행위가 서로 독립하여 각각 별개의 법률효과를 목적으로 하는 때에는 선행행위의 하자가 중대하고 명백하여 당연무효인 경우를 제외하고는 선행행위의 하자를 이유로 후행행위의 효력을 다툴 수 없다(대판 2004.6.10, 2002두12618).
④ 대판 2010.4.8, 2009다27636

25. ① 대판 2016.11.24, 2016수64
② 대판 2001.5.8, 2000두6916
③ 쟁송취소의 경우 추상적 위법성을 이유로 취소된다. 따라서 행정청도 취소권자가 될 수 있으나 구체적인 위법성까지 요하지는 않는다.

제5회 정답 및 해설

소방학개론

01. ① 02. ③ 03. ② 04. ① 05. ④ 06. ③ 07. ① 08. ② 09. ④ 10. ②
11. ① 12. ④ 13. ③ 14. ③ 15. ② 16. ② 17. ① 18. ④ 19. ② 20. ③
21. ③ 22. ② 23. ④ 24. ① 25. ②

01. ㉯ 「의료법」제3조제2항제3호마목에 따른 정신병원
   법 제3조제8호의 "대통령령으로 정하는 기관과 단체"에 해당하는 긴급구조지원기관
   1. 교육부, 과학기술정보통신부, 국방부, 산업통상자원부, 보건복지부, 환경부, 국토교통부, 해양수산부, 방송통신위원회, 경찰청, 산림청, 질병관리청 및 기상청
   2. 국방부장관이 법 제57조제3항제2호에 따른 탐색구조부대로 지정하는 군부대와 그 밖에 긴급구조지원을 위하여 국방부장관이 지정하는 군부대
   3. 「대한적십자사 조직법」에 따른 대한적십자사
   4. 「의료법」제3조제2항제3호마목에 따른 종합병원
   4의2. 「응급의료에 관한 법률」제2조제5호에 따른 응급의료기관, 같은 법 제27조에 따른 응급의료정보센터 및 같은 법 제44조제1항제1호 · 제2호에 따른 구급차등의 운용자
   5. 「재해구호법」제29조에 따른 전국재해구호협회
   6. 법 제3조제7호에 따른 긴급구조기관과 긴급구조활동에 관한 응원협정을 체결한 기관 및 단체
   7. 그 밖에 긴급구조에 필요한 인력과 장비를 갖춘 기관 및 단체로서 행정안전부령으로 정하는 기관 및 단체

02. ③ 기상폭발 중 공기 중에 분출된 가연성 액체의 미세한 액적이 무상으로 되어 공기 중에 부유하고 있을 때에 발생하는 폭발을 분진폭발이라 한다.

03. ② 사상자는 화재현장에서 사망한 사람과 부상당한 사람을 말한다. 다만, 화재현장에서 부상을 당한 후 72시간 이내에 사망한 경우에는 당해 화재로 인한 사망으로 본다.

04. ① 위험물안전관리법상 제5류 위험물에는 유기과산화물류, 질산에스테르류, 니트로화합물류 니트로소화합물류, 아조화합물류, 디아조화합물류, 히드라진 및 그 유도체류 등이 있다.
② 인화성액체는 액체(제3석유류, 제4석유류 및 동식물유류의 경우 1기압과 섭씨 20도에서 액체인 것만 해당한다)로서 인화의 위험성이 있는 것을 말한다.
③ 가열, 마찰, 충격을 피하고 화재 초기에는 소화가 가능하나 물질 자체가 산소를 함유하고 있어 질식에 의한 소화방법은 효과가 없으므로 주위의 위험물을 제거하여야 한다.
④ 제5류 위험물은 가열, 마찰, 충격을 피해야 하는 자기반응성물질에 해당한다.

05. ④ 가연성 가스와 공기(또는 산소)의 혼합물에 있어서 가연성 가스의 농도가 낮거나 높게 되면 화염의 전파가 일어나지 않는다.

06. ③ 폭발을 일으킨 후에는 스스로 신속하게 연소해 가는 성질이 있다.

07. 이전(1970~1992)의 제도는 기본적으로 서울특별시와 광역시는 광역자치단체를 중심으로 한 자치소방제도로 운영되었으며 시·군의 경우는 국가에서 소방사무를 수행토록 함으로써 국가소방과 자치소방이 이원화되어 운영되었으나 1992년에 국가소방과 자치소방의 이원화된 소방제도를 광역자치소방체제로 전환하였다.

08. ② 소화약제 방출구는 환기구의 청소부분과 분리되어 있어야 하며 형식승인 받은 유효설치 높이 및 방호면적에 따라 설치하여야 한다.

09. ④ 인화성 액체가 열의 전도를 막은 상태에서 열을 발산하는 경우 그 체적이 늘어나고 빠르게 압축되는 현상을 단열압축이라고 한다.

10. ② 롤 오버(Roll over)에 대한 설명이다.

11. 기폭제 : 뇌홍, 뇌은, 디아지드화납, 디아조디니트로페놀, 니트로소구아니딘, 아세틸화은, 스티프네이트납, 펜타에리트리톨, 테트라니트레이트 등이 있다.

12. 끓는액체팽창증기폭발BLEVE) : 대기압력 상태 하에서 비등점 이상의 온도를 가진 액체가 압력용기 내에 저장·가열되어질 때 그 탱크 안에 저장되어 있는 액체가 급격히 기화되면서, 탱크 상부 기체의 압력이 극도로 증가함으로 말미암아 거대한 폭발을 발생시키는 현상을 말한다. 높은 팽창비를 가진 액화석유가스(LPG)와 액화천연가스(LNG)용기는 블레비(BLEVE)현상이 일어나기 쉽다.

13. ③ 음속 이상의 충격파를 수반하면서 파괴 작용을 유발시키는 것은 폭효라 한다.

14. ③ 할로겐화합물 및 불활성기체소화약제란 할로겐화합물(할론 1301, 할론 2402, 할론 1211 제외) 및 불활성기체로서 전기적으로 비전도성이며 휘발성이 있거나 증발 후 잔여물을 남기지 않는 소화약제를 말한다.

15. boil-over : 확실한 타입의 원유를 담은 상단부 개방형 탱크내의 화재 시 자발적으로 발생할 수 있는 하나의 현상으로 보통 탱크의 지붕이 날아가거나 부유식지붕이 원유폭발로 가라앉을 때 일어날 수 있다. 즉, 원유가 액면에서 연소할 때 탄화수소가 연소면에서 밑바닥 쪽으로 이동하게 되는데 이같이 형성된 열면은 연소의 진행과 더불어 깊어져가며 열파가 커져 용기바닥의 물·에멀션층에 도달하면 급격하게 발포현상을 일으켜서 용기로부터 넘쳐 나오거나 용기폭발을 일으키는 현상을 말한다.

16. ③ 안전정책조정위원회의 위원은 국가정보원 제2차장, 방송통신위원회 상임위원, 국무조정실 제2차장 및 금융위원회 부위원장이 된다.

17. ① 유류탱크 내부의 물이 들어가 탱크 하부에 머물러 있다가 외부로부터 탱크가 열을 받게 될 경우 탱크 하부에 머물러 있던 물이 비등하여 유류탱크의 외부로 튕겨 분출되는 현상은 보일오버이다.

18. ④ 행정안전부장관은 재난을 예방하고 국민의 안전의식을 높이기 위하여 재난관리책임기관의 장의 의견을 들어 매년 집중 안전점검 기간을 설정하고 그 운영에 필요한 계획을 수립하여야 한다.

19. ① 완소흔
② 훈소흔은 목재·기둥 및 두꺼운 판자 등의 표면에 발열체가 밀착되었을 경우 그 밀착부위의 목재표면에 생기는 연소흔적을 말하며 출화부 부근의 훈소흔이 종종 발화부가

될 때도 있다.
③ 열소흔
④ 강소흔

20. flash over현상 : 실내의 일부에서 발생한 화재가 초기 실내온도를 대류현상으로 상승시키고 가연물의 온도도 상승시키게 되며 차츰 화원이 커지면 지속적인 복사열이 가연물에 전달되고 열 축적을 한 실내의 가연물이 일시에 폭발적인 착화현상을 일으키는데 이러한 현상을 말한다.

21. ③ 최초 보고는 인명피해 등 주요 재난 발생 시 지체 없이 서면(전자문서를 포함), 팩스, 전화, 법 제34조의8제1항에 따른 재난안전통신망 중 가장 빠른 방법으로 하는 보고하는 것을 말한다.

22. ② 도화선은 고폭발성 화약분말이 충전되어 있고, 분말을 둘러싼 유연한 섬유질의 관과 방수재료로 구성되어 한 지점에서 다른 지점으로 화염을 전달할 수 있도록 제조된 선으로 도화선의 색깔은 백색·흑색·오렌지색·황갈색 등이다.

23. 여러 형태의 유류)를 수용한 상단부 개방형 탱크 내부의 어떤 특수조건하에서 일어날 수 있는 현상 중 화재와 관련하여 특별히 언급할 가치가 있는 발포유출·비산현상은 보일오우버·슬랖오우버·프로쓰오우버현상 등이 있다.

24. ① 탱크 저부에 물 또는 기름의 에멀젼이 수증기로 변해 갑작스럽게 탱크의 외부로 분출하는 현상은 보일오버(boil over)이다.

25. ② 제3류 위험물의 소화는 건조사 등에 의한 질식소화나 금속화재용 분말소화제를 이용한다. 금속 K, Na이 연소하고 있는 경우에는 할로겐화합물소화제의 사용은 엄금이다.

제 5회 정답 및 해설

소방관계법규

```
01. ④  02. ③  03. ①  04. ②  05. ③  06. ②  07. ③  08. ④  09. ①  10. ③
11. ③  12. ②  13. ④  14. ③  15. ②  16. ②  17. ④  18. ④  19. ②  20. ②
21. ①  22. ②  23. ④  24. ③  25. ②
```

01. ④ 자체점검 실시결과의 보고기간에는 공휴일 및 토요일은 산입하지 않는다.

02. ③ 특정소방대상물의 소방시설공사 등을 하려는 자는 업종별로 자본금, 기술인력 등 대통령령으로 정하는 요건을 갖추어야 한다.

03. 탱크시험자로 등록하고자 하는 자는 등록신청서에 행정안전부령이 정하는 다음의 서류를 첨부하여 시·도지사에게 제출하여야 한다.
   1. 삭제 〈2006. 8. 3.〉
   2. 기술능력자 연명부 및 기술자격증
   3. 안전성능시험장비의 명세서
   4. 보유장비 및 시험방법에 대한 기술검토를 기술원으로부터 받은 경우에는 그에 대한 자료
   5. 「원자력안전법」에 따른 방사성동위원소이동사용허가증 또는 방사선발생장치이동사용허가증의 사본 1부
   6. 사무실의 확보를 증명할 수 있는 서류

04. ② 소방시설업의 등록 규정에 따른 소방시설업의 등록신청과 등록증·등록수첩의 발급·재발급신청 그 밖에 소방시설업 등록에 필요한 사항은 행정안전부령으로 정한다.

05. ③ 화재안전조사는 관계인의 승낙 없이 소방대상물의 공개시간 또는 근무시간 이외에는 할 수 없다. 다만 화재가 발생할 우려가 뚜렷하여 긴급하게 조사할 필요가 있는 경우는 제외한다.

06. 소방의 역사와 안전문화를 발전시키고 국민의 안전의식을 높이기 위하여 소방청장은 소방박물관을, 시·도지사는 소방체험관(화재현장에서의 피난 등을 체험할 수 있는 체험관)을 설립하여 운영할 수 있다.

07. ③ 점검을 실시한 후 소방장비의 점검 내용 및 정비·보수 내용, 소방장비의 고장 및

사고 내용 등의 사항을 기록하고, 이를 기록한 날부터 3년간 보관해야 한다.

08. 가. 제조소 등에 대한 행정처분기준

위반행위	근거 법조문	행정처분기준		
		1차	2차	3차
(1) 법 제6조제1항의 후단에 따른 변경허가를 받지 않고, 제조소등의 위치·구조 또는 설비를 변경한 경우	법 제12조 제1호	경고 또는 사용 정지 15일	사용정지 60일	허가취소
(2) 법 제9조에 따른 완공검사를 받지 않고 제조소등을 사용한 경우	법 제12조 제2호	사용정지 15일	사용정지 60일	허가취소
(3) 법 제11조의2제3항에 따른 안전조치 이행명령을 따르지 않은 경우	법 제12조 제2호의2	경고	허가취소	—
(4) 법 제14조제2항에 따른 수리·개조 또는 이전의 명령을 위반한 경우	법 제12조 제3호	사용정지 30일	사용정지 90일	허가취소
(5) 법 제15조제1항 및 제2항에 따른 위험물안전관리자를 선임하지 않은 경우	법 제12조 제4호	사용정지 15일	사용정지 60일	허가취소
(6) 법 제15조제5항을 위반하여 대리자를 지정하지 않은 경우	법 제12조 제5호	사용정지 10일	사용정지 30일	허가취소
(7) 법 제18조제1항에 따른 정기점검을 하지 않은 경우	법 제12조 제6호	사용정지 10일	사용정지 30일	허가취소
(8) 법 제18조제3항에 따른 정기검사를 받지 않은 경우	법 제12조 제7호	사용정지 10일	사용정지 30일	허가취소
(9) 법 제26조에 따른 저장·취급기준 준수명령을 위반한 경우	법 제12조제8호	사용정지 30일	사용정지 60일	허가취소

09. ① 종합상황실은 소방청과 특별시·광역시·특별자치시·도 또는 특별자치도의 소방본부 및 소방서에 각각 설치·운영하여야 한다.

10. 소방시설과 소방시설별 하자보수보증기간
   1. 피난기구·유도등·유도표지·비상경보설비·비상조명등·비상방송설비 및 무선통신보조설비 : 2년
   2. 자동식소화기·옥내소화전설비·스프링클러설비·간이스프링클러설비·물분무등소화설비·옥외소화전설비·자동화재탐지설비·상수도소화용수설비 및 소화활동설비(무선통신보조설비 제외) : 3년

11. 안전관리자를 선임한 제조소 등의 관계인은 그 안전관리자를 해임하거나 안전관리자가 퇴직한 때에는 해임하거나 퇴직한 날부터 (30일) 이내에 다시 안전관리자를 선임하여야 한다.

12. ㉠ 소방시설 등의 자체점검을 하지 않은 경우 : 1차 위반 자격정지 1개월, 2차 위반 자격정지 6개월, 3차 위반 자격취소
㉡ 소방시설 등의 자체점검을 거짓으로 한 경우 : 1차 위반 시 경고, 2차 위반 시 자격정지 6개월, 3차 위반 시 자격취소

①, ③, ④는 1차 위반 시 자격취소이다.

13. 실무교육지정기관 등의 장은 매년 (11월 30일)까지 다음 해 교육계획을 실무교육의 종류별·대상자별·지역별로 수립하여 이를 일간신문에 공고하고 소방본부장 또는 소방서장에게 보고하여야 한다. 교육계획을 변경하는 경우에는 변경한 날부터 (10일) 이내에 이를 일간신문에 공고하고 소방본부장 또는 소방서장에게 보고하여야 한다.

14. ③ 층수가 4층 이상인 것 중 바닥 면적이 600㎡ 이상인 층이 있는 건물은 옥내소화전설비를 설치해야 한다.

15. ② 국토교통부장관은 「자동차관리법」 제43조제1항에 따른 자동차검사 시 차량용 소화기의 설치 또는 비치 여부 등을 확인하여야 한다.

16. ㉴ 흡수부분의 수심이 0.5m 이상일 것
㉵ 흡수관의 투입구가 사각형의 경우 한 변의 길이가 60㎝ 이상일 것

17. 문화 및 집회시설(동·식물원은 제외한다), 종교시설(주요구조부가 목조인 것은 제외한다), 운동시설(물놀이형 시설 및 바닥이 불연재료이고 관람석이 없는 운동시설은 제외한다)로서 다음의 어느 하나에 해당하는 경우에는 모든 층
  가) 수용인원이 100명 이상인 것
  나) 영화상영관의 용도로 쓰는 층의 바닥면적이 지하층 또는 무창층인 경우에는 500㎡ 이상, 그 밖의 층의 경우에는 1천㎡ 이상인
  다) 무대부가 지하층·무창층 또는 4층 이상의 층에 있는 경우에는 무대부의 면적이 300㎡ 이상인 것
  라) 무대부가 다) 외의 층에 있는 경우에는 무대부의 면적이 500㎡ 이상인 것

18. 소방시설관리사시험의 응시자격
  1. 소방기술사·건축사·건축기계설비기술사·건축전기설비기술사 또는 공조냉동기계기술사
  2. 위험물기능장
  3. 소방설비기사

4. 「국가과학기술 경쟁력 강화를 위한 이공계지원 특별법」 제2조제1호에 따른 이공계 분야의 박사학위를 취득한 사람
5. 소방청장이 정하여 고시하는 소방안전 관련 분야의 석사 이상의 학위를 취득한 사람
   소방청장이 정하여 고시하는 소방안전 관련 분야
   「화재의 예방 및 안전관리에 관한 법률 시행령」 별표 6 및 「소방시설 설치 및 관리에 관한 법률 시행령」 제37조제5호에 따른 소방안전 관련 분야 중 소방안전 관련 학과란 다음 각 호의 어느 하나에 해당하는 학과를 말한다.
   1. 전기공학과(전기과, 전기설비과, 전자과, 전자공학과, 전기전자과, 전기전자공학과, 전기제어공학과를 포함한다)
   2. 산업안전공학과(산업안전과, 산업공학과, 안전공학과, 안전시스템공학과를 포함한다)
   3. 기계공학과(기계과, 기계학과, 기계설계학과, 기계설계공학과, 정밀기계공학과를 포함한다)
   4. 건축공학과(건축과, 건축학과, 건축설비학과, 건축설계학과를 포함한다)
   5. 화학공학과(공업화학과, 화학공업과를 포함한다)
   6. 학군, 전공 또는 학부제로 운영되는 대학의 경우에는 제1호부터 제5호까지 학과에 해당하는 학과(과 또는 공학과를 포함한다)
6. 소방설비산업기사 또는 소방공무원 등 소방청장이 정하여 고시하는 사람 중 소방에 관한 실무경력(자격 취득 후의 실무경력으로 한정)이 3년 이상인 사람
   소방청장이 정하여 고시하는 사람 중 소방에 관한 실무경력
   1. 소방 관련 업체에 근무 중이거나 근무한 경력 중 다음 각 목의 어느 하나에 해당하는 경력
      가. 소방시설공사업체에서 소방시설의 공사 또는 정비업무를 담당한 경력
      나. 소방시설관리업체에서 소방시설의 점검 또는 정비업무를 담당한 경력
      다. 소방시설설계업체에서 소방시설의 설계업무를 담당한 경력
      라. 소방시설공사감리업체에서 소방공사감리업무를 담당한 경력
      마. 위험물탱크안전성능시험업체에서 안전성능시험 또는 점검업무를 담당한 경력
      바. 위험물안전관리업무대행기관에서 안전관리업무를 담당한 경력
      사. 소방용 기계·기구 제조업체에서 소방용 기계·기구의 설계·시험 또는 제조업무를 담당한 경력
   2. 소방관계자로 근무 중이거나 근무한 경력 중 다음 각 목의 어느 하나에 해당하는 경력
      가. 소방안전관리대상물의 소방안전관리자, 소방안전관리보조자 또는 건설현장 소방안전관리자로 선임되어 근무한 경력
      나. 위험물 제조소등의 위험물 안전관리자로 근무한경력(선임된 경력에 한정한다)
      다. 위험물 제조소등의 위험물시설안전권으로 근무한 경력
      라. 「위험물안전관리법」 제19조에 규정된 자체소방대에서 소방대원으로 근무한 경력
      마. 의용소방대원으로 근무한 경력
      바. 의무소방원으로 근무한 경력

사. 청원소방원으로 근무한 경력
아. 소방공무원으로 근무한 경력
자. 군(軍) 소방대원으로 근무한 경력 〈개정 2019. 1. 22.〉
차. 시·도 소방본부 또는 소방서에서 화재안전특별조사요원으로 근무한 경력 〈개정 2019. 4. 22.〉

3. 산하·관련단체에서 근무 중이거나 근무한 경력 〈개정 2018. 11. 6.〉
 가. 「소방기본법」 제40조에 따라 설립된 한국소방안전원에서 교육·진단·점검 및 홍보업무를 담당한 경력
 나. 「소방산업의 진흥에 관한법률」 제14조에 따라 설립된 한국소방산업기술원에서 교육·검정·시험 및 연구업무를 담당한 경력
 다. 「화재로 인한 재해보상과 보험가입에 관한 법률」 제11조에 따라 설립된 한국화재보험협회에서 교육·점검·시험 및 연구업무를 담당한 경력
 라. 실무교육기관에서 교육업무를 담당한 경력
 마. 성능시험기관에서 성능시험업무를 담당한 경력
 바. 「소방시설공사업법」 제30조의2에 따라 설립된 한국소방시설협회 또는 사단법인 한국소방시설관리협회에서 소방청 위탁업무, 소방관련법령 지원 및 연구업무를 담당한 경력

4. 기타 근무경력
 가. 손해보험회사의 소방점검부서에서 근무한 경력
 나. 건설업·전기공사업체에서 소방시설공사 및 설계·감리부서에서 근무한 경력(소방기술사, 소방설비기사·소방설비산업기사의 자격을 취득한 자에 한한다)
 다. 국가·지방자치단체, 「공공기관의 운영에 관한 법률」에 따른 공공기관, 「지방공기업법」에 따른 지방공사 또는 지방공단, 국공립학교 및 「사립학교법」에 따른 사립학교에서 그 소속공무원 또는 직원으로 소방시설의 설계·공사·감리 또는 소방안전관리 부서에서 안전 관련 업무를 수행한 경력(소방기술사, 소방설비기사·소방설비산업기사의 자격을 취득한 사람으로 한정)

19. ■ 위험물안전관리법 시행령 [별표 9]

과태료의 부과기준(제23조 관련)

2. 개별기준   (단위 : 만원)

위 반 행 위	근거 법조문	과태료 금액
가. 법 제5조제2항제1호에 따른 승인을 받지 않은 경우	법 제39조제1항제1호	
1) 승인기한(임시저장 또는 취급개시일의 전날)의 다음날을 기산일로 하여 30일 이내에 승인을 신청한 경우		250
2) 승인기한(임시저장 또는 취급개시일의 전날)의 다음날을 기산일로		400

하여 31일 이후에 승인을 신청한 경우 3) 승인을 받지 않은 경우		500
나. 법 제5조제3항제2호에 따른 위험물의 저장 또는 취급에 관한 세부 기준을 위반한 경우 1) 1차 위반 시 2) 2차 위반 시 3) 3차 이상 위반 시	법 제39조제 1항제2호	250 400 500
다. 법 제6조제2항에 따른 품명 등의 변경신고를 기간 이내에 하지 않거나 허위로 한 경우 1) 신고기한(변경한 날의 1일 전날)의 다음날을 기산일로 하여 30일 이내에 신고한 경우 2) 신고기한(변경한 날의 1일 전날)의 다음날을 기산일로 하여 31일 이후에 신고한 경우 3) 허위로 신고한 경우 4) 신고를 하지 않은 경우	법 제39조제 1항제3호	250 350 500 500
라. 법 제10조제3항에 따른 지위승계신고를 기간 이내에 하지 않거나 허위로 한 경우 1) 신고기한(지위승계일의 다음날을 기산일로 하여 30일이 되는 날)의 다음날을 기산일로 하여 30일 이내에 신고한 경우 2) 신고기한(지위승계일의 다음날을 기산일로 하여 30일이 되는 날)의 다음날을 기산일로 하여 31일 이후에 신고한 경우 3) 허위로 신고한 경우 4) 신고를 하지 않은 경우	법 제39조제 1항제4호	250 350 500 500
마. 법 제11조에 따른 제조소등의 폐지신고를 기간 이내에 하지 않거나 허위로 한 경우 1) 신고기한(폐지일의 다음날을 기산일로 하여 14일이 되는 날)의 다음날을 기산일로 하여 30일 이내에 신고한 경우 2) 신고기한(폐지일의 다음날을 기산일로 하여 14일이 되는 날)의 다음날을 기산일로 하여 31일 이후에 신고한 경우 3) 허위로 신고한 경우 4) 신고를 하지 않은 경우	법 제39조제 1항제5호	250 350 500 500
바. 법 제11조의2제2항을 위반하여 사용 중지신고 또는 재개신고를 기간 이내에 하지 않거나 거짓으로 한 경우 1) 신고기한(중지 또는 재개한 날의 14일 전날)의 다음날을 기산일로 하여 30일 이내에 신고한 경우 2) 신고기한(중지 또는 재개한 날의 14일 전날)의 다음날을 기산일로 하여 31일 이후에 신고한 경우 3) 거짓으로 신고한 경우 4) 신고를 하지 않은 경우	법 제39조제 1항제5호 의2	250 350 500 500
사. 법 제15조제3항에 따른 안전관리자의 선임신고를 기간 이내에 하		

지 않거나 허위로 한 경우 1) 신고기한(선임한 날의 다음날을 기산일로 하여 14일이 되는 날)의 다음날을 기산일로 하여 30일 이내에 신고한 경우 2) 신고기한(선임한 날의 다음날을 기산일로 하여 14일이 되는 날)의 다음날을 기산일로 하여 31일 이후에 신고한 경우 3) 허위로 신고한 경우 4) 신고를 하지 않은 경우	법 제39조제1항제5호	250 350 500 500
아. 법 제16조제3항을 위반하여 등록사항의 변경신고를 기간 이내에 하지 않거나 허위로 한 경우 1) 신고기한(변경일의 다음날을 기산일로 하여 30일이 되는 날)의 다음날을 기산일로 하여 30일 이내에 신고한 경우 2) 신고기한(변경일의 다음날을 기산일로 하여 30일이 되는 날)의 다음날을 기산일로 하여 31일 이후에 신고한 경우 3) 허위로 신고한 경우 4) 신고를 하지 않은 경우	법 제39조제1항제6호	 250 350 500 500
자. 법 제17조제3항을 위반하여 예방규정을 준수하지 않은 경우 1) 1차 위반 시 2) 2차 위반 시 3) 3차 이상 위반 시	법 제39조제1항제6호의2	250 400 500
차. 법 제18조제1항을 위반하여 점검결과를 기록하지 않거나 보존하지 않은 경우 1) 1차 위반 시 2) 2차 위반 시 3) 3차 이상 위반 시	법 제39조제1항제7호	 250 400 500
카. 법 제18조제2항을 위반하여 기간 이내에 점검 결과를 제출하지 않은 경우 1) 제출기한(점검일의 다음날을 기산일로 하여 30일이 되는 날)의 다음날을 기산일로 하여 30일 이내에 제출한 경우 2) 제출기한(점검일의 다음날을 기산일로 하여 30일이 되는 날)의 다음날을 기산일로 하여 31일 이후에 제출한 경우 3) 제출하지 않은 경우	법 제39조제1항제7호의2	 250 400 500
타. 법 제20조제1항제2호에 따른 위험물의 운반에 관한 세부기준을 위반한 경우 1) 1차 위반 시 2) 2차 위반 시 3) 3차 이상 위반 시	법 제39조제1항제8호	 250 400 500
파. 법 제21조제3항을 위반하여 위험물의 운송에 관한 기준을 따르지 않은 경우 1) 1차 위반 시	법 제39조제	 250

2) 2차 위반 시 3) 3차 이상 위반 시	1항제9호	400 500

① 500만원, ② 350만원, ③ 500만원, ④ 500만원

20. ② 50층 이상인 아파트는 특급 소방안전관리대상물에 해당하나 단, 지하층을 포함하지 않는다.

21. ① 한국119청소년단이 아닌 사람은 한국119청소년단 또는 이와 유사한 명칭을 사용할 수 없다.

22. ㉴ 가스공급시설 중 가연성 가스 탱크의 저장용량의 합계가 100톤 이상이거나 저장용량이 30톤 이상인 가연성 가스 탱크가 있는 가스공급시설

화재예방안전진단의 대상(대통령령으로 정하는 소방안전 특별관리시설물)
1. 법 제40조제1항제1호에 따른 공항시설 중 여객터미널의 연면적이 1천제곱미터 이상인 공항시설
2. 법 제40조제1항제2호에 따른 철도시설 중 역 시설의 연면적이 5천제곱미터 이상인 철도시설
3. 법 제40조제1항제3호에 따른 도시철도시설 중 역사 및 역 시설의 연면적이 5천제곱미터 이상인 도시철도시설
4. 법 제40조제1항제4호에 따른 항만시설 중 여객이용시설 및 지원시설의 연면적이 5천제곱미터 이상인 항만시설
5. 법 제40조제1항제10호에 따른 전력용 및 통신용 지하구 중 「국토의 계획 및 이용에 관한 법률」 제2조제9호에 따른 공동구
6. 법 제40조제1항제12호에 따른 천연가스 인수기지 및 공급망 중 「소방시설 설치 및 관리에 관한 법률 시행령」 별표 2 제17호나목에 따른 가스시설
7. 제41조제2항제1호에 따른 발전소 중 연면적이 5천제곱미터 이상인 발전소
8. 제41조제2항제3호에 따른 가스공급시설 중 가연성 가스 탱크의 저장용량의 합계가 100톤 이상이거나 저장용량이 30톤 이상인 가연성 가스 탱크가 있는 가스공급시설

23. ④ 지위승계 신고 서류를 제출받은 협회는 접수일부터 7일 이내에 지위를 승계한 사실을 확인한 후 그 결과를 시·도지사에게 보고하여야 한다.

24. ③ 소방안전관리자를 선임한 경우 소방본부장에게 관련 서류를 제출한 후 7일 이후에는 선임된 것으로 본다는 규정은 없다.

25. ② 조사위원회의 위원은 기술원의 임직원 중 위험물 안전관리 관련 업무에 5년 이상

종사한 사람 중에서 소방청장, 소방본부장 또는 소방서장이 임명한다.

행정법통론

```
01. ④  02. ③  03. ③  04. ①  05. ③  06. ②  07. ③  08. ①  09. ④  10. ④
11. ②  12. ④  13. ①  14. ②  15. ①  16. ③  17. ②  18. ④  19. ③  20. ①
21. ③  22. ①  23. ②  24. ④  25. ②
```

01. ④ 중앙행정심판위원회 상임위원의 임기는 3년으로 하며, 1차에 한하여 연임할 수 있다.

02. ③ 부담적 행정처분은 신청 없는 독립적 행정처분이다.

03. 행정입법 : 국가나 공공단체와 같은 행정주체가 일반·추상적 규율을 정립하는 작용인 데 반하여, 위임입법은 국회규칙, 대법원규칙, 헌법재판소규칙 등을 모두 포함하는 개념으로 행정입법보다 넓은 개념이다.

③은 위임입법·법규명령이지만 행정입법은 아니다.

04. ① 법령에서 구체적으로 고유식별정보의 처리를 요구하거나 허용하는 경우와 정보주체에게 개인정보의 처리에 대한 동의와 별도로 개인정보 수집 및 처리에 대한 동의를 받은 경우를 제외하고는 고유식별정보를 처리할 없다.

05. ① 제1종 특수·대형·보통면허를 가진 자가 트레일러를 운전하다가 운전면허취소사유가 발생한 경우에는 그 운전자가 가지고 있는 면허 중 특수면허에 대한 취소사유가 될 수 있을 뿐 제1종 보통면허나 대형면허에 대한 취소사유는 되지 아니한다(대판 1997.5.16, 97누1310).

② 이륜자동차로서 제2종 소형면허를 가진 사람만이 운전할 수 있는 오토바이는 제1종 대형면허나 보통면허를 가지고서도 이를 운전할 수 없는 것이어서 이와 같은 이륜자동차의 운전은 제1종 대형면허나 보통면허와는 아무런 관련이 없는 것이므로 이륜자동차를 음주 운전한 사유만 가지고서는 제1종 대형면허나 보통면허의 취소나 정지를 할 수 없다(대판 1992.9.22, 91누8289).

③ 특수면허가 제1종 운전면허의 하나인 이상 특수면허 소지자는 승용자동차로서 자동차운수사업법, 같은 법 시행령, 사업용자동차구조 등의 기준에 관한 규칙 등에 규정된 사업용자동차인 택시를 운전할 수 있다. 따라서 택시의 운전은 제1종 보통면허 및 특수면허 모두로 운전한 것이 되므로 택시의 음주운전을 이유로 위 두 가지 운전면허 모두를 취소할 수 있다(대판 1996.6.28, 96누4992).

④ 제1종특수자동차운전면허는 승합자동차의 운전과는 아무런 관련이 없고, 또한 추레라와 레이카는 제1종특수자동차운전면허를 받은 자만이 운전할 수 있어 제1종보통이나 제1종대형자동차운전면허의 취소에 제1종특수자동차운전면허로 운전할 수 있는 자동차의 운전까지 금지하는 취지가 당연히 포함되어 있는 것은 아니다(대판 1998.3.24, 98두1031).

06. ㉠ 행정법관계의 특질 : 공정성, 확정성(존속성), 강제성(실효성), 권리의무의 상대성, 권리구제의 특수성
㉡ 행정행위의 특질 : 공정성, 확정성(존속성), 강제성(실효성), 법적합성, 권리구제의 특수성
㉢ 행정행위의 효력 : 공정력, 확정력(존속력), 집행력, 구속력, 구성요건적 효력

07. ③ 불가변력은 특정 행정행위에 대해서만 발생하는데 대하여, 불가쟁력은 모든 행정행위에 대해서 발생한다.

08. ㉣는 법규명령에 속한다.

09. ① 대판 2004.2.27, 2002두7791
② 대판 2010.4.29, 2009두16879
③ 대판 2017.3.30, 2016추5087
④ 쟁송기간의 경과로 인하여 불가쟁력이 발생하여도 행정청은 직접 이에 구속되지는 않으며, 불가변력이 발생하지 않는 경우에는 직권취소가 가능하다.

10. ④ 무효확인소송이나 행정소송에 의한 부당이득반환청구의 소를 제기할 수 있다.

11. ① 대판 2010.6.24, 2010두1231
② 공공기관의 주택정책에 대한 국민의 참여와 그 운영의 투명성을 확보할 수 있는 계

기가 될 수 있는 점 등 여러 사정들을 감안하여 보면, 위 정보를 공개함으로 인하여 피고의 정당한 이익을 현저히 해할 우려가 있다고 볼 수 없다(대판 2007.6.1, 2006두20587).
③ 대판 2007.11.30, 2006무14
④ 대판 2007.6.15, 2007다6291

12. 행정청의 처분 또는 부작위에 대한 심판청구에 대하여는 「부패방지 및 국민권익위원회의 설치와 운영에 관한 법률」에 따른 국민권익위원회에 두는 중앙행정심판위원회에서 심리·재결한다.
    ㉠ 감사원, 국가정보원장, 그 밖에 대통령령으로 정하는 대통령 소속기관의 장, 국회사무총장·법원행정처장·헌법재판소사무처장 및 중앙선거관리위원회사무총장, 국가인권위원회, 그 밖에 지위·성격의 독립성과 특수성 등이 인정되어 대통령령으로 정하는 행정청 외의 국가행정기관의 장 또는 그 소속 행정청
    ㉡ 특별시장·광역시장·특별자치시장·도지사·특별자치도지사(특별시·광역시·특별자치시·도 또는 특별자치도의 교육감을 포함) 또는 특별시·광역시·특별자치시·도·특별자치도의 의회(의장, 위원회의 위원장, 사무처장 등 의회 소속 모든 행정청을 포함)
    ㉢ 「지방자치법」에 따른 지방자치단체조합 등 관계 법률에 따라 국가·지방자치단체·공공법인 등이 공동으로 설립한 행정청(다만, 제3항제3호에 해당하는 행정청은 제외한다.).

13. ① 급여에 관한 결정 등에 관하여 이의가 있는 자는 '공무원연금급여 재심위원회'에 심사를 청구할 수 있을 뿐이고, 행정심판법에 따른 행정심판을 청구할 수는 없다(대판 2019.8.9, 2019두38656).
    ② 대판 2015.11.27, 2013다6759
    ③ 대판 2019.4.3, 2017두52764
    ④ 대판 2012.11.15, 2010두8676

14. ① 대판 2011.10.27, 2011두14401
    ② 항고소송에서 행정처분의 적법 여부는 특별한 사정이 없는 한 행정처분 당시를 기준으로 하여 판단해야 하는바, 여기서 행정처분의 위법 여부를 판단하는 기준 시점에 관하여 판결 시가 아니라 처분 시라고 하는 의미는 행정처분의 위법 여부를 판단할 때 처분 후 법령의 개폐나 사실상태의 변동에 영향을 받지 않는다는 뜻이지 처분 당시 존재하였던 자료나 행정청에 제출되었던 자료만으로 위법 여부를 판단한다는 의미는 아니므로, 처분

당시의 사실상태 등에 관한 증명은 사실심 변론종결 당시까지 할 수 있고, 법원은 행정처분 당시 행정청이 알고 있었던 자료뿐만 아니라 사실심 변론종결 당시까지 제출된 모든 자료를 종합하여 처분 당시 존재하였던 객관적 사실을 확정하고 그 사실에 기초하여 처분의 위법 여부를 판단할 수 있다(대판 2014.10.30, 2012두25125).
③ 대판 2013.7.25, 2012두12297
④ 대판 2014.7.24, 2011두30465

15. ① 통치행위는 법률문제와 정치문제의 혼성영역이다.

16. ① 대판 1980.10.14, 80누380
② 대판 1976.1.27, 75누40
③ 건설부(현 국토교통부)장관이 공유수면 매립면허 기간 안에 그 공사를 준공하지 못한 원고에게 한 위 법조에 의한 공유수면매립에 관한 면허 실효의 통지가 행정처분이 될 수 없다하여 동 실효통고(처분)의 취소를 구하는 본건 원고의 소를 각하한 원심조치는 정당하다(대판 1969.7.22, 69누46).
④ 대판 1989.10.13, 89누1933

17. ① 개폐적 효력설은 관습법은 성문법이 있는 경우에도 성립될 수 있고 성문법을 개정 또는 폐지하는 효력까지도 갖는다는 견해이다.
② 국세기본법 제18조제3항 공유수면법 제6조 등을 예로 들 수 있다.
③ 수산업법에 입어권(入漁權)에 대한 명문 규정을 둠으로써 민중적 관습법의 존재를 명시적으로 인정하고 있다.
④ 조약안은 국무회의의 심의를 거쳐야 한다.

18. 설문의 내용은 부당결부에 해당하므로 부당결부금지원칙에 위반된다.

19. ③ 하자 없는 재량행사를 청구할 수 있는 권리라 함은 재량권의 유월·남용을 하여서는 안 된다는 법리를 전제로 하여 인정되는「절차적 공권」으로서 재량행사의 상대방 기타 이해관계인이「행정청」에 대하여 흠 없는 재량권을 행사하여 줄 것을 청구할 수 있는 적극적인 권리를 말한다.

20. ① 예외적으로 초일을 산입하는 경우(당일주의)로는 오전 영시부터 기산하는 경우, 연

령계산의 경우, 기타 법령에 특별한 규정이 있는 경우(例 국회법상 기간계산(국회회기계산·국회의원임기), 민원사무처리기간, 호적상 각종신고기간, 형사소송법상 공소시효계산, 형기계산 등).

21. ① 대판 2007.6.1, 2007두2555
    ② 대판 2010.12.23, 2008두13392
    ③ 고속철도 역의 유치위원회에 지방자치단체로부터 지급받은 보조금의 사용 내용에 관한 서류 일체 등의 공개를 청구한 사안에서, 공개 청구한 정보 중 개인의 성명은 비공개에 의하여 보호되는 개인의 사생활 등의 이익이 국정운영의 투명성 확보 등의 공익보다 더 중요하여 비공개대상정보에 해당한다(대판 2009.10.29, 2009두14224).
    ④ 대판 2018.11.29, 2016두45165

22. ① 우리나라에는 일반법적 근거로 행정절차법이 있으며, 개별법적 근거는 있다(도시계획법 등).

23. ① 대판 2004.2.13, 2001다15828
    ② 재량행위에 있어서는 관계 법령에 명시적인 금지규정이 없는 한 행정목적을 달성하기 위하여 조건이나 기한, 부담 등의 부관을 붙일 수 있고, 그 부관의 내용이 이행가능하고 비례의 원칙 및 평등의 원칙에 적합하며 행정처분의 본질적 효력을 저해하지 아니하는 이상 위법하다고 할 수 없다(대판 2009.10.29, 2008두9829).
    ③ 대판 2009.2.12, 2008다56262
    ④ 대판 1997.3.11, 96다49650

24. ① 대판 2018.1.25, 2015두35116
    ② 대판 2018.6.28, 2015두47737
    ③ 대판 2019.10.31, 2017두74320
    ④ 건축신고를 하려는 자는 인·허가의제사항 관련 법령에서 제출하도록 의무화하고 있는 신청서와 구비서류를 제출하여야 하는데, 이는 건축신고를 수리하는 행정청으로 하여금 인·허가 의제사항 관련 법률에 규정된 요건에 관하여도 심사를 하도록 하기 위한 것으로 볼 수밖에 없다. 따라서 인·허가의제 효과를 수반하는 건축신고는

일반적인 건축신고와는 달리, 특별한 사정이 없는 한 행정청이 그 실체적 요건에 관한 심사를 한 후 수리하여야 하는 이른바 '수리를 요하는 신고'로 보는 것이 옳다(대판 2011.1.20, 2010두14954, 전합).

25. ② 행정의 자기구속의 원칙은 국민의 권리 보호를 위하여 행정의 재량권 행사를 통제하자는 것이다.

제6회 정답 및 해설

소방학개론

01. ① 02. ④ 03. ① 04. ④ 05. ② 06. ③ 07. ④ 08. ① 09. ④ 10. ③
11. ② 12. ① 13. ③ 14. ③ 15. ① 16. ① 17. ③ 18. ④ 19. ④ 20. ②
21. ② 22. ④ 23. ② 24. ④ 25. ①

01. ①은 주로 삼림이나 초원에서 발생하는 화재인 대항화재에 대한 설명이다.

02. ④ 예혼합화염(premixed flames)에 대한 설명으로 폭발과 같은 경우에 간혹 존재하지만 화재는 일반적으로 예혼합불꽃 보다는 오히려 확산불꽃형태를 취한다.

03. ① 화재 시 풍속이 빨라지면 필연적으로 비화에 의한 확산으로 인하여 큰 화재가 되는 것을 비약연소라고 하고 주로 화염의 접촉과 방사열에 의하여 인접한 건물에 옮겨 붙는 것을 연속연소라 한다.

04. ④ 석고벽판은 회벽판보다 열에 더 복잡하게 반응하고 색변화를 일으켜 그 색의 차이로 경계선을 나타내기도 한다.

05. ② 연돌효과는 주로 고층 건축물의 내부에서 발생될 수 있는 것으로 건축물 내부와 외부의 기온 차로 인한 공기의 압력 차이로 그 내부의 더운 공기는 상승하고 외부의 찬 공기는 아래로 내려오면서 결국 강한 통풍(draft)을 일으키는 현상을 말한다.

06. ③ 건물의 70% 이상(입체면적에 대한 비율)이 소실되었거나 또는 그 미만이라도 잔존부분을 보수하여도 재사용이 불가능한 것은 전소이다.

07. ④ 화재하중은 건축물이나 구조물 등의 화재에서 화재 층의 단위면적당 가연물질의 질량(건축물에 수용된 내용물 또는 건축물의 구성요소의 질량)을 말한다.

08. ① 화재심도(fire severity) = 화재 최고 온도×그 온도에서의 화재 지속 시간이다.

09. 화재풍 : 대기 중의 산소를 소비하며 격렬하게 연소하는 화재로 말미암아 일어나는 바람을 말하며 공중에서 부분적인 진공상태를 만들며 다량의 공기가 화재 중심부를 향해 이동하게 되는 원인으로 작용하기도 한다.

10. ③ 화재피해금액 산정 시 건물 등 자산에 대한 최종잔가율은 건물·부대설비·구축물·가재도구는 20%로 하고 그 이외의 자산은 10%로 정한다.

11. 플룸(plume)
㉠ 화재 위로 오르는 열 가스·불꽃 및 연기의 기둥을 말하며 이를 또한 대류기둥(thermal updraft) 또는 열 기둥이라고도 부른다.
㉡ 화재 플룸이 벽으로부터 멀리 떨어진 천장 하단부에 위치할 때, 상승하는 열 가스와 연소 생성물이 천장에 부딪히며 그 플룸 중앙선으로부터 바깥쪽으로 흐른다.

12. ① 역화는 화염이 최초의 발화근원지로 되돌아와 옮겨 붙는 현상을 말한다.

13. ③ 대항화재(counter firing)는 주로 삼림이나 초원에서 일으키는 화재로 화재중심부와 역화(backfire) 사이의 화재, 또는 삼림 등 가연물 지대에 적어도 한 줄 이상의 불을 질러서 소각하고자 하는 가연물 지대가 모두 연소되도록 하는 화재를 말한다.

14. 잠복화재(홀드오버파이어) : 대개 완전 진화한 것으로 잘못 알고 화재현장의 소방력을 모두 철수한 이후에 재발되는 것으로 대형화재로 몰고 가는 사례가 종종 있으므로 매 화재 시마다 잔류 화종을 철저히 진화하여야 한다.

15. ① 환기구의 크기, 방호구역의 체적, 천장높이, 벽·모서리에 대한 화재위치가 방호구역에서 화재성장에 전체적으로 영향을 미친다.

16. ② 축적염열동시분출화재(flashover fire)이다.
③ 잠복화재(holdover fire)이다.

제 6회 정답 및 해설

④ 연료제어형화재이다.

17. 화구 : 주로 LPG · LNG와 같은 액화가스용기 등에서 대량으로 기화된 인화성 액화가스가 갑자기 폭발적으로 연소될 때 발생되는 블레비(BLEVE : 끓는액체팽창증기폭발) 작용 시에 볼 수 있는 공 또는 송이버섯 모양으로 치솟는 고열화염을 말한다.

18. ④ 고의든 과실이든 타인에 끼친 손해에 대한 배상의 책임을 가진다.

19. ④ 유도발화(pilot ignition)는 어떤 가연성 물질의 주변에 위치한 高溫의 발화원에 의해 방출된 방사열이 그 가연성 물질로부터 발산되는 가스나 휘발성 증기를 지속적으로 가열시켜 발화에 이르도록 하는 일 혹은 화재 그 자체를 말한다.

20. ② 열 방출속도나 성장에 있어서 화재유효공기총량에 의하여 제어되는 화재는 환기제어형화재이다.

21. ② 석유화재에서 액면연소에 의하여 발생하는 화염은 심한 흑연의 발생을 동반한다. 이는 공기의 공급부족에 의한 것이므로 그 경향은 용기의 증대와 연료의 탄소수 증가에 의하여 현저해지며 특히, 방향족계 탄화수소에는 그을음이 많다.

22. ① 질식위험 : 산소 소비가 격심한 연소 질식성 가스의 방출 등에 의해 산소농도가 낮은 공기를 생성한다.
    ② 화상위험 : 일반화재로 발생하는 화상 외에 특히 치료가 어려운 화상을 일으키는 것이 있고, 고온에 의해, 위험물의 생리작용에 의해, 내부 침투에 의해 화상을 일으킨다.
    ③ 중독위험 : 피부 · 소화기 계통 · 호흡기 계통을 통해 체내로 흡수되어 생리기능에 장해를 주고 중독증상을 나타낸다.

23.

라. 법 제40조제1항에 따른	법 제82조 제1항 제2호	1차 위반	2차 위반	3차 이상 위반
1) 대피명령을 따르지 않은 경우		(㉮ 30)	(㉯ 50)	(㉰ 100)
2) 대피명령을 방해한 경우		50	100	200

24. ① 중앙재난피해합동조사단을 편성하는 경우에는 관계 부처 공무원 및 민간전문가를

포함시킬 수 있다.
② 재난피해조사단의 운영에 필요한 세부 사항은 중앙대책본부장이 정한다.
③ 재난피해조사단의 조사 시기 및 기간 등은 재난의 유형, 피해 규모 및 현지 여건에 따라 달리 정할 수 있다.

25. ① 열분해에 의한 산소의 발생을 억제하고 또한 가연물의 연소를 억제하기 위해 주로 물, 포에 의한 냉각소화가 적당한 것은 제1류 위험물이다.

01. ③ 02. ① 03. ② 04. ① 05. ② 06. ① 07. ② 08. ④ 09. ③ 10. ②
11. ④ 12. ④ 13. ② 14. ③ 15. ① 16. ① 17. ④ 18. ② 19. ③ 20. ②
21. ③ 22. ① 23. ④ 24. ④ 25. ②

01. 소방청장·소방본부장 또는 소방서장은 화재예방과 화재발생 시 인명과 재산피해를 최소화하기 위하여 다에 해당하는 사람을 대상으로 행정안전부령이 정하는 바에 따라 소방안전 교육과 훈련을 실시할 수 있다. 이 경우 소방청장·소방본부장 또는 소방서장은 해당 어린이집·유치원·학교의 장 또는 장애인복지시설의 장과 교육일정 등에 관하여 협의하여야 한다.
   1. 「영유아보육법」 제2조에 따른 어린이집의 영유아
   2. 「유아교육법」 제2조에 따른 유치원의 유아
   3. 「초·중등교육법」 제2조에 따른 학교의 학생
   4. 「장애인복지법」 제58조에 따른 장애인복지시설에 거주하거나 해당 시설을 이용하는 장애인

02. ① 성능위주설계 사전검토의 신청을 받은 소방서장은 신기술·신공법 등 검토·평가에 고도의 기술이 필요한 경우에는 중앙위원회에 심의를 요청할 수 있다.

03. ② 화재조사를 위하여 필요한 최소한의 범위에서 화재조사관에게 증거물을 수집하여 검사·시험·분석 등을 하게 할 수 있다.

04. ④ 한국소방안전원 또는 이와 유사한 명칭을 사용한 사람 - 200만원

ⓒ 화재 또는 구조·구급이 필요한 상황을 거짓으로 알린 사람 — 1차 위반 200만원, 3차 위반 400만원, 3차 이상 위반 500만원
ⓛ 소방 활동구역에 출입한 사람 — 100만원

05. ㉮ 소화활동설비
㉰, ㉱ 경보설비
㉲ 소화용수설비

06. ㉰ 소방시설공사업체에서 소방시설의 공사 또는 정비업무를 담당한 경력이 3년 이상인 사람
소방시설관리사시험의 응시자격
1. 소방기술사·건축사·건축기계설비기술사·건축전기설비기술사 또는 공조냉동기계기술사
2. 위험물기능장
3. 소방설비기사
4. 「국가과학기술 경쟁력 강화를 위한 이공계지원 특별법」제2조제1호에 따른 이공계 분야의 박사학위를 취득한 사람
5. 소방청장이 정하여 고시하는 소방안전 관련 분야의 석사 이상의 학위를 취득한 사람
6. 소방설비산업기사 또는 소방공무원 등 소방청장이 정하여 고시하는 사람 중 소방에 관한 실무경력(자격 취득 후의 실무경력으로 한정한다)이 3년 이상인 사람

07. ② 단란주점은 같은 건축물에 해당 용도로 쓰는 바닥면적의 합계가 150㎡ 미만인 것이어야 한다.

08. 소방대장은 화재, 재난·재해 그 밖의 위급한 상황이 발생한 현장에 소방활동구역을 정하여 소방활동에 필요한 사람으로서 대통령령이 정하는 사람 외에는 그 구역에의 출입을 제한할 수 있다.

09. ③ 전담부서에 배치된 화재조사관은 의무 보수교육을 2년마다 받아야 한다.

10. ② 소방시설업자협회는 법인으로 하며 소방청장의 인가를 받아 주된 사무소의 소재지에 설립등기를 함으로써 성립한다.

11. ④ 안전관리자를 선임한 제조소 등의 관계인은 안전관리자가 여행·질병 그 밖의 사유로 인하여 일시적으로 직무를 수행할 수 없는 경우 대리자가 안전관리자의 직무를 대행

하는 기간은 30일을 초과할 수 없다.

12. ① 「화재의 예방 및 안전관리에 관한 법률」 제25조제2항에 따른 대행 인력의 배치기준·자격·방법 등 준수사항을 지키지 않은 경우 1차 위반 시 경고 시정명령, 2차 위반 시 자격정지 6개월, 3차 위반 시 자격취소이다.
    ② 법 제22조에 따른 자체점검을 거짓으로 한 경우 1차 위반 시 경고 시정명령, 2차 위반 시 자격정지 6개월, 3차 위반 시 자격취소이다.
    ③ 법 제25조제8항을 위반하여 둘 이상의 업체에 취업한 경우 1차 위반 시 자격취소이다.

13. ① 소방공사감리업 : 소방시설공사에 관한 발주자의 권한을 대행하여 소방시설공사가 설계도서 및 관계법령에 따라 적법하게 시공되는지 여부의 확인과 품질·시공관리에 대한 기술지도를 수행하는 영업이다.
    ③ 소방시설공사업 : 설계도서에 따라 소방시설을 신설·증설·개설·이전 및 정비하는 영업이다.
    ④ 소방시설설계업 : 소방시설공사에 기본이 되는 공사계획·설계도면·설계 설명서·기술계산서 및 이와 관련된 서류를 작성하는 영업이다.

    ①, ③, ④와 「소방시설 설치 및 관리에 관한 법률」 제20조제1항에 따른 방염대상물품에 대하여 방염처리업이 소방시설업에 해당한다.

14. [별표 24] 안전교육의 과정·기간과 그 밖의 교육의 실시에 관한 사항 등 (제78조제2항관련)

교육과정	교육대상자	교육시간	교육시기	교육기관
강습교육	안전관리자가 되려는 사람	24시간	최초 선임되기 전	안전원
	위험물운송자가 되려는 사람	16시간	최초 종사하기 전	안전원
	위험물운반자가 되려는 사람	8시간	최초 종사하기 전	안전원
실무교육	안전관리자	8시간 이내	가. 제조소등의 안전관리자로 선임된 날부터 6개월 이내 나. 가목에 따른 교육을 받은 후 2년마다 1회	안전원
	위험물운반자	4시간	가. 위험물운반자로 종사한 날부터 6개월 이내 나. 가목에 따른 교육을 받은 후 3년마다 1회	안전원

위험물운송자	8시간 이내	가. 이동탱크저장소의 위험물운송자로 종사한 날부터 6개월 이내 나. 가목에 따른 교육을 받은 후 3년마다 1회	안전원
탱크시험자의 기술인력	8시간 이내	가. 탱크시험자의 기술인력으로 등록한 날부터 6개월 이내 나. 가목에 따른 교육을 받은 후 2년마다 1회	기술원

③ 위험물운송자가 되고자 하는 사람은 최초 종사하기 전 안전원에서 실시하는 강습교육시간을 16시간 받아야 한다.

15. ① 한국소방안전원은 법인으로 하며 안전원에 관하여 이 법에 규정된 것을 제외하고는 민법 가운데 재단법인에 관한 규정을 준용한다.

16. ① 건축허가 등의 동의를 요구한 건축허가청 등이 그 건축허가 등을 취소한 때에는 취소한 날부터 (7일) 이내에 그 사실을 소방본부장 또는 소방서장에게 통보하여야 한다.

17. ④ 소방의 역사와 안전문화를 발전시키고 국민의 안전의식을 높이기 위하여 소방청장은 소방박물관을, 시·도지사는 소방체험관을 설립하여 운영할 수 있다.

18. ② 시·도지사는 도시의 건물밀집지역 등 화재가 발생할 우려가 높거나 화재가 발생하는 경우 그로 인하여 피해가 클 것으로 예상되는 일정한 구역으로서 대통령령이 정하는 지역을 화재예방강화지구로 지정할 수 있다.

19. ③ 차량(궤도차량용은 제외) 등의 통행을 목적으로 지하, 수저 또는 산을 뚫어서 만든 터널

20. 소방신호의 방법(소방기본법 시행규칙 별표4).
㉠ 소방신호의 방법은 그 전부 또는 일부를 함께 사용할 수 있다.
㉡ 게시판을 철거하거나 통풍대 또는 기를 내리는 것으로 소방활동이 해제되었음을 알린다.
㉢ 소방대의 비상소집을 하는 경우에는 훈련신호를 사용할 수 있다.

신호방법 종별	타종 신호	싸이렌 신호	그 밖의 신호
경계신호	1타와 연2타를 반복	5초 간격을 두고 30초씩 3회	"통풍대" "게시판" 화재경보발령중
발화신호	난타	5초 간격을 두고 5초씩 3회	
해제신호	상당한 간격을 두고 1타씩 반복	1분간 1회	"기"
훈련신호	연3타 반복	10초 간격을 두고 1분씩 3회	

21. ① 화재감정기관을 지정한 경우 소방청장은 그 사실을 소방청의 인터넷 홈페이지에 게재해야 한다.
    ② 화재감정기관의 장은 감정 결과를 통보할 때 감정을 의뢰받았던 증거물 등 감정대상물을 반환해야 한다.
    ④ 화재조사에 필요한 주된 기술인력은 화재조사관 자격 취득 후 화재조사 관련 분야에서 5년 이상 근무한 사람 2명 이상을 보유하여야 한다.

22. ① 소방시설공사 등의 하도급계약 자료의 공개는 하도급에 관한 사항을 통보받은 날부터 30일 이내에 하여야 한다.

23. ④ 대통령령이 정하는 위험물의 운송은 운송책임자의 감독을 받아 운송하여야 한다.

24. ④ 탱크시험자로 등록하고자 하는 사람은 등록신청서에 행정안전부령이 정하는 서류를 첨부하여 시·도지사에게 제출하여야 한다.

25. ① 화재안전조사 결과를 공개하는 경우 30일 이상 해당 소방관서 인터넷 홈페이지나 전산시스템을 통해 공개해야 한다.
    ③ 소방대상물의 관계인은 공개 내용 등을 통보받은 날부터 10일 이내에 소방관서장에게 이의신청을 할 수 있다
    ④ 화재안전조사를 실시하려는 경우 사전에 조사대상, 조사기간 및 조사사유 등 조사

계획을 소방관서의 인터넷 홈페이지나 전산시스템을 통해 7일 이상 공개해야 한다.

```
01. ③  02. ④  03. ③  04. ④  05. ④  06. ①  07. ③  08. ④  09. ④  10. ①
11. ①  12. ④  13. ②  14. ④  15. ③  16. ④  17. ③  18. ②  19. ④  20. ①
21. ②  22. ④  23. ②  24. ③  25. ①
```

01. ① 재개발사업시행인가로 인하여 시행자는 토지수용법 등이 정한 절차에 따라 대상토지에 대한 수용권을 가지게 되므로 사업시행인가 이후의 관리처분 등에 하자가 있다고 하더라도 이로써 수용재결처분의 적부를 다툴 수는 없다(대판 1992.12.11, 92누5584).

② 보충역편입처분에 하자가 있다고 할지라도 그것이 당연무효라고 볼만한 특단의 사정이 없는 한 그 위법을 이유로 공익근무요원소집처분의 효력을 다툴 수 없다(대판 2002.12.10, 2001두5422).

③ 조세체납처분에 있어서의 독촉과 충당처분 상호간의 경우는 하자 승계를 인정하고 있다.

④ 판정에 위법이 있다는 이유로 소속장관 또는 감독기관의 변상명령에도 그 위법이 승계된다거나 또는 당연 위법사유가 있는 것이라 볼 사유도 없고 따라서 변상책임이 있다는 판정이 잘못이라는 이유로는 소론 변상명령의 위법을 주장할 수 있으며 판정의 위법과는 별개로 그 변상명령 자체에 위법사유가 있는 때에 한하여 그 변상명령의 취소 변경을 소구할 수 있을 뿐이다(대판 1963.7.25, 63누65).

02. ① 대판 2009.5.14, 2009도1938
② 대판 2005.1.28, 2004도4663
③ 대결 2017.9.22, 2017모1680
④ 행정행위는 주체·내용·절차·형식의 요건을 구비하면 행정행위로서 성립하지만, 효력을 발생하기 위해서는 상대방에게 도달되어야 한다. 송달은 다른 법령 등에 특별한 규정이 있는 경우를 제외하고는 해당 문서가 송달받을 자에게 도달됨으로써

그 효력이 발생한다(행정절차법 제15조제1항).

03. ③ 편견배제의 원칙은 "누구든 자기 사건에 재판관이 될 수 없다"는 원칙을 말한다.

04. ① 재량행위뿐만 아니라 기속행위에 대해서도 긍정설이 타당하다고 본다.
② 행정청의 확약불이행에 대해서는 의무이행심판, 부작위위법확인소송을 제기할 수 있다.
③ 성립요건을 충족한 행정행위에 대해서도 확약의 사전처리작용성을 고려하면 긍정설이 타당하다.

05. 허가의 종류
㉠ 대인적 허가 : 운전면허·의사면허·대서업인가 등
㉡ 대물적 허가 : 건축허가·차량검사·택시미터검사·공중목욕탕 영업허가 등
㉢ 혼합적 허가 : 전당포영업허가·고물상영업허가·숙박업허가·석유 및 가스사업허가 등

06. ① 위원이 당사자의 대리인으로서 사건에 관여하거나 관여하였던 경우이다.

07. ① 대판 2010.6.24, 2007두16493
② 대판 1962.2.8, 4294행상129
③ 행정처분의 위법성 확인 내지 불분명한 법률문제에 대한 해명이 필요하다고 판단되는 경우, 그리고 선행처분과 후행처분이 단계적인 일련의 절차로 연속하여 행하여져 후행처분이 선행처분의 적법함을 전제로 이루어짐에 따라 선행처분의 하자가 후행처분에 승계된다고 볼 수 있다(대판 2007.7.19, 2006두19297, 전합).
④ 대판 1989.7.11, 88누12110

08. ① 제1종 특수·대형·보통면허를 가진 자가 트레일러를 운전하다가 운전면허취소사유가 발생한 경우에는 그 운전자가 가지고 있는 면허 중 특수면허에 대한 취소사유가 될 수 있을 뿐 제1종 보통면허나 대형면허에 대한 취소사유는 되지 아니한다(대판 1997.5.16, 97누1310).
② 이륜자동차로서 제2종 소형면허를 가진 사람만이 운전할 수 있는 오토바이는 제1종 대형면허나 보통면허를 가지고서도 이를 운전할 수 없는 것이어서 이와 같은 이륜자동차의 운전은 제1종 대형면허나 보통면허와는 아무런 관련이 없는 것이므로 이륜자동차를 음주 운전한 사유만 가지고서는 제1종 대형면허나 보통면허의 취소나

정지를 할 수 없다(대판 1992. 9.22, 91누8289).
③ 제1종특수자동차운전면허는 승합자동차의 운전과는 아무런 관련이 없고, 또한 추레라와 레이카는 제1종특수자동차운전면허를 받은 자만이 운전할 수 있어 제1종보통이나 제1종대형자동차운전면허의 취소에 제1종특수자동차운전면허로 운전할 수 있는 자동차의 운전까지 금지하는 취지가 당연히 포함되어 있는 것은 아니다(대판 1998.3.24, 98두1031).
④ 특수면허가 제1종 운전면허의 하나인 이상 특수면허 소지자는 승용자동차로서 자동차운수사업법, 같은 법 시행령, 사업용자동차구조 등의 기준에 관한 규칙 등에 규정된 사업용자동차인 택시를 운전할 수 있다. 따라서 택시의 운전은 제1종 보통면허 및 특수면허 모두로 운전한 것이 되므로 택시의 음주운전을 이유로 위 두 가지 운전면허 모두를 취소할 수 있다(대판 1996.6.28, 96누4992).

09. ① 대판 2012.4.13, 2010다94960
② 대판 2011.8.25, 2011두2743
③ 대판 2002.12.26, 2002다14983
④ 손실보상을 할 의무가 있는 사업시행자가 손실보상의무를 이행하지 아니한 채 공유수면에서 허가어업을 영위하던 어민들에게 그 어업을 영위할 수 없는 피해를 입힐 수 있는 공유수면매립공사를 시행하였다 하더라도 그로 인한 불법행위는 그 사업 착수만으로 바로 성립하지 않고, 그 사업으로 인하여 실질적이고 현실적인 침해가 발생하였을 때에 비로소 성립한다(대판 2004.12.23, 2002다73).

10. ① 권력적 사실행위(물리적·집행적 사실행위)인 즉시강제에 항거하는 경우 직접적 실력행사가 가능하지만 영장 없는 체포·구속은 헌법정신에 반한다.

11. ① 복효적 행정행위, 특히 제3자효를 수반하는 행정행위에 대한 행정심판청구에 있어서 그 청구를 인용하는 내용의 재결로 인하여 비로소 권리이익을 침해받게 되는 자는 그 인용재결에 대하여 다툴 필요가 있고, 그 인용재결은 원처분과 내용을 달리하는 것이므로 그 인용재결의 취소를 구하는 것은 원처분에는 없는 재결에 고유한 하자를 주장하는 셈이어서 당연히 항고소송의 대상이 된다(대판 2001.5.29, 99두10292).
② 행정심판법 제3조제2항
③ 동법 제18조의2

④ 대판 2014.4.24, 2013두10809

12. ① 대판 1971.11.15, 71다1952
    ② 결정전치주의의 요건은 '구두변론의 종결시' 까지 갖추면 족하다는 것이 판례의 태도이다(대판 1976.9.28, 76다1311).
    ③ 불법행위로 인한 손해배상의 청구권은 피해자나 그 법정대리인이 그 손해 및 가해자를 안 날로부터 3년간 이를 행사하지 아니하면 시효로 인하여 소멸한다.
    ④ 국가배상청구소송에는 가집행선고를 붙일 수 없는데, 헌법재판소는 그것이 평등원칙에 위배되는 것이라 하였다.

13. ②의 부담금이란 관계인에게 공공사업의 경비충당을 목적으로 경비를 강제적으로 부과징수하는 것이다. 이는 공공사업의 원인자, 손괴자 등에게 징수하는 것이므로 손실보상을 요하지 않는다.

14. ① 대판 2014.12.24, 2014두9349
    ② 대판 2003.12.12, 2003두805
    ③ 대판 2014.7.24, 2012두12303
    ④ 공공기관의 정보공개에 관한 법률의 입법 목적, 정보공개의 원칙, 비공개대상정보의 규정 형식과 취지 등을 고려하면, 법원 이외의 공공기관이 정보공개법 제9조 제1항 제4호에서 정한 '진행 중인 재판에 관련된 정보'에 해당한다는 사유로 정보공개를 거부하기 위해서는 반드시 그 정보가 진행 중인 재판의 소송기록 자체에 포함된 내용일 필요는 없다(대판 2011.11.24, 2009두19021).

15. ③은 형식적 한계가 문제되는 경우이다.

16. ① 국가공무원법상 직위해제처분은 구 행정절차법(2012.10.22. 법률 제11498호로 개정되기 전의 것) 제3조 제2항 제9호, 구 행정절차법 시행령(2011.12.21. 대통령령 제23383호로 개정되기 전의 것) 제2조 제3호에 의하여 당해 행정작용의 성질상 행정절차를 거치기 곤란하거나 불필요하다고 인정되는 사항 또는 행정절차에 준하는 절차를 거친 사항에 해당하므로, 처분의 사전통지 및 의견청취 등에 관한 행정절차법의 규정이 별도로 적용되지 않는다(대판 2014.5.16, 2012두26180).
    ② 직위해제는 단지 직위를 부여하지 않는 것일 뿐 공무원으로서의 신분이 상실되는

것은 아니며 직위해제는 법적 행위이다.
③ 형사사건으로 기소된 자의 경우에는 반드시 직위해제 하여야 하며 임용권자에게 재량이 있는 것은 아니다.

17. ① 대판 1994.12.2, 92누14250
② 행정소송법 제19조
③ 판례는 법령의 개정에 따라 퇴직연금 중 일부금액의 지급정지가 통보된 경우 이를 항고소송의 대상이 되는 처분이라고 보지 않는다(대판 2004.7.8, 2004두244).
④ 대판 2007.10.11, 2007두1316

18. 기간의 계산에 있어서는 초일불산입의 원칙이 적용되는데, 예외적으로 ㉮, ㉯, ㉰와 호적법상 각종 신고기간은 형사소송법상 공소시효와 구속기간은 초일부터 계산한다. ㉱와 ㉲는 초일을 기간에 산입하지 않는다.

19. 불가쟁력은 절차법적 효력이므로 불가쟁력이 발생한 행위가 당연히 불가변력을 발생시키는 것이 아니며, 불가변력이 발생한 행위가 당연히 불가변력을 가지는 것은 아니므로 양자는 상호의존적이라 할 수 없다. 불가변력은 실체법적 효력이다. 또한 불가변력이 발생한 행위는 행정행위의 상대방은 불가쟁력이 발생하지 않는 한 쟁송으로 그 효력을 다툴 수 있다. 4

20. ① 국무총리행정심판위원회는 중앙행정심판위원회로 변경되었으며 중앙행정심판위원회의 구성에 관한 사항은 「행정심판법」에서 정하는 바에 따른다.

21. ② 권익위원회는 접수된 고충민원을 관계 행정기관 등에 이송할 수 있다. 다만, 관계 행정기관 등에 이송하는 것이 적절하지 아니하다고 인정하는 경우에는 그 고충민원을 각하할 수 있다.

22. ① 대판 2002.9.6, 2002두554
② 대판 2012.12.13, 2011두29144
③ 대판 2015.8.27, 2013두1560
④ 행정청이 침해적 행정처분을 하면서 당사자에게 사전통지를 하거나 의견 제출의 기회를 주지 아니하였다면, 사전통지나 의견 제출의 예외적인 경우에 해당하지 아니하

는 한, 처분은 위법하여 취소를 면할 수 없다(대판 2016.10.27, 2016두41811).

23. ① 대판 2016.12.27, 2014두5637
② 명예퇴직수당 지급대상자로 결정된 법관에 대하여 지급할 수당액은 명예퇴직수당규칙 제4조 [별표 1]에 산정 기준이 정해져 있으므로, 위 법관은 위 규정에서 정한 정당한 산정 기준에 따라 산정된 명예퇴직수당액을 수령할 구체적인 권리를 가진다. 따라서 위 법관이 이미 수령한 수당액이 위 규정에서 정한 정당한 명예퇴직수당액에 미치지 못한다고 주장하며 차액의 지급을 신청함에 대하여 법원행정처장이 거부하는 의사를 표시했더라도, 그 의사표시는 명예퇴직수당액을 형성·확정하는 행정처분이 아니라 공법상의 법률관계의 한쪽 당사자로서 지급의무의 존부 및 범위에 관하여 자신의 의견을 밝힌 것에 불과하므로 행정처분으로 볼 수 없다(대판 2016.5.24, 2013두14863).
③ 대판 2015.8.27, 2015두41449
④ 대판 2016.10.27, 2016두41811

24. ③ 검사의 임용여부는 임용권자의 재량에 속하는 사항이나, 임용권자가 동일한 검사신규임용의 기회에 원고를 비롯한 다수의 검사 지원자들로부터 임용신청을 받아 전형을 거쳐 자체에서 정한 임용기준에 따라 이들 일부만을 선정하여 검사로 임용하는 경우에 있어서 법령상 검사임용신청 및 그 처리의 제도에 관한 명문규정이 없다고 하여도, 조리상 임용권자는 임용신청자들에게 전형의 결과인 임용여부의 응답을 해줄 의무가 있다고 할 것이며, 응답할 것인지 여부조차도 재량이라 할 수 없다. 이에 대응해 임용신청자로서 재량권의 한계 일탈이나 남용이 없는 적법한 응답을 요구할 권리가 있다고 할 것이다(대판 1991.2.12, 90누5825).

25. ① 법인의 책임에 대해 자기책임·과실책임으로 보는 것이 행정법학계의 다수설이나 형법학계에서는 대위책임·무과실책임으로 본다.

제7회 정답 및 해설

소방학개론

```
01. ③  02. ④  03. ④  04. ②  05. ①  06. ③  07. ③  08. ②  09. ④  10. ①
11. ③  12. ②  13. ①  14. ④  15. ③  16. ④  17. ④  18. ①  19. ③  20. ④
21. ①  22. ④  23. ④  24. ①  25. ②
```

01. ③ 안전조치 시 미리 구두로 알리는 것이 불가능하거나 상당한 시간이 걸려 공중의 안전에 위해를 끼칠 수 있는 경우에는 안전조치를 한 후 그 결과를 통보할 수 있다.

02. ④ 생성물이 기체인 경우 연료는 연소 후 질량이 감소하나 철가루의 연소처럼 산소와 결합하여 산화철을 생성하는 반응일 경우 철가루의 질량은 증가한다.

03. ④ 화재조사를 위하여 필요한 경우에는 수사에 지장을 주지 않는 범위에서 그 피의자 또는 압수된 증거물에 대한 조사를 할 수 있다.

04. ㉠ 제1종 분말 : 탄산수소나트륨, 백색, B급 또는 C급 화재 진압에 사용한다.
　　㉡ 제2종 분말 : 탄산수소칼륨, 담회색, B급 또는 C급 화재 진압에 사용한다.
　　㉢ 제3종 분말 : 제1인산암모늄, 담홍색(황색), A급, B급, C급 화재 진압에 사용한다.
　　㉣ 제4종 분말 : 탄산수소칼륨과 요소와의 반응물, 회색, B급, C급 화재 진압에 사용한다.

05. ① 홍수, 가뭄, 태풍, 폭설, 낙뢰, 지진 등은 자연재난에 해당한다.

06. ③ 국가재난관리기준은 모든 유형의 재난에 공통적으로 활용할 수 있도록 재난관리의 전 과정을 통일적으로 단순화·체계화한 것으로서 행정안전부장관이 고시한 것을

07. ③ 가연성 기체와 공기와의 혼합기체가 밀폐된 곳에서 발화되었을 때 연소 속도가 급격히 증가하여 매우 빠르게 연소하면서 폭발하는 것을 비정상연소라 한다.

08. 숨은열은 물질이 온도·압력의 변화를 보이지 않고 평형을 유지하면서 한 상에서 다른 상으로 전이할 때 흡수 또는 발생하는 열을 말하며 잠열이라고도 하며 융해열·증발열(기화열)·승화열 등이 숨은열에 해당한다.

② 현열은 물을 가열하면 물의 온도가 올라가면 온도계로 잴 수 있는데 이와 같이 온도 측정이 가능하도록 드러나는 열이다.

09. 제거소화법 : 가연물(연료)의 제거는 화원을 근원적으로 없애거나 가연물을 발화부(점화부) 또는 화점 등 연소구역에서 멀리 제거·이동하여 수열면을 최소화함으로써 정상적인 연소를 저지시키는 소화방법으로 연소방지를 위해 파괴하거나 폭발물을 이용하기도 한다.

10. ① 소방예산의 대부분은 일반회계에 속하며 이 외 기타 예산이 특별회계에 속한다.

11. ③ 숨은열을 1g의 물질을 바꾸는 데 필요한 열량(칼로리)으로 크기를 나타낸다.

12. 냉각소화법 : 열원(에너지원)공급의 차단(냉각소화법)은 냉각함으로써 빨리 연소열을 빼앗아 연소물의 온도를 발화점(또는 인화점) 이하로 낮추는 소화방법이며 일반적으로 보통 화재 때의 주수소화는 다른 것보다 열량을 많이 흡수하고 증발 시에도 주위에서 많은 열을 흡수하는 '물'의 성질을 최대한 이용하고 있다.

13. ① 제1류 위험물은 일반적으로 열분해에 의한 산소의 발생을 억제하고 또한 가연물의 연소를 억제하기 위해 주로 물, 포에 의한 냉각소화가 적당하나 무기과산화물은 물과 닿으면 산소가 발생하므로 마른 모래에 의한 질식소화를 하여야 한다.

14. ④ 폭발은 화학적 또는 기계적 잠재에너지가 압력 하에서 가스의 생성 및 방출, 혹은 압력 하에서 가스의 방출을 수반하는 운동에너지로의 갑작스러운 변환을 일으키는 현상으로서 그 때 이들 고압가스는 물질들의 주위에서 이동·변화·파괴 등과 같은

제 7회 정답 및 해설

기계적인 일을 한다.

15. ③ 수분을 포함한 소화약제를 분사할 때 갑작스런 기화로 인해 열유를 비산시키는 현상은 슬롭오버(Solp over)현상이다.

16. ㉠ 제6류 위험물은 일반적으로 주수소화는 부적당하다.
    ㉡ 상황에 따라 분무상의 물을 다량으로 사용하는 것이 효과적이다.
    ㉢ 고농도의 것은 물과 접촉하면 비산하여 피해를 증대시키므로 주의를 요한다.
    ㉣ 피부에 닿으면 화상을 입으며 발생 가스는 유독하기 때문에 피부보호와 마스크를 사용하는 외에 바람 위쪽에 위치하여 소화활동을 행할 필요가 있다.
    ㉤ 유출사고 시에는 건조사 등으로 유동을 방지하고 소다회나 소석회 등으로 중화한다.
    ㉥ 과산화수소는 다량의 물로 희석한다.

17. 물리적 작용에 의한 소화는 연소에너지 한계에 의한 소화, 소화농도 한계에 의한 소화, 화염의 불안정화에 의한 소화의 3가지로 나눌 수 있는데 연소에너지 한계에 의한 소화는 연소 시에 발생하는 열에너지를 흡수하는 매체를 화염 속에 투입하여 소화하는 것으로서 냉각소화라고도 한다.
    ④는 '화학적 작용에 의한 소화' 방법이다.

18. ① 건물의 복도 등에 설치된 함에 소방호스를 연결하여 물로써 화재를 진압하는 소방시설은 옥내소화전설비이다.

19. ③ 분사되어진 약제가 화학적으로 작용하여 발생된 라디칼을 흡수함으로써 소화가 이루어진다.

20. ④ 보호 및 측정 장비 및 절단용 장비는 구조설비에 해당한다. 그 외 구조 장비로는 일반구조용 장비, 중량물 작업용 장비, 파괴용 장비, 탐색구조용 장비가 있다.

21. 기상폭발은 분무폭발, 분해폭발, 분진폭발로 구분되며, 응상폭발은 증기폭발, 혼합위험에 의한 폭발, 폭발성 화합물의 폭발로 구분된다.

22. ④ 100℃의 액체 물 1g을 100℃의 수증기로 만드는 데 필요한 열량인 증발 잠열(기화열)은 539.6cal/g으로 다른 물질에 비해 매우 큰 편이다.

23. 화학공업에서 취급되는 물질 중 아세틸렌, 산화에틸렌, 에틸렌, 히드라진, 모노비닐아세틸렌, 메틸아세틸렌, 디아세틸렌, 오존, 이산화염소, 청산 등이 분해폭발성 물질이다.

24. 여러 형태의 유류(oil)를 수용한 상단부 개방형 탱크 내부의 어떤 특수조건 하에서 일어날 수 있는 현상 중 화재와 관련하여 특별히 언급할 가치가 있는 발포유출·비산현상은 보일오버·슬롭오버·프로쓰오버 현상 등이다.

25. 의용소방대에 관해 소방기본법에 규정하고 있었으나 2014년에 의용소방대 설치 및 운영에 관한 법률이 제정되면서 의용소방대에 관해 모든 규정은 의용소방대 설치 및 운영에 관한 법률 및 시행령과 시행규칙에 따른다.

② 의용소방대의 업적을 기리기 위하여 매년 3월 19일을 의용소방대의 날로 정하였다.

01. ③ 02. ② 03. ④ 04. ③ 05. ① 06. ② 07. ④ 08. ① 09. ④ 10. ①
11. ③ 12. ① 13. ② 14. ② 15. ④ 16. ① 17. ① 18. ③ 19. ① 20. ④
21. ② 22. ④ 23. ③ 24. ② 25. ③

01. 제19조제2항의 규정에 따른 신고를 하지 않아 소방자동차를 출동하게 한 사람은 20만 원 이하의 과태료에 처한다.

02. 소방청장이 명예직의 소방대원을 위촉할 수 있는 사람으로는 ②와 「의사상자 등 예우 및 지원에 관한 법률」 제2조에 따른 의사상자로서 천재지변 수난, 화재, 건물·축대·제방의 붕괴 등으로 위해에 처한 다른 사람의 생명·신체 또는 재산을 구하다가 사망하거나 부상을 입는 구조행위를 한 사람과 천재지변 수난, 화재, 건물·축대·제방의 붕괴 등으로 일어날 수 있는 불특정다수인의 위해를 방지하기 위하여 긴급한 조치를 하다가 사망하거나 부상을 입는 구조행위를 한 사람은 명예직 소방공무원으로 위촉할 수 있다.

03. ④ 기간 이내에 소방시설의 하자가 발생한 때에는 공사업자에게 그 사실을 알려야 하

며, 통보를 받은 공사업자는 3일 이내에 이를 보수하거나 보수일정을 기록한 하자보수계획을 관계인에게 서면으로 알려야 한다.

04. ① 1회 위반 100만원, 2회 위반 150만원, 3회 이상 200만원 이하의 과태료
② 100만원 이하의 벌금
③ 1회 위반 200만원, 2회 위반 400만원, 3회 이상 500만원 이하의 과태료
④ 100만원 이하의 과태료

05. (시·도지사)는 재발급신청서(전자문서로 된 소방시설업 등록증 또는 등록수첩의 재발급신청서를 포함)를 제출받은 경우에는 (3일)이내에 협회를 경유하여 소방시설업 등록증 또는 등록수첩을 재발급하여야 한다.

06. 담당공무원의 확인 사항(민원인 제출 생략)
  가. 법인등기사항 전부증명서
  나. 건물의 소유자인 경우 건물등기사항 전부증명서

07. ㉮ (소방본부장, 소방서장 또는 소방대장)은 화재 진압 등 소방활동을 위하여 필요할 때에는 소방용수 외에 댐·저수지 또는 수영장 등의 물을 사용하거나 수도의 개폐장치 등을 조작할 수 있다.
㉯ (소방본부장, 소방서장 또는 소방대장)은 화재 발생을 막거나 폭발 등으로 화재가 확대되는 것을 막기 위하여 가스·전기 또는 유류 등의 시설에 대하여 위험물질의 공급을 차단하는 등 필요한 조치를 할 수 있다.

08. 안전관리자의 책무
  1. 위험물의 취급작업에 참여하여 당해 작업이 법 제5조제3항의 규정에 의한 저장 또는 취급에 관한 기술기준과 법 제17조의 규정에 의한 예방규정에 적합하도록 해당 작업자(당해 작업에 참여하는 위험물취급자격자를 포함한다)에 대하여 지시 및 감독하는 업무
  2. 화재 등의 재난이 발생한 경우 응급조치 및 소방관서 등에 대한 연락업무
  3. 위험물시설의 안전을 담당하는 자를 따로 두는 제조소등의 경우에는 그 담당자에게 다음 각목의 규정에 의한 업무의 지시, 그 밖의 제조소등의 경우에는 다음 각목의 규정에 의한 업무
    가. 제조소등의 위치·구조 및 설비를 법 제5조제4항의 기술기준에 적합하도록 유지하기 위한 점검과 점검상황의 기록·보존
    나. 제조소등의 구조 또는 설비의 이상을 발견한 경우 관계자에 대한 연락 및 응급조치
    다. 화재가 발생하거나 화재발생의 위험성이 현저한 경우 소방관서 등에 대한 연락 및 응급조치
    라. 제조소등의 계측장치·제어장치 및 안전장치 등의 적정한 유지·관리

마. 제조소등의 위치·구조 및 설비에 관한 설계도서 등의 정비·보존 및 제조소등의 구조 및 설비의 안전에 관한 사무의 관리
4. 화재 등의 재해의 방지와 응급조치에 관하여 인접하는 제조소등과 그 밖의 관련되는 시설의 관계자와 협조체제의 유지
5. 위험물의 취급에 관한 일지의 작성·기록
6. 그 밖에 위험물을 수납한 용기를 차량에 적재하는 작업, 위험물설비를 보수하는 작업 등 위험물의 취급과 관련된 작업의 안전에 관하여 필요한 감독의 수행

09. ④ 과태료가 아닌 300만원 이하의 벌금에 처한다.

10. ① 소방관서장은 화재 발생 위험이 크거나 소화 활동에 지장을 줄 수 있다고 인정되는 행위나 물건에 대하여 행위 당사자나 그 물건의 소유자, 관리자 또는 점유자에게 명령을 할 수 있다.

11. 시·도지사는 탱크시험자가 다음의 어느 하나에 해당하는 경우에는 행정안전부령으로 정하는 바에 따라 그 등록을 취소하거나 6월 이내의 기간을 정하여 업무의 정지를 명할 수 있다. 다만, 제1호 내지 제3호에 해당하는 경우에는 그 등록을 취소하여야 한다.
1. 허위 그 밖의 부정한 방법으로 등록을 한 경우
2. 제4항 각호의 1의 등록의 결격사유에 해당하게 된 경우
3. 등록증을 다른 자에게 빌려준 경우
4. 제2항의 규정에 따른 등록기준에 미달하게 된 경우
5. 탱크안전성능시험 또는 점검을 허위로 하거나 이 법에 의한 기준에 맞지 아니하게 탱크안전성능시험 또는 점검을 실시하는 경우 등 탱크시험자로서 적합하지 아니하다고 인정하는 경우

12.

정당한 사유 없이 법 제31조에 따른 관계 공무원의 출입 또는 검사·조사를 거부·방해 또는 기피한 경우	법 제9조	영업정지 3개월	영업정지 6개월	등록취소

13. 법 제22조제1항 단서에서 "대통령령으로 정하는 경우"란 소방시설공사업과 다음 각호의 1에 해당하는 사업을 함께 하는 소방시설공사업자가 소방시설공사와 해당 사업의 공사를 함께 도급받은 경우를 말한다.
1. 「주택법」 제9조에 따른 주택건설사업
2. 「건설산업기본법」 제9조에 따른 건설업
3. 「전기공사업법」 제4조에 따른 전기공사업
4. 「정보통신공사업법」 제14조에 따른 정보통신공사업

제 7회 정답 및 해설

14. ② 차수에 따른 행정처분기준은 최근 2년간 같은 위반행위로 행정처분을 받은 경우에 적용한다. 이 경우 기준적용일은 최근의 위반행위에 대한 행정처분일과 그 처분 후에 같은 위반행위를 한 날을 기준으로 한다.

15. 법 제15조제7항 후단에서 "대통령령이 정하는 제조소 등"이라 함은 다음 각호의 1에 해당하는 제조소 등을 말한다.
  1. 제조소
  2. 이송취급소
  3. 일반취급소. 다만, 인화점이 38도 이상인 제4류 위험물만을 지정수량의 30배 이하로 취급하는 일반취급소로서 다음 각목의 1에 해당하는 일반취급소를 제외한다.
    가. 보일러·버너 또는 이와 비슷한 것으로서 위험물을 소비하는 장치로 이루어진 일반취급소
    나. 위험물을 용기에 옮겨 담거나 차량에 고정된 탱크에 주입하는 일반취급소

16. 소방본부장 또는 소방서장은 원활한 소방활동을 위하여 다음의 조사를 월 1회 이상 실시하여야 한다.
  1. 법 제10조의 규정에 의하여 설치된 소방용수시설에 대한 조사
  2. 소방대상물에 인접한 도로의 폭·교통상황, 도로주변의 토지의 고저·건축물의 개황 그 밖의 소방활동에 필요한 지리에 대한 조사

17. 소방시설업자는 제4조의 규정에 따라 등록한 사항 중 (행정안전부령)이 정하는 중요사항의 변경이 있는 때에는 행정안전부령이 정하는 바에 따라 (시·도지사)에게 신고하여야 한다.

18. ③ 법 제14조제2항의 규정에 의한 수리·개조 또는 이전 명령을 위반하여 2차 위반 시의 행정처분은 사용정지 90일이다.
  2. 개별기준
    가. 제조소 등에 대한 행정처분기준

위반사항	근거 법규	행정처분기준		
		1차 위반	2차 위반	3차 위반
(1) 법 제6조제1항의 후단에 따른 변경허가를 받지 않고, 제조소등의 위치·구조 또는 설비를 변경한 경우	법 제12조 제1호	경고 또는 사용정지 15일	사용정지 60일	허가취소
(2) 법 제9조에 따른 완공검사를 받지 않고 제조소등을 사용한 경우	법 제12조 제2호	사용정지 15일	사용정지 60일	허가취소
(3) 법 제11조의2제3항에 따른 안전조치 이행	법 제12조	경고	허가취소	-

	명령을 따르지 않은 경우	제2호의2		
(4) 법 제14조제2항에 따른 수리·개조 또는 이전의 명령을 위반한 경우		법 제12조 제3호	사용정지 30일	사용정지 90일	허가취소
(5) 법 제15조제1항 및 제2항에 따른 위험물 안전관리자를 선임하지 않은 경우		법 제12조 제4호	사용정지 15일	사용정지 60일	허가취소
(6) 법 제15조제5항을 위반하여 대리자를 지정하지 않은 경우		법 제12조 제5호	사용정지 10일	사용정지 30일	허가취소
(7) 법 제18조제1항에 따른 정기점검을 하지 않은 경우		법 제12조 제6호	사용정지 10일	사용정지 30일	허가취소
(8) 법 제18조제3항에 따른 정기검사를 받지 않은 경우		법 제12조 제7호	사용정지 10일	사용정지 30일	허가취소
(9) 법 제26조에 따른 저장·취급기준 준수명령을 위반한 경우		법 제12조 제8호	사용정지 30일	사용정지 60일	허가취소

19. (소방본부장, 소방서장 또는 소방대장)은 사람을 구출하거나 불이 번지는 것을 막기 위하여 필요할 때에는 화재가 발생하거나 불이 번질 우려가 있는 소방대상물 및 토지를 일시적으로 사용하거나 그 사용의 제한 또는 소방활동에 필요한 처분을 할 수 있다. (소방본부장, 소방서장 또는 소방대장)은 화재, 재난·재해, 그 밖의 위급한 상황이 발생하여 사람의 생명을 위험하게 할 것으로 인정할 때에는 일정한 구역을 지정하여 그 구역에 있는 사람에게 그 구역 밖으로 피난할 것을 명할 수 있다.

20. 소방신호의 종류
    ㉠ 경계신호 : 화재예방 상 필요하다고 인정되거나 법 제14조의 규정에 의한 화재위험경보 시 발령
    ㉡ 발화신호 : 화재가 발생한 때 발령
    ㉢ 해제신호 : 소화활동이 필요 없다고 인정되는 때 발령
    ㉣ 훈련신호 : 훈련 상 필요하다고 인정되는 때 발령

21. ① 특정소방대상물(소방안전관리대상물은 제외)의 관계인과 소방안전관리대상물의 소방안전관리자는 다음의 업무를 수행한다. 다만, 제1호·제2호·제5호 및 제7호의 업무는 소방안전관리대상물의 경우에만 해당한다.
    1. 제36조에 따른 피난계획에 관한 사항과 대통령령으로 정하는 사항이 포함된 소방계획서의 작성 및 시행
    2. 자위소방대 및 초기대응체계의 구성, 운영 및 교육
    3. 「소방시설 설치 및 관리에 관한 법률」 제16조에 따른 피난시설, 방화구획 및 방화시설의 관리

4. 소방시설이나 그 밖의 소방 관련 시설의 관리
　　5. 제37조에 따른 소방훈련 및 교육
　　6. 화기 취급의 감독
　　7. 행정안전부령으로 정하는 바에 따른 소방안전관리에 관한 업무수행에 관한 기록·유지(제3호·제4호 및 제6호의 업무를 말한다)
　　8. 화재발생 시 초기대응
　　9. 그 밖에 소방안전관리에 필요한 업무
　③ 소방안전관리자가 소방안전관리업무를 성실하게 수행할 수 있도록 일반소방안전관리대상물의 관계인은 지도·감독하여야 한다.
　④ 특정소방대상물의 소방안전관리자로 선임된 자는 선임된 날부터 3개월 이내에 제34조에 따른 교육을 받아야 한다.

22. ④ 특정소방대상물의 관계인 또는 발주자는 해당 도급계약의 수급인이 다음 어느 하나에 해당하는 경우에는 도급계약을 해지할 수 있다.
　　1. 소방시설업이 등록 취소되거나 영업 정지된 경우
　　2. 소방시설업을 휴업하거나 폐업한 경우
　　3. 정당한 사유 없이 30일 이상 소방시설공사를 계속하지 아니하는 경우
　　4. 제22조의2제2항에 따른 요구에 정당한 사유 없이 따르지 아니하는 경우

23. ③ 성능위주설계 사전검토의 신청을 받은 소방서장은 신기술·신공법 등 검토·평가에 고도의 기술이 필요한 경우에는 중앙위원회에 심의할 수 있다.

24. ① 위원장은 위원 중에서 소방청장, 소방본부장 또는 소방서장이 임명하거나 위촉한다.
　③ 공무원인 위원이 그 소관 업무와 직접적으로 관련되어 위원회에 출석하는 경우에는 수당, 여비, 그 밖에 필요한 경비를 지급하지 않는다.
　④ 위원회의 위원은 한국소방안전원의 임직원 중 위험물 안전관리 관련 업무에 5년 이상 종사한 사람에 해당하는 사람 중에서 소방청장, 소방본부장 또는 소방서장이 임명하거나 위촉한다.

25. ③ 소방안전관리자가 되려고 하는 사람 또는 소방안전관리자(소방안전관리보조자를 포함)로 선임된 사람은 소방안전관리업무에 관한 능력의 습득 또는 향상을 위하여 행정안전부령으로 정하는 바에 따라 소방청장이 실시하는 강습교육 또는 실무교육을 받아야 한다.

★ 행정법총론

```
01. ③  02. ③  03. ②  04. ④  05. ①  06. ①  07. ④  08. ③  09. ①  10. ②
11. ③  12. ②  13. ②  14. ①  15. ①  16. ④  17. ②  18. ②  19. ④  20. ②
21. ①  22. ①  23. ②  24. ④  25. ③
```

01. ① 대판 2012.5.24, 2012다11297
② 대판 2009.12.10, 2009두8359
③ 행정처분이 있음을 알고 처분에 대하여 곧바로 취소소송을 제기하는 방법을 선택한 때에는 처분이 있음을 안 날부터 90일 이내에 취소소송을 제기하여야 하고, 행정심판을 청구하는 방법을 선택한 때에는 처분이 있음을 안 날부터 90일 이내에 행정심판을 청구하고 행정심판의 재결서를 송달받은 날부터 90일 이내에 취소소송을 제기하여야 한다. 따라서 처분이 있음을 안 날부터 90일 이내에 행정심판을 청구하지도 않고 취소소송을 제기하지도 않은 경우에는 그 후 제기된 취소소송은 제소기간을 경과한 것으로서 부적법하고, 처분이 있음을 안 날부터 90일을 넘겨 청구한 부적법한 행정심판청구에 대한 재결이 있은 후 재결서를 송달받은 날부터 90일 이내에 원래의 처분에 대하여 취소소송을 제기하였다고 하여 취소소송이 다시 제소기간을 준수한 것으로 되는 것은 아니다(대판 2011.11.24, 2011두18786).
④ 대판 2014.11.27, 2013두16111

02. 법률우위원칙 : 모든 행정영역에서 적용되나, 법률유보원칙의 적용영역에 대해서는 침해유보설, 권력행정유보설, 사회적 유보설, 중요사항유보설, 전부유보설 등 학설이 대립된다. 그러므로 ③은 설명이 바뀌었다.

03. 행정심판은 (㉮ 처분이 있음을 알게 된 날)부터 (㉯ 90)일 이내에 청구하여야 한다. 청구인이 천재지변, 전쟁, 사변, 그 밖의 불가항력으로 인하여 정한 기간에 심판청구를 할 수 없었을 때에는 그 사유가 소멸한 날부터 (㉰ 14)일 이내에 행정심판을 청구할 수 있다. 다만, 국외에서 행정심판을 청구하는 경우에는 그 기간을 30일로 한다.

제 7회 정답 및 해설

04. ① 민사과태료
   ②, ③은 사법과태료

05. ②는 원칙상 무효이다.
   ③은 부존재이다.
   ④는 주체상 무효이다.

06. ① 공공기관이 공개청구의 대상이 된 정보를 공개는 하되, 청구인이 신청한 공개방법 이외의 방법으로 공개하기로 하는 결정을 하였다면, 이는 정보공개청구 중 정보공개방법에 관한 부분에 대하여 일부 거부처분을 한 것이고, 청구인은 그에 대하여 항고소송으로 다툴 수 있다(대판 2016.11.10, 2016두44674).
   ② 대판 2007.6.15, 2006두15936
   ③ 대판 2006.8.24, 2004두2783
   ④ 대판 2012.6.28, 2011두16735

07. ④ 개인정보란 살아 있는 개인에 관한 정보로서 성명, 주민등록번호 및 영상 등을 통하여 개인을 알아볼 수 있는 정보(해당 정보만으로는 특정 개인을 알아볼 수 없더라도 다른 정보와 쉽게 결합하여 알아볼 수 있는 것을 포함)를 말한다.

08. ③ 당사자가 의견진술의 기회를 포기한다는 뜻을 명백히 표시한 경우에는 의견청취를 하지 않을 수 있다.

09. ① 야간통행금지의 해제와 같이 불특정 다수인을 상대로 하는 일반허가도 가능하다.

10. ② 해산명령이 있었음으로 즉시강제는 될 수 없고, 또한 비용징수에 관한 것이 없으므로 대집행이 될 수 없으며 행정청이 의무자의 신체나 재산에 직접적으로 실력을 가함으로써 의무의 이행이 있는 것과 동일한 상태를 실현하는 작용이므로 직접강제에 해당한다.

11. 행정상 강제징수의 절차 : 독촉 → 압류 → 환가처분 → 배분 → 결손처분의 순에 의한다.

12. ② 피청구인은 재결청이 아니라 행정심판위원회에 제출하여야 한다.

13. ① 대판 2018.10.25, 2018두43095

② 일반적으로 행정처분이나 행정심판 재결이 불복기간의 경과로 인하여 확정될 경우 그 확정력은, 그 처분으로 인하여 법률상 이익을 침해받은 자가 당해 처분이나 재결의 효력을 더 이상 다툴 수 없다는 의미일 뿐, 더 나아가 판결에 있어서와 같은 기판력이 인정되는 것은 아니어서 그 처분의 기초가 된 사실관계나 법률적 판단이 확정되고 당사자들이나 법원이 이에 기속되어 모순되는 주장이나 판단을 할 수 없게 되는 것은 아니다(대판 2004.7.8, 2002두11288).
③ 대판 1999.10.8, 98두10073
④ 대판 2015.11.27, 2013다6759

14. ① 설치하고 있던 옹벽이 아직 완성되지 아니하여 일반 공중의 이용에 제공되지 않고 있었던 이상, 국가배상법 제5조 제1항 소정의 영조물에 해당한다고 할 수 없고, 따라서 이 사건 사고를 영조물의 설치상의 하자로 인하여 발생한 것이라고 할 수 없다(대판 1998.10.23, 98다17381).
② 제5조제2항
④ 불가항력과 일반적으로 갖추어야 할 안전성을 결여하여 발생한 설치·관리의 흠이 경합하여 손해를 발생시킨 경우에는 결합된 범위에서 책임이 있다고 할 것이다.

15. ① 확인은 판단의 표시이다.

16. ④ 행정상 강제수단의 미비로 새로운 의무 확보 수단이 증가하고, 부족 시 민사강제에 의존하는 경우가 많이 있다.

17. ② 위원회는 집행정지를 결정한 후에 집행정지가 공공복리에 중대한 영향을 미치거나 그 정지사유가 없어진 경우에는 직권으로 또는 당사자의 신청에 의하여 집행정지 결정을 취소할 수 있다.

18. ② 행정행위는 구체적 사실에 관한 법집행행위이며 권력적 단독행위이므로 일반·추상적인 규범정립행위, 사실행위, 공법상 계약 등은 행정행위가 아니다.

19. 국가의 수입
㉠ 공법상 수입 : 행정행위 기타의 공법상 법률원인에 의해 생기는 수입을 말하며, 조세·사용료·수수료·부담금·특권료(도로점용료·하천점용료) 및 각종 벌과금 등이 그

예이다.

　　ⓒ 사법상 수입 : 민사상의 계약 등 사법상의 법률원인에 의해 생기는 수입을 말하며, 국유재산수입, 전매사업·철도사업 등에 의한 사업수입이 그 예이다.

20. 대집행을 하려면 상당한 이행 기한을 정하여 그 기한까지 이행되지 않을 때에는 대집행을 한다는 뜻을 미리 문서로써 계고하여야 한다. 원칙상 정지조건부 계고는 금지다.

21. 권한의 위임 : 행정청이 그의 권한의 일부를 다른 행정기관(수임기관)에게 이전하여 수임기관의 권한으로 행사하도록 하는 것을 말한다.

　① 공무원채용시험 합격증의 발급권한이 고시과장에게 이전된 것으로 위임이다.

22. ① 부담은 성질상 본체인 행정행위의 효력이 부담에 의하여 좌우되지 아니하므로, 부담의 불이행이 있어도 주된 행정행위의 효력이 당연히 소멸하는 것은 아니다.

23. 비공식적 행정작용 : 공식적인 행정절차의 사전단계에서 행정주체가 일방적인 강제를 행사하지 않고 사인의 임의적인 행동을 유도함을 목적으로 사인과 접촉협의, 사전조정, 합의 등을 행하여 행정목적을 달성하는 것을 말하는 것으로, 이러한 행정작용은 행정기관과 사인 사이에 비공식적으로 행해지기 때문에 제3자의 지위가 보장되는 것이 아니라, 오히려 지위가 약화된다.

24. ④ 법령에서 전문적·기술적 사항이나 경미한 사항으로서 업무의 성질상 위임이 불가피한 사항에 관하여 구체적으로 범위를 정하여 위임한 경우에는 고시 등으로 정할 수 있다(행정규제기본법 제4조제2항).

25. ① 대판 1963.8.31, 63누101
　② 대판 1975. 5. 13, 73누96
　③ 음식점영업허가는 강학상 허가로서 허가의 결과, 독점적 이익을 받는 경우가 있더라도 그것은 반사적 이익에 불과하여 원고적격이 없다.
　④ 대판 1987. 9. 22, 85누985

제8회 정답 및 해설

소방학개론

```
01. ①  02. ③  03. ②  04. ④  05. ①  06. ②  07. ③  08. ④  09. ①  10. ③
11. ②  12. ④  13. ①  14. ③  15. ②  16. ②  17. ①  18. ②  19. ④  20. ④
21. ③  22. ③  23. ④  24. ①  25. ②
```

01. 물의 화학적 성질
  ㉠ 물은 수소 2원자와 산소 1원자로 이루어져 있으며 이들 사이의 화학결합은 극성공유 결합이다.
  ㉡ 물은 극성 분자이기 때문에 분자간의 결합은 쌍극자 – 쌍극자 상호작용(극성 분자의 양의 말단과 다른 극성 분자의 음의 말단 사이에 작용하는 정전기적 인력)의 일종인 수소결합(hydrogen bond)에 의해 이루어진다.
  ㉢ 물의 비정상적인 성질은 대부분 이 수소 결합의 결과이며 물이 비교적 큰 표면 장력을 갖는 것도 분자간의 인력의 세기와 직접적인 관계가 있으며, 비교적 큰 비열도 수소 결합을 끊는데 큰 에너지가 필요하기 때문이다.

02. ③ 배관에는 배수밸브가 설치되어 있어 송수 정지 후 헤드에서의 계속적인 살수를 중지시킬 수 있다.

03. ② 봉상주수에 대한 설명이다.

04. ④ 건물 등 자산에 대한 최종잔가율은 건물·부대설비·구축물·가재도구는 20%로 하며,

그 이외의 자산은 10%로 정한다.

05. 소화에서 에멀전 효과
  ㉠ 물의 미립자가 기름의 연소면을 두드려서 표면을 물과 기름이 섞인 유화상으로 만들어 기름의 증발 능력을 떨어뜨려 연소성을 상실시키는 효과로 에멀전효과를 높이기 위해서는 유면에의 타격력을 증가(속도에너지 부가)시켜주어야 하므로 질식효과를 기대할 때보다 입경을 약간 크게 해야 한다.
  ㉡ 일반적으로 물을 사용하여 소화할 수 있는 유류화재는 유류의 인화점이 37.8℃ (100°F) 이상인 경우이다.
  ㉢ 또한 무상 주수는 다른 주수법에 비하면 전기 전도성이 좋지 않기 때문에 전기화재에도 유효하나 이때에는 일정한 거리를 유지하여 감전을 방지해야 한다.

06. 일반적으로 칼륨과 나트륨, 알킬알루미늄과 알킬리튬, 카바이드와 과산화물 금속의 수소화물과 인화물, 칼슘 또는 알루미늄의 탄화물 등과 같은 화공약품은 물과 반응하여 가연성 가스와 열이 발생되기 때문에 화재 시 물을 사용해서는 안 된다. 생석회와 같은 물질이 물에 젖은 경우 열이 축적되어서 일정 시간 후에 자연 발화가 일어날 수도 있다.

07. ③ 방사성 금속의 화재에는 물을 연속적으로 사용해서는 안 된다. 만약 물을 사용했을 경우에 방사능에 오염된 물의 처리는 단순한 문제가 아니다.

08. ④ 유류 표면에서 발생된 수증기가 공기와 적당하게 혼합되어 연소 범위 내에 있는 연소 영역을 제한한다면 질식 효과는 한층 더 빨라진다.

09. ① 지방자치단체의 예산편성 기본지침은 행정안전부장관이 정한다.

10. ③ 소화기에는 소화기와 화재의 원인이 되는 가연성물질과의 적합성을 나타내는 표시를 해 주어야 한다.

11. ② 자동확산소화기를 제외한 소화기구는 거주자 등이 손쉽게 사용할 수 있는 장소에 바닥으로부터 높이 1.5m 이하의 곳에 비치하여야 한다.

12. 분말소화기는 방습가공을 한 나트륨·칼륨의 중탄산염[중탄산나트륨($NaHCO_3$), 중탄산칼륨($KHCO_3$)] 기타의 염류 또는 인산염류[제1인산암모늄($NH_4H_2PO_4$)]·황산염류

그 밖의 방염성을 가진 염류를 특수 가공한 분말소화약제를 사용하여 질소나 이산화탄소 등 불연성 고압가스에 의해 약제를 방사한다.

13. 이산화탄소(CO_2)소화기 사용상 주의할 점으로 ②, ③, ④와 반드시 열전도도가 적은 재질로 처리된 손잡이 부분을 잡아서 동상을 입지 않도록 하여야 한다.

    ① 정밀기기, 통신기기, 전기실, 변전실, 정비공장, 주유소, 자동차선박, 항공기 등의 화재 시에 유용하며 A·B·C급 화재에 모두 적응성이 있고 수손 피해의 우려가 있거나 물을 뿌리면 안 되는 화재에 사용할 수 있는 장점이 있다.

14. 할로겐화합물소화기(할론소화기)는 할로겐화합물을 소화약제로 사용하여 연쇄반응의 핵심적인 역할을 하는 자유라디칼(free radical)을 흡착함으로써 화학적 억제소화를 하며 산소농도를 낮추는 질식, 기화열에 의한 냉각 등의 부차적인 효과도 있다. A·B·C급 화재에 모두 적응성이 있으며 특히 소화력이 뛰어나고 약제에 의한 2차 피해가 없는 우수한 소화약제이지만 염화불화탄소(CFC), 프레온(Freon): 탄화수소의 플루오르화 유도체]의 일종으로 환경적 부작용 때문에 생산 및 사용이 규제되고 있다. 따라서 할로겐화합물 대체물질 개발에 여러 나라가 노력하고 있다.

15. ② 할로겐화합물 불활성기체 소화설비는 할로겐화합물(할론1301, 할론2402, 할론1211 제외) 및 불활성기체로서 전기적으로 비전도성이며 휘발성이 있거나 증발 후 잔여물을 남기지 않는 소화약제이다.

16. ② 사용되는 약제는 탄산수소나트륨(=중탄산나트륨=중조)·카세인·젤라틴·사포닌·소다회 및 황산알루미늄이다.

17. ① 폭연(deflagration)은 반응속도가 비반응 연료매체에서 음속 미만인 연소반응이고 반응속도가 비반응 연료매체에서 음속 이상인 연소반응은 폭굉이다.

18. ㉠ 연기 : 기체 가운데 불완전 연소된 고체 미립자가 떠돌아다니는 상태를 말한다.
    ㉡ 연기농도의 측정 방법 : 보통 투광율법이 이용되고 있다.
    ㉢ 콜로이드 입자 : 물질의 분산 상태에서 그 입자가 구(球)형일 때는 지름이 $0.1\mu \sim 1m\mu$인 범위에 있는 것 또는 구형이 아닌 것까지를 넣어서 103~109인 원자 집단으로 된 입자를 말한다.

ⓔ 연기에 함유된 가스 : CO, CO$_2$, HCN, NO, HCL, NH, HF, HBr, SO, SO$_2$, NO$_2$, H$_2$S 등

19. D급화재(가연성 금속화재) : 가연성 금속 즉, 마그네슘, 티타늄, 지르코늄, 나트륨 그리고 칼륨을 포함하며 이것들이 타는 화재를 말한다. 대부분의 금속들은 눈을 손상시키는 밝은 백색 불꽃을 발하면서 탄다.

   ①, ② A급화재(일반화재)
   ③ B급화재(유류화재)

20. ④ 화염·열·충격·마찰이나 진동에 민감하고, 폭발을 일으킨 후에는 스스로 신속하게 연소해 가는 성질이 있다.

21. 소방시설은 화재발생 시 화재를 진압하고 화재발생 사실을 탐지하며, 이를 주위에 통보(전파)하여 피해가 우려되는 사람들을 보호하거나 대피시키고 소화에 필요한 용수를 확보하며 소방대의 활동을 보조하기 위한 설비를 총칭하는 것으로 크게 분류하여 소화설비, 경보설비, 피난설비, 소화용수설비, 소화활동설비로 나누어진다.

22. 재난 발생 시 신속한 재난대응 활동 참여 등 중앙민관협력위원회의 기능을 지원하기 위하여 (㉮ 중앙민관협력위원회)에 대통령령으로 정하는 바에 따라 (㉯ 재난긴급대응단)을 둘 수 있다.

23. ④ 가연성 가스와 공기(또는 산소)의 혼합물에 있어서 가연성 가스의 농도가 낮거나 높게 되면 화염의 전파가 일어나지 않는다.

24. ① 분말소화약제의 저장용기와 집합관을 연결하는 연결배관에는 체크밸브를 설치하여야 하며 저장용기가 하나의 방호구역만을 담당하는 경우에는 체크밸브를 설치하지 않아도 된다.

25.

종별	주성분	분자식	색상	적응화재
제1종 분말	탄산수소나트륨	NaHCO$_3$	백색	B급, C급
제2종 분말	탄산수소칼륨	KHCO$_3$	담회색	B급, C급
제3종 분말	제1인산암모늄	NH$_4$H$_2$PO$_4$	담홍색(황색)	A급, B급, C급

| 제4종 분말 | 탄산수소칼륨과 요소와의 반응물 | $KC_2N_2H_3O_3$ | 회색 | B급, C급 |

```
01. ①  02. ②  03. ②  04. ④  05. ②  06. ④  07. ④  08. ④  09. ③  10. ②
11. ②  12. ①  13. ②  14. ④  15. ③  16. ②  17. ①  18. ③  19. ②  20. ④
21. ①  22. ③  23. ②  24. ④  25. ④
```

01. ① 제6류의 품명란 제4호에서 "행정안전부령으로 정하는 것"은 할로겐간화합물을 말하고 차아염소산염류와 염소화이소시아눌산은 제1류의 품명란 제10호에서 "행정안전부령으로 정하는 것"에 해당한다.

02. ② 특정소방대상물의 관계인은 소방시설을 설치·관리하는 경우 화재 시 소방시설의 기능과 성능에 지장을 줄 수 있는 폐쇄(잠금을 포함)·차단 등의 행위를 하여서는 안 된다. 다만, 소방시설의 점검·정비를 위하여 필요한 경우 폐쇄·차단은 할 수 있다.

03. 소방의 역사와 안전문화를 발전시키고 국민의 안전의식을 높이기 위하여 (㉮ 소방청장)은 소방박물관을, (㉯ 시·도지사)는 소방체험관(화재현장에서의 피난 등을 체험할 수 있는 체험관)을 설립하여 운영할 수 있으며 이 규정에 따른 소방박물관의 설립과 운영에 관하여 필요한 사항은 행정안전부령으로, 소방체험관의 설립과 운영에 관하여 필요한 사항은 (㉰ 시·도의 조례)로 정한다.

04. 안전관리대행기관의 기술 인력이 안전관리업무를 성실히 수행하지 않았을 경우의 행정처분은 1회 위반 시 경고, 2회 위반 시 업무정지 90일, 3회 위반 시 지정취소 처분을 받는다.

05. ② 저장소는 지정수량 이상의 위험물을 저장하기 위한 대통령령이 정하는 장소로서 위험물안전관리법 제6조제1항의 규정에 따른 허가를 받은 장소를 말한다.

06. 특정소방대상물(소방안전관리대상물은 제외)의 관계인과 소방안전관리대상물의 소방안전관리자는 다음의 업무를 수행한다. 다만, 제1호·제2호·제5호 및 제7호의 업무는 소방안전관리대상물의 경우에만 해당한다.
1. 제36조에 따른 피난계획에 관한 사항과 대통령령으로 정하는 사항이 포함된 소방계획서의 작성 및 시행
2. 자위소방대 및 초기대응체계의 구성, 운영 및 교육
3. 「소방시설 설치 및 관리에 관한 법률」 제16조에 따른 피난시설, 방화구획 및 방화시설의 관리
4. 소방시설이나 그 밖의 소방 관련 시설의 관리
5. 제37조에 따른 소방훈련 및 교육
6. 화기(火氣) 취급의 감독
7. 행정안전부령으로 정하는 바에 따른 소방안전관리에 관한 업무수행에 관한 기록·유지(제3호·제4호 및 제6호의 업무)
8. 화재발생 시 초기대응
9. 그 밖에 소방안전관리에 필요한 업무

07. 공사업자는 가목에도 불구하고 시공관리, 품질 및 안전에 지장이 없는 경우로서 다음의 어느 하나에 해당하여 발주자가 서면으로 승낙하는 경우에는 해당 공사가 중단된 기간 동안 소방기술자를 공사 현장에 배치하지 않을 수 있다.
1. 민원 또는 계절적 요인 등으로 해당 공정의 공사가 일정 기간 중단된 경우
2. 예산의 부족 등 발주자(하도급의 경우에는 수급인을 포함)의 책임 있는 사유 또는 천재지변 등 불가항력으로 공사가 일정기간 중단된 경우
3. 발주자가 공사의 중단을 요청하는 경우

08. 시·도지사는 다음의 지역을 화재예방강화지구로 지정하여 관리할 수 있다.
1. 시장지역
2. 공장·창고가 밀집한 지역
3. 목조건물이 밀집한 지역
4. 노후·불량건축물이 밀집한 지역
5. 위험물의 저장 및 처리 시설이 밀집한 지역
6. 석유화학제품을 생산하는 공장이 있는 지역
7. 「산업입지 및 개발에 관한 법률」 제2조제8호에 따른 산업단지
8. 소방시설·소방용수시설 또는 소방출동로가 없는 지역
9. 「물류시설의 개발 및 운영에 관한 법률」 제2조제6호에 따른 물류단지
10. 그 밖에 제1호부터 제9호까지에 준하는 지역으로서 소방관서장이 화재예방강화지구로 지정할 필요가 있다고 인정하는 지역

09. ③ 소방관서장(소방청장, 소방본부장, 소방서장)은 화재조사를 위하여 필요한 범위에서 화재현장 보존조치를 하거나 화재현장과 그 인근 지역을 통제구역으로 설정할 수 있다.

10. 운송책임자의 감독·지원을 받아 운송하여야 하는 위험물
  1. 알킬알루미늄
  2. 알킬리튬
  3. 제1호 또는 제2호의 물질을 함유하는 위험물

11. ① 소방본부장은 매년 10월말까지 한국소방안전원에 통보하여야 한다.
  ③ 한국소방안전원은 매년 교육실시계획을 수립하여 교육을 실시하는 해의 전년도 말까지 소방청장의 승인을 받아야 한다.
  ④ 위험물운반자로 종사한 날부터 6개월 이내에 한국소방안전원에서 4시간의 실무교육을 받아야 한다.

12. ① 소방시설관리사가 동시에 둘 이상의 업체에 취업할 경우 자격이 취소된다.

13. ① 1차 위반 시 영업 정지 1개월, 2차 위반 시 영업 정지 3개월, 3차 위반 시 등록 취소
  ② 등록이 취소가 된다.
  ③ 1차 위반 시 경고(시정명령), 2차 위반 시 영업 정지 3개월, 3차 위반 시 등록 취소
  ④ 1차 위반 시 경고(시정명령), 2차 위반 시 영업 정지 3개월, 3차 위반 시 등록 취소

14. ④ 실무교육기관의 지정을 받으려는 사람은 비영리법인이어야 하며 소방기술자는 실무교육을 2년마다 1회 이상 받아야 한다.

15. ③ 소방시설관리자의 자격을 취소하거나 6월 이상 2년 이하의 기간을 정하여 그 자격의 정지를 명할 수 있는 경우에 해당한다.

관리업자는 다음에 해당하는 경우에는 「화재의 예방 및 안전관리에 관한 법률」 제25조에 따라 소방안전관리업무를 대행하게 하거나 제22조제1항에 따라 소방시설 등의 점검업무를 수행하게 한 특정소방대상물의 관계인에게 지체 없이 그 사실을 알려야 한다.
  1. 제32조에 따라 관리업자의 지위를 승계한 경우
  2. 제35조제1항에 따라 관리업의 등록취소 또는 영업정지 처분을 받은 경우
  3. 휴업 또는 폐업을 한 경우

16. 다음에 해당하는 사람은 소방시설업을 등록할 수 없다.
   1. 피성년후견인
   2. 삭제 <2015. 7. 20.>
   3. 이 법, 「소방기본법」, 「화재의 예방 및 안전관리에 관한 법률」, 「소방시설 설치 및 관리에 관한 법률」 또는 「위험물안전관리법」에 따른 금고 이상의 실형을 선고받고 그 집행이 끝나거나(집행이 끝난 것으로 보는 경우를 포함) 면제된 날부터 2년이 지나지 아니한 사람
   4. 이 법, 「소방기본법」, 「화재의 예방 및 안전관리에 관한 법률」, 「소방시설 설치 및 관리에 관한 법률」 또는 「위험물안전관리법」에 따른 금고 이상의 형의 집행유예를 선고받고 그 유예기간 중에 있는 사람
   5. 등록하려는 소방시설업 등록이 취소(제1호에 해당하여 등록이 취소된 경우는 제외)된 날부터 2년이 지나지 아니한 자
   6. 법인의 대표자가 제1호 또는 제3호부터 제5호까지에 해당하는 경우 그 법인
   7. 법인의 임원이 제3호부터 제5호까지의 규정에 해당하는 경우 그 법인

17. ② 형식승인을 취소하여야 한다.
   ③ 행정안전부령이 정하는 바에 따라 6월 이내의 기간을 정하여 제품검사의 중지를 명할 수 있다.
   ④ 형식승인의 내용 또는 행정안전부령이 정하는 사항을 변경하고자 하는 경우에는 소방청장의 변경승인을 얻어야 한다.

18. ㉮ 1차 위반 50, 2차, 3차 4차 이상 위반 100만원
   ㉯ 100만원
   ㉰ 100만원

■ 소방기본법 시행령 [별표 3]

과태료의 부과기준(제19조 관련)

위반행위	근거 법조문	과태료 금액(만원)			
		1회	2회	3회	4회 이상
가. 삭제 <2022. 11. 29.>					
나. 삭제 <2022. 11. 29.>					
다. 삭제 <2022. 11. 29.>					
라. 법 제17조의6제5항을 위반하여 한국119청소년단 또는 이와 유사한 명칭을 사용한 경우	법 제56조제2항 제2호의2	50	100	150	200
마. 법 제19조제1항을 위반하여 화재 또는	법 제56조제1항	200	400	500	500

	구조·구급이 필요한 상황을 거짓으로 알린 경우	제1호				
바.	정당한 사유 없이 법 제20조제2항을 위반하여 화재, 재난·재해, 그 밖의 위급한 상황을 소방본부, 소방서 또는 관계 행정기관에 알리지 않은 경우	법 제56조제1항 제2호	500			
사.	법 제21조제3항을 위반하여 소방자동차의 출동에 지장을 준 경우	법 제56조제2항 제3호의2	100			
아.	법 제21조의2제2항을 위반하여 전용구역에 차를 주차하거나 전용구역에의 진입을 가로막는 등의 방해 행위를 한 경우	법 제56조제3항	50	100	100	100
자.	법 제23조제1항을 위반하여 소방활동구역을 출입한 경우	법 제56조제2항 제4호	100			
차.	법 제44조의3을 위반하여 한국소방안전원 또는 이와 유사한 명칭을 사용한 경우	법 제56조제2항 제6호	200			

19. 관리사의 결격사유

  1. 피성년후견인
  2. 이 법, 「소방기본법」, 「화재의 예방 및 안전관리에 관한 법률」, 「소방시설공사업법」 또는 「위험물안전관리법」을 위반하여 금고 이상의 실형을 선고받고 그 집행이 끝나거나(집행이 끝난 것으로 보는 경우를 포함) 집행이 면제된 날부터 2년이 지나지 아니한 사람
  3. 이 법, 소방기본법, 「화재의 예방 및 안전관리에 관한 법률」, 「소방시설공사업법」 또는 「위험물안전관리법」을 위반하여 금고 이상의 형의 집행유예를 선고받고 그 유예기간 중에 있는 사람
  4. 제28조에 따라 자격이 취소(이 조 제1호에 해당하여 자격이 취소된 경우는 제외)된 날부터 2년이 지나지 아니한 사람

20. ④ 소방대는 화재, 재난·재해, 그 밖의 위급한 상황이 발생한 현장에 신속하게 출동하기 위하여 긴급할 때에는 일반적인 통행에 쓰이지 않는 도로·빈터 또는 물 위로 통행할 수 있다.

21. ① 소방안전관리자 자격증을 잃어버렸거나 못 쓰게 된 경우에는 행정안전부령으로 정하는 바에 따라 소방안전관리자 자격증을 재발급 받을 수 있다.

22. ③ 소방본부장 또는 소방서장은 공사감리자 지정신고 또는 변경신고를 받은 날부터 2

일 이내에 신고수리 여부를 신고인에게 통지하여야 한다.

23. ① 화재합동조사단은 화재조사를 완료하면 화재합동조사단 운영 개요, 화재조사 개요 화재조사에 관한 법 제5조제2항 각 호의 사항, 다수의 인명피해가 발생한 경우 그 원인, 현행 제도의 문제점 및 개선 방안 등을 소방관서장에게 보고해야 한다.
③ 소방청장은 과학적이고 전문적인 화재조사를 위하여 대통령령으로 정하는 시설과 전문인력 등 지정기준을 갖춘 기관을 화재감정기관으로 지정·운영하여야 한다.
④ 소방관서장은 국민이 유사한 화재로부터 피해를 입지 않도록 하기 위한 경우 등 필요한 경우 화재조사 결과를 공표할 수 있다. 다만, 수사가 진행 중이거나 수사의 필요성이 인정되는 경우 관계 수사기관의 장과 공표 여부에 관하여 사전에 협의하여야 한다.

24. ④ 화재안전조사는 소방청장, 소방본부장 또는 소방서장이 소방대상물, 관계지역 또는 관계인에 대하여 소방시설 등(「소방시설 설치 및 관리에 관한 법률」 제2조제1항제2호에 따른 소방시설 등)이 소방 관계 법령에 적합하게 설치·관리되고 있는지, 소방대상물에 화재의 발생 위험이 있는지 등을 확인하기 위하여 실시하는 현장조사·문서열람·보고요구 등을 하는 활동을 말한다.

25. ④ 국가와 지방자치단체는 화재조사에 필요한 기술의 연구·개발 및 화재조사의 정확도를 향상시키기 위한 시책을 강구하고 추진하여야 한다.

행정법통론

01. ② 02. ① 03. ③ 04. ④ 05. ④ 06. ② 07. ③ 08. ① 09. ③ 10. ④
11. ④ 12. ④ 13. ① 14. ④ 15. ③ 16. ② 17. ③ 18. ③ 19. ④ 20. ②
21. ④ 22. ② 23. ④ 24. ② 25. ②

01. ① 조사원이 현장조사 중에 자료·서류·물건 등을 영치하는 때에는 조사대상자 또는 그 대리인을 입회시켜야 한다.
② 해당 행정기관 내의 2 이상의 부서가 동일하거나 유사한 업무분야에 대하여 동일한

조사대상자에게 행정조사를 실시하는 경우와 서로 다른 행정기관이 대통령령으로 정하는 분야에 대하여 동일한 조사대상자에게 행정조사를 실시하는 경우에는 공동조사를 실시하여야 한다.
③ 현장조사는 해가 뜨기 전이나 해가 진 뒤에는 할 수 없으나 ㉠ 조사대상자(대리인 및 관리책임이 있는 자를 포함한다)가 동의한 경우 ㉡ 사무실 또는 사업장 등의 업무시간에 행정조사를 실시하는 경우 ㉢ 해가 뜬 후부터 해가 지기 전까지 행정조사를 실시하는 경우에는 조사목적의 달성이 불가능하거나 증거인멸로 인하여 조사대상자의 법령 등의 위반 여부를 확인할 수 없는 경우에는 예외로 한다.
④ 조사원은 서면이나 구두로 통보한 후 추가조사를 실시할 수 있다.

02. ① 군부대의 차량이 부족하여 군수장교인 대위가 평소 출퇴근 및 군무수행을 위해서 그의 소유인 오토바이 뒤에 부대표시의 번호판을 부착하고 운행에 소요되는 기름도 부대로부터 공급받으며 기름사용의 용도는 업무일지에 기재하여 대대장의 결재까지 받아 위 오토바이를 운행하던 중 군수업무를 마치고 위 오토바이를 타고 퇴근하다가 사고를 일으켰다면 비록 위 오토바이의 소유자가 사고를 일으킨 위 장교 개인이라고 하더라도 객관적으로는 국가가 위 오토바이의 운행을 지배 관리할 수 있는 지위에 있었다고 볼 수 있으므로 국가는 위 오토바이의 운행 중 일어난 사고에 대하여 자동차손해배상보장법상의 보유자로서 배상책임을 면할 수 없다(대판 1987.6.3, 84다카2237).
② 대판 1980.2.26, 79다2341
③ 대판 2007.10.25, 2005다23438
④ 대판 1971.4.20, 71다175

03. 행정규칙은 법규명령과 달리 직접 국민의 권리·의무를 규율하는 것이 아니므로 공포를 요하지 아니하며, 어떠한 형태로든 그 내용이 표시되어 수범자가 그 내용을 알 수 있는 상태에 이르렀을 때 효력이 발생한다. 또한 행정규칙은 일반적으로 요식행위가 아니므로 반드시 문서에 의할 필요는 없으며, 구두로도 할 수 있다.

04. ④ 무효등확인심판은 처분의 효력 유무 또는 존재 여부의 확인을 구할 법률상 이익이 있는 사람은 청구할 수 있다.

05. ② 대판 1985.11.26, 85누394

③ 헌재 1990.9.3, 90헌마13 전합
④ "국립대학인 서울대학교의 "94학년도 대학입학고사주요요강"은 사실상의 준비행위 내지 사전안내로서 행정쟁송의 대상이 될 수 있는 행정처분이나 공권력의 행사는 될 수 없지만 그 내용이 국민의 기본권에 직접 영향을 끼치는 내용이고 앞으로 법령의 뒷받침에 의하여 그대로 실시될 것이 틀림없을 것으로 예상되어 그로 인하여 직접적으로 기본권 침해를 받게 되는 사람에게는 사실상의 규범작용으로 인한 위험성이 이미 현실적으로 발생하였다고 보아야 할 것이므로 이는 헌법소원의 대상이 되는 헌법재판소법 제68조 제1항 소정의 공권력의 행사에 해당된다고 할 것이며, 이 경우 헌법소원 외에 달리 구제방법이 없다."고 판시하여 헌법소원의 대상성을 인정하였다(헌재 1992.10.1, 92헌마68).

06. 사인의 공법행위 : 행정상 법률관계에서 공법적 효과의 발생을 목적으로 하는 사인의 행위이다.

㉮ 쌍방적 행정행위의 요건이 되는 동의이다.
㉯ 행정상의 사법관계인 국고관계로서 공법적 효과를 발생하는 사인의 공법행위에 해당하지 않는다.
㉰ 사인이 행정기관에 대하여 일정한 행위를 취할 것을 요구하는 의사표시이다.
㉱ 행정주체에 대한 일정한 의사표시로서 모두 사인의 공법행위에 속한다.
㉲ 공공성이 인정되지 않는 순수사경제 작용이라 할 수 있다.

07. ① 대판 2006.8.24, 2004두2783
② 대판 2004.12.9, 2003두12707
③ 공공기관의 정보공개에 관한 법률에 의한 정보공개의 청구와 군사기밀보호법에 의한 군사기밀의 공개요청은 그 상대방, 처리절차 및 공개의 사유 등이 전혀 다르므로, 공공기관의 정보공개에 관한 법률에 의한 정보공개청구를 군사기밀보호법에 의한 군사기밀 공개요청과 동일한 것으로 보거나 그 공개요청이 포함되어 있는 것으로 볼 수는 없다(대판 2006.11.10, 2006두9351).
④ 대판 2010.12.23, 2010두14800

08. ㉠ 행정행위의 철회 : 아무런 하자 없이 유효하게 성립된 행정행위의 효력을 그 성립 후에 발생된 새로운 사유로 인해서 장래에 향하여 소멸시키는 행정행위이다. 철회는

원칙적으로 처분청만이 할 수 있으며, 상급감독청은 특별한 규정이 없는 한 철회권을 행사할 수 없다.
   ⓒ 철회 사유 : 철회권의 유보, 상대방의 의무위반, 사정변경, 우월한 공익상의 필요, 법령의 정한 사실의 발생 등

09. 행정지도는 상대방의 자유로운 판단에 따라 임의적인 동의 내지 협력을 전제로 하는 것이므로, 손해배상·손실보상의 문제는 사실상 성립되기 어렵다고 보는 것이 일반적이다. 그러나 이에 대하여 제한적으로 인정하는 견해도 있다.

10. ① 대판 2008.5.6, 2007무147
    ② 대판 2012.2.1, 2012무2
    ③ 대판 2005.12.12, 2005무67
    ④ 원심이 국가로서 가집행선고부 판결에 기한 강제집행의 정지신청을 한 신청인에게 위와 같이 담보를 제공할 것을 조건으로 강제집행의 일시정지를 명한 것은 인지 첩부 및 공탁 제공에 관한 특례법 제3조의 법리를 오해한 위법이 있다고 하지 않을 수 없다(대판 2010.4.7, 2010부1).

11. ④ 입법부작위는 부작위위법확인소송의 대상이 될 수 없다. 아울러 행정소송은 구체적 사건에 대한 법률상 분쟁을 법에 의하여 해결함으로써 법적 안정을 기하자는 것이므로 부작위위법확인소송의 대상이 될 수 있는 것은 구체적 권리의무에 관한 분쟁이어야 하고 추상적인 법령에 관하여 제정의 여부 등은 그 자체로서 국민의 구체적인 권리의무에 직접적 변동을 초래하는 것이 아니어서 그 소송의 대상이 될 수 없다(대판 1992.5.8, 91누11261).

12. 수용적 침해 : 적법한 행정작용의 이례적·비의욕적인 부수적 효과로서 개인의 재산권에 가해진 침해를 말하며, 수용적 침해의 보상이란 이로 인해 특별한 희생을 입은 사람에 대한 보상을 말한다. 우리나라 판례는 아직 이를 인정하고 있지 않다.

13. ①의 경우는 국가배상청구권이 발생한다.

14. 준법률행위적 행정행위는 확인, 공증, 통지, 수리가 있다. 대통령 후보자에 대한 선관위의 당선인 결정은 (㉮ 확인)행위이며 당선증 교부는 (㉯ 공증)행위이다. 확인은 판단표시 행위이고 공증은 인식표시 행위이다.

15. 행정관청에 있어서 권한의 대리는 발생원인에 따라 임의대리와 법정대리로 나눌 수 있는데, 법정대리는 법령의 근거를 요하나, 임의대리는 개별적인 법령의 근거가 없어도 행해질 수 있다.

16. Blanco판결 : 1873년의 프랑스 권한법원의 판결로, Blanco라는 소년이 국영 담배공장의 운반차에 치어 민사법원에 손해배상을 청구하였던 바 손해가 공역무에 의해 발생했다는 것을 이유로 국참사원의 관할로 옮긴 판결이다. 이 판결을 통해 프랑스에서 국가배상책임이 확립되는 계기가 되었다.

17. ① 대판 2020.4.29, 2017두31064
② 대판 2021.9.30, 2021두34732
③ 수익적 행정처분을 취소 또는 철회하거나 중지시키는 경우에는 이미 부여된 그 국민의 기득권을 침해하는 것이 되므로, 비록 취소 등의 사유가 있다고 하더라도 그 취소권 등의 행사는 기득권의 침해를 정당화할 만한 중대한 공익상의 필요 또는 제3자의 이익보호의 필요가 있는 때에 한하여 상대방이 받는 불이익과 비교·교량하여 결정하여야 하고, 그 처분으로 인하여 공익상의 필요보다 상대방이 받게 되는 불이익 등이 막대한 경우에는 재량권의 한계를 일탈한 것으로서 그 자체가 위법하다(대판 2004.7.22, 2003두7606).
④ 대판 2017.3.15, 2014두41190

18. ③ 청문주재자는 행정청이 소속 직원 또는 대통령령으로 정하는 자격을 가진 사람 중에서 선정하는 사람이 주재하기 때문에 공무원도 될 수 있다.

19. ① 대판 1965.3.9, 64누1411
② 대판 1984.9.11, 83누166
③ 대판 1987.2.10, 84누350
④의 경우는 절차에 위법이 없다고 판결 하였다(대판 1989.12.26, 89누5669).

20. 행정청은 정책, 제도 및 계획을 수립·시행하거나 변경하려는 경우에는 이를 예고하여야 한다. 다만, 다음 어느 하나에 해당하는 경우에는 예고를 하지 아니할 수 있다.
1. 신속하게 국민의 권리를 보호하여야 하거나 예측이 어려운 특별한 사정이 발생하는 등 긴급한 사유로 예고가 현저히 곤란한 경우
2. 법령 등의 단순한 집행을 위한 경우

3. 정책 등의 내용이 국민의 권리·의무 또는 일상생활과 관련이 없는 경우
4. 정책 등의 예고가 공공의 안전 또는 복리를 현저히 해칠 우려가 상당한 경우

21. ④ 우리나라의 행정절차법은 독일과는 달리 부당결부금지의 원칙에 관한 명문의 규정은 없다. 실정법적 근거로는 헌법 제37조 제2항을 들 수 있다. 즉 헌법은 "국민의 모든 자유와 권리는 국가안전보장·질서유지 또는 공공복리를 위하여 필요한 경우에 한하여 법률로써 제한할 수 있으며, 제한하는 경우에도 자유와 권리의 본질적 내용을 침해할 수 없다."고 규정하고 있다.

22. ② 합동행위는 단체의 행위로 효과가 발생하기에 행위 후 개인적 사유로 효력을 다툴 수 없다.

23. ① 대판 1993. 6.25, 93도277
③ 대판 1989.12.22, 89누46
④ 광천음료수제조업허가는 성질상 일반적 금지에 대한 해제에 불과하므로 허가권자는 허가신청이 소정의 요건을 구비한 때에는 이를 반드시 허가하여야 한다(대판 1993.2.12, 92누5959).

24. 타인의 행위로 인한 책임에 관해서 형사범은 행위자에 대하여만 형사벌을 가하고 행위자 이외의 자를 처벌하는 경우는 없으나, 행정범은 행위자 이외의 자, 즉 법령상의 책임자에 대하여 '자기의 생활범위 안'에 속하는 자가 법령위반행위를 하지 않도록 주의·감독할 의무를 태만히 한 과실책임을 이유로 행정벌을 과하는 경우가 많다.

25. ① 대판 2018.10.25, 2018두44302
② 공정거래위원회의 법 위반행위자에 대한 과징금 부과처분은 재량행위이다. 다만 이러한 재량을 행사하면서 과징금 부과의 기초가 되는 사실을 오인하였거나, 비례·평등원칙에 반하는 사유가 있다면 이는 재량권의 일탈·남용으로서 위법하다(대판 2021. 9.30, 2020두48857).
③ 대판 2019.10.31, 2016두50907
④ 대판 2017.3.15, 2016두55490

제9회 정답 및 해설

소방학개론

```
01. ①  02. ③  03. ②  04. ③  05. ②  06. ④  07. ②  08. ④  09. ①  10. ③
11. ③  12. ④  13. ③  14. ④  15. ②  16. ④  17. ③  18. ④  19. ②  20. ③
21. ④  22. ②  23. ②  24. ①  25. ③
```

01. ① 탄화수소계 연료의 화염이 밝게 빛나는 것은 탄소입자가 화염 중에 많이 존재하여 고온에서 열발광을 하기 때문이다.

02. ③ 유화효과를 높이기 위해서는 유면에의 타격력을 증가(속도에너지 부가)시켜 주어야 하므로 질식효과를 기대할 때보다 물방울의 입경을 약간 크게 하고 좀 더 강하게 분무하여야 한다.

03. ② 연기층은 벽면에 가까운 곳부터 하강하여 가는 것이 특징이다.

04. ③ 응상은 고상과 액상의 총칭이며 응상은 기상에 비하여 그 밀도가 $10^2 \sim 10^3$ 배이므로 응상폭발과 기상폭발은 그 양상에서 큰 차이가 있는 것이 보통이다.

05. ② 긴급구조지원기관은 긴급구조에 필요한 인력·시설 및 장비, 운영체계 등 긴급구조 능력을 보유한 기관이나 단체로서 대통령령으로 정하는 기관과 단체를 말한다.

06. ④ 연기의 부력효과는 화염으로부터 거리가 증가할수록 감소한다.

07. 황화수소(H_2S)
  ㉠ 썩은 달걀과 같은 냄새가 나고 액체화하기 쉬우며 독성이 있다.
  ㉡ 환원성이 있고 유화수소라고도 하며 중요한 분석시약으로도 쓰인다.
  ㉢ 발화온도(260℃)가 비교적 낮아 착화되기 쉬운 가연성가스로서 폭발범위는 4.0~44%이다.
  ㉣ 유황(S)을 포함한 유기물질의 불완전한 연소는 H_2S를 산출한다.
  ㉤ 공기와 혼합하면 폭발혼합물을 발생하며(이 경우의 폭발한계 : 4.3~46%임), 발연질산과는 폭발적으로 반응한다.
  ㉥ 인체에 대한 허용농도 10ppm의 독성이 강한 가스로 눈·코·목 등의 점막을 자극한다.
  ㉦ 고농도의 가스를 흡입하면 두통·현기증·호흡 및 신경장애를 주어 사망하는 수가 있다.

08. ④ 어떤 물질 1mole이 상온에서 가장 안정한 상태의 성분원소로부터 생성될 때의 반응열은 생성열이다.

09. 화염과 열에 의한 화상의 분류는 1도 화상, 2도 화상, 3도 화상이 있고 특수화상은 화상의 분류에 포함되지 않는다.

10. ③ 진한 탄산칼륨수용액을 소화제로 이용한 것으로서 축압식과 가압식(반응식·가스가압식)으로 구분하는 것은 강화액소화기로 A급 화재에 대한 소화능력이 증가한다.

11. 자연적 재해는 태풍, 홍수, 폭풍, 해일 등으로 특정 시기에 발생하므로 피해 발생의 예측이 가능하다고 볼 수 있다.

12. ④ 아세틸렌, 산화에틸렌, 에틸렌, 히드라진, 모노비닐아세틸렌, 메틸아세틸렌, 디아세틸렌, 오존, 이산화염소, 청산 등이 분해폭발성 물질이다.

13. 건축물 구조를 형성하는 재료 및 실내 내장용 재료 등을 모두 불연화함으로써 화재하중을 될 수 있는 대로 적게 할 수 있으며 불연화하기 위해서는 첫째, 건축물 내장재료를 불연화해야 한다. 즉, 건축법규에서 규정하고 있는 불연재료·준불연재료 또는 난연재료를 사용하여 건축물의 내장재료를 불연화하는 것이다. 둘째로, 일반설비의 기자재 및 배관·덕트류의 보온/보냉재료를 불연화해야 하며, 셋째로, 연소가 용이한 가연물

의 수납량을 적게 하고 가연물질의 량을 규제해야 한다.

14. ④ 대량의 가연성액체가 유출되어 발생하는 증기가 공기와 혼합해서 가연성 혼합기체를 형성하고 발화원에 의하여 발생하는 폭발은 응상폭발 가운데 증기운폭발에 대한 설명이다.

15. ② 공기와 같은 산화성 기체 속에 고체의 미세한 분말이 떠 있어서 그 농도가 적당한 범위 안에 있을 때 거기에 불꽃, 화염, 섬광 등 화원에 의하여 에너지가 공급되면 격심한 폭발이 일어나는 경우가 있는데 이런 폭발을 분진폭발이라고 한다.

16. ④ 최종잔가율은 피해물의 내용연수가 다한 경우 잔존하는 가치의 재구입비에 대한 비율을 말하며 화재 당시에 피해물의 재구입비에 대한 현재가의 비율이 잔가율이다.

17. 전기 스파크(spark) : 전기기계·기구를 사용하기 위해서 스위치를 작동하거나 콘센트에 플러그를 꽂거나 뽑을 때, 전기회로가 단락될 때, 전기기계·기구의 접속부분의 접촉이 불량할 때 등 여러 가지의 경우에서 발생하는데 이때 전기 스파크 가까이에 인화성의 가스·증기 또는 고체가 존재하고 있을 때에 그 물질에 발화되어 화재가 발생된다.

18. ④ 화염에 의해 생성된 열은 다시 다른 분말의 분해를 촉진시켜 차례로 가연성기체를 방출시켜 공기와 혼합하여 발화, 전파한다.

19. ② 플레밍의 법칙(Fleming's rule)은 전자기현상에 대해 영국의 전기공학자 플레밍(Fleming, John Ambrose, 1849~1945)이 발견한 법칙이다.

20. 재난 및 안전관리기본법상 긴급구조기관은 소방청·소방본부 및 소방서를 말한다. 다만, 해양에서 발생한 재난의 경우 해양경찰청·지방해양경찰청 및 해양경찰서를 말한다.
③ 대한적십자는 긴급구조지원기관에 해당한다.

21. ④ 대기 중에 대량의 가연성가스가 유출되거나 대량의 가연성액체가 유출되면 그것으로부터 발생하는 증기가 공기와 혼합해서 가연성 혼합기체를 형성하고 발화원에 의하여 발생하는 폭발을 증기운폭발이라고 한다.

22. ② 2종류 이상의 약제의 화합으로 포말을 발생시켜 공기의 공급을 차단해서 소화하는

포말소화기는 가솔린과 같은 타기 쉬운 유류(B급화재) 및 화학약품의 화재에 적당하다.

23. ② 재해는 구조적 결함과 전기설비 시공의 부적합, 취급 소홀이나 부주의 및 안전수칙 미준수 등이 요인이 된다.

24. ① 사용온도는 5℃ 단위로 구분하여야 하며 설계된 사용온도 범위에서 사용할 경우 성상, 발포성능 및 소화성능의 기능이 유효하게 발휘되어야 한다.

25. ③ 저항체인 발열체에 전류를 흐르게 하여 발열체 양단에서 발생된 아크의 열을 피열물에 전달하여 가열하는 방식은 아크가열의 간접식에 대한 설명이다.

```
01. ①  02. ②  03. ①  04. ③  05. ③  06. ④  07. ②  08. ③  09. ②  10. ①
11. ④  12. ③  13. ①  14. ④  15. ④  16. ③  17. ①  18. ③  19. ④  20. ④
21. ④  22. ④  23. ②  24. ②  25. ③
```

01. ① 방염처리업자는「소방시설 설치 및 관리에 관한 법률」제20조제3항에 따른 방염성능기준 이상이 되도록 방염을 하여야 한다.

02. [별표 8] 자체소방대에 두는 화학소방자동차 및 인원(위험물안전관리법 시행령 제18조제3항 관련)

사업소의 구분	화학소방자동차	자체소방대원의 수
1. 제조소 또는 일반취급소에서 취급하는 제4류 위험물의 최대수량의 합이 지정수량의 12만배 미만인 사업소	1대	5인
2. 제조소 또는 일반취급소에서 취급하는 제4류 위험물의 최대수량의 합이 지정수량의 12만배 이상 24만배 미만인 사업소	2대	10인
3. 제조소 또는 일반취급소에서 취급하는 제4류 위험물의 최대수량의 합이 지정수량의 24만배 이상 48만배 미만인 사업소	3대	15인
4. 제조소 또는 일반취급소에서 취급하는 제4류 위험물의 최대수량의 합이 지정수량의 48만배 이상인 사업소	4대	20인

<비 고>
화학소방자동차에는 행정안전부령이 정하는 소화능력 및 설비를 갖추어야 하고, 소화활동에 필요한 소화약제 및 기구(방열복 등 개인장구를 포함한다)를 비치하여야 한다.

03. 「기업활동 규제완화에 관한 특별조치법」 제40조제3항의 규정에 의하여 소방청장은 안전관리대행기관이 다음 각호의 1에 해당하는 때에는 별표 2의 기준에 따라 그 지정을 취소하거나 6월 이내의 기간을 정하여 그 업무의 정지를 명하거나 시정하게 할 수 있다. 다만, 제1호 내지 제3호의 1에 해당하는 때에는 그 지정을 취소하여야 한다.
1. 허위 그 밖의 부정한 방법으로 지정을 받은 때
2. 탱크시험자의 등록 또는 다른 법령에 의하여 안전관리업무를 대행하는 기관의 지정·승인 등이 취소된 때
3. 다른 사람에게 지정서를 대여한 때
4. 별표 22의 안전관리대행기관의 지정기준에 미달되는 때
5. 제57조제4항의 규정에 의한 소방청장의 지도·감독에 정당한 이유 없이 따르지 아니하는 때
6. 제57조제5항의 규정에 의한 변경·휴업 또는 재개업의 신고를 연간 2회 이상 하지 아니한 때
7. 안전관리대행기관의 기술인력이 제59조의 규정에 의한 안전관리업무를 성실하게 수행하지 않은 때

04. ① 건축허가 등에 있어서 소방본부장 또는 소방서장의 동의를 받아야 하는 건축물 등의 범위는 대통령령으로 정한다.
② 권한이 있는 행정기관은 건축허가 등을 할 때 미리 그 건축물 등의 시공지 또는 소재지를 관할하는 소방본부장이나 소방서장의 동의를 받아야 한다.
④ 건축허가 등의 권한이 있는 행정기관은 소방시설공사의 완공검사증명서를 확인하여야 한다.

05. 인명구조기구를 설치해야 하는 특정소방대상물
1. 방열복 또는 방화복(안전모, 보호장갑 및 안전화를 포함), 인공소생기 및 공기호흡기를 설치해야 하는 특정소방대상물: 지하층을 포함하는 층수가 7층 이상인 것 중 관광호텔 용도로 사용하는 층
2. 방열복 또는 방화복(안전모, 보호장갑 및 안전화를 포함) 및 공기호흡기를 설치해야 하는 특정소방대상물: 지하층을 포함하는 층수가 5층 이상인 것 중 병원 용도로 사용하는 층
3. 공기호흡기를 설치해야 하는 특정소방대상물은 다음의 어느 하나에 해당하는 것으로 한다.
   가) 수용인원 100명 이상인 문화 및 집회시설 중 영화상영관
   나) 판매시설 중 대규모점포

다) 운수시설 중 지하역사
라) 지하가 중 지하상가
마) 제1호바목 및 화재안전기준에 따라 이산화탄소소화설비(호스릴이산화탄소소화설비는 제외한다)를 설치해야 하는 특정소방대상물

06. 소방관서장은 다음에 해당하는 경우 화재안전조사를 실시할 수 있다. 다만, 개인의 주거(실제 주거용도로 사용되는 경우에 한정)에 대한 화재안전조사는 관계인의 승낙이 있거나 화재발생의 우려가 뚜렷하여 긴급한 필요가 있는 때에 한정한다.
1. 「소방시설 설치 및 관리에 관한 법률」 제22조에 따른 자체점검이 불성실하거나 불완전하다고 인정되는 경우
2. 화재예방강화지구 등 법령에서 화재안전조사를 하도록 규정되어 있는 경우
3. 화재예방안전진단이 불성실하거나 불완전하다고 인정되는 경우
4. 국가적 행사 등 주요 행사가 개최되는 장소 및 그 주변의 관계 지역에 대하여 소방안전관리 실태를 조사할 필요가 있는 경우
5. 화재가 자주 발생하였거나 발생할 우려가 뚜렷한 곳에 대한 조사가 필요한 경우
6. 재난예측정보, 기상예보 등을 분석한 결과 소방대상물에 화재의 발생 위험이 크다고 판단되는 경우
7. 제1호부터 제6호까지에서 규정한 경우 외에 화재, 그 밖의 긴급한 상황이 발생할 경우 인명 또는 재산 피해의 우려가 현저하다고 판단되는 경우

07. ①, ③, ④는 각각 1차 위반 시 사용정지 10일, 2차 위반 시 사용정지 30일, 3차 위반 시 허가취소이며 ②의 경우는 1차 위반 시 사용정지 30일, 2차 위반 시 사용정지 60일, 3차 위반 시 허가취소이다.

2. 개별기준

가. 제조소 등에 대한 행정처분기준

위반사항	근거 법규	행정처분기준		
		1차	2차	3차
(1) 법 제6조제1항의 후단의 규정에 의한 변경허가를 받지 아니하고, 제조소 등의 위치·구조 또는 설비를 변경한 때	법 제12조	경고 또는 사용 정지 15일	사용 정지 60일	허가 취소
(2) 법 제9조의 규정에 의한 완공검사를 받지 않고 제조소 등을 사용한 때	법 제12조	사용 정지 15일	사용 정지 60일	허가 취소
(3) 법 제14조제2항의 규정에 의한 수리·개조 또는 이전의 명령에 위반한 때	법 제12조	사용 정지 30일	사용 정지 90일	허가 취소
(4) 법 제15조제1항 및 제2항의 규정에 의한 위험물안전관리자를 선임하지 아니한 때	법 제12조	사용 정지 15일	사용 정지 60일	허가 취소

(5) 법 제15조제4항의 규정을 위반하여 대리자를 지정하지 아니한 때	법 제12조	사용 정지 10일	사용 정지 30일	허가 취소
(6) 법 제18조제1항의 규정에 의한 정기점검을 하지 아니한 때	법 제12조	사용 정지 10일	사용 정지 30일	허가 취소
(7) 법 제18조제2항의 규정에 의한 정기검사를 받지 아니한 때	법 제12조	사용 정지 10일	사용 정지 30일	허가 취소
(8) 법 제26조의 규정에 의한 저장·취급기준 준수명령을 위반한 때	법 제12조	사용 정지 30일	사용 정지 60일	허가 취소

08. 소방대 : 화재를 진압하고 화재, 재난·재해 그 밖의 위급한 상황에서의 구조·구급활동 등을 하기 위하여 다음 각목의 사람으로 구성된 조직체를 말한다.
   가. 소방공무원법에 따른 소방공무원
   나. 의무소방대설치법 제3조에 따라 임용된 의무소방원
   다. 「의용소방대 설치 및 운영에 관한 법률」에 따른 의용소방대원

   ㉣ 소방대장은 화재, 재난·재해 그 밖의 위급한 상황이 발생한 현장에서 소방대를 지휘하는 사람으로 소방공무원법에 따른 소방공무원에 해당한다.

09. 법 제15조제1항에 따라 하자를 보수하여야 하는 소방시설과 소방시설별 하자보수 보증기간은 다음과 같다.
   1. 피난기구·유도등·유도표지·비상경보설비·비상조명등·비상방송설비 및 무선통신보조설비 : 2년
   2. 자동소화장치·옥내소화전설비·스프링클러설비·간이스프링클러설비·물분무등소화설비·옥외소화전설비·자동화재탐지설비·상수도소화용수설비 및 소화활동설비(무선통신보조설비 제외) : 3년

10. 「위험물안전관리법 시행령」 별표 1 제1류의 품명란 제10호에서 "행정안전부령으로 정하는 것"이라 함은 다음 각호의 1에 해당하는 것을 말한다.
   1. 과요오드산염류
   2. 과요오드산
   3. 크롬, 납 또는 요오드의 산화물
   4. 아질산염류
   5. 차아염소산염류
   6. 염소화이소시아눌산
   7. 퍼옥소이황산염류
   8. 퍼옥소붕산염류

11. ④의 경우는 연면적 1만5천제곱미터 이상인 공장에서의 화재이다.

종합상황실의 실장은 다음 각 호의 어느 하나에 해당하는 상황이 발생하는 때에는 그 사실을 지체 없이 서면·팩스 또는 컴퓨터통신 등으로 소방서의 종합상황실의 경우는 소방본부의 종합상황실에, 소방본부의 종합상황실의 경우는 소방청의 종합상황실에 각각 보고해야 한다.

1. 다음 각목의 1에 해당하는 화재
   가. 사망자가 5인 이상 발생하거나 사상자가 10인 이상 발생한 화재
   나. 이재민이 100인 이상 발생한 화재
   다. 재산피해액이 50억원 이상 발생한 화재
   라. 관공서·학교·정부미도정공장·문화재·지하철 또는 지하구의 화재
   마. 관광호텔, 층수(「건축법 시행령」 제119조제1항제9호의 규정에 의하여 산정한 층수를 말한다.)가 11층 이상인 건축물, 지하상가, 시장, 백화점, 「위험물안전관리법」 제2조제2항의 규정에 의한 지정수량의 3천배 이상의 위험물의 제조소·저장소·취급소, 층수가 5층 이상이거나 객실이 30실 이상인 숙박시설, 층수가 5층 이상이거나 병상이 30개 이상인 종합병원·정신병원·한방병원·요양소, 연면적 1만5천제곱미터 이상인 공장 또는 「화재의 예방 및 안전관리에 관한 법률」 제18조제1항 각 목에 따른 화재경계지구에서 발생한 화재
   바. 철도차량, 항구에 매어둔 총 톤수가 1천톤 이상인 선박, 항공기, 발전소 또는 변전소에서 발생한 화재
   사. 가스 및 화약류의 폭발에 의한 화재
   아. 「다중이용업소의 안전관리에 관한 특별법」 제2조에 따른 다중이용업소의 화재
2. 「긴급구조대응활동 및 현장지휘에 관한 규칙」에 의한 통제단장의 현장지휘가 필요한 재난상황
3. 언론에 보도된 재난상황
4. 그 밖에 소방청장이 정하는 재난상황

12. ㉮ 「기업활동 규제완화에 관한 특별조치법」 제40조제1항제3호의 규정에 의하여 위험물안전관리자의 업무를 위탁받아 수행할 수 있는 관리대행기관(이하 "안전관리대행기관"이라 한다)은 안전관리대행기관의 지정기준을 갖추어 (소방청장)의 지정을 받아야 한다.

㉯ 안전관리대행기관으로 지정받고자 하는 사람은 신청서(전자문서로 된 신청서를 포함)에 서류(전자문서를 포함)를 해당 첨부하여 (소방청장)에게 제출하여야 한다.

13. ① 연면적 200제곱미터 이상인 노유자 시설 및 수련시설이 해당된다.

14. ④ 파산선고를 받은 자로서 복권되지 않은 사람은 결격사유에서 삭제되어 소방시설업 등록을 할 수 있다.

다음 각 호의 어느 하나에 해당하는 자는 소방시설업을 등록할 수 없다.

1. 피성년후견인
2. 삭제 〈2015. 7. 20.〉
3. 이 법, 「소방기본법」, 「화재의 예방 및 안전관리에 관한 법률」, 「소방시설 설치 및 관리에 관한 법률」 또는 「위험물안전관리법」에 따른 금고 이상의 실형을 선고받고 그 집행이 끝나거나(집행이 끝난 것으로 보는 경우를 포함) 면제된 날부터 2년이 지나지 아니한 사람
4. 이 법, 소방기본법, 「화재의 예방 및 안전관리에 관한 법률」, 「소방시설 설치 및 관리에 관한 법률」 또는 「위험물안전관리법」에 따른 금고 이상의 형의 집행유예를 선고받고 그 유예기간 중에 있는 사람
5. 등록하려는 소방시설업 등록이 취소(제1호에 해당하여 등록이 취소된 경우는 제외)된 날부터 2년이 지나지 아니한 자
6. 법인의 대표자가 제1호 또는 제3호부터 제5호까지에 해당하는 경우 그 법인
7. 법인의 임원이 제3호부터 제5호까지의 규정에 해당하는 경우 그 법인

15. ④는 노유자시설이 아닌 의료시설에 해당한다.

노유자 시설

가. 노인 관련 시설 : 「노인복지법」에 따른 노인주거복지시설, 노인의료복지시설, 노인여가복지시설, 주·야간보호서비스나 단기보호서비스를 제공하는 재가노인복지시설(「노인장기요양보험법」에 따른 장기요양기관을 포함), 노인보호전문기관, 노인일자리지원기관, 학대피해노인 전용쉼터, 그 밖에 이와 비슷한 것
나. 아동 관련 시설 : 「아동복지법」에 따른 아동복지시설, 「영유아보육법」에 따른 어린이집, 「유아교육법」에 따른 유치원[제8호가목1)에 따른 학교의 교사 중 병설유치원으로 사용되는 부분을 포함], 그 밖에 이와 비슷한 것
다. 장애인 관련 시설 : 「장애인복지법」에 따른 장애인 거주시설, 장애인 지역사회재활시설(장애인 심부름센터, 한국수어통역센터, 점자도서 및 녹음서 출판시설 등 장애인이 직접 그 시설 자체를 이용하는 것을 주된 목적으로 하지 않는 시설은 제외), 장애인 직업재활시설, 그 밖에 이와 비슷한 것
라. 정신질환자 관련 시설 : 「정신건강증진 및 정신질환자 복지서비스 지원에 관한 법률」에 따른 정신재활시설(생산품판매시설은 제외), 정신요양시설, 그 밖에 이와 비슷한 것
마. 노숙인 관련 시설 : 「노숙인 등의 복지 및 자립지원에 관한 법률」 제2조제2호에 따른 노숙인복지시설(노숙인일시보호시설, 노숙인자활시설, 노숙인재활시설, 노숙인요양시설 및 쪽방상담소만 해당), 노숙인종합지원센터 및 그 밖에 이와 비슷한 것
바. 가목부터 마목까지에서 규정한 것 외에 「사회복지사업법」에 따른 사회복지시설 중 결핵환자 또는 한센인 요양시설 등 다른 용도로 분류되지 않는 것

16. 탱크시험자가 되고자 하는 사람은 대통령령이 정하는 기술능력·시설 및 장비를 갖추어 시·도지사에게 등록하여야 한다.

17. ① 소방시설 : 소화설비·경보설비·피난설비·소화용수설비 그 밖에 소화활동설비로서 대통령령이 정하는 것을 말한다.

18. 법 제17조제1항에서 "자동화재탐지설비, 옥내소화전설비 등 대통령령으로 정하는 소방시설을 시공할 때"란 다음의 어느 하나에 해당하는 소방시설을 시공할 때를 말한다.
    1. 옥내소화전설비를 신설·개설 또는 증설할 때
    2. 스프링클러설비등(캐비닛형 간이스프링클러설비는 제외)을 신설·개설하거나 방호·방수 구역을 증설할 때
    3. 물분무등소화설비(호스릴 방식의 소화설비는 제외)를 신설·개설하거나 방호·방수 구역을 증설할 때
    4. 옥외소화전설비를 신설·개설 또는 증설할 때
    5. 자동화재탐지설비를 신설 또는 개설할 때
    5의2. 비상방송설비를 신설 또는 개설할 때
    6. 통합감시시설을 신설 또는 개설할 때
    6의2. 비상조명등을 신설 또는 개설할 때
    7. 소화용수설비를 신설 또는 개설할 때
    8. 다음 각 목에 따른 소화활동설비에 대하여 각 목에 따른 시공을 할 때
        가. 제연설비를 신설·개설하거나 제연구역을 증설할 때
        나. 연결송수관설비를 신설 또는 개설할 때
        다. 연결살수설비를 신설·개설하거나 송수구역을 증설할 때
        라. 비상콘센트설비를 신설·개설하거나 전용회로를 증설할 때
        마. 무선통신보조설비를 신설 또는 개설할 때
        바. 연소방지설비를 신설·개설하거나 살수구역을 증설할 때

19. ④ 소방관서장은 국민이 유사한 화재로부터 피해를 입지 않도록 하기 위한 경우 등 필요한 경우 화재조사 결과를 공표할 수 있다. 다만, 수사가 진행 중이거나 수사의 필요성이 인정되는 경우에는 관계 수사기관의 장과 공표 여부에 관하여 사전에 협의하여야 한다.

20. ④ 소방관서장은 「기상법」 제13조, 제13조의2 및 제13조의4에 따른 기상현상 및 기상영향에 대한 예보·특보·태풍예보에 따라 화재의 발생 위험이 높다고 분석·판단되는 경우에는 행정안전부령으로 정하는 바에 따라 화재에 관한 위험경보를 발령하고 그에 따른 필요한 조치를 할 수 있다.

21. ④ 시·도지사는 견인차량과 인력 등을 지원한 사람에게 시·도의 조례로 정하는 바에 따라 비용을 지급할 수 있다.

22. 소방안전관리대상물의 소방계획서 작성 등에서 "대통령령으로 정하는 사항"이란 다음 각 호의 사항을 말한다.

제 9회 정답 및 해설

1. 소방안전관리대상물의 위치·구조·연면적(「건축법 시행령」 제119조제1항제4호에 따라 산정된 면적을 말한다.)·용도 및 수용인원 등 일반 현황
2. 소방안전관리대상물에 설치한 소방시설, 방화시설, 전기시설, 가스시설 및 위험물시설의 현황
3. 화재 예방을 위한 자체점검계획 및 대응대책
4. 소방시설·피난시설 및 방화시설의 점검·정비계획
5. 피난층 및 피난시설의 위치와 피난경로의 설정, 화재안전취약자의 피난계획 등을 포함한 피난계획
6. 방화구획, 제연구획, 건축물의 내부 마감재료 및 방염대상물품의 사용 현황과 그 밖의 방화구조 및 설비의 유지·관리계획
7. 법 제35조제1항에 따른 관리의 권원이 분리된 특정소방대상물의 소방안전관리에 관한 사항
8. 소방훈련·교육에 관한 계획
9. 법 제37조를 적용받는 소방안전관리대상물의 근무자 및 거주자의 자위소방대 조직과 대원의 임무(화재안전취약자의 피난 보조 임무를 포함한다)에 관한 사항
10. 화기 취급 작업에 대한 사전 안전조치 및 감독 등 공사 중 소방안전관리에 관한 사항
11. 소화에 관한 사항과 연소 방지에 관한 사항
12. 위험물의 저장·취급에 관한 사항(「위험물안전관리법」 제17조에 따라 예방규정을 정하는 제조소등은 제외한다)
13. 소방안전관리에 대한 업무수행에 관한 기록 및 유지에 관한 사항
14. 화재발생 시 화재경보, 초기소화 및 피난유도 등 초기대응에 관한 사항
15. 그 밖에 소방본부장 또는 소방서장이 소방안전관리대상물의 위치·구조·설비 또는 관리 상황 등을 고려하여 소방안전관리에 필요하여 요청하는 사항

④ 「위험물안전관리법」 제17조에 따라 예방규정을 정하는 제조소를 제외한 위험물의 저장·취급에 관한 사항

23. ② 방화나 실화의 혐의로 수사의 대상이 된 경우 관할 경찰서장이 통제구역을 설정한다.

24. ② 소방안전관리자 자격증을 잃어버렸거나 못 쓰게 된 경우에는 행정안전부령으로 정하는 바에 따라 소방안전관리자 자격증을 재발급 받을 수 있다.

25. ③ 소방안전관리대상물의 관계인은 그 장소에 근무하거나 거주하는 사람 등에게 소화·통보·피난 등의 훈련인 소방훈련과 소방안전관리에 필요한 교육을 하여야 한다.

```
01. ④  02. ③  03. ④  04. ③  05. ③  06. ①  07. ①  08. ③  09. ④  10. ③
11. ③  12. ②  13. ④  14. ③  15. ①  16. ①  17. ③  18. ④  19. ④  20. ②
21. ③  22. ①  23. ①  24. ③  25. ④
```

01. ④ 통치행위의 법률적 측면을 강조하는 입장은 사법심사를 긍정한다. 헌법재판소는 "통치행위를 포함하여 모든 국가가장용은 국민의 기본권적 가치를 실현하기 위한 수단이라는 한계를 반드시 지켜야 하는 것이고..."라고 판시함으로써 통치행위가 단순한 정치적 행위가 아님을 분명히 하였다(헌재 1996.2.29, 92 헌마 186).

02. ③ 일본의 경우 실체법은 독일법을 계수하고, 절차법은 처음부터 영미의 사법국가형태를 채택하였다.

03. '알 권리'는 헌법 제21조의 언론의 자유에 당연히 포함되는 바, 이는 국민의 정부에 대한 일반적 정보공개를 구할 권리라고 할 것이며, 서류에 대한 열람·복사민원의 처리는 법률의 제정이 없더라도 불가능한 것은 아니라고 할 것이다(헌재결 1989.9.4, 88 헌마 22).

04. 수리의 효과는 각 법령이 정하는 바에 따라 다르다. 즉, 수리에 의해 행정청에게 처리의 무가 발생하기도 하지만(행정심판청구서의 수리), 사법상의 효과가 발생할 수도 있는 것이므로(혼인신고의 수리) ③은 틀렸다.

05. ③ 효과재량설에서 수익적 처분은 자유재량행위로 본다.

06. ① 재결의 방식은 서면으로 한다.

07. ① 행정청은 공청회를 개최하려는 경우에는 공청회 개최 14일 전까지 당사자 등에게 통지하고, 관보·공보·인터넷 홈페이지 또는 일간신문 등에 공고하는 등의 방법으로 널리 알려야 한다. 다만, 공청회 개최를 알린 후 예정대로 개최하지 못하여 새로 일시 및 장소 등을 정한 경우에는 공청회 개최 7일 전까지 알려야 한다.

08. 허가를 받아야 할 행위를 허가받지 않고 행하는 경우, 그 행위는 위법이지만 당연무효

가 되는 것은 아니다. 이러한 점에서 인가받지 않고 행한 경우, 그 행위가 무효로 되는 인가의 경우와 차이가 난다.

09. 신뢰보호의 원칙
㉠ 의의 : 행정기관의 어떤 언동의 정당성 또는 존재성에 대한 개인의 보호가치 있는 신뢰를 보호해 주는 원칙이다.
㉡ 근거 : 법적 안정성(다수설)
㉢ 신뢰보호의 일반적 요건 : 선행조치, 보호가치, 처리보호, 인과관계, 보충성
㉣ 신뢰보호의 적용 영역 : 적법한 수익적 행정행위의 취소·철회의 제한, 계획변경, 명령변경, 실권의 법리, 행정상 확약, 불법에 있어서의 평등대우, 공공시설 이용보장, 사실상 공무원 등

10. 행정상 강제집행에 관한 일반법 : 행정대집행법, 국세징수법, 출입국관리법, 방어해면법 등과 관세법, 해군기지법 등은 행정상 직접강제의 근거법이다.

11. 양 제도는 의무의 불이행에 대한 강제이행수단인 점에서 어느 정도의 유사점을 갖고 있다. 즉, ①, ②, ④와 같이 행정상의 강제집행과 민사상의 강제집행을 대응시킬 수 있다. 그러나 행정상 강제집행은 행정상 의무의 불이행이 있는 경우에 행정청 스스로의 힘에 의해 강제이행 시킬 수 있는 자력집행인 데 반해서, 민사상 강제집행은 민사상 의무의 불이행이 있는 법원의 확정판결을 받아 강제이행을 시킬 수 있는 타력집행을 원칙으로 하는 점에서 양자는 근본적인 차이가 있다.

12. ② 정당방위는 사전적 구제제도에 속한다.

13. 행정처분으로 인정하지 않은 판례
㉠ 구제에 관해 특별규정이 있는 처분 : 검사의 불기소처분, 통고처분, 특허공무원의 특허에 관한 처분 등
㉡ 행정행위가 성립되지 않거나 행정행위가 아닌 것 : 징계의결, 사법행위, 공법상 계약, 공법상 합동행위 등
㉢ 등록·등재 행위 : 토지대장의 등재행위, 임야도 작성, 말소행위 등

이 문제에서 주의할 것은 검사의 불기소처분·통고처분은 통설상의 행정행위에는 속하지만 행정소송법상의 행정처분에는 포함되지 않는다는 점이다.

14. ③ 위원이 궐위된 때에는 지체 없이 새로운 위원을 임명 또는 위촉하여야 한다. 이 경우 후임으로 임명 또는 위촉된 위원의 임기는 새로이 개시된다.

15. ① 진행 중인 재판에 관련된 정보와 범죄의 예방, 수사, 공소의 제기 및 유지, 형의 집행, 교정, 보안처분에 관한 사항으로서 공개될 경우 그 직무수행을 현저히 곤란하게 하거나 형사피고인의 공정한 재판을 받을 권리를 침해한다고 인정할 만한 상당한 이유가 있는 정보는 공개 대상이 아니다.

16. ① 행정처분의 근거 법규 또는 관련 법규에 그 처분으로써 이루어지는 행위 등 사업으로 인하여 환경상 침해를 받으리라고 예상되는 영향권의 범위가 구체적으로 규정되어 있는 경우에는, 그 영향권 내의 주민들에 대하여는 당해 처분으로 인하여 직접적이고 중대한 환경피해를 입으리라고 예상할 수 있고, 이와 같은 환경상의 이익은 주민 개개인에 대하여 개별적으로 보호되는 직접적·구체적 이익으로서 그들에 대하여는 특단의 사정이 없는 한 환경상 이익에 대한 침해 또는 침해 우려가 있는 것으로 사실상 추정되어 법률상 보호되는 이익으로 인정됨으로써 원고적격이 인정된다(대판 2010.4.15, 2007두16127).
    ② 대판 1999.12.7, 97누17568
    ③ 대판 2005.3.11, 2003두13489
    ④ 대판 2009.2.26, 2006두16243

17. ① 대판 2013.12.26, 2011두4930
    ② 대판 2011.4.21, 2010무111
    ③ 재단법인 한국연구재단이 甲 대학교 총장에게 乙에 대한 대학 자체징계를 요구한 것은 법률상 구속력이 없는 권유 또는 사실상의 통지로서 乙의 권리, 의무 등 법률상 지위에 직접적인 법률적 변동을 일으키지 않는 행위에 해당하므로, 항고소송의 대상인 행정처분에 해당하지 않는다(대판 2014.12.11, 2012두28704).
    ④ 대판 2007.6.14, 2005두4397

18. ① 대판 2014.10.27, 2012두7745
    ② 대판 2013.6.27, 2013두5159
    ③ 대판 2015.3.20, 2011두3746
    ④ 행정청이 기반시설부담 구역 안에서 기반시설부담계획을 수립하여 기반시설부담개

발행위를 하는 자에게 기반시설을 설치하거나 그에 필요한 용지를 확보하도록 하거나 이에 소요되는 기반시설부담비용을 부담시킬 수 있다(대판 2014.2.27, 2011두7793).

19. ④ 검사에게 압수물 환부를 이행하라는 청구는 행정청의 부작위에 대하여 일정한 처분을 하도록 하는 의무이행소송으로 현행 행정소송법상 허용되지 아니한다(대판 1995.3.10, 94누14018). 그러므로 대법원은 현행법상 이행소송은 허용되지 않는다고 보고 있다.

20. ② 통고처분을 받은 사람은 이의가 있는 경우 행정소송을 제기 할 수 없다. 이는 통고내용을 이행하지 않으면 당연 실효가 되기 때문이다.

21. ③ 형성적 행정행위는 법률행위적 행정행위에 속한다.

22. ① 신뢰보호의 원칙이 적용되기 위해서는 일반적으로 선행조치(법령, 규칙, 계획, 처분, 합의, 약속, 행정지도, 기타 적극적 및 소극적 언동, 명시적·묵시적 언동 포함)가 존재해야 하며, 부작위는 선행조치에서 제외하는 것이 최근 판례의 태도이다.

23. ① 국가배상청구권의 소멸시효기간에 관하여는 국가배상법에 규정이 없으며, 민법(제766조)에 규정하고 있다.
    ② 상호주의
    ③ 손익상계
    ④ 국가배상책임자

24. ③ 행정심판법은 재결에 대하여 재심사를 청구할 수 없도록 규정하나(제49조제1항), 다만 다른 법률에 특별한 규정이 있는 경우에는 그에 따라야 한다.

25. ① 대판 2016.10.27, 2016두41811
    ② 행정조사기본법 제4조제6항
    ③ 동법 제4조제1항
    ④ 행정절차법은 당사자가 청문의 통지가 있는 날부터 청문이 끝날 때까지 행정청에 해당 사안의 조사결과에 관한 문서와 그 밖에 해당 처분과 관련되는 문서의 열람 또는 복사를 '요청' 할 수 있고, 행정청은 다른 법령에 따라 공개가 제한되는 경우

를 제외하고는 그 요청을 거부할 수 없도록 규정하고 있다(대판 2018.12.27, 2015두44028).

제10회 정답 및 해설

소방학개론

01. ④ 02. ② 03. ② 04. ③ 05. ④ 06. ① 07. ① 08. ③ 09. ② 10. ②
11. ④ 12. ② 13. ③ 14. ② 15. ① 16. ③ 17. ③ 18. ② 19. ② 20. ①
21. ② 22. ③ 23. ④ 24. ④ 25. ②

01. ④ 연기를 이동시키는 주요 추진력은 굴뚝효과, 부력, 팽창, 바람, 그리고 공기정화시스템 등이고 채광, 단열, 통신은 관련이 없다.

02. 기구 그 자체는 문제가 없고 사용법을 잘 알지 못해서 부적절한 사용방법에 의해 출화한 예로는 ①, ③, ④와 다음과 같은 예가 있다.
    ㉠ 전기세탁기를 오래 사용했기 때문에 습기에 의해 전동기의 권선절연이 열화되어 층간 단락으로 출화
    ㉡ 수은등(400W)의 가까운 근처에 골판지상자를 쌓아 놓은 것에 의해 출화
    ㉢ 기구 코드 및 연장용 코드를 뭉쳐 사용해서 과열로 출화

03. ㉠ 가연성 가스 : 수소·메탄·에탄·프로판·부탄·아세틸렌·암모니아·일산화탄소
    ㉡ 압축가스 : 수소·산소·질소 등과 같이 고압에 의하여 저장될 수 있는 가스
    ㉢ 액화가스 : 이산화탄소·액화석유가스(LPG)·액화 프로판·액화 부탄 등
    ㉣ 독성가스 : 포스겐·염소·이산화황·일산화탄소·시안화수소·이황화수소 등
    ㉤ 용해가스인 아세틸렌은 용제에 용해시켜 저장·취급 및 사용하는데 아세틸렌은 아세

톤용제에 용해시킨 상태로 저장한다.

04. LPG(액화석유가스)의 주성분 : 프로판, 프로필렌, 부탄, 부틸렌, 기타 약간의 에탄, 에틸렌, 펜탄 등을 함유하고 있으며 액화하면 용적이 250분의 1이 되어 탱크나 용기에 충전하여 간단하게 저장·운반할 수가 있다.

05. ④ 가연성가스는 어느 특정한 공기와의 혼합범위에 이르렀을 때 폭발을 일으키게 되는데 이 범위를 폭발범위 또는 연소범위라 한다.

06. ② 할로겐화합물 소화약제
    ③ 침윤소화약제
    ④ 분말소화약제

07. ① 공기 중에 분출된 가연성 액체의 미세한 액적이 무상으로 되어 공기 중에 부유하고 있을 때에 발생하는 것은 분무폭발이다..

08. ③ 호스릴분말소화설비의 저장용기에는 그 가까운 곳의 보기 쉬운 곳에 적색의 표시등을 설치하고, 이동식분말소화설비가 있다는 뜻을 표시한 표지를 해야 한다.

09. 분진폭발 : 공기와 같은 산화성 기체 속에 고체의 미세한 분말이 떠 있어서 그 농도가 적당한 범위 안에 있을 때 거기에 불꽃, 화염, 섬광 등 화원에 의하여 에너지가 공급되면 격심한 폭발이 일어나는 폭발을 말한다.

10. ② 일정 용량 이상의 전류(과전류)가 전선에 흐르게 되면 전선에서의 발열이 커져서 피복의 변형, 변질, 발화 또는 전선의 적열과 용해 단절에까지 이르게 된다.

11. ④ 분진폭발은 가스폭발이나 화약폭발과는 달라서 발화에 필요한 에너지가 훨씬 크므로 화염에 의해 생성된 열은 다시 다른 분말의 분해를 촉진시켜 차례로 가연성기체를 방출시켜 공기와 혼합하여 발화, 전파한다.

12. ② 확성기는 각층마다 설치하되, 그 층의 각 부분으로부터 하나의 확성기까지의 수평거리가 25m 이하가 되도록 하여야 한다.

13. 끓는액체팽창증기폭발 : 액화가스탱크의 파열이 발생하면 탱크내부에 액화된 상태로 저장

되어 있던 가스는 빠르게 기화하면서 파열점을 통해 외부로 확산하게 된다. 확산된 가스는 주변의 공기와 혼합되어 폭발성혼합기를 형성하고 존재하는 화염을 착화에너지로 하여 다시 폭발하게 되는데 이 현상을 끓는액체팽창증기폭발이라고 한다.

14. ② 차장은 행정안전부 소속 공무원 중에서 행정안전부장관이 지명하는 사람이 된다.

15. ㉠ 제1류 위험물 : 강산화성물질이며 상온에서는 거의 고체이지만 일부 액체인 것도 있다.
㉡ 제5류 위험물 : 분자 속에 환원성 부분과 산소 공급체가 공존하고 있는 물질이며 한번 연소되기 시작하면 억제하기 힘든 자기반응성물질이다.
㉢ 제6류 위험물 : 센 산화력이 있으며 물과 접촉함으로서 현저하게 발열하는 물질, 금속과의 반응이 심하여 부식성을 나타내는 물질들이다.

16. 5류 위험물 : 유기과산화물(10kg), 질산에스테르류(10kg), 니트로화합물(200kg), 니트로소화합물(200kg), 아조화합물(200kg), 디아조화합물(200kg), 히드라진·유도체200kg), 히드록실아민(100kg), 히드록실아민염류(100kg) 등으로 자기반응성물질이다.
③ 물과 접촉함으로서 현저하게 발열하는 물질, 금속과의 반응이 심하여 부식성을 나타내는 물질은 제6류 위험물로 산화력이 크다.

17. ③ 가연성 고체에 열을 가하면 융해되어 액체로 변하고 이 액상에서 기화된 증기가 연소하게 되는데 이런 현상을 고체의 증발연소라고 하며 이러한 증발연소는 가솔린·경유·등유 등과 같이 증발하기 쉬운 가연성 액체에서도 잘 일어나고 있다.

18. 제1류 위험물은 아염소산염류(지정수량: 50kg), 염소산염류(50kg), 과염소산염류(50kg), 무기과산화물(50kg), 브롬산염류(300kg), 질산염류(300kg), 요오드산염류(300kg), 과망간산염류(1,000kg), 중크롬산염류(1,000kg) 등으로 산화성 고체이다.

19. ② 급수배관은 수원 및 옥외송수구로부터 스프링클러헤드에 급수하는 배관을 말한다.

20. 위험물화재의 일반적 특성
㉠ 위험물화재는 발화(인화) 직후 확대될 위험성이 크다.
㉡ 발화에너지가 적어도 연소가 용이하다.

ⓒ 연소열이 크며 연소속도가 크다.
　　② 연소온도가 높다.
　　⑩ 연소점이 낮아 계속 연소되기 쉽다.
　　⑪ 저농도의 산소 하에서도 연소한다.
　　ⓢ 질식성가스(CO_2, NO_2 등) 중에서도 연소한다.

21. ② 중앙재난안전대책본부(중앙대책본부) : 재난관리업무의 협의·조정 기타 이 법이 정하는 재난관리에 필요한 사항을 행하기 위한 목적으로 구성되었다.
    ③ 중앙안전관리위원회 : 안전관리에 대한 중요정책의 심의 및 총괄·조정, 안전관리를 위한 관계부처간의 협의·조정 그 밖에 이 법이 정하는 안전관리에 필요한 사항을 시행하기 위하여 구성되었다.

22. ③ 폭발범위라고도 하며 연소범위의 상·하 한계는 보통 1기압 상온에서 측정한 값을 말한다.

23. 원자는 전자와 핵으로 구성되어 있으며 원자핵은 양성자와 중성자로 되어 있으며 핵의 안정도는 중성자대 양성자의 비에 달려있다.

24. ④ 대기 중에 대량의 가연성가스가 유출되거나 대량의 가연성액체가 유출되면 그것으로부터 발생하는 증기가 공기와 혼합해서 가연성 혼합기체를 형성하고 발화원에 의하여 발생하는 폭발을 말한다. 개방된 대기 중에서 발생하기 때문에 자유공간 중의 증기운폭발(UVCE)이라고 한다.

25. 봉상주수 : 현재도 가장 널리 사용되고 있으며 열용량이 큰 일반 고체가연물의 대규모 화재에 유효한 주수 형태로 감전의 위험이 있기 때문에 어느 정도의 안전거리를 유지하여야 한다. 막대 모양의 굵은 물줄기를 가연물에 직접 주수하는 방법으로 소방용 방수노즐을 이용한 주수가 대부분 여기에 속한다.

    ① 적상주수
    ③ 무상주수

제 10회 정답 및 해설

소방관계법규

01. ② 02. ① 03. ④ 04. ③ 05. ① 06. ③ 07. ③ 08. ③ 09. ④ 10. ②
11. ④ 12. ② 13. ④ 14. ② 15. ① 16. ④ 17. ③ 18. ① 19. ③ 20. ②
21. ④ 22. ① 23. ③ 24. ④ 25. ④

01. (시·도지사)는(은) 탱크시험자로 등록 신청서를 접수한 때에는 (15일) 이내에 그 신청이 등록기준에 적합하다고 인정하는 때에는 위험물탱크안전성능시험자등록증을 발급하여야 한다.

02. ② 소방시설업의 등록증이나 등록수첩을 다른 사람에게 빌려주어서는 안 된다.
③ 영업정지처분이나 등록취소처분을 받은 소방시설업자는 그 날부터 소방시설공사 등을 하여서는 안 된다.
④ 소방시설업자는 행정안전부령으로 정하는 관계 서류를 하자보수 보증기간 동안 보관하여야 한다.

03. ① 감리업자는 감리를 할 때 소방시설공사가 설계도서 또는 화재안전기준에 적합하지 아니한 때에는 관계인에게 알리고 공사업자에게 해당 공사의 시정 또는 보완 요구를 이행하지 아니하고 그 공사를 계속하는 때에는 행정안전부령이 정하는 바에 따라 소방본부장 또는 소방서장에게 보고하여야 한다.
② 감리원은 소방공사감리업자에 소속된 소방기술자로서 해당 소방시설공사를 감리하는 사람이다.
③ 감리업자는 소방시설공사의 감리를 위하여 소속 감리원을 대통령령이 정하는 바에 따라 소방시설공사 현장에 배치하여야 한다.

04. ③ 기본계획은 대통령령으로 정하는 바에 따라 소방청장이 관계 중앙행정기관의 장과 협의하여 수립한다.

05. ① 안전관리자의 실무교육 시간은 8시간 이내이며 안전관리자로 선임된 날부터 6개월 이내에 교육을 받은 후 2년마다 1회씩 받아야 한다.

[별표 24] 안전교육의 과정·기간과 그 밖의 교육의 실시에 관한 사항 등(제78조제2항 관련)
1. 교육과정·교육대상자·교육시간·교육시기 및 교육기관

교육과정	교육대상자	교육시간	교육시기	교육기관
강습 교육	안전관리자가 되려는 사람	24시간	최초 선임되기 전	안전원
	위험물운반자가 되려는 사람	8시간	최초 종사하기 전	
	위험물운송자가 되려는 사람	16시간	최초 종사하기 전	
실무 교육	안전관리자	8시간 이내	가. 제조소등의 안전관리자로 선임된 날부터 6개월 이내 나. 가목에 따른 교육을 받은 후 2년마다 1회	
	위험물운반자	4시간	가. 위험물운반자로 종사한 날부터 6개월 이내 나. 가목에 따른 교육을 받은 후 3년마다 1회	
	위험물운송자	8시간 이내	가. 이동탱크저장소의 위험물운송자로 종사한 날부터 6개월 이내 나. 가목에 따른 교육을 받은 후 3년마다 1회	
	탱크시험자의 기술인력	8시간 이내	가. 탱크시험자의 기술인력으로 등록한 날부터 6개월 이내 나. 가목에 따른 교육을 받은 후 2년마다 1회	기술원

비고
1. 안전관리자, 위험물운반자 및 위험물운송자 강습교육의 공통과목에 대하여 어느 하나의 강습교육 과정에서 교육을 받은 경우에는 나머지 강습교육 과정에서도 교육을 받은 것으로 본다.
2. 안전관리자, 위험물운반자 및 위험물운송자 실무교육의 공통과목에 대하여 어느 하나의 실무교육 과정에서 교육을 받은 경우에는 나머지 실무교육 과정에서도 교육을 받은 것으로 본다.
3. 안전관리자 및 위험물운송자의 실무교육 시간 중 일부(4시간 이내)를 사이버교육의 방법으로 실시할 수 있다. 다만, 교육대상자가 사이버교육의 방법으로 수강하는 것에 동의하는 경우에 한정한다.

2. 교육계획의 공고 등
  가. 안전원의 원장은 강습교육을 하고자 하는 때에는 매년 1월 5일까지 일시, 장소, 그 밖에 강습의 실시에 관한 사항을 공고할 것
  나. 기술원 또는 안전원은 실무교육을 하고자 하는 때에는 교육실시 10일 전까지 교육대상자에게 그 내용을 통보할 것
3. 교육신청
  가. 강습교육을 받고자 하는 자는 안전원이 지정하는 교육일정 전에 교육수강을 신청할 것
  나. 실무교육 대상자는 교육일정 전까지 교육수강을 신청할 것
4. 교육일시 통보
  기술원 또는 안전원은 제3호에 따라 교육신청이 있는 때에는 교육실시 전까지 교육대상자에게 교육장소와 교육일시를 통보하여야 한다.
5. 기타
  기술원 또는 안전원은 교육대상자별 교육의 과목·시간·실습 및 평가, 강사의 자격, 교육의 신청, 교육수료증의 교부·재교부, 교육수료증의 기재사항, 교육수료자명부의 작성·보관 등 교육의 실시에 관하여 필요한 세부사항을 정하여 소방청장의 승인을 받아야 한다. 이 경우 안전관리자, 위험물운반자 및 위험물운송자 강습교육의 과목에는 각 강습교육별로 다음 표에 정한 사항을 포함

제 10회 정답 및 해설

하여야 한다.

06. 소방시설업자는 소방시설업 등록사항이 변경된 경우에는 변경일부터 (30일) 이내에 소방시설업 등록사항 변경신고서(전자문서로 된 소방시설업 등록사항 변경신고서를 포함)에 변경사항별로 해당 서류(전자문서를 포함)를 첨부하여 (소방시설업자협회) 에 제출하여야 한다.

07. 소방대 : 화재를 진압하고 화재, 재난·재해 그 밖의 위급한 상황에서의 구조·구급활동 등을 하기 위하여 다음과 같은 사람으로 구성된 조직체를 말한다.
  가. 소방공무원법에 따른 소방공무원
  나. 의무소방대설치법 제3조에 따라 임용된 의무소방원
  다. 의용소방대 설치 및 운영에 관한 법률에 따른 의용소방대원

08. 법 제15조제1항에 따라 하자를 보수하여야 하는 소방시설과 소방시설별 하자보수 보증기간은 다음 각 호와 같다.
  1. 피난기구·유도등·유도표지·비상경보설비·비상조명등·비상방송설비 및 무선통신보조설비 : 2년
  2. 자동소화장치·옥내소화전설비·스프링클러설비·간이스프링클러설비·물분무등소화설비·옥외소화전설비·자동화재탐지설비·상수도소화용수설비 및 소화활동설비(무선통신보조설비를 제외) : 3년

09. 소방기술자 실무교육에 관한 업무를 위탁받은 실무교육기관 또는 「소방기본법」제40조에 따른 한국소방안전원의 장은 소방기술자에 대한 실무교육을 실시하려면 교육일정 등 교육에 필요한 계획을 수립하여 소방청장에게 보고한 후 교육 10일 전까지 교육대상자에게 알려야 한다.

10. 시·도지사는 소방활동에 필요한 소화전·급수탑·저수조 등 소방용수시설을 설치하고 유지·관리하여야 한다. 다만, 「수도법」제45조에 따라 소화전을 설치하는 일반수도사업자는 관할 소방서장과 사전협의를 거친 후 소화전을 설치하여야 하며, 설치 사실을 관할 소방서장에게 통지하고, 그 소화전을 유지·관리하여야 한다.

11. ④ 위반행위의 횟수에 의한 행정처분의 기준은 1년간 같은 위반행위로 행정처분을 받은 경우에 적용한다.

12. ② 손실을 입은 물건을 수리할 수 없는 때에는 손실을 입은 당시의 해당 물건의 교환가액을 보상 받는다.

13. 법 제18조제3항에서 "대통령령이 정하는 제조소 등"이라 함은 액체위험물을 저장 또는 취급하는 50만ℓ 이상의 옥외탱크저장소를 말한다.

14. ② 소방시설업 등록이 말소된 후 6개월 이내에 같은 업종의 소방시설업을 다시 등록한 경우 해당 소방시설업자는 폐업신고 전 소방시설업자의 지위를 승계한다.

15. 건축허가 등의 동의를 요구한 기관이 그 건축허가 등을 취소했을 때에는 취소한 날부터 7일 이내에 건축물 등의 시공지 또는 소재지를 관할하는 소방본부장 또는 소방서장에게 그 사실을 통보해야 한다.

16. 소방청장이 정하여 고시하는 방염성능기준의 범위는 ①, ②, ③ 외에 불꽃에 의하여 완전히 녹을 때까지 불꽃의 접촉 횟수는 3회 이상, 소방청장이 정하여 고시한 방법으로 발연량을 측정하는 경우 최대연기밀도는 400 이하여야 한다.

17. 법 제25조제1항에 따른 소방시설관리사시험에 응시할 수 있는 사람은 다음 각 호와 같다.
    1. 소방기술사·건축사·건축기계설비기술사·건축전기설비기술사 또는 공조냉동기계기술사
    2. 위험물기능장
    3. 소방설비기사
    4. 「국가과학기술 경쟁력 강화를 위한 이공계지원 특별법」 제2조제1호에 따른 이공계 분야의 박사학위를 취득한 사람
    5. 소방청장이 정하여 고시하는 소방안전 관련 분야의 석사 이상의 학위를 취득한 사람
    6. 소방설비산업기사 또는 소방공무원 등 소방청장이 정하여 고시하는 사람 중 소방에 관한 실무경력(자격 취득 후의 실무경력으로 한정)이 3년 이상인 사람

18. ① 소방대의 비상소집을 하는 경우에는 훈련신호를 사용해야 한다.

19. ③ 소방관서장은 의무 보수교육을 이수하지 않은 화재조사관에게 보수교육을 이수할 때까지 화재조사 업무를 수행하게 해서는 안 된다.

20. ② 3년 이하의 징역 또는 3천만원 이하의 벌금에 처한다.
    ①, ③, ④ 5년 이하의 징역 또는 5천만원 이하의 벌금에 처한다.

21. ④ 화재안전영향평가심의회는 위원장 1명을 포함한 12명 이내의 위원으로 구성하되

위원장은 위원 중에서 호선한다.

22. 화재합동조사단의 단원은 다음 각 호의 어느 하나에 해당하는 사람 중에서 소방관서장이 임명하거나 위촉한다.
    1. 화재조사관
    2. 화재조사 업무에 관한 경력이 3년 이상인 소방공무원
    3. 「고등교육법」 제2조에 따른 학교 또는 이에 준하는 교육기관에서 화재조사, 소방 또는 안전관리 등 관련 분야 조교수 이상의 직에 3년 이상 재직한 사람
    4. 「국가기술자격법」에 따른 국가기술자격의 직무분야 중 안전관리 분야에서 산업기사 이상의 자격을 취득한 사람
    5. 그 밖에 건축·안전 분야 또는 화재조사에 관한 학식과 경험이 풍부한 사람

23. ③ 소방청장, 소방본부장 또는 소방서장은 법 제7조제1항에 따라 화재안전조사를 실시한다.

24. 감정기관으로 지정받은 자가 다음 각 호의 어느 하나에 해당하는 경우에는 지정을 취소할 수 있다. 다만, 제1호에 해당하는 경우에는 지정을 취소하여야 한다.
    1. 거짓이나 그 밖의 부정한 방법으로 지정을 받은 경우
    2. 제1항에 따른 지정기준에 적합하지 아니하게 된 경우
    3. 고의 또는 중대한 과실로 감정 결과를 사실과 다르게 작성한 경우
    4. 그 밖에 대통령령으로 정하는 사항을 위반한 경우
    "대통령령으로 정하는 사항을 위반한 경우"란 다음 각 호의 어느 하나에 해당하는 경우를 말한다.
    1. 의뢰받은 감정을 정당한 사유 없이 거부하거나 1개월 이상 수행하지 않은 경우
    2. 거짓이나 그 밖의 부정한 방법으로 감정 비용을 청구한 경우
    ④ 거짓이나 그 밖의 부정한 방법으로 감정 비용을 청구한 경우 지정을 취소할 수 있다.

25. ① 기초 및 지반에 대한 탱크안전성능검사는 위험물탱크의 기초 및 지반에 관한 공사의 개시 전에 신청하여야 한다.
    ② 탱크안전성능검사의 세부기준·방법·절차 및 탱크시험자 또는 엔지니어링사업자가 실시하는 탱크안전성능시험에 대한 한국소방산업기술원의 확인 등에 관하여 필요한 사항은 소방청장이 정하여 고시한다.
    ③ 위험물탱크에 대한 충수 및 수압검사를 면제 받으려면 탱크시험합격확인증에 탱크

시험성적서를 첨부하여 소방서장에게 제출해야 한다.

```
01. ④  02. ④  03. ③  04. ④  05. ③  06. ④  07. ①  08. ①  09. ①  10. ④
11. ③  12. ④  13. ③  14. ③  15. ②  16. ④  17. ④  18. ②  19. ②  20. ①
21. ④  22. ②  23. ①  24. ①  25. ②
```

01. (㉮ 실권 또는 실효)의 법리는 법의 일반원리인 (㉯ 신의성실의 원칙)에 바탕을 둔 파생원칙인 것이므로 공법관계 가운데 관리관계는 물론이고 권력관계에도 적용되어야 함을 배제할 수는 없다 하겠으나 그것은 본래 권리행사의 기회가 있음에도 불구하고 권리자가 장기간에 걸쳐 그의 권리를 행사하지 아니하였기 때문에 의무자인 상대방은 이미 그의 권리를 행사하지 아니할 것으로 믿을 만한 정당한 사유가 있게 되거나 행사하지 아니할 것으로 추인케 할 경우에 새삼스럽게 그 권리를 행사하는 것이 (㉰ 신의성실의 원칙)에 반하는 결과가 될 때 그 권리행사를 허용하지 않는 것을 의미한다(대판 1988.4.27, 87누915).

02. ④ 행정행위의 대상인 사람의 사망은 행정행위의 실효원인이 될 수 있으며 또 다른 실효의 원인으로는 물건의 소멸, 부관의 성취 등을 들 수 있다.

03. ③ 행정소송에서 제외가 될 자유재량행위의 의의와 한계를 명백히 하기 위해 구별이 필요하다.

04. 설문은 일반처분에 대한 설명인데 ④는 개별적 처분에 대한 내용이다.

05. ③ 행정행위의 공정력에 대한 설명이다. 구성요건적 효력은 처분청 이외의 국가기관에만 발생한다.

06. ① 대판 1994.11.11, 94다28000,
② 대판 2008.11.13, 2008두8628

③ 대판 1989.1.24, 88누3314
④ 행정처분을 한 처분청은 그 처분에 하자가 있는 경우에는 원칙적으로 별도의 법적 근거가 없더라도 스스로 이를 직권으로 취소할 수 있다(대판 2006.6.30, 2004두701).

07. ② 공매처분을 하면서 체납자 등에게 공매통지를 하지 않았거나 공매통지를 하였더라도 그것이 적법하지 아니한 경우에는 절차상의 흠이 있어 그 공매처분은 위법하다. 다만, 공매통지의 목적이나 취지 등에 비추어 보면, 체납자 등은 자신에 대한 공매통지의 하자만을 공매처분의 위법사유로 주장할 수 있을 뿐 다른 권리자에 대한 공매통지의 하자를 들어 공매처분의 위법사유로 주장하는 것은 허용되지 않는다(대판 2008.11.20, 2007두18154).
③ 상속인이 상속 재산의 한도 내에서 승계한 피상속인의 체납국세의 납부의무를 이행하지 아니하는 경우 그 징수를 위해서 하는 압류는 반드시 상속재산에만 한정된다고 할 수 없고 상속인의 고유재산에 대해서도 압류할 수 있다(대판 1982.8.24, 선고, 81누162).
④ 재산에 대한 압류는 개인과 법인을 구분하지 않는다. 그러므로 법인의 재산도 압류의 대상이 된다.

08. 감사원, 국가정보원장, 그 밖에 대통령령으로 정하는 대통령 소속기관의 장, 국회사무총장·법원행정처장·헌법재판소사무처장 및 중앙선거관리위원회사무총장, 국가인권위원회, 그 밖에 지위·성격의 독립성과 특수성 등이 인정되어 대통령령으로 정하는 행정청은 각 행정청에 두는 행정심판위원회에서 심리·재결한다. 이 외의 국가행정기관의 장 또는 그 소속 행정청의 처분 또는 부작위에 대한 심판청구에 대하여는 「부패방지 및 국민권익위원회의 설치와 운영에 관한 법률」에 따른 국민권익위원회에 두는 중앙행정심판위원회에서 심리·재결한다.

09. 행정행위의 무효와 취소의 구별실익

구분	무효	취소
선결 문제	처음부터 무효이기 때문에 법원은 독자적 판단으로 무효임을 인정할 수 있다(공정력 부인).	권한 있는 행정청, 법원에 의해 취소되지 않는 한 그 효력을 부인할 수 없다(공정력 인정).

행정소송 형태	취소소송·무효 등 확인소송에 의해 가능하다.	취소소송에 의해서만 가능하다.
행정소송의 제기요건	제소기간·행정심판전치주의 제한 無	제소기간·행정심판전치주의 제한 有
사정재판 사정판결	인정하지 않음	인정
하자의 승계	인정하지 않음	선행·후행 행정행위가 하나의 행정목적을 실현하기 위한 단계적인 절차관계인 경우 인정

10. 부담은 행정행위의 효과를 제한하는 요소를 갖고 있지 않으므로, 본체인 행정행위의 효과는 부담에 관계없이 확정된다. 이 같은 점에 근거하여 부담은 그 자체로서 행정행위의 성질을 가진다고 하여 부담의 부관성에 의문을 제기하는 견해도 있다. 그러나 그 같은 견해도 부담은 그의 존속이 본체인 행정행위에 의존한다는 점은 인정하고 있다.

11. ① 국가배상법은 "이 법은 외국인이 피해자인 경우에는 상호의 보증이 있는 때에 한하여 적용한다."고 하여(제7조), 외국인에 대한 책임에 관하여 상호주의를 채택하고 있다.
② 국가배상법 제3조의2의제1항에서 규정하고 있다.
③ 국가배상청구권의 소멸시효기간에 관하여는 국가배상법에 규정이 없으며, 민법(제766조)에 규정하고 있다.
④ 국가배상법 제2에서 규정하고 있다.

12. ④ 당해 행정청, 즉 처분청만이 대집행권자가 된다.

13. ① 대판 2007.3.16, 2006다83802
② 대판 2013.10.24, 2013두963
③ 행정청이 행정사무의 편의와 사실증명의 자료로 삼기 위한 것이고, 또한 건축물의 멸실에 따라 그 대장을 말소하는 행위는 이를 정리, 마감하기 위한 절차에 불과하므로 그 등재나 말소행위로 인하여 원고의 소유권이 창설 또는 상실된다거나 건축물에 대한 실체상의 권리관계에 어떤 변동을 가져오는 것은 아니라는 이유로, 피고가 원고 소유 이 사건 건축물에 관한 건축물대장을 직권말소한 행위가 항고소송의 대상이 되는 행정처분이 아니다(대판 2010.5.27, 2008두22655).
④ 대판 2006.5.11, 2003다37969

14. ③ 행정심판법은 재결에 대하여 재심사를 청구할 수 없도록 규정하나(제49조제1항), 다만 다른 법률에 특별한 규정이 있는 경우에는 그에 따라야 한다.

15. 과태료에 처한 사람이 소정기한까지 과태료를 불납한 경우에는 형벌인 벌금이나 과료의 경우와 같이 노역장 유치를 하는 것이 아니라, 검사의 명령으로 민사소송법상의 강제징수절차에 따라 강제징수 한다.

16. ④ 양자는 모두 일사부재리의 원칙이 적용된다는 점에서 공통된다.

징계벌과 형벌의 차이점 내지 관계

구분	형사벌	징계벌
권력적 기초	일반통치권	특별권력
목적	일반사회의 질서유지	특별권력관계, 내부질서 유지
대상	반사회적 법익침해	특별권력관계의 질서위반
내용	신분적 이익 외에 재산적 이익, 생명·자유의 박탈	신분적 이익의 박탈
구성 요건	고의·과실을 요함	고의·과실이 요건이 아님
시간적 한계	퇴직 후에도 부과	퇴직 후에는 처벌 불가
양자의 관계	① 병과 가능 : 일사부재리의 원칙에 저촉되지 않음 ② 병행하여 진행 可 : 형사소추선행의 원칙 불채택	

17. ④ 대집행은 의무자가 대체적 작위의무를 이행하지 않는 경우에 당해 행정청이 스스로 행하거나 제3자로 하여금 이를 행하게 함으로써 의무의 이행이 있었던 것과 동일한 상태를 실현시킨 후 그 비용을 의무자로부터 징수함을 말한다.

18. 정부조직법은 중앙행정기관으로 각 부, 처, 청으로 한다는 규정이 있으므로 부, 처, 청은 행정사무의 분배단위로서의 행정기관의 개념이다.

19. ② 의무부과 후 의무불이행을 전제로 하는 강제집행은 의무부과 없는 즉시강제와 다르다.

20. ① 이의신청은 임의적이며, 심사청구 또는 심판청구 중 하나를 거치든지, 감사원에 심사청구를 할 수도 있다.

21. ④ 규제완화의 대상은 법률행위적 행정처분에 한정하는 것은 아니다. 확인·공증 등의 준법률행위적 행정행위도 규제완화의 대상이 된다.

22. 행정행위의 무효와 취소의 구별 실익

구분	무효	취소
사정재판사정판결	인정하지 않음	인정
선결 문제	처음부터 무효이기 때문에 법원은 독자적 판단으로 무효임을 인정할 수 있다(공정력 부인).	권한 있는 행정청, 법원에 의해 취소되지 않는 한 그 효력을 부인할 수 없다(공정력 인정).
행정소송 형태	취소소송·무효 등 확인소송에 의해 가능하다.	취소소송에 의해서만 가능하다.
행정소송의 제기 요건	제소기간·행정심판전치주의 제한 無	제소기간·행정심판전치주의 제한 有
하자의 승계	인정하지 않음	선행·후행 행정행위가 하나의 행정 목적을 실현하기 위한 단계적인 절차 관계인 경우 인정

23. ① 국민권익위원회는 민원사항 중 행정기관의 위법·부당하거나 소극적인 처분(사실행위 및 부작위를 포함) 및 불합리한 행정제도로 인하여 국민의 권리를 침해하거나 국민에게 불편·부담을 주는 사항에 관한 민원을 처리하기 위하여 국무총리 소속 하에 설치된 합의제 행정위원회이다.

24. 신뢰보호의 원칙이 적용되기 위해서는 일반적으로 선행조치(법령, 규칙, 계획, 처분, 합의, 약속, 행정지도, 기타 적극적 및 소극적 언동, 명시적·묵시적 언동 포함)가 존재해야 한다.

    ① 공적인 견해 표명은 명시적인 작위뿐만 아니라 묵시적인 부작위가 있어야 한다.

25. ① 대결 2011.4.21, 2010무111, 전합
    ② 부가가치세법상의 사업자등록은 과세관청으로 하여금 부가가치세의 납세의무자를 파악하고 그 과세자료를 확보하게 하려는 데 제도의 취지가 있는바, 이는 단순한 사업사실의 신고로서 사업자가 관할세무서장에게 소정의 사업자등록신청서를 제출함으로써 성립하는 것이고, 사업자등록증의 교부는 이와 같은 등록사실을 증명하는 증서의 교부행위에 불과한 것이다. 나아가 구 부가가치세법(2006. 12. 30. 법률

제8142호로 개정되기 전의 것) 제5조 제5항에 의한 과세관청의 사업자등록 직권말소행위도 폐업사실의 기재일 뿐 그에 의하여 사업자로서의 지위에 변동을 가져오는 것이 아니라는 점에서 항고소송의 대상이 되는 행정처분으로 볼 수 없다(대판 2011.1.27, 2008두220).
③ 대판 2009.12.24, 2009두12853
④ 대판 2023.2.23, 2021두44548

★도서에 관한 모든 것★
http://cafe.naver.com/expert7

공개경쟁 소방공무원 실전모의고사(2024)

인 쇄	2024년 1월 3일
발 행	2024년 1월 5일
저 자	이성재 외
발 행 인	홍미숙
발 행 처	엑스퍼트원
영 업 출 판	(06763) 서울특별시 서초구 바우뫼로6길 8-20, 101호 (02) 886-8203(代) (070) 8620-8204(fax)
e - mail	expertone7@naver.com
카 페 주 소	http://cafe.naver.com/expertone7
등 록	2022-000172호

정가 25,000원

ISBN 979-11-93137-05-5

판권본사소유

이 책의 무단 전재 또는 복제행위는 저작권법 제97조의5에 의거, 5년 이하의 징역 또는 5,000만원의 벌금에 처하거나 이를 병과 할 수 있습니다.